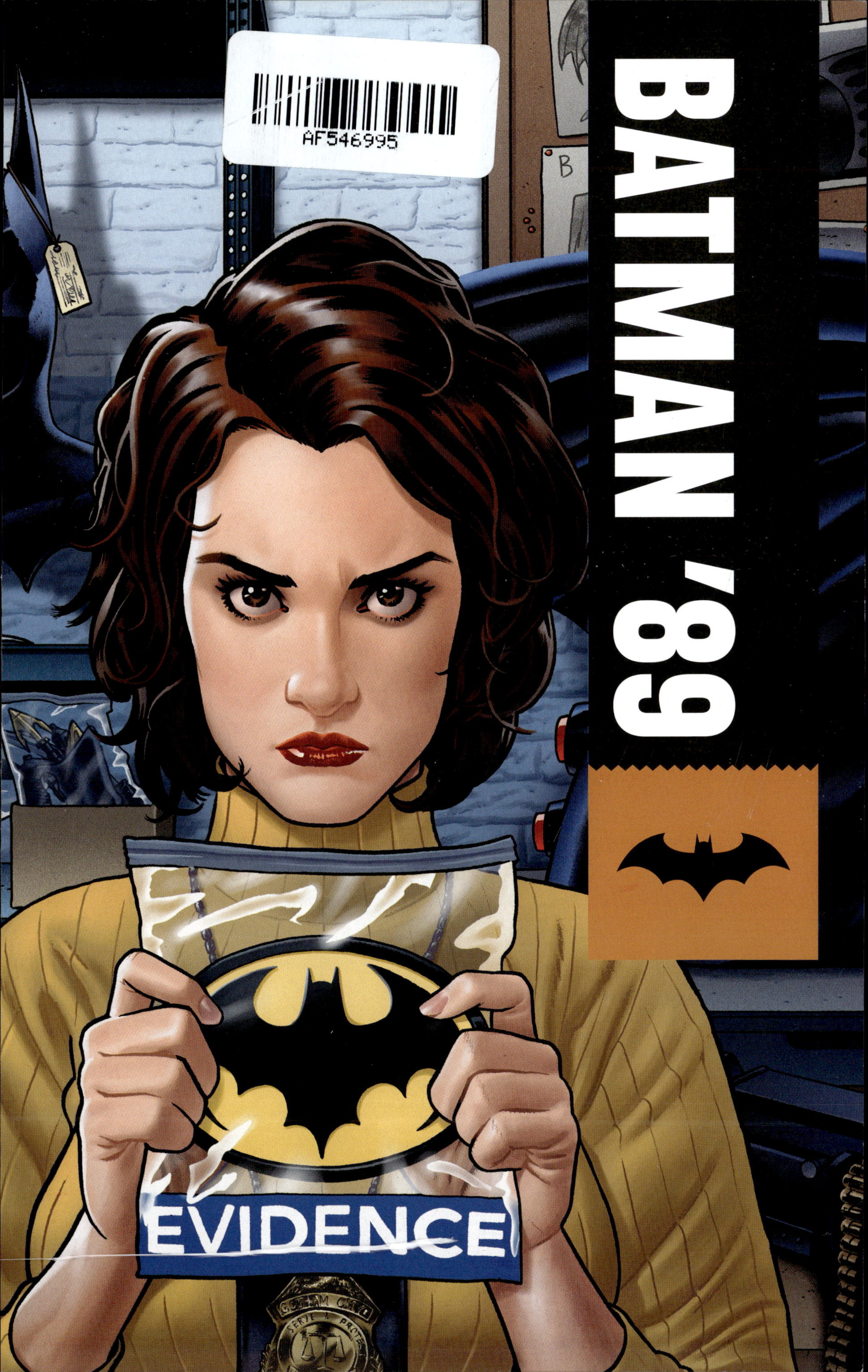

BATMAN '89
EVIDENCE

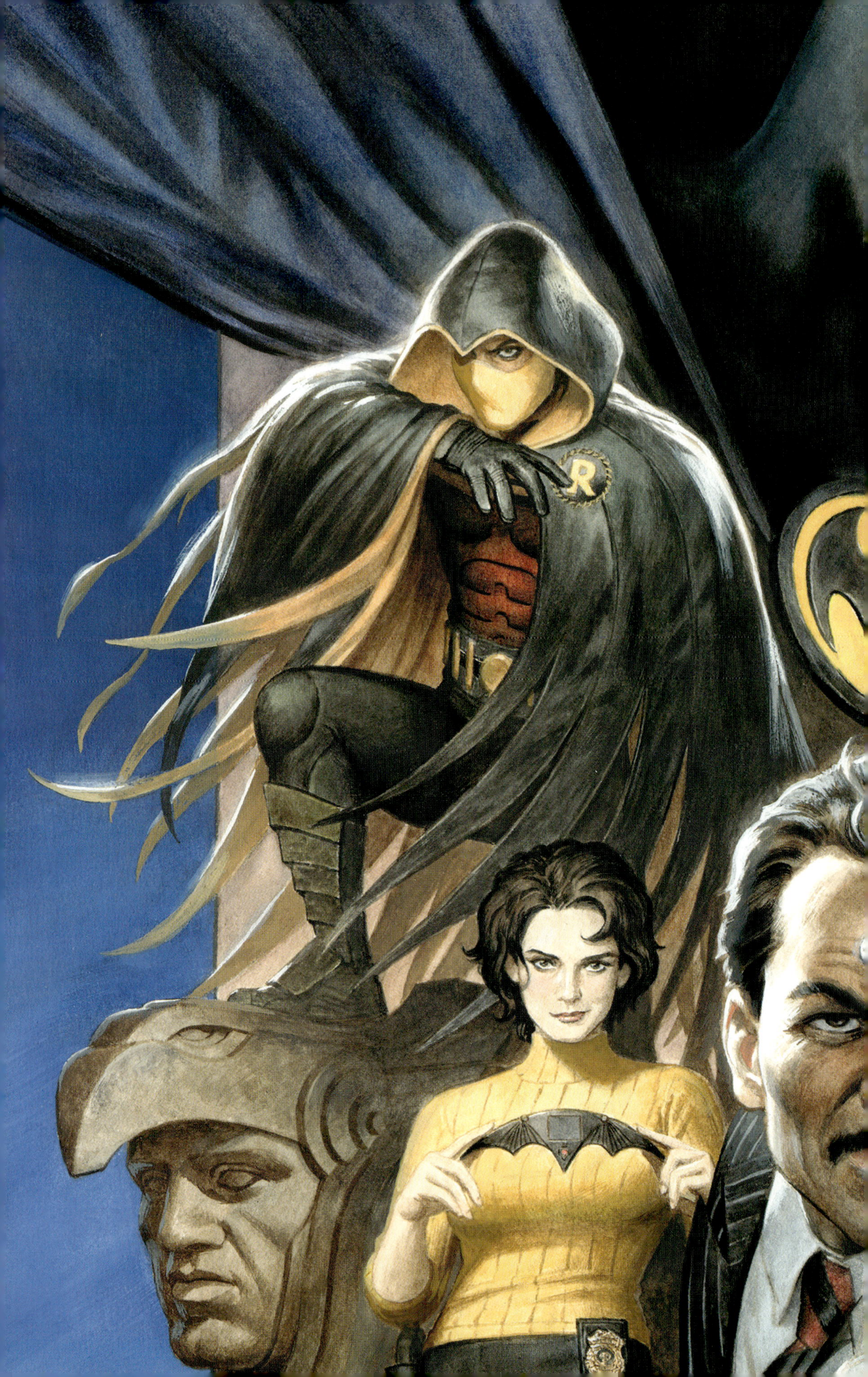

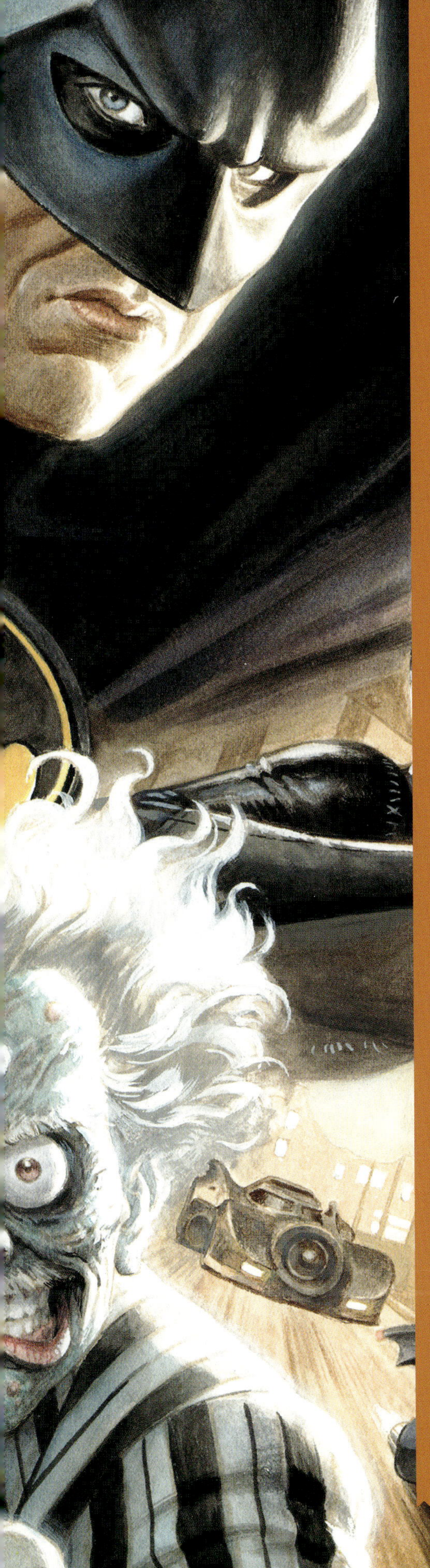

IN DER WELT VON TIM BURTONS BATMAN

1989 setzte Regisseur **Tim Burton** mit seinem ersten *Batman*-Film neue Maßstäbe hinsichtlich Comic-Verfilmungen. Zudem war Burtons düstere Adaption von **Gotham City** und **Batman** ein starker Kontrast zur erfolgreichen, lustigen *Batman*-Fernsehserie mit **Adam West** aus den 1960ern und begeisterte nicht nur Comic-Fans, sodass 1992 mit *Batmans Rückkehr* direkt ein Sequel folgte. Die Filme hatten Hollywood-Starpower ohne Ende: **Michael Keaton** gab in beiden Streifen **Bruce Wayne** alias Batman, **Jack Nicholson** den **Joker**, **Kim Basinger** die Reporterin **Vicki Vale**, **Billy Dee Williams** den Staatsanwalt **Harvey Dent**, **Michael Gough** Butler **Alfred Pennyworth**, **Michelle Pfeiffer** die diebische **Catwoman** und **Danny DeVito** den **Pinguin**. Bis heute werden Burtons charakteristische Batman-Filme von vielen hoch in Ehren gehalten. Dieser **brandneue Comic** präsentiert nun eine **offizielle Fortsetzung** der beiden Burton-Verfilmungen. Künstler **Joe Quinones** war die naheliegende Wahl für das Projekt: Er bebilderte schon Storys zu BATMAN '66 mit neuen Geschichten zum Kanon der bereits erwähnten TV-Serie aus einer anderen Ära, außerdem fanden sich in seinen Online-Accounts immer wieder von Burtons Bat-Blockbustern inspirierte Zeichnungen. Doch wer sollte als Autor neue Abenteuer zu den Filmen mit Keaton, Pfeiffer und Co. verfassen? Quinones schlug **Sam Hamm** vor, der die Drehbücher der Keaton-Filme geschrieben und mit Tim Burton ihre gesamte Welt ausgearbeitet hatte. Via Twitter schickte Quinones ihm eine Nachricht, und Hamm sagte nach kurzer Bedenkzeit zu. Quinones schwärmt davon, dass Hamm eine einzigartige Verbindung zu den Figuren der Verfilmungen habe und genau wisse, wie es weitergehen müsse. Es sei ein Privileg gewesen, diese Fortsetzung in Comic-Form realisieren zu dürfen, für die Hamm einstmals verworfene Ideen zu den Filmen von 1989 und 1992 mit frischen Einfällen kombinierte – inklusive des für alle Burton-Adaptionen geplanten, jedoch nie verwirklichten Debüts von **Robin** …

Christian Heiß

SCHATTEN
Kapitel 1
Shadows, Chapter One
BATMAN '89 1
Oktober 2021

SCHATTEN
Kapitel 2
Shadows, Chapter Two
BATMAN '89 2
November 2021

SCHATTEN
Kapitel 3
Shadows, Chapter Three
BATMAN '89 3
Dezember 2021

SCHATTEN
Kapitel 4
Shadows, Chapter Four
BATMAN '89 4
Februar 2022

SCHATTEN
Kapitel 5
Shadows, Chapter Five
BATMAN '89 5
Juni 2022

SCHATTEN
Finale
Shadows, Finale
BATMAN '89 6
September 2022

SAM HAMM
Story

JOE QUINONES
Zeichnungen & Tusche

LEONARDO ITO
Farben

ANDREAS KASPRZAK
Übersetzung

FRANCESCA SALVATORI
Lettering

JOE QUINONES
Original-Cover

Batman geschaffen von **Bob Kane** mit **Bill Finger**.

BATMAN '89 erscheint bei **PANINI COMICS**, Schloßstraße 76, D-70176 Stuttgart. Druck: Centro Poligrafico Milano S.p.A., Casarile (MI). Pressevertrieb: Stella Distribution GmbH, D-22297 Hamburg. Direkt-Abos auf **www.paninicomics.de**. Anzeigenverkauf: BLAUFEUER VERLAGSVERTRETUNGEN GmbH, info@blaufeuer.com. Es gilt die Anzeigenpreisliste Nr. 19 vom 01.10.2021. Geschäftsführer **Hermann Paul**, Publishing Director Europe **Marco M. Lupoi**, Finanzen/Logistik **Felix Bauer**, Marketing Director **Holger Wiest**, Marketing **Thorsten Kleinheinz**, Vertrieb **Alexander Bubenheimer**, PR/Presse **Steffen Volkmer**, Publishing Manager **Lisa Pancaldi**, Redaktion **Tommaso Caretti**, **Christian Endres**, **Christian Grass**, **Ilaria Tavoni**, **Peter Thannisch**, **Monika Trost**, **Daniela Uhlmann**, Übersetzung **Andreas Kasprzak**, Proofreading **Pia Oddo**, Lettering **Francesca Salvatori**, grafische Gestaltung **Marco Paroli**, **Simone Campisano**, Art Director **Alessandro Gucciardo**, Redaktion Panini Comics **Annalisa Califano**, **Beatrice Doti**, Prepress **Cristina Bedini**, **Silvia Bernini**, **Andrea Lusoli**, Repro/Packager **Alessandro Nalli** (coordinator), **Anna Boselli**, **Mario Da Rin Zanco**, **Valentina Esposito**, **Luca Ficarelli**, **Linda Leporati**. Cover von **Joe Quinones**, *Batman '89* 1. Variant-Cover von **Mico Suayan**, *Batman '89* 6.

Digitale Ausgaben:
ISBN 978-3-7367-9121-3 (.pdf) / ISBN 978-3-7367-9119-0 (.epub) / ISBN 978-3-7367-9120-6 (.mobi)

Bibliografische Information der Deutschen Nationalbibliothek
Die Deutsche Nationalbibliothek verzeichnet diese Publikation in der Deutschen Nationalbibliografie; detaillierte bibliografische Daten sind im Internet über dnb.d-nb.de abrufbar.

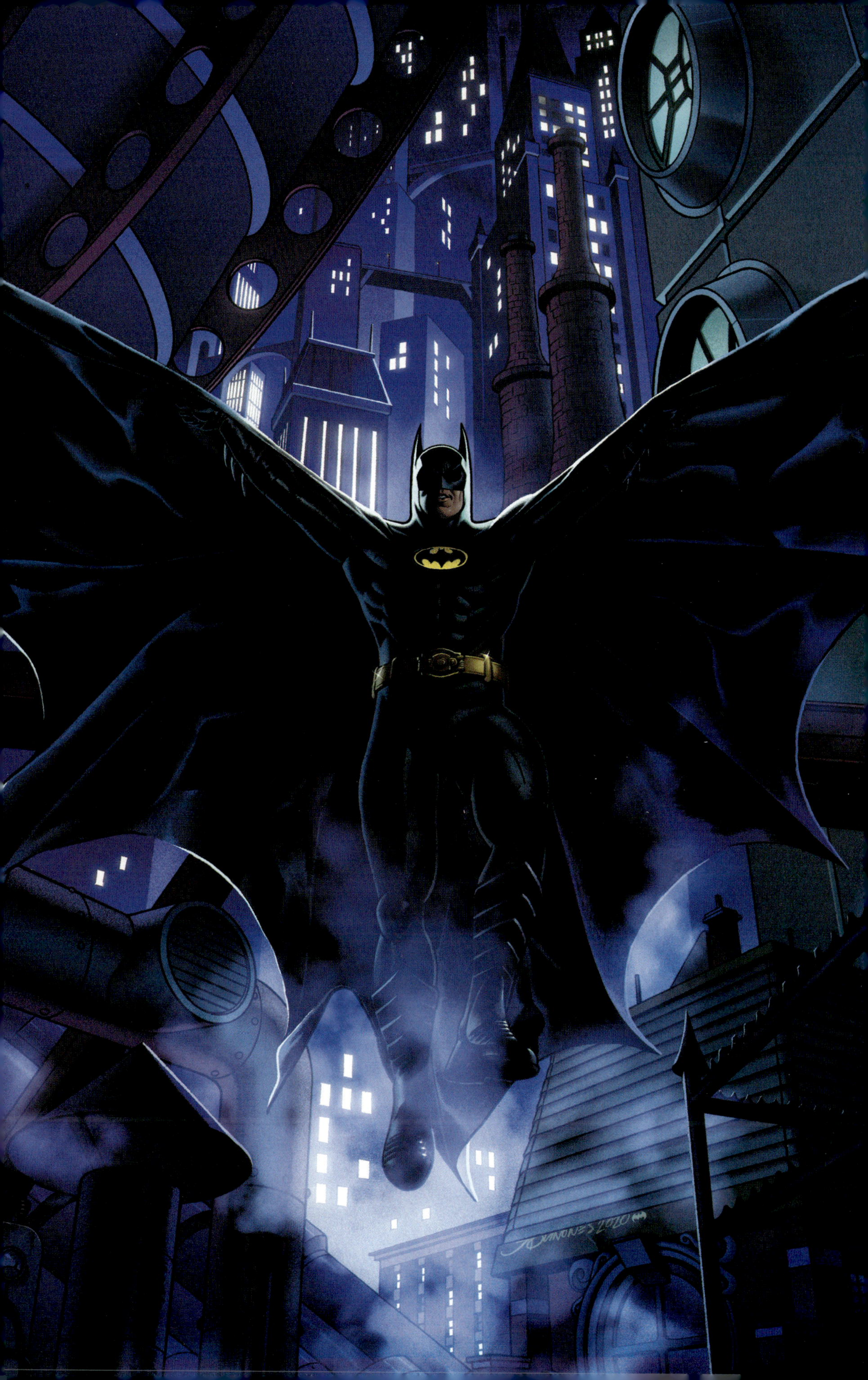

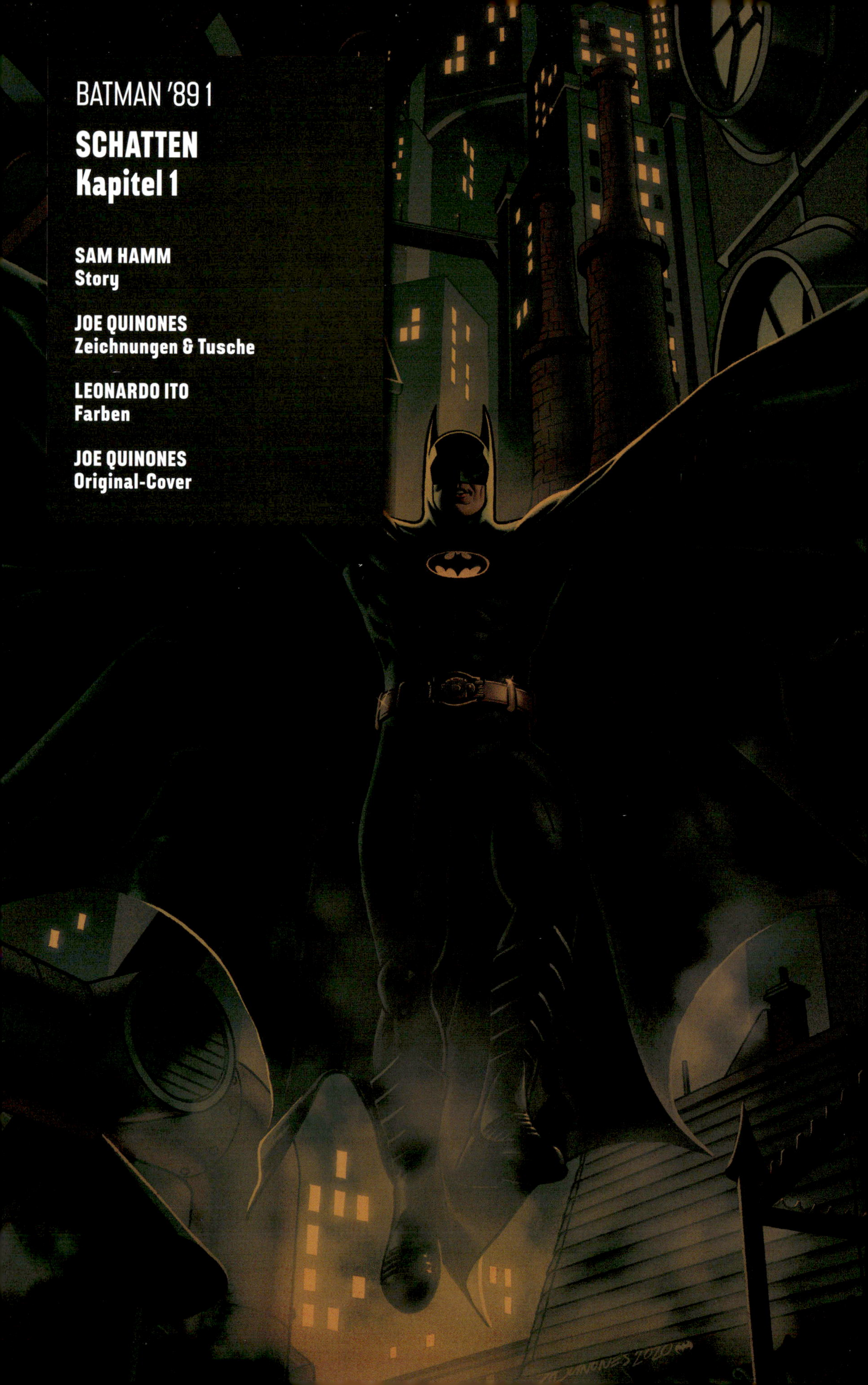

BATMAN '89 1

SCHATTEN
Kapitel 1

SAM HAMM
Story

JOE QUINONES
Zeichnungen & Tusche

LEONARDO ITO
Farben

JOE QUINONES
Original-Cover

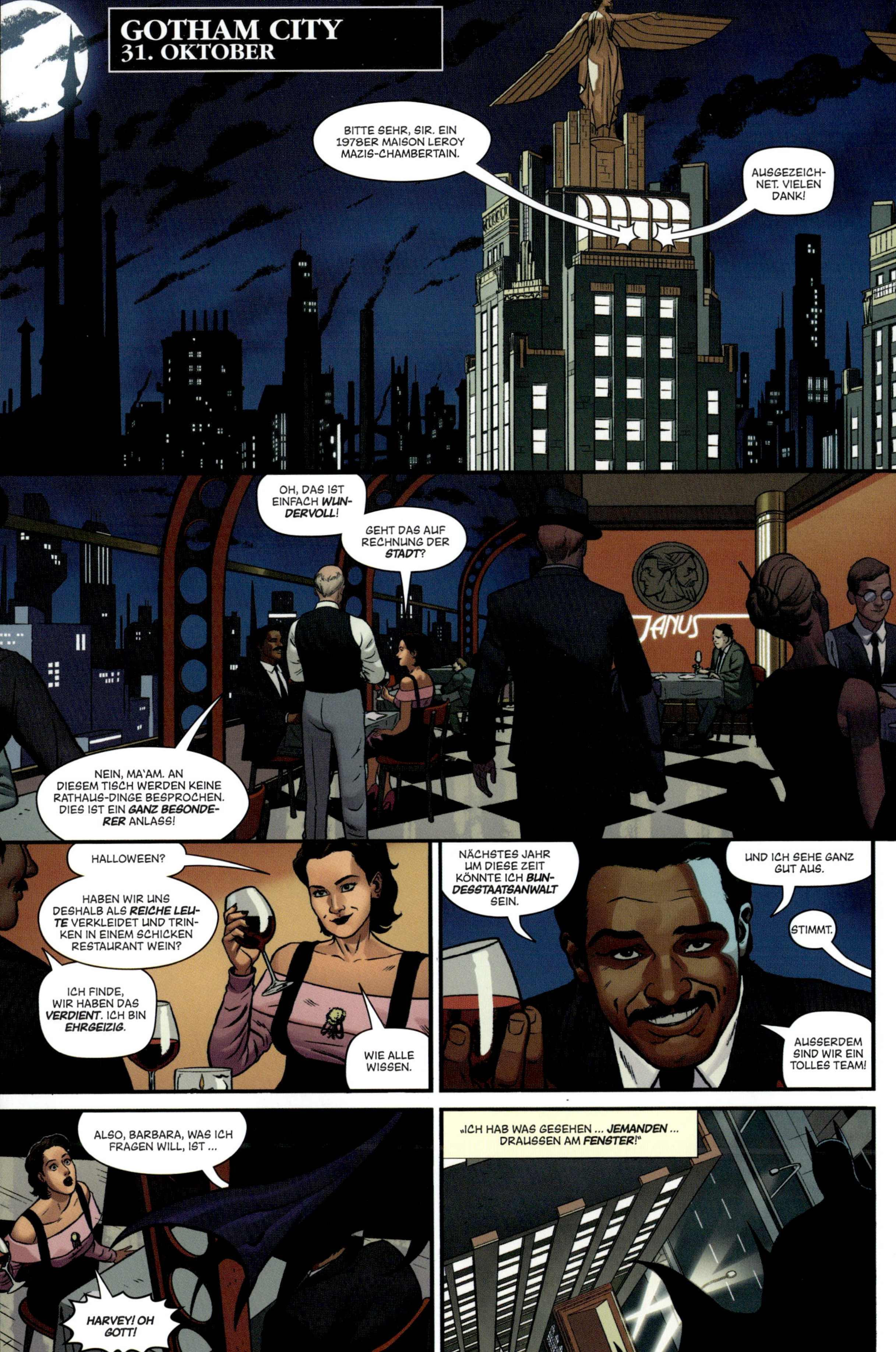
GOTHAM CITY
31. OKTOBER
BITTE SEHR, SIR. EIN 1978ER MAISON LEROY MAZIS-CHAMBERTAIN.
AUSGEZEICHNET. VIELEN DANK!
OH, DAS IST EINFACH WUNDERVOLL!
GEHT DAS AUF RECHNUNG DER STADT?
NEIN, MA'AM. AN DIESEM TISCH WERDEN KEINE RATHAUS-DINGE BESPROCHEN. DIES IST EIN GANZ BESONDERER ANLASS!
JANUS
HALLOWEEN?
HABEN WIR UNS DESHALB ALS REICHE LEUTE VERKLEIDET UND TRINKEN IN EINEM SCHICKEN RESTAURANT WEIN?
ICH FINDE, WIR HABEN DAS VERDIENT. ICH BIN EHRGEIZIG.
WIE ALLE WISSEN.
NÄCHSTES JAHR UM DIESE ZEIT KÖNNTE ICH BUNDESSTAATSANWALT SEIN.
UND ICH SEHE GANZ GUT AUS.
STIMMT.
AUSSERDEM SIND WIR EIN TOLLES TEAM!
ALSO, BARBARA, WAS ICH FRAGEN WILL, IST ...
HARVEY! OH GOTT!
»ICH HAB WAS GESEHEN ... JEMANDEN ... DRAUSSEN AM FENSTER!«

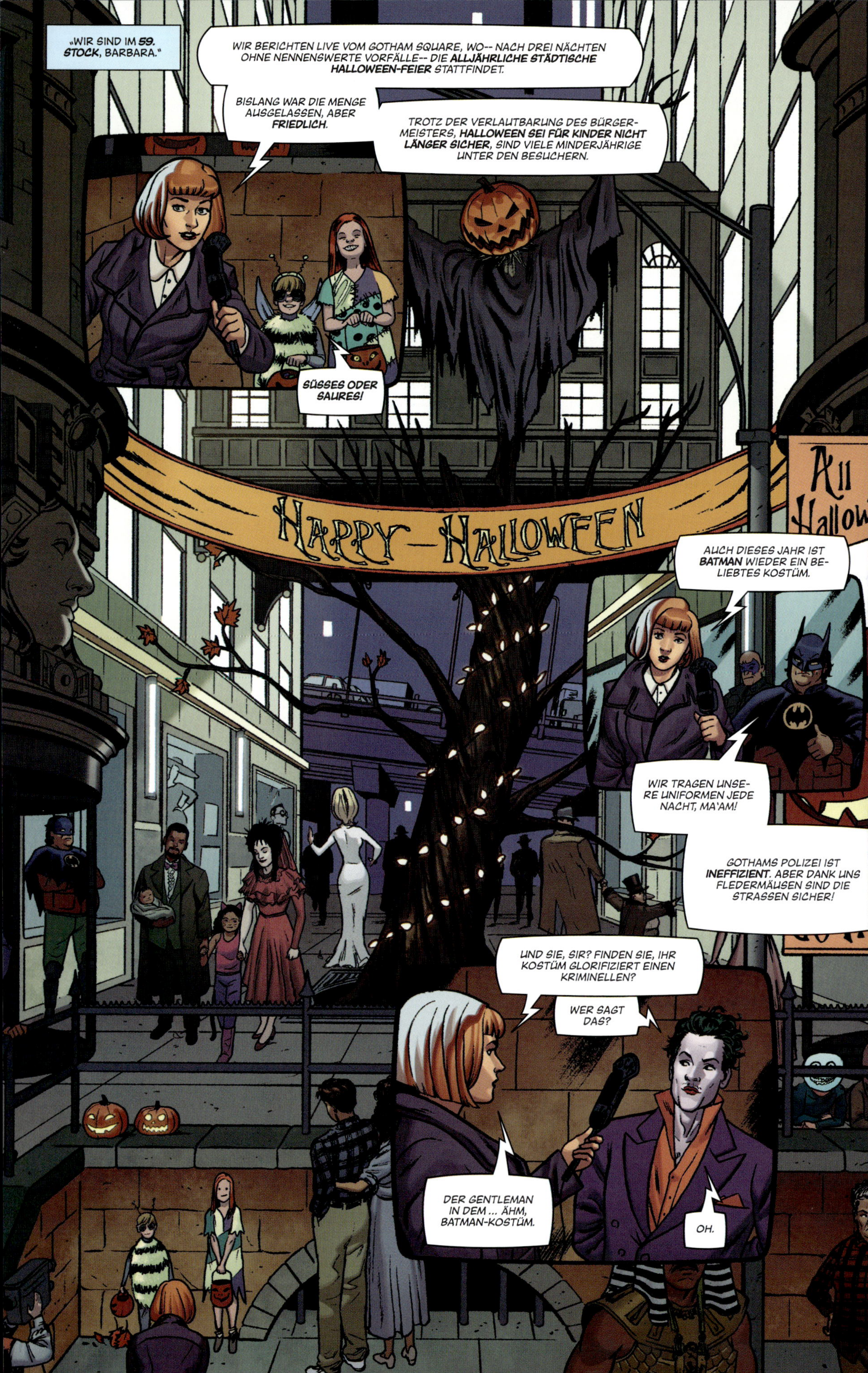
„WIR SIND IM 59. STOCK, BARBARA."
WIR BERICHTEN LIVE VOM GOTHAM SQUARE, WO-- NACH DREI NÄCHTEN OHNE NENNENSWERTE VORFÄLLE-- DIE ALLJÄHRLICHE STÄDTISCHE HALLOWEEN-FEIER STATTFINDET.
BISLANG WAR DIE MENGE AUSGELASSEN, ABER FRIEDLICH.
TROTZ DER VERLAUTBARUNG DES BÜRGERMEISTERS, HALLOWEEN SEI FÜR KINDER NICHT LÄNGER SICHER, SIND VIELE MINDERJÄHRIGE UNTER DEN BESUCHERN.
SÜSSES ODER SAURES!
HAPPY HALLOWEEN
AUCH DIESES JAHR IST BATMAN WIEDER EIN BELIEBTES KOSTÜM.
WIR TRAGEN UNSERE UNIFORMEN JEDE NACHT, MA'AM!
GOTHAMS POLIZEI IST INEFFIZIENT. ABER DANK UNS FLEDERMÄUSEN SIND DIE STRASSEN SICHER!
UND SIE, SIR? FINDEN SIE, IHR KOSTÜM GLORIFIZIERT EINEN KRIMINELLEN?
WER SAGT DAS?
DER GENTLEMAN IN DEM ... ÄHM, BATMAN-KOSTÜM.
OH.

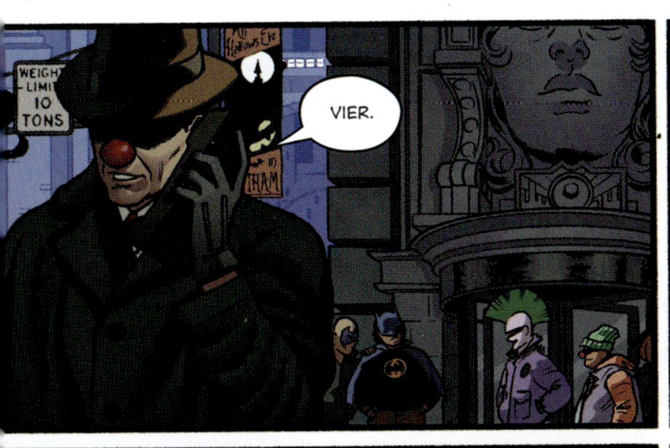

WEIGHT LIMIT 10 TONS
VIER.

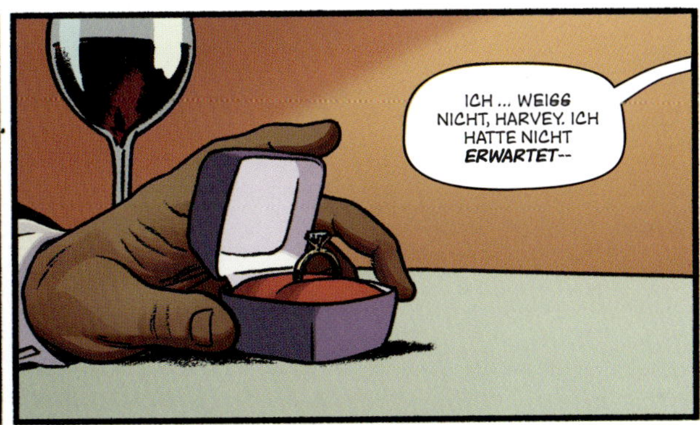

ICH ... WEIß NICHT, HARVEY. ICH HATTE NICHT ***ERWARTET***--

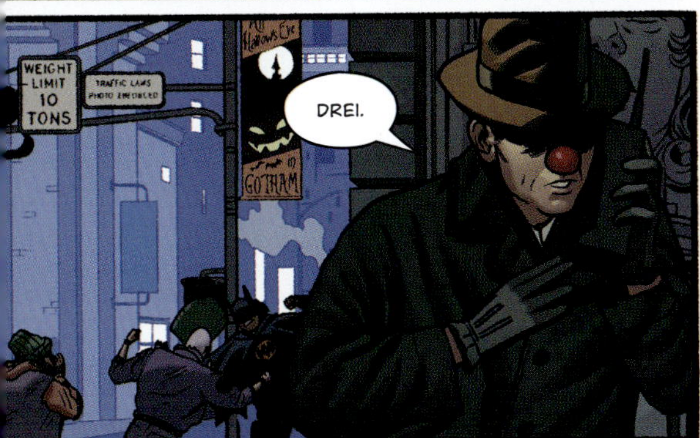

WEIGHT LIMIT 10 TONS
DREI.

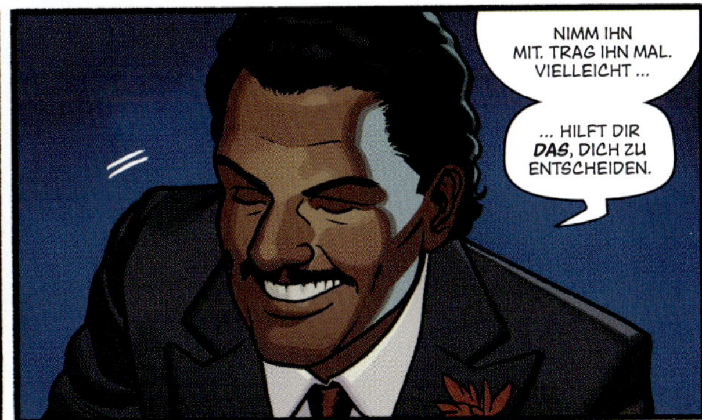

NIMM IHN MIT. TRAG IHN MAL. VIELLEICHT ...
... HILFT DIR ***DAS***, DICH ZU ENTSCHEIDEN.

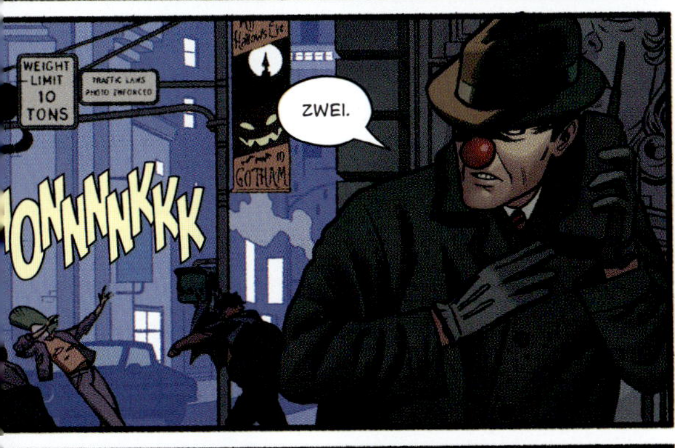

WEIGHT LIMIT 10 TONS
ZWEI.
ONNNNKKK

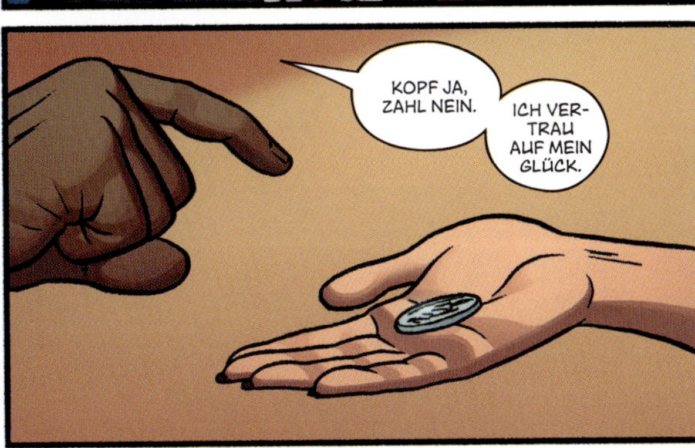

KOPF JA, ZAHL NEIN.
ICH VERTRAU AUF MEIN GLÜCK.

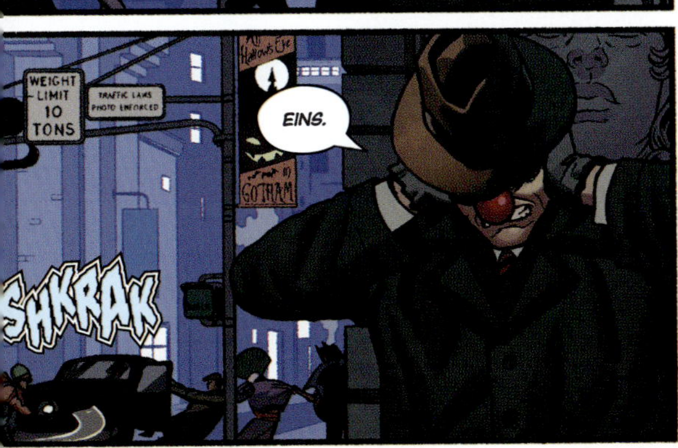

WEIGHT LIMIT 10 TONS
EINS.
SHKRAK

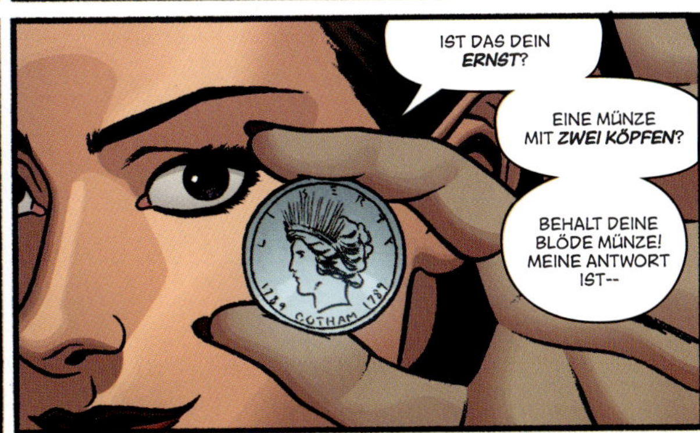

IST DAS DEIN ***ERNST***?
EINE MÜNZE MIT ***ZWEI KÖPFEN***?
BEHALT DEINE BLÖDE MÜNZE! MEINE ANTWORT IST--
LIBERTY
GOTHAM

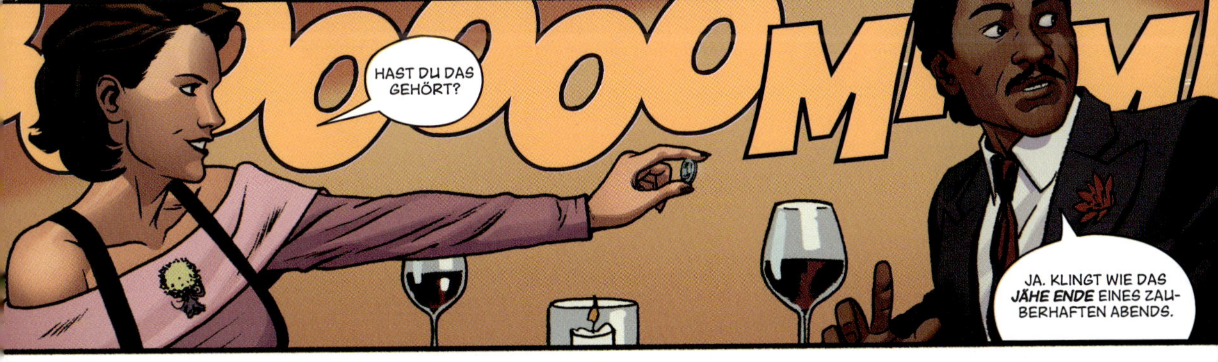

HAST DU DAS GEHÖRT?
JA. KLINGT WIE DAS ***JÄHE ENDE*** EINES ZAUBERHAFTEN ABENDS.

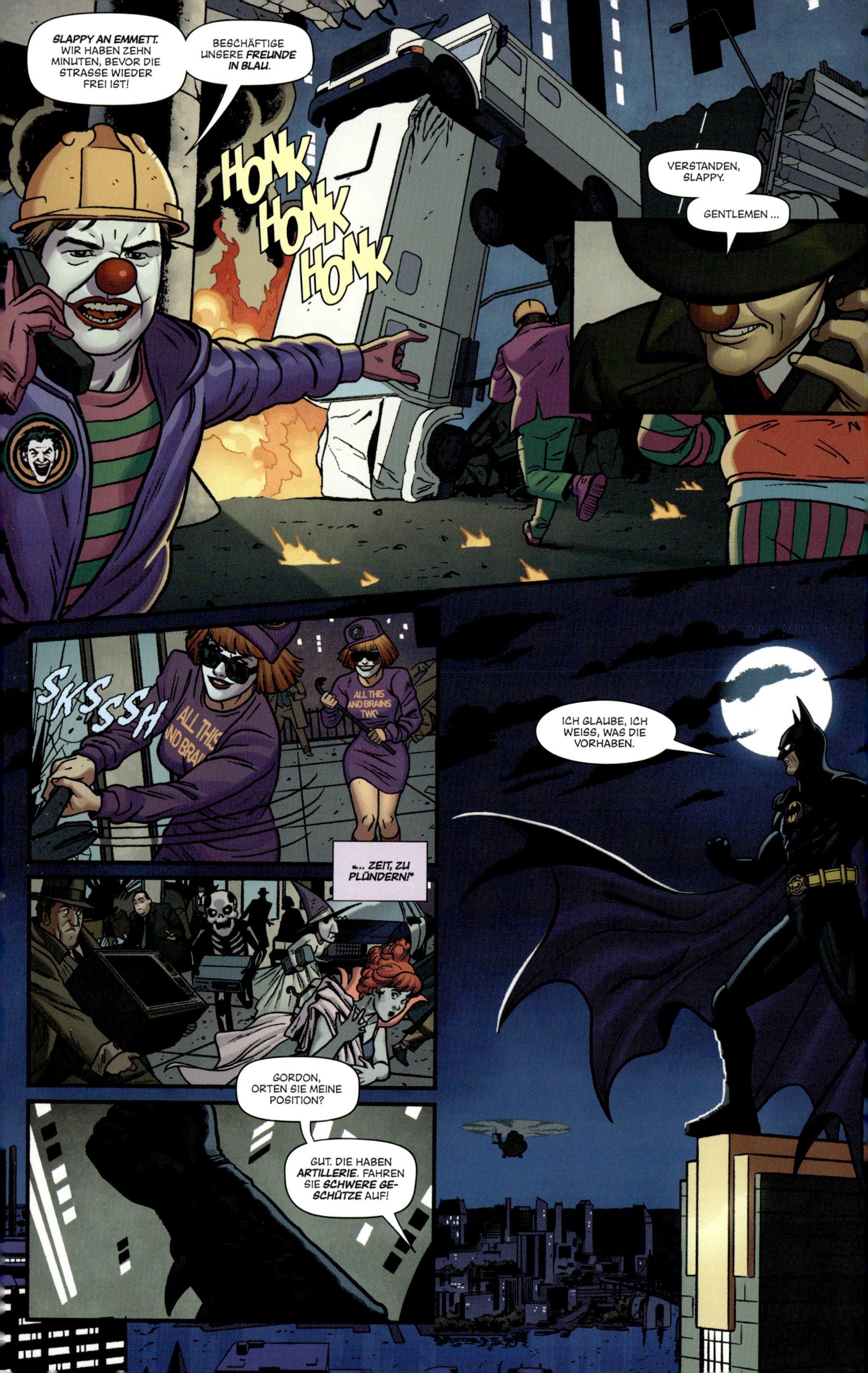
SLAPPY AN EMMETT. WIR HABEN ZEHN MINUTEN, BEVOR DIE STRASSE WIEDER FREI IST!
BESCHÄFTIGE UNSERE FREUNDE IN BLAU.
HONK HONK HONK
VERSTANDEN, SLAPPY.
GENTLEMEN ...
SKSSSH
ALL THIS AND BRAINS
ALL THIS AND BRAINS TWO
ICH GLAUBE, ICH WEISS, WAS DIE VORHABEN.
„... ZEIT, ZU PLÜNDERN!“
GORDON, ORTEN SIE MEINE POSITION?
GUT. DIE HABEN ARTILLERIE. FAHREN SIE SCHWERE GESCHÜTZE AUF!

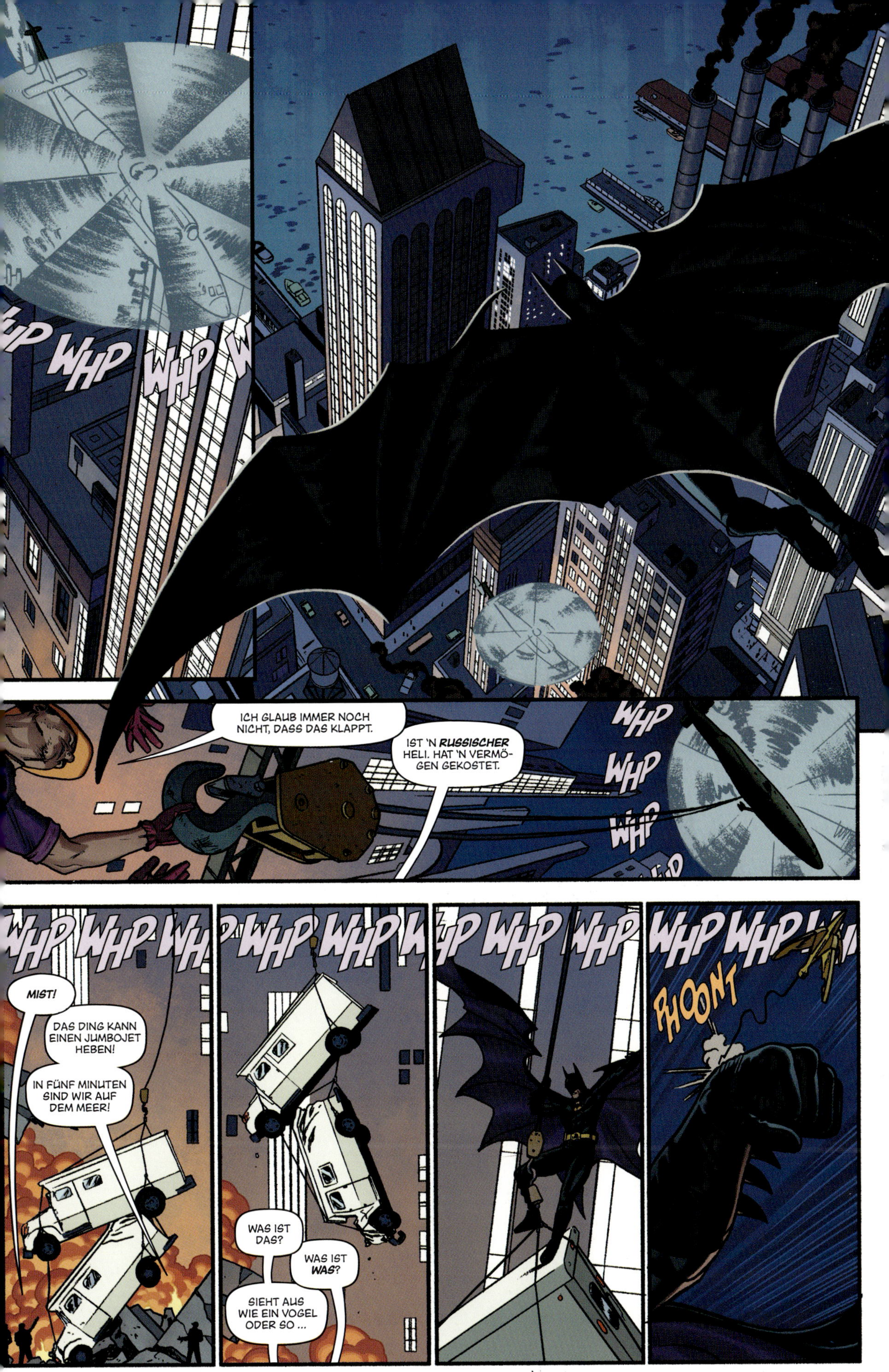

WHP WHP WHP

ICH GLAUB IMMER NOCH NICHT, DASS DAS KLAPPT.

IST 'N **RUSSISCHER** HELI. HAT 'N VERMÖGEN GEKOSTET.

WHP WHP WHP

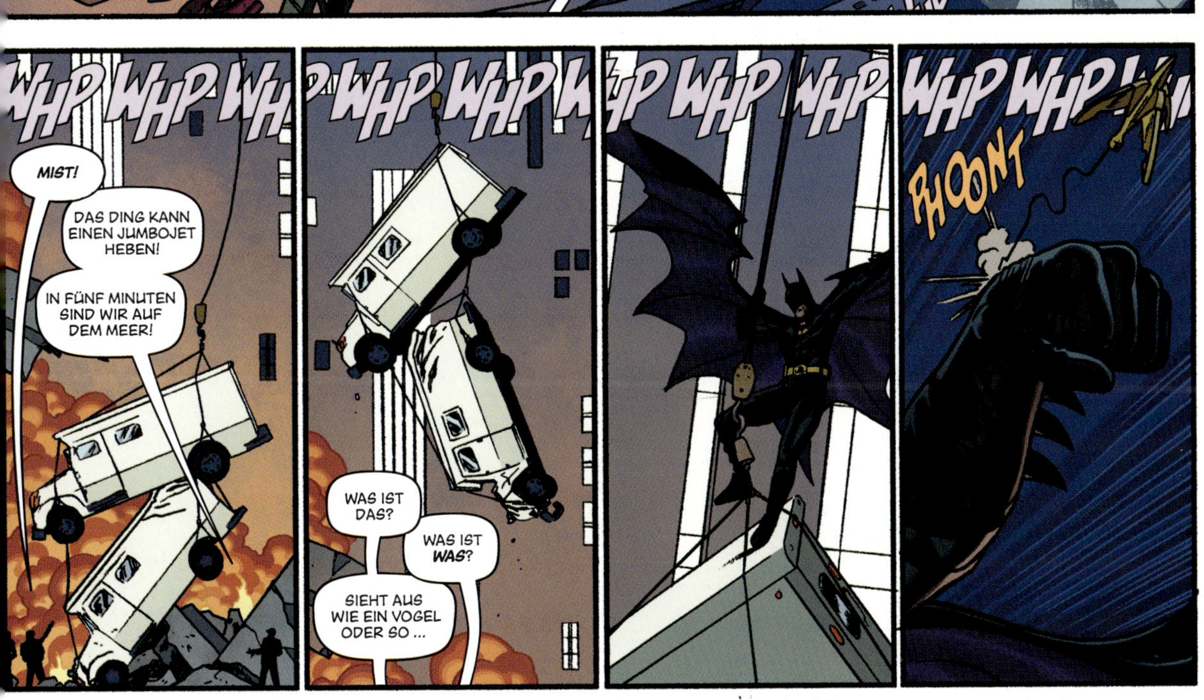

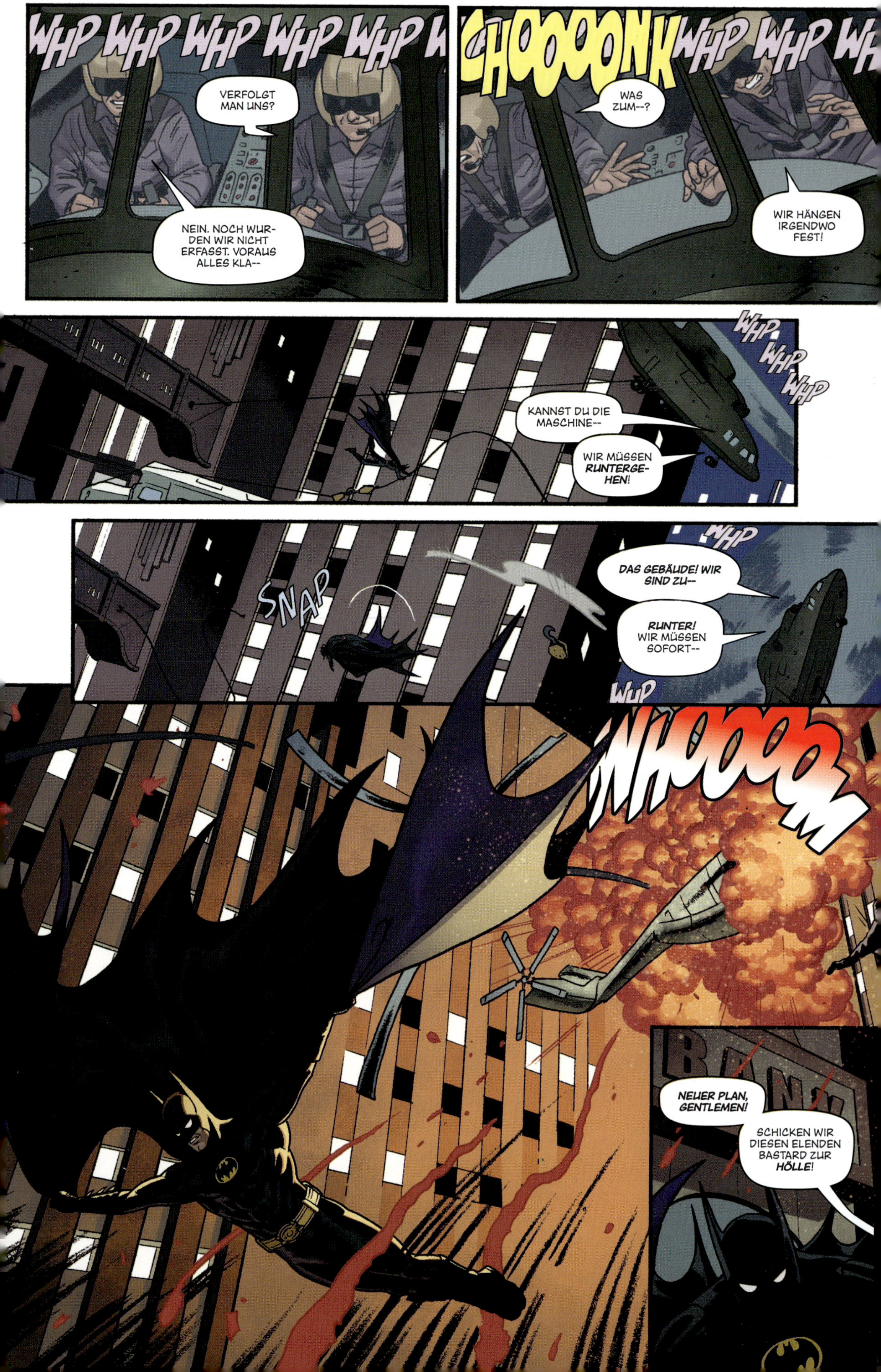

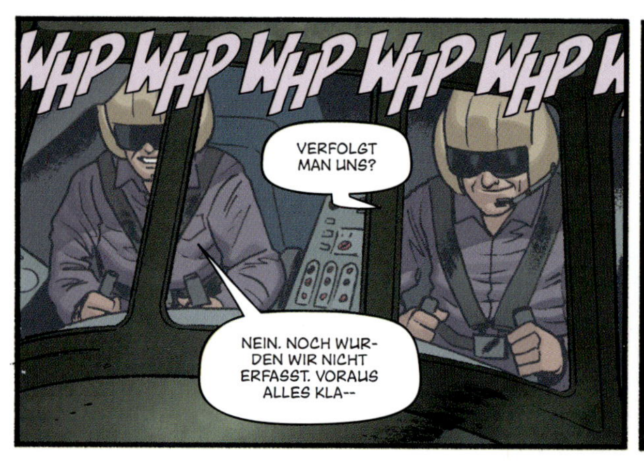
WHP WHP WHP WHP WHP
VERFOLGT MAN UNS?
NEIN. NOCH WURDEN WIR NICHT ERFASST. VORAUS ALLES KLA--

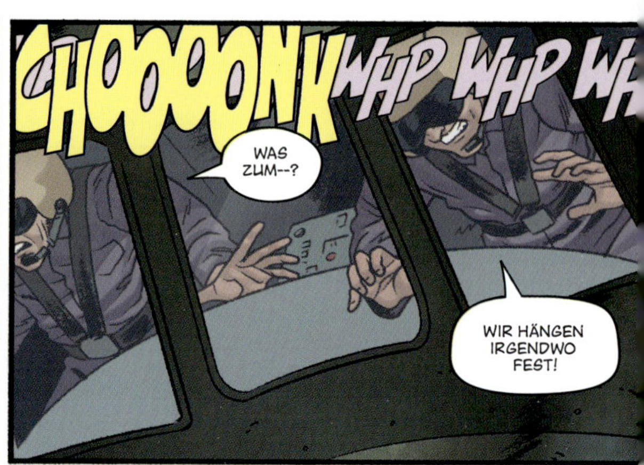
CHOOOONK
WHP WHP WHP
WAS ZUM--?
WIR HÄNGEN IRGENDWO FEST!

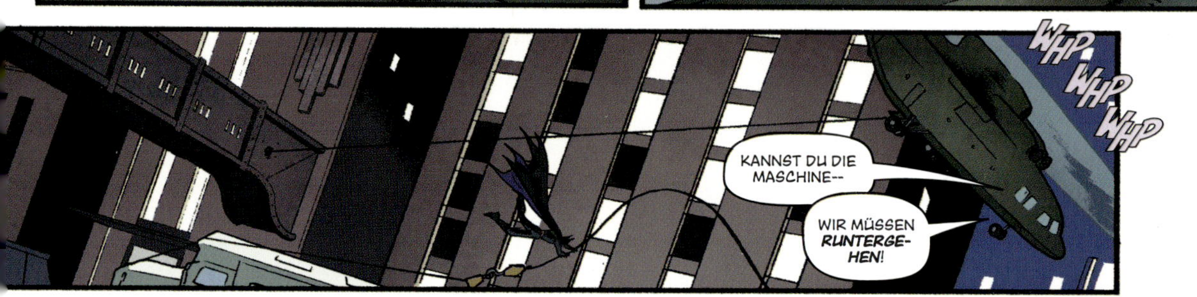
WHP WHP WHP
KANNST DU DIE MASCHINE--
WIR MÜSSEN **RUNTERGEHEN**!

SNAP
WHP
DAS GEBÄUDE! WIR SIND ZU--
RUNTER! WIR MÜSSEN SOFORT--
WUP
NEUER PLAN, GENTLEMEN!
SCHICKEN WIR DIESEN ELENDEN BASTARD ZUR ***HÖLLE***!

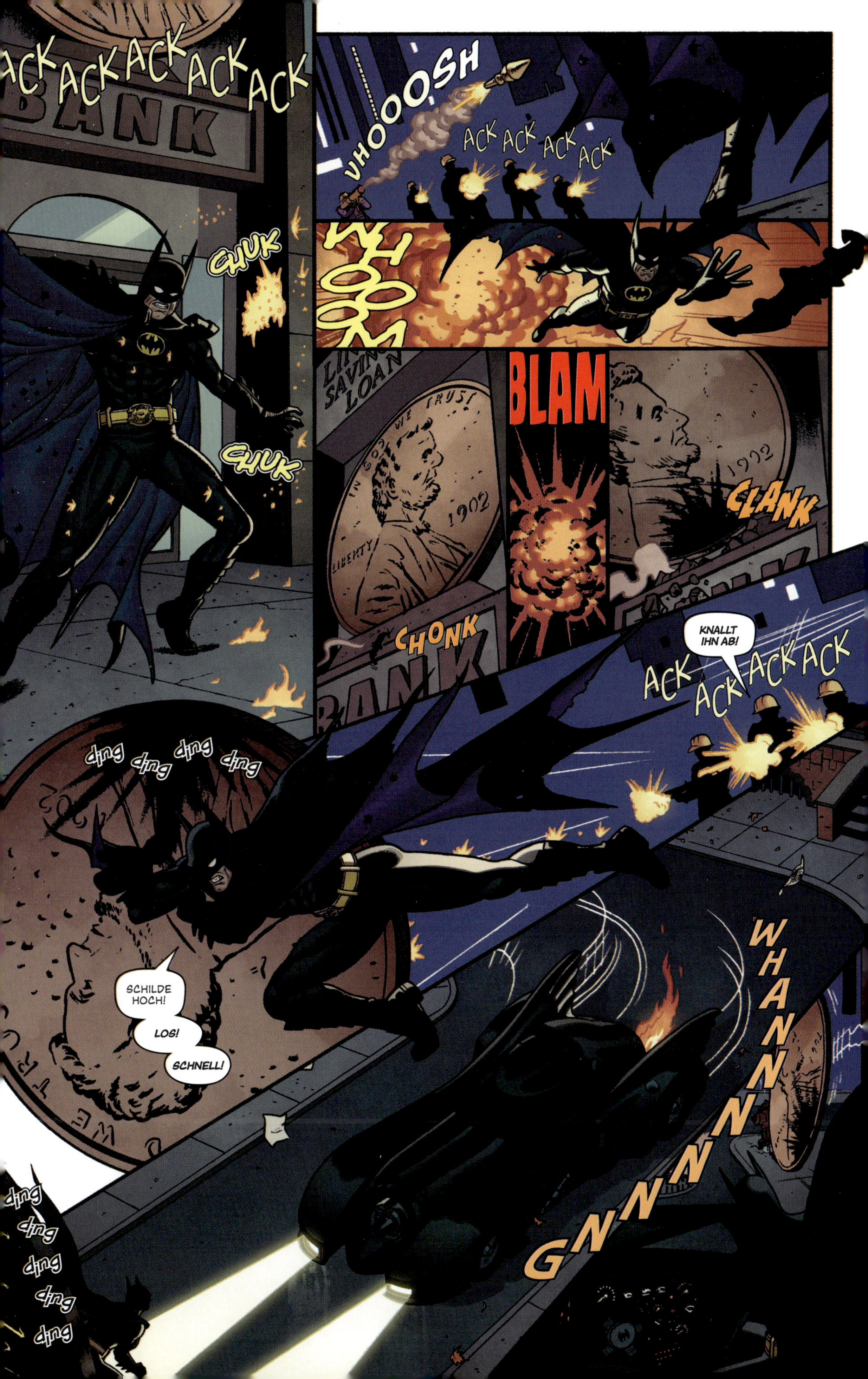
ACK ACK ACK ACK ACK
BANK
CHUK
CHUK
VHOOOOSH
ACK ACK ACK ACK
WHOOM
SAVINGS LOAN
BLAM
CLANK
CHONK
KNALLT IHN AB!
ACK ACK ACK ACK
ding ding ding ding
SCHILDE HOCH!
LOS!
SCHNELL!
WHANNNNNNN
GNNNNNNN
ding ding ding ding ding

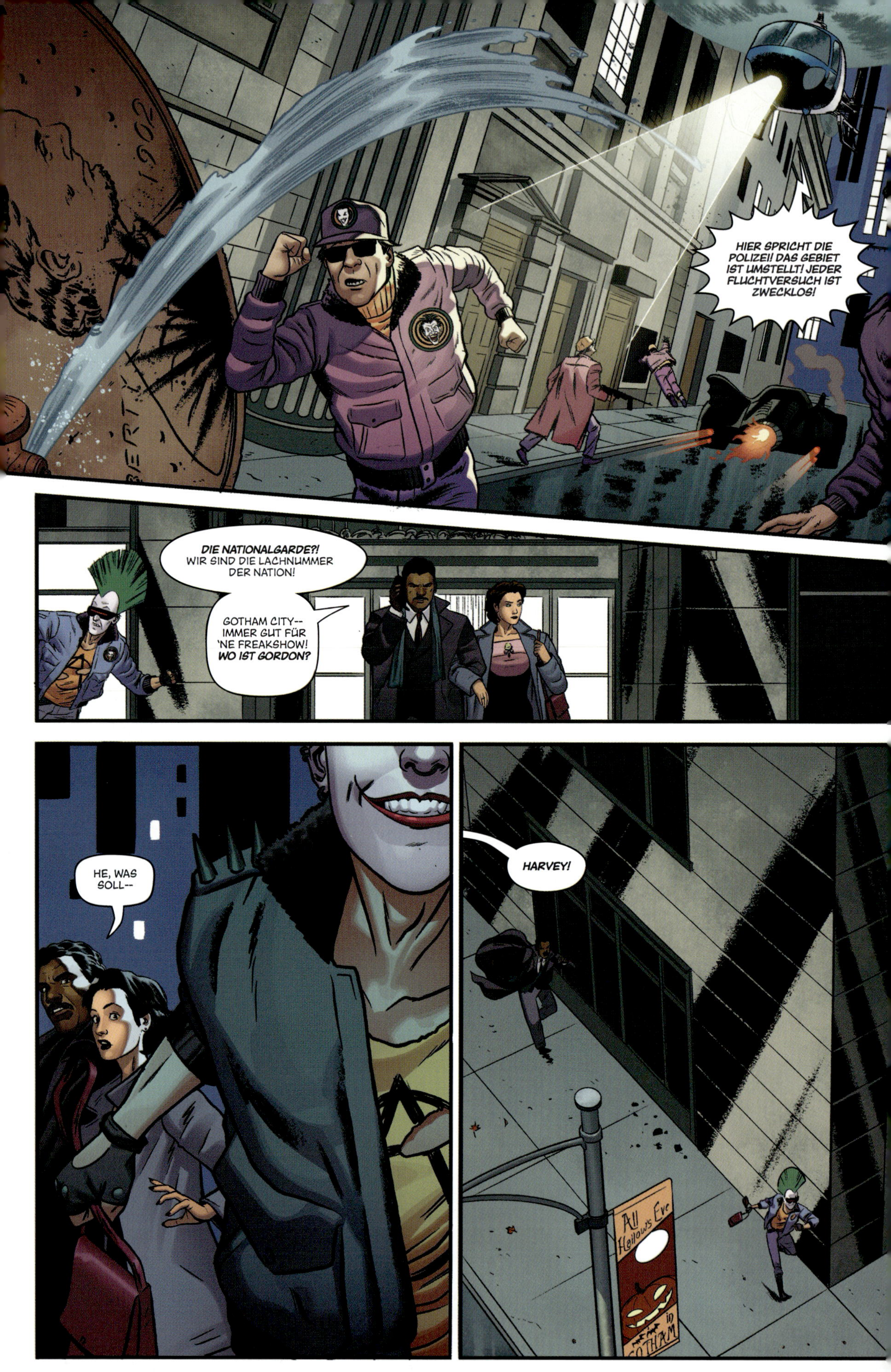

HIER SPRICHT DIE POLIZEI! DAS GEBIET IST UMSTELLT! JEDER FLUCHTVERSUCH IST ZWECKLOS!

DIE NATIONALGARDE?! WIR SIND DIE LACHNUMMER DER NATION!

GOTHAM CITY-- IMMER GUT FÜR 'NE FREAKSHOW! ***WO IST GORDON?***

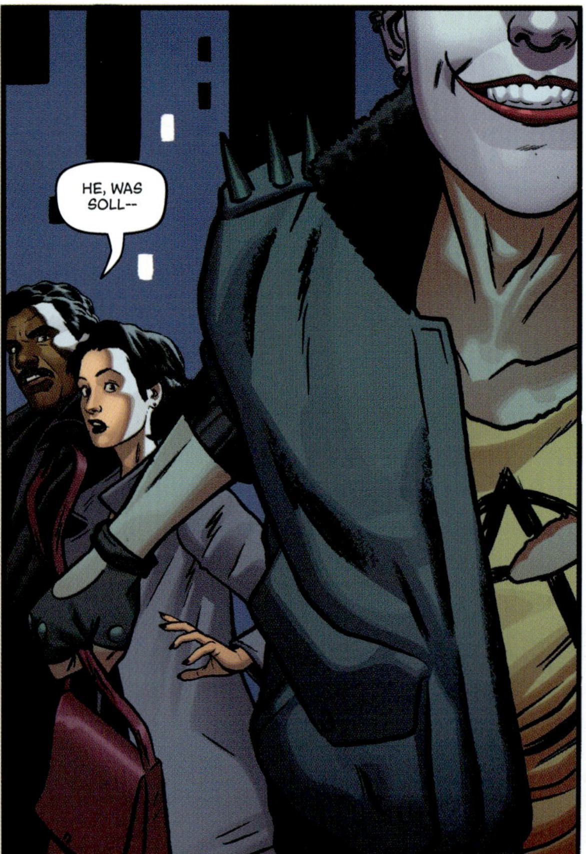

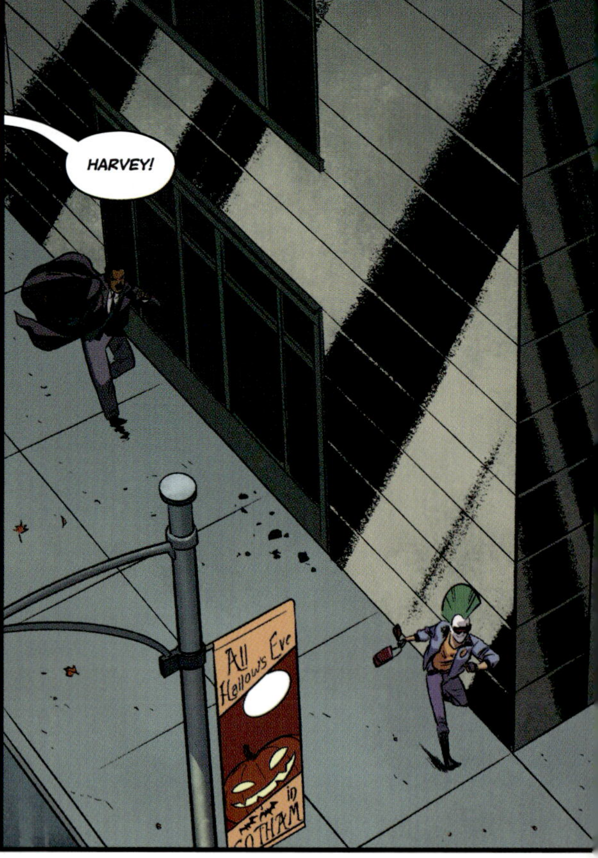

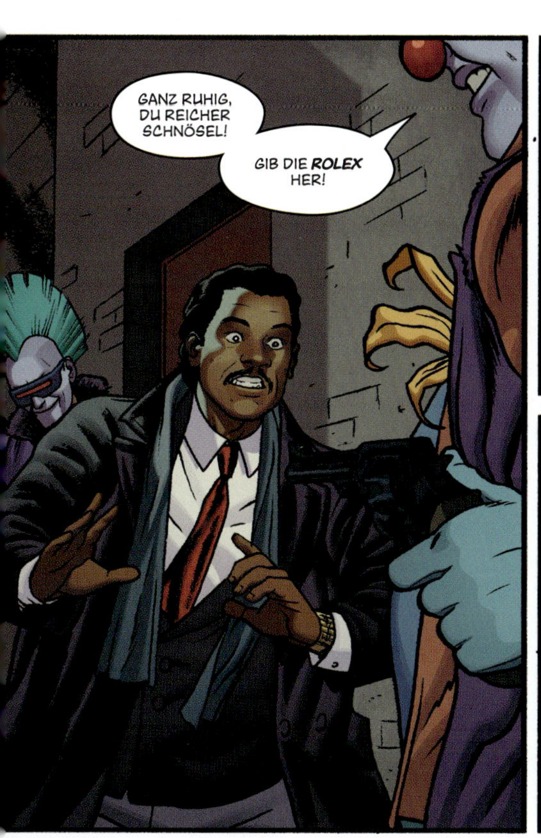
GANZ RUHIG, DU REICHER SCHNÖSEL!
GIB DIE **ROLEX** HER!

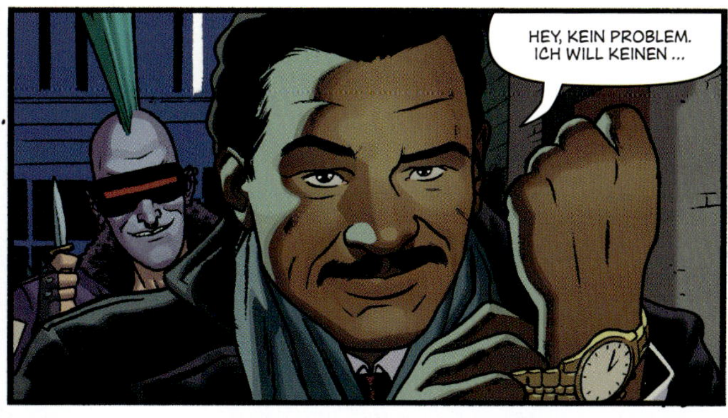
HEY, KEIN PROBLEM. ICH WILL KEINEN ...

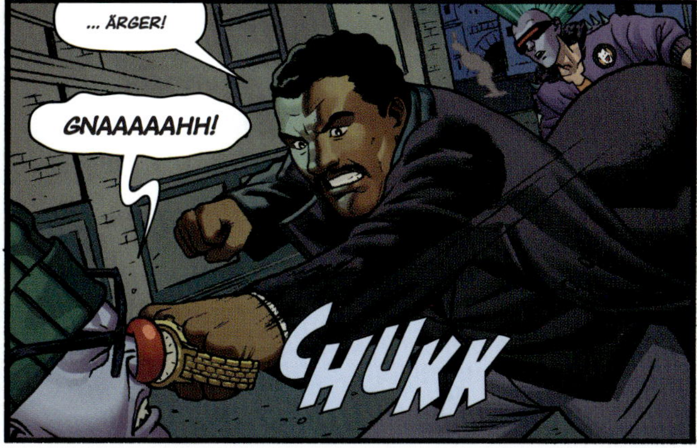
... ÄRGER!
GNAAAAAHH!
CHUKK

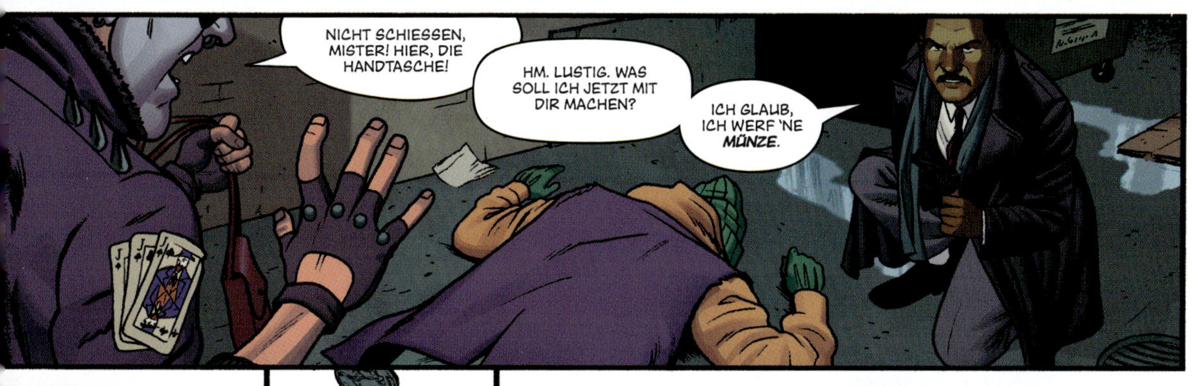
NICHT SCHIESSEN, MISTER! HIER, DIE HANDTASCHE!
HM. LUSTIG. WAS SOLL ICH JETZT MIT DIR MACHEN?
ICH GLAUB, ICH WERF 'NE **MÜNZE**.

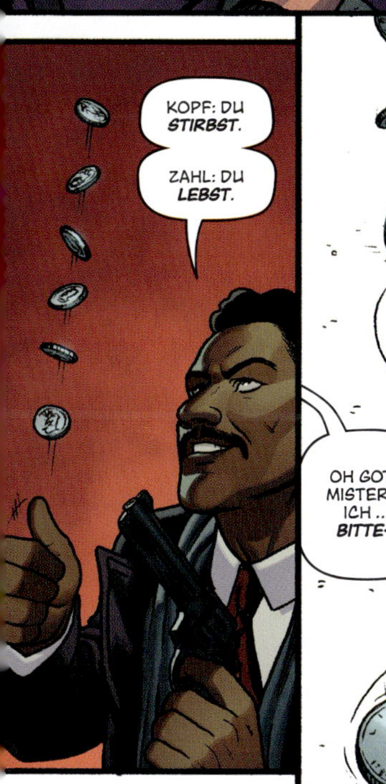
KOPF: DU **STIRBST**.
ZAHL: DU **LEBST**.

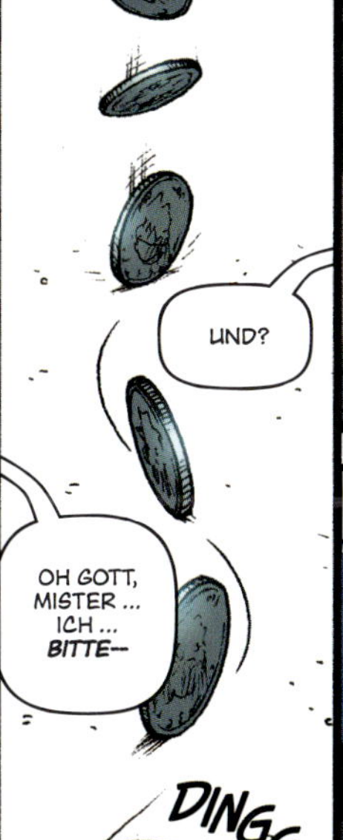
UND?
OH GOTT, MISTER ... ICH ... **BITTE--**

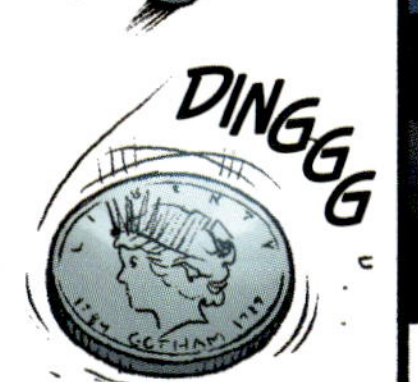
DINGGG

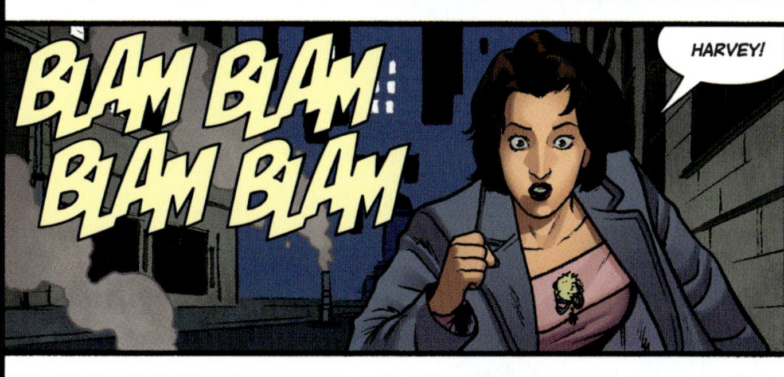
BLAM BLAM BLAM BLAM
HARVEY!

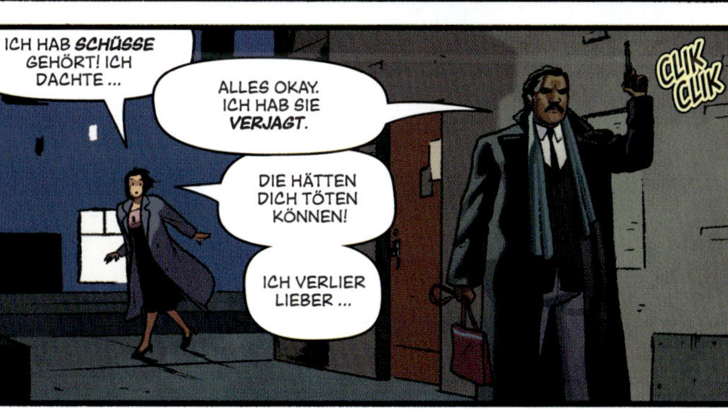
ICH HAB **SCHÜSSE** GEHÖRT! ICH DACHTE ...
ALLES OKAY. ICH HAB SIE **VERJAGT**.
CLIK CLIK
DIE HÄTTEN DICH TÖTEN KÖNNEN!
ICH VERLIER LIEBER ...

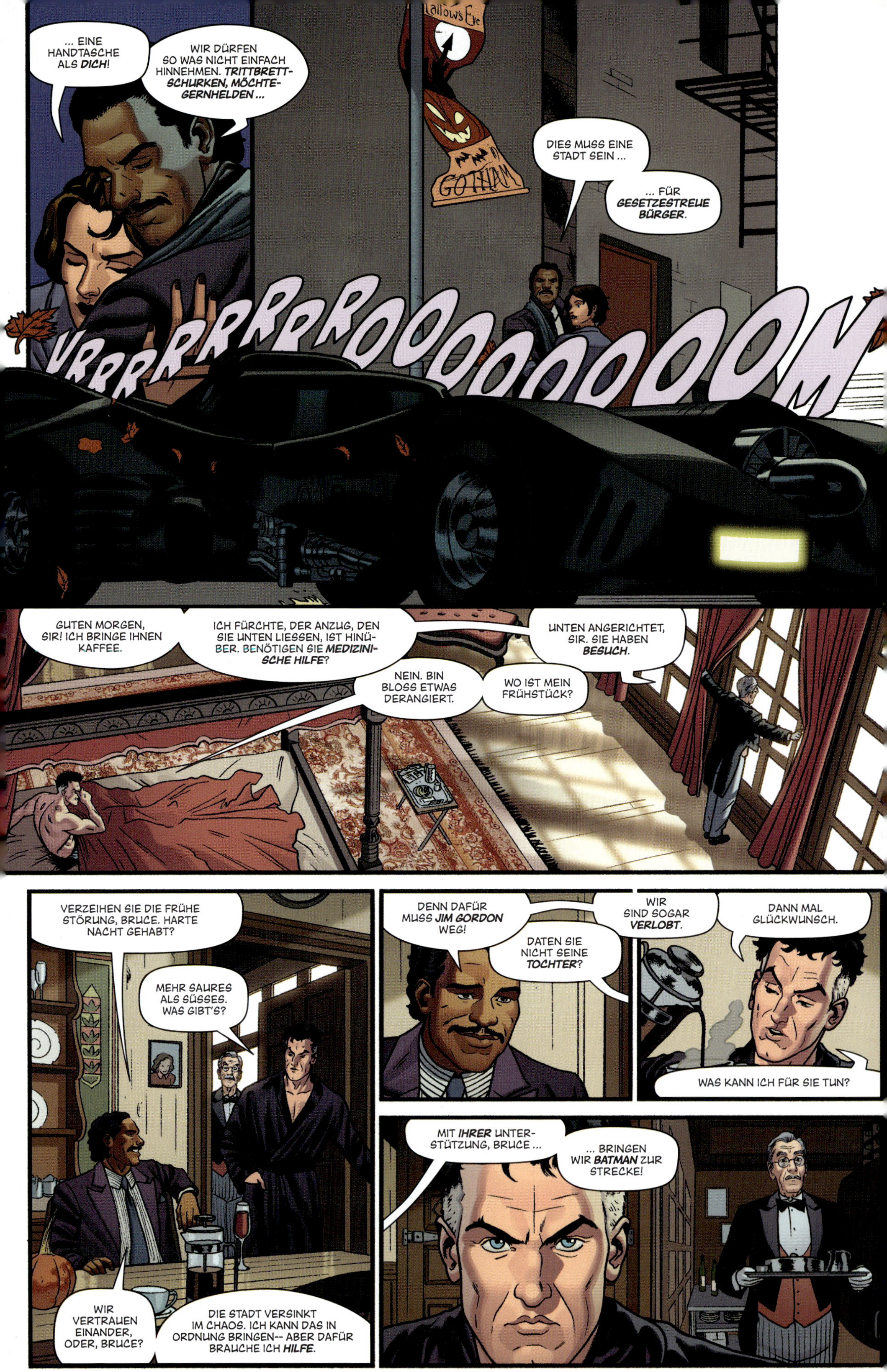

... EINE HANDTASCHE ALS **DICH**!

WIR DÜRFEN SO WAS NICHT EINFACH HINNEHMEN. ***TRITTBRETT-SCHURKEN, MÖCHTE-GERNHELDEN ...***

Gallows Eye

GOTHAM

DIES MUSS EINE STADT SEIN ...

... FÜR ***GESETZESTREUE BÜRGER***.

VRRRRRRRROOOOOOOOOM

GUTEN MORGEN, SIR! ICH BRINGE IHNEN KAFFEE.

ICH FÜRCHTE, DER ANZUG, DEN SIE UNTEN LIESSEN, IST HINÜBER. BENÖTIGEN SIE ***MEDIZINISCHE HILFE***?

NEIN. BIN BLOSS ETWAS DERANGIERT.

WO IST MEIN FRÜHSTÜCK?

UNTEN ANGERICHTET, SIR. SIE HABEN ***BESUCH***.

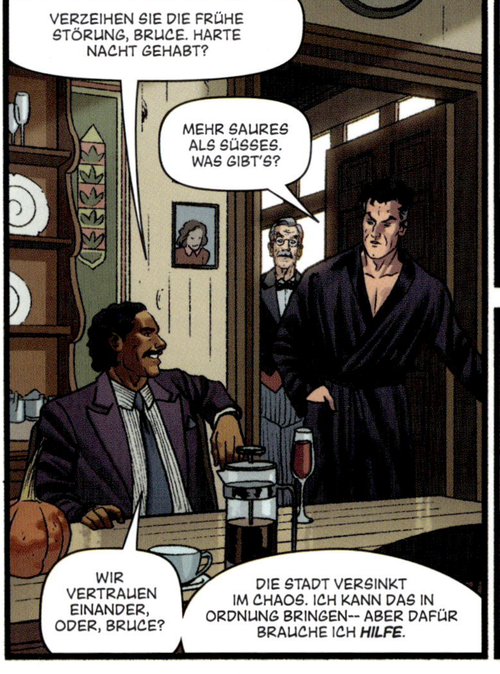

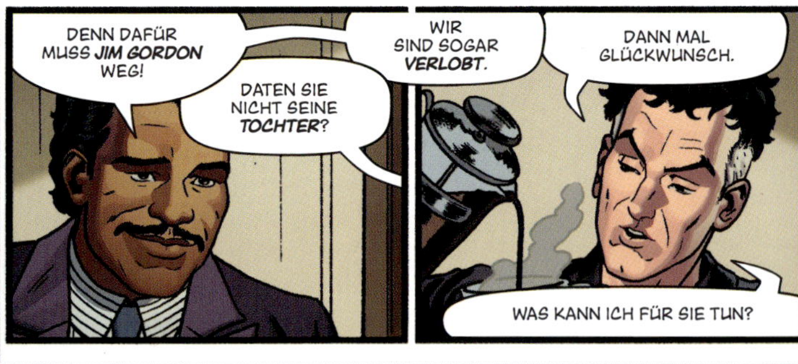

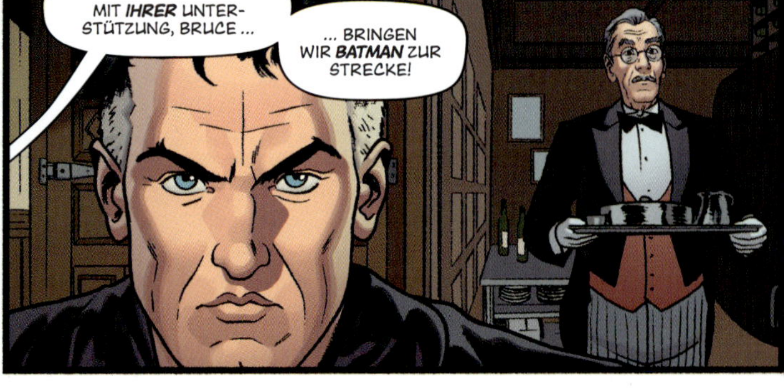

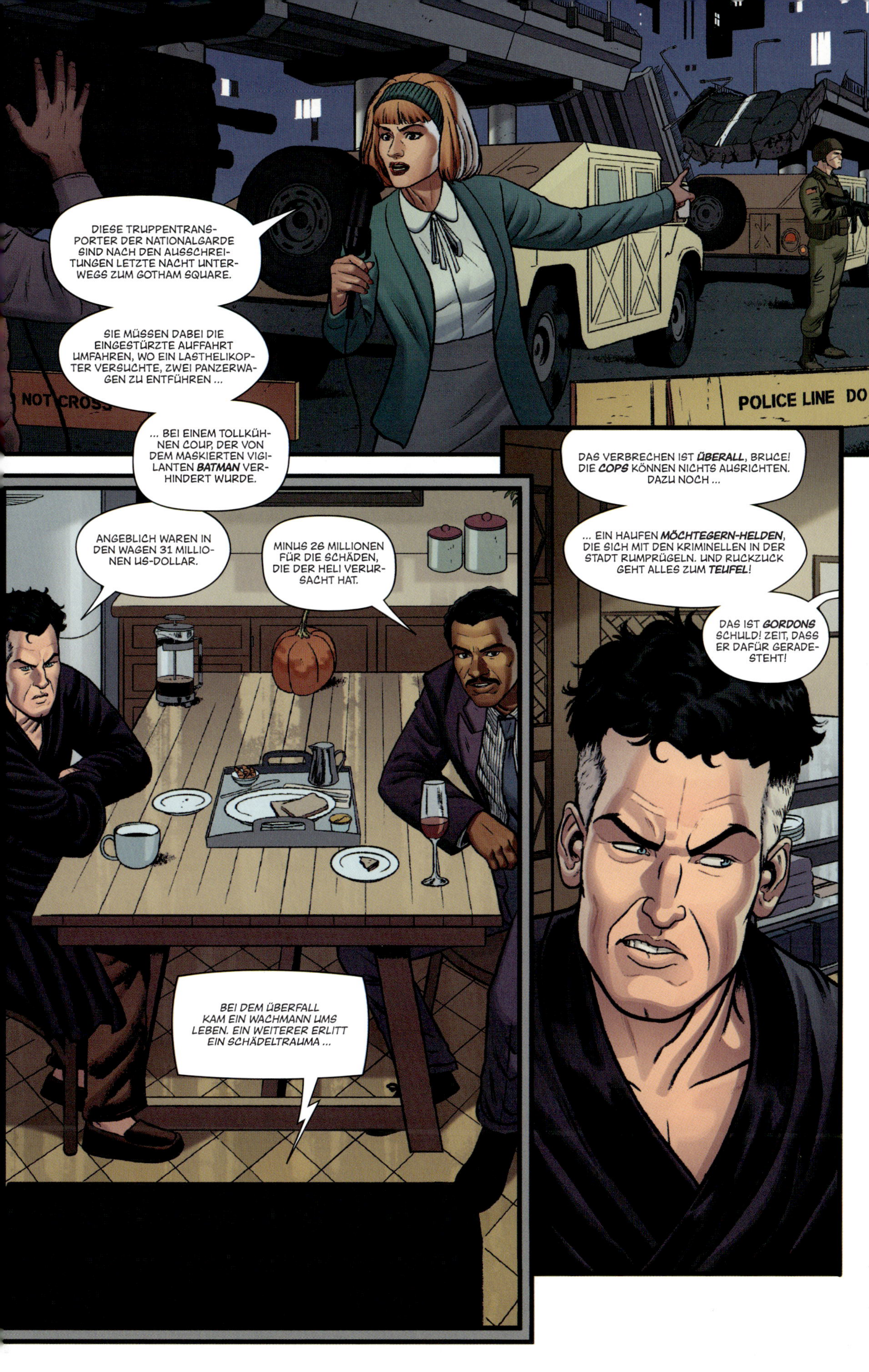

NOT CROSS
POLICE LINE DO
DIESE TRUPPENTRANSPORTER DER NATIONALGARDE SIND NACH DEN AUSSCHREITUNGEN LETZTE NACHT UNTERWEGS ZUM GOTHAM SQUARE.
SIE MÜSSEN DABEI DIE EINGESTÜRZTE AUFFAHRT UMFAHREN, WO EIN LASTHELIKOPTER VERSUCHTE, ZWEI PANZERWAGEN ZU ENTFÜHREN ...
... BEI EINEM TOLLKÜHNEN COUP, DER VON DEM MASKIERTEN VIGILANTEN BATMAN VERHINDERT WURDE.
ANGEBLICH WAREN IN DEN WAGEN 31 MILLIONEN US-DOLLAR.
MINUS 26 MILLIONEN FÜR DIE SCHÄDEN, DIE DER HELI VERURSACHT HAT.
BEI DEM ÜBERFALL KAM EIN WACHMANN UMS LEBEN. EIN WEITERER ERLITT EIN SCHÄDELTRAUMA ...
DAS VERBRECHEN IST ÜBERALL, BRUCE! DIE COPS KÖNNEN NICHTS AUSRICHTEN. DAZU NOCH ...
... EIN HAUFEN MÖCHTEGERN-HELDEN, DIE SICH MIT DEN KRIMINELLEN IN DER STADT RUMPRÜGELN. UND RUCKZUCK GEHT ALLES ZUM TEUFEL!
DAS IST GORDONS SCHULD! ZEIT, DASS ER DAFÜR GERADESTEHT!

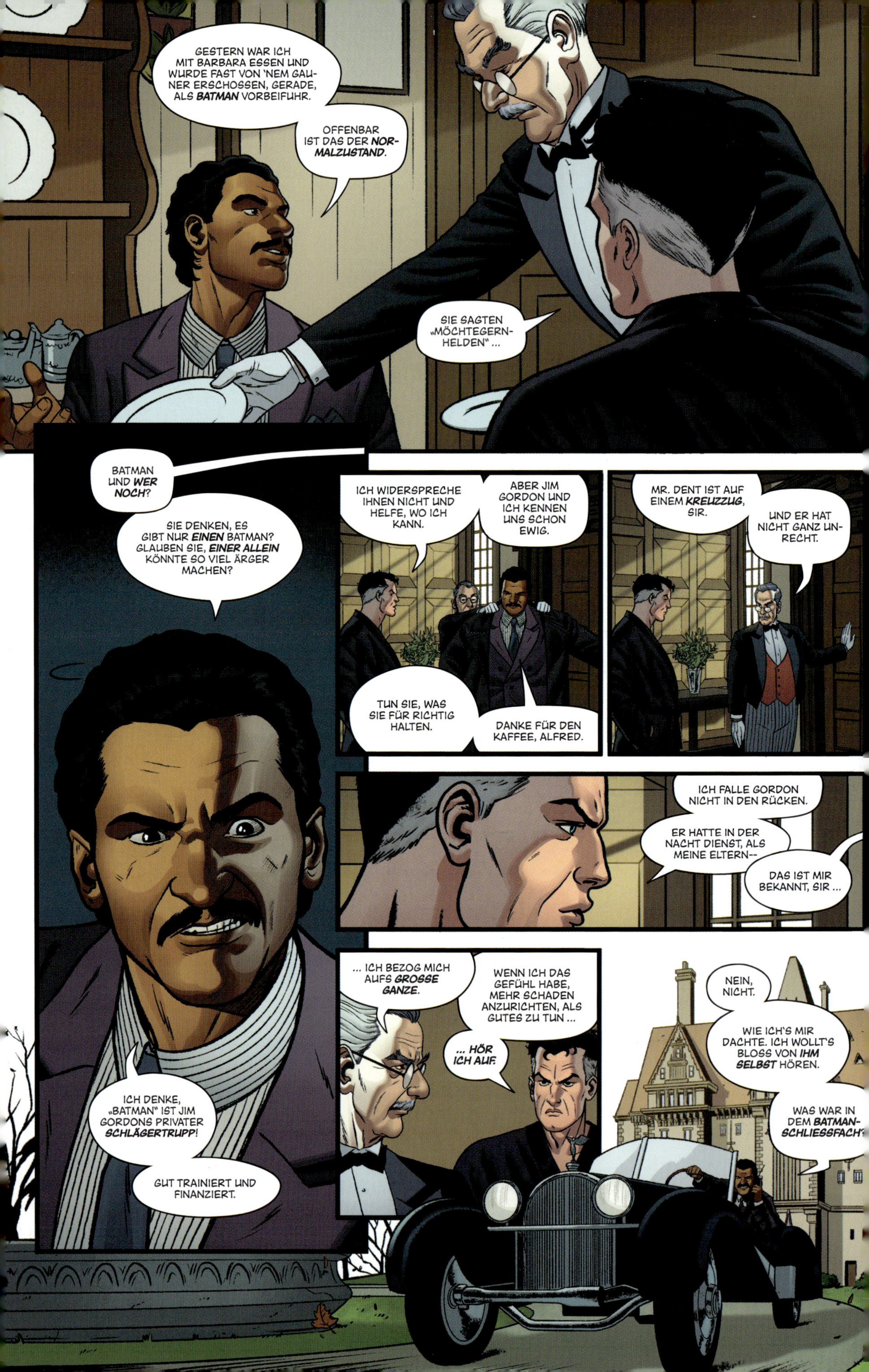

GESTERN WAR ICH MIT BARBARA ESSEN UND WURDE FAST VON 'NEM GAUNER ERSCHOSSEN, GERADE, ALS BATMAN VORBEIFUHR.
OFFENBAR IST DAS DER NORMALZUSTAND.
SIE SAGTEN „MÖCHTEGERN-HELDEN" ...
BATMAN UND WER NOCH?
SIE DENKEN, ES GIBT NUR EINEN BATMAN? GLAUBEN SIE, EINER ALLEIN KÖNNTE SO VIEL ÄRGER MACHEN?
ICH DENKE, „BATMAN" IST JIM GORDONS PRIVATER SCHLÄGERTRUPP!
GUT TRAINIERT UND FINANZIERT.
ICH WIDERSPRECHE IHNEN NICHT UND HELFE, WO ICH KANN.
ABER JIM GORDON UND ICH KENNEN UNS SCHON EWIG.
TUN SIE, WAS SIE FÜR RICHTIG HALTEN.
DANKE FÜR DEN KAFFEE, ALFRED.
MR. DENT IST AUF EINEM KREUZZUG, SIR.
UND ER HAT NICHT GANZ UNRECHT.
ICH FALLE GORDON NICHT IN DEN RÜCKEN.
ER HATTE IN DER NACHT DIENST, ALS MEINE ELTERN--
DAS IST MIR BEKANNT, SIR ...
... ICH BEZOG MICH AUFS GROSSE GANZE.
WENN ICH DAS GEFÜHL HABE, MEHR SCHADEN ANZURICHTEN, ALS GUTES ZU TUN ...
... HÖR ICH AUF.
NEIN, NICHT.
WIE ICH'S MIR DACHTE. ICH WOLLT'S BLOSS VON IHM SELBST HÖREN.
WAS WAR IN DEM BATMAN-SCHLIESSFACH?

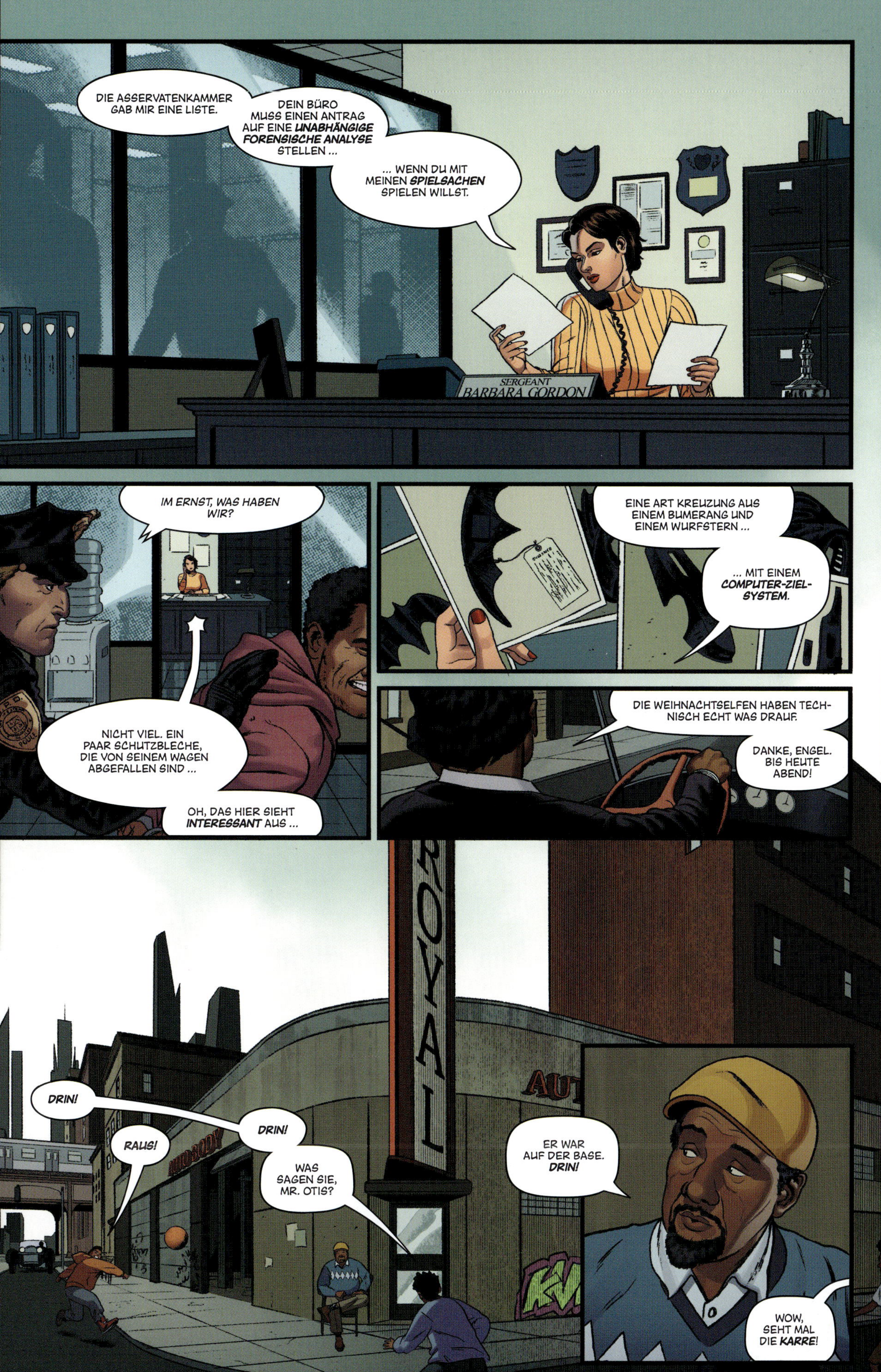
DIE ASSERVATENKAMMER GAB MIR EINE LISTE.
DEIN BÜRO MUSS EINEN ANTRAG AUF EINE **UNABHÄNGIGE FORENSISCHE ANALYSE** STELLEN ...
... WENN DU MIT MEINEN **SPIELSACHEN** SPIELEN WILLST.
SERGEANT BARBARA GORDON
IM ERNST, WAS HABEN WIR?
NICHT VIEL. EIN PAAR SCHUTZBLECHE, DIE VON SEINEM WAGEN ABGEFALLEN SIND ...
OH, DAS HIER SIEHT **INTERESSANT** AUS ...
EINE ART KREUZUNG AUS EINEM BUMERANG UND EINEM WURFSTERN ...
... MIT EINEM **COMPUTER-ZIEL-SYSTEM.**
DIE WEIHNACHTSELFEN HABEN TECHNISCH ECHT WAS DRAUF.
DANKE, ENGEL. BIS HEUTE ABEND!
ROYAL
DRIN!
RAUS!
DRIN!
WAS SAGEN SIE, MR. OTIS?
ER WAR AUF DER BASE. **DRIN!**
WOW, SEHT MAL DIE **KARRE!**

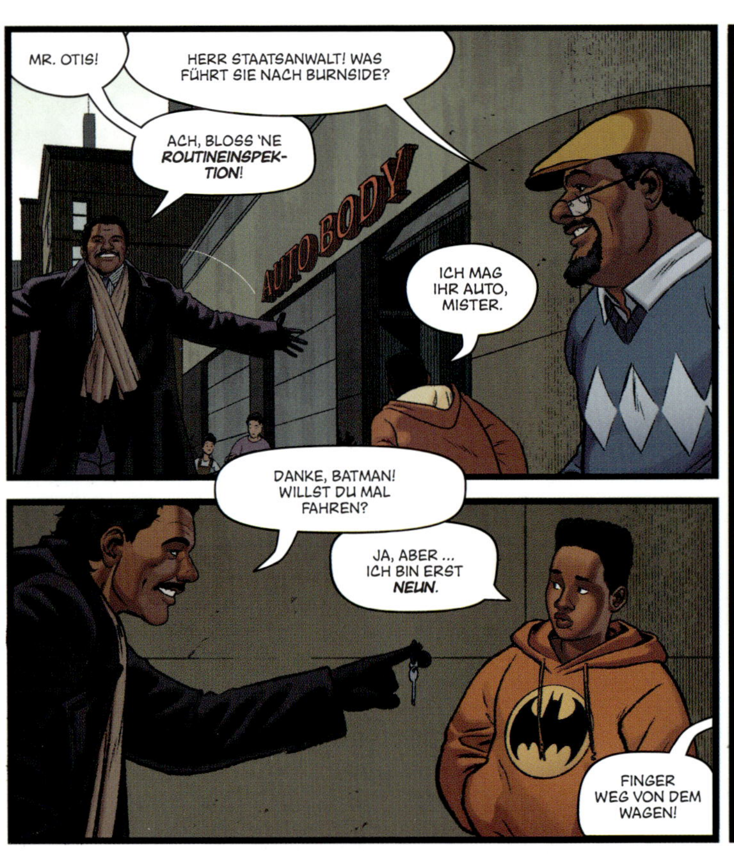
MR. OTIS!
HERR STAATSANWALT! WAS FÜHRT SIE NACH BURNSIDE?
ACH, BLOSS 'NE ROUTINEINSPEKTION!
AUTO BODY
ICH MAG IHR AUTO, MISTER.
DANKE, BATMAN! WILLST DU MAL FAHREN?
JA, ABER ... ICH BIN ERST NEUN.
FINGER WEG VON DEM WAGEN!

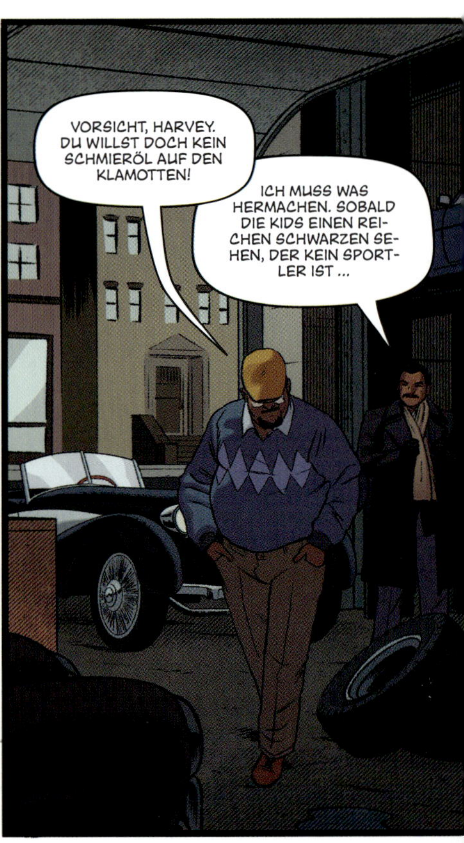
VORSICHT, HARVEY. DU WILLST DOCH KEIN SCHMIERÖL AUF DEN KLAMOTTEN!
ICH MUSS WAS HERMACHEN. SOBALD DIE KIDS EINEN REICHEN SCHWARZEN SEHEN, DER KEIN SPORTLER IST ...

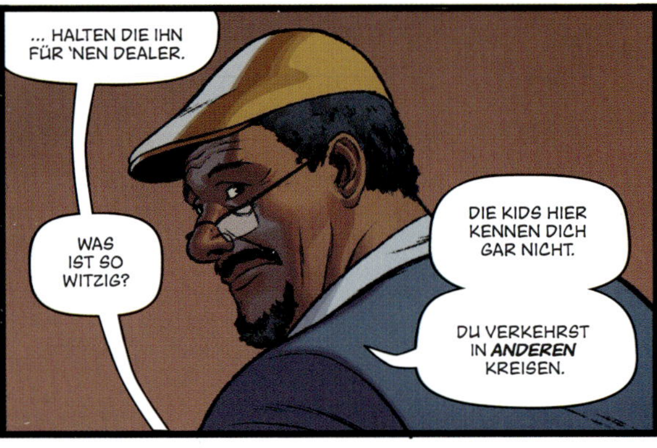
... HALTEN DIE IHN FÜR 'NEN DEALER.
WAS IST SO WITZIG?
DIE KIDS HIER KENNEN DICH GAR NICHT.
DU VERKEHRST IN ANDEREN KREISEN.

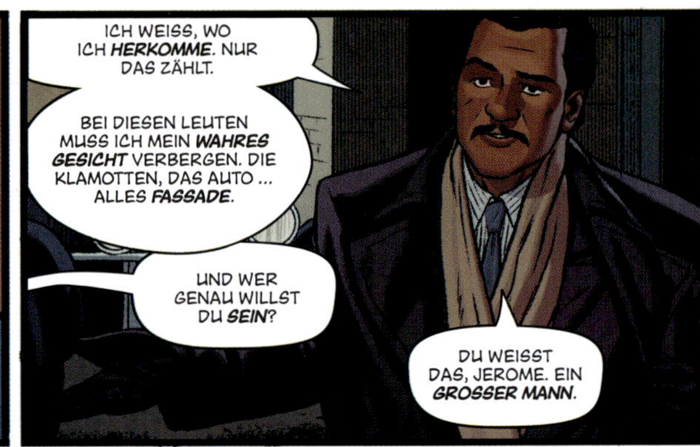
ICH WEISS, WO ICH HERKOMME. NUR DAS ZÄHLT.
BEI DIESEN LEUTEN MUSS ICH MEIN WAHRES GESICHT VERBERGEN. DIE KLAMOTTEN, DAS AUTO ... ALLES FASSADE.
UND WER GENAU WILLST DU SEIN?
DU WEISST DAS, JEROME. EIN GROSSER MANN.

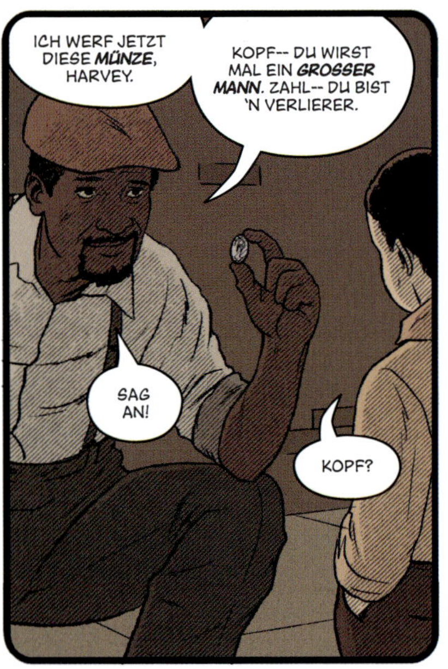
ICH WERF JETZT DIESE MÜNZE, HARVEY.
KOPF-- DU WIRST MAL EIN GROSSER MANN. ZAHL-- DU BIST 'N VERLIERER.
SAG AN!
KOPF?

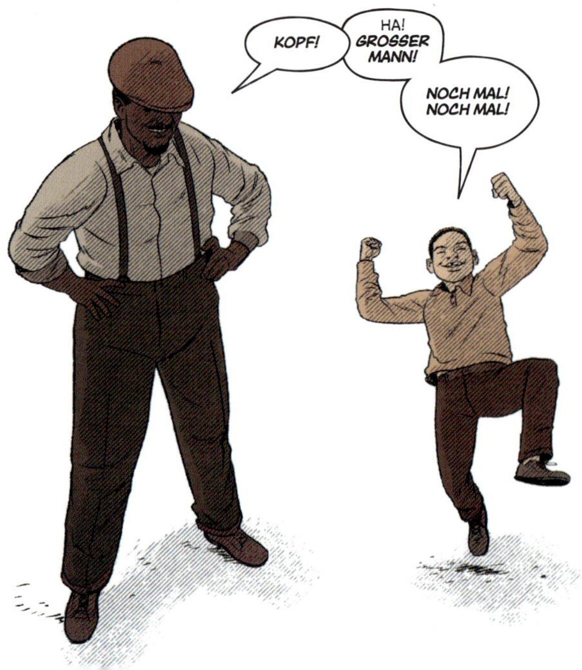
KOPF!
HA! GROSSER MANN!
NOCH MAL! NOCH MAL!

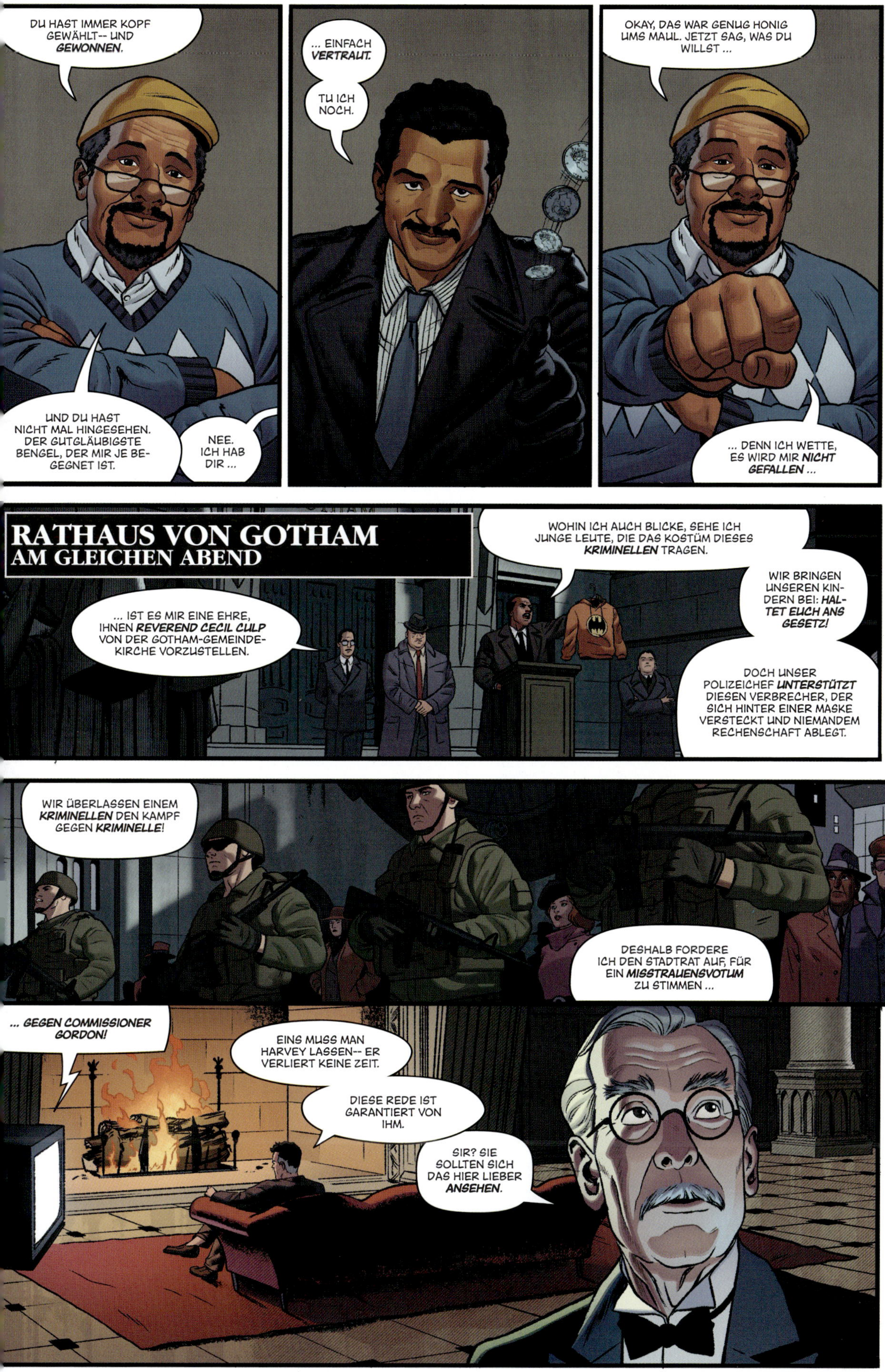

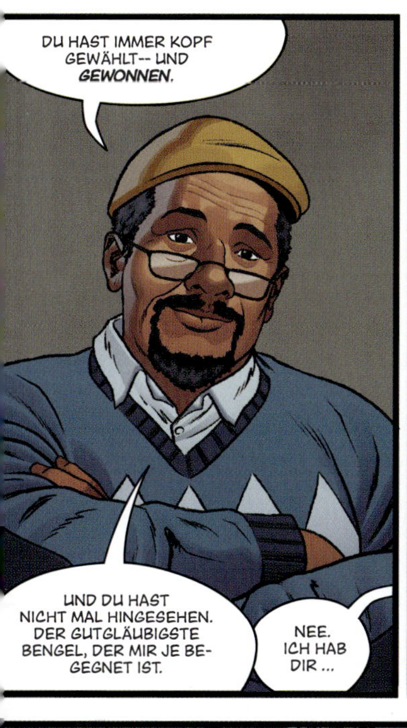
DU HAST IMMER KOPF GEWÄHLT-- UND *GEWONNEN*.
UND DU HAST NICHT MAL HINGESEHEN. DER GUTGLÄUBIGSTE BENGEL, DER MIR JE BE-GEGNET IST.
NEE. ICH HAB DIR ...

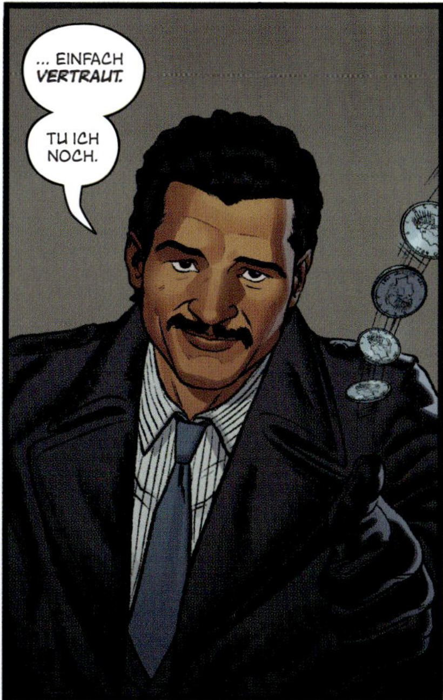
... EINFACH *VERTRAUT*.
TU ICH NOCH.

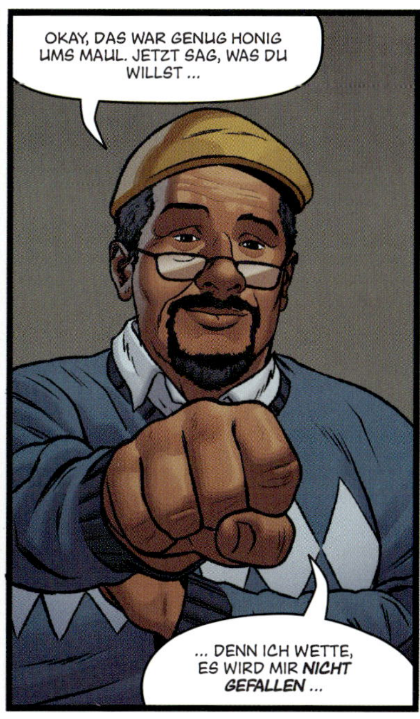
OKAY, DAS WAR GENUG HONIG UMS MAUL. JETZT SAG, WAS DU WILLST ...
... DENN ICH WETTE, ES WIRD MIR *NICHT GEFALLEN* ...

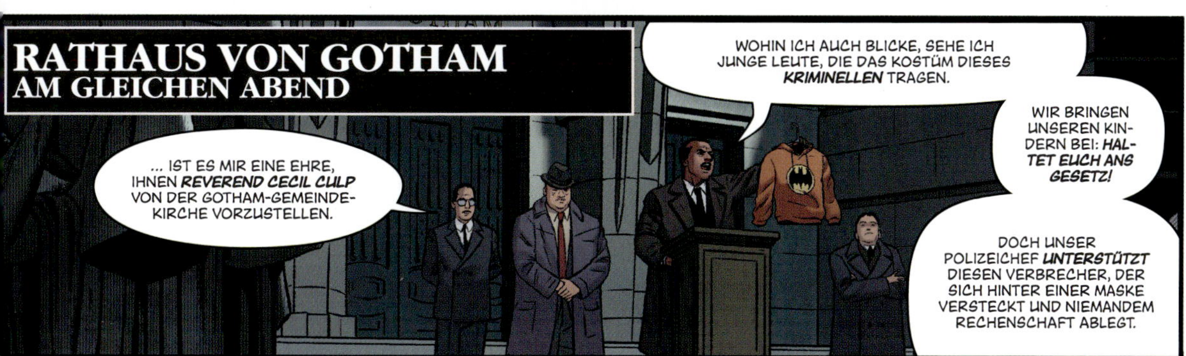
RATHAUS VON GOTHAM
AM GLEICHEN ABEND
... IST ES MIR EINE EHRE, IHNEN *REVEREND CECIL CULP* VON DER GOTHAM-GEMEINDE-KIRCHE VORZUSTELLEN.
WOHIN ICH AUCH BLICKE, SEHE ICH JUNGE LEUTE, DIE DAS KOSTÜM DIESES *KRIMINELLEN* TRAGEN.
WIR BRINGEN UNSEREN KIN-DERN BEI: *HAL-TET EUCH ANS GESETZ!*
DOCH UNSER POLIZEICHEF *UNTERSTÜTZT* DIESEN VERBRECHER, DER SICH HINTER EINER MASKE VERSTECKT UND NIEMANDEM RECHENSCHAFT ABLEGT.

WIR ÜBERLASSEN EINEM *KRIMINELLEN* DEN KAMPF GEGEN *KRIMINELLE*!
DESHALB FORDERE ICH DEN STADTRAT AUF, FÜR EIN *MISSTRAUENSVOTUM* ZU STIMMEN ...

... GEGEN COMMISSIONER GORDON!
EINS MUSS MAN HARVEY LASSEN-- ER VERLIERT KEINE ZEIT.
DIESE REDE IST GARANTIERT VON IHM.
SIR? SIE SOLLTEN SICH DAS HIER LIEBER *ANSEHEN*.

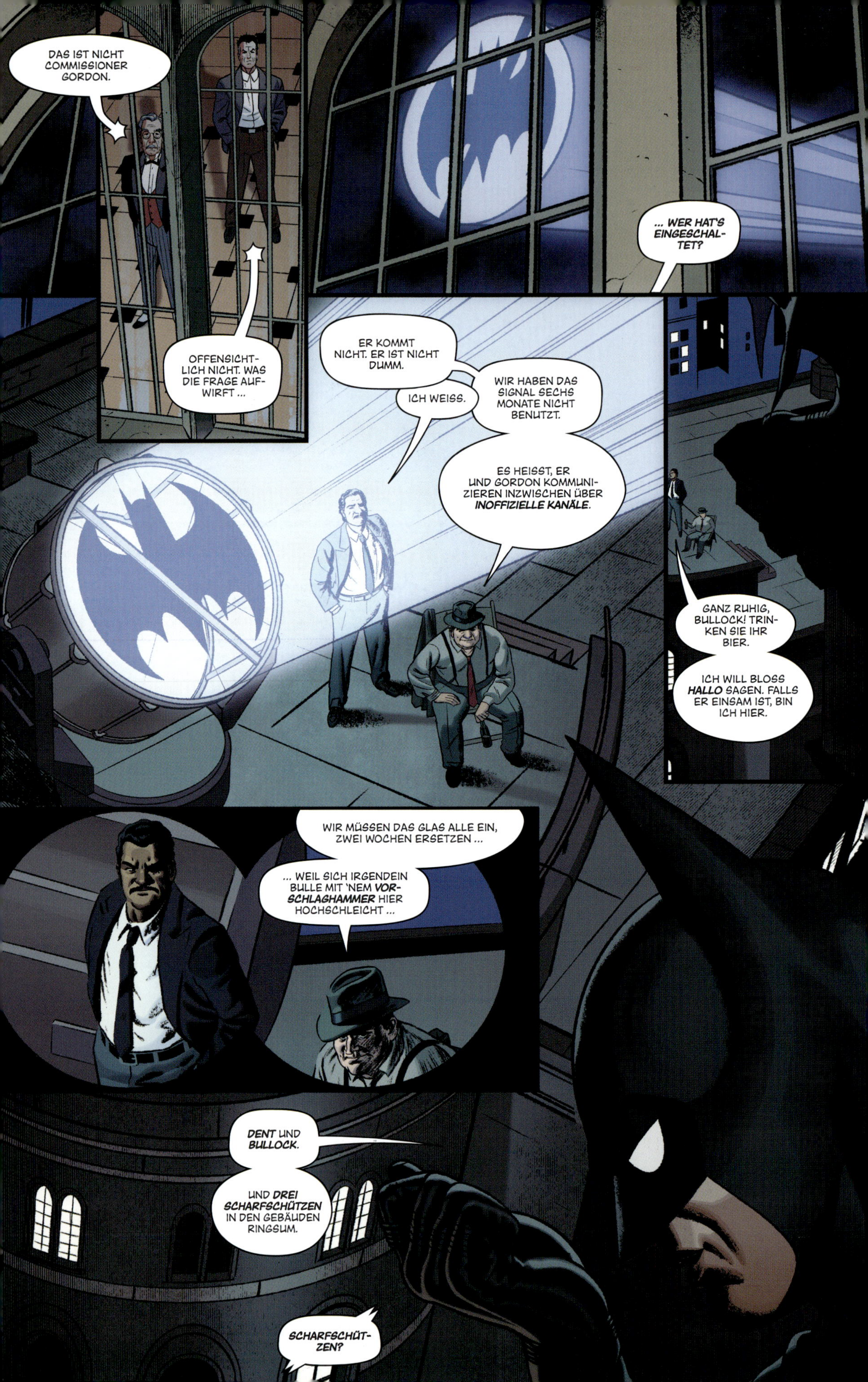
DAS IST NICHT COMMISSIONER GORDON.
... WER HAT'S EINGESCHAL-TET?
OFFENSICHT-LICH NICHT. WAS DIE FRAGE AUF-WIRFT ...
ER KOMMT NICHT. ER IST NICHT DUMM.
ICH WEISS.
WIR HABEN DAS SIGNAL SECHS MONATE NICHT BENUTZT.
ES HEISST, ER UND GORDON KOMMUNI-ZIEREN INZWISCHEN ÜBER INOFFIZIELLE KANÄLE.
GANZ RUHIG, BULLOCK! TRIN-KEN SIE IHR BIER.
ICH WILL BLOSS HALLO SAGEN. FALLS ER EINSAM IST, BIN ICH HIER.
WIR MÜSSEN DAS GLAS ALLE EIN, ZWEI WOCHEN ERSETZEN ...
... WEIL SICH IRGENDEIN BULLE MIT 'NEM VOR-SCHLAGHAMMER HIER HOCHSCHLEICHT ...
DENT UND BULLOCK.
UND DREI SCHARFSCHÜTZEN IN DEN GEBÄUDEN RINGSUM.
SCHARFSCHÜT-ZEN?

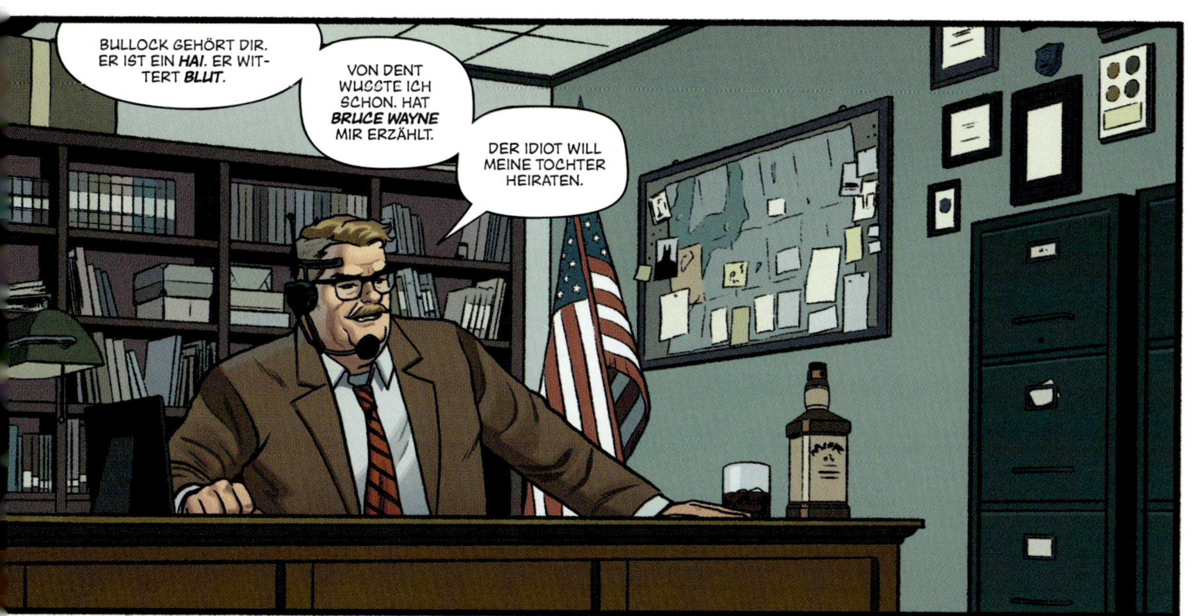
BULLOCK GEHÖRT DIR. ER IST EIN **HAI**. ER WITTERT **BLUT**.
VON DENT WUSSTE ICH SCHON. HAT **BRUCE WAYNE** MIR ERZÄHLT.
DER IDIOT WILL MEINE TOCHTER HEIRATEN.

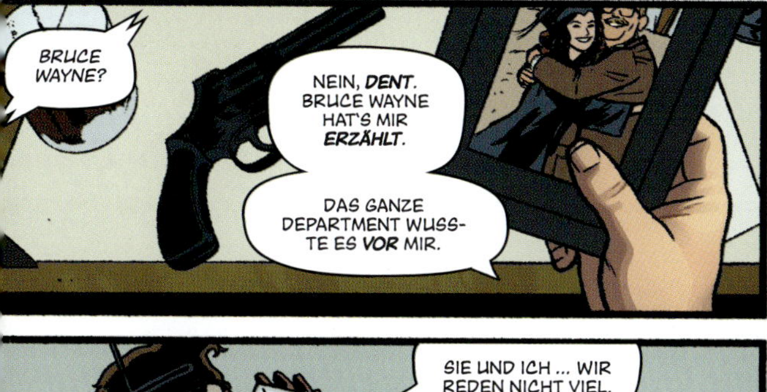
BRUCE WAYNE?
NEIN, **DENT**. BRUCE WAYNE HAT'S MIR **ERZÄHLT**.
DAS GANZE DEPARTMENT WUSSTE ES **VOR** MIR.

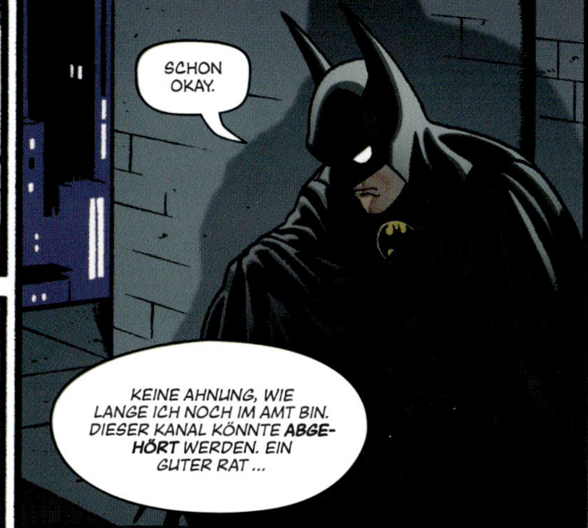
SCHON OKAY.

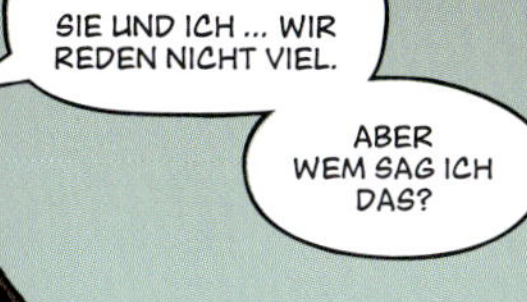
SIE UND ICH ... WIR REDEN NICHT VIEL.
ABER WEM SAG ICH DAS?
KEINE AHNUNG, WIE LANGE ICH NOCH IM AMT BIN. DIESER KANAL KÖNNTE **ABGEHÖRT** WERDEN. EIN GUTER RAT ...

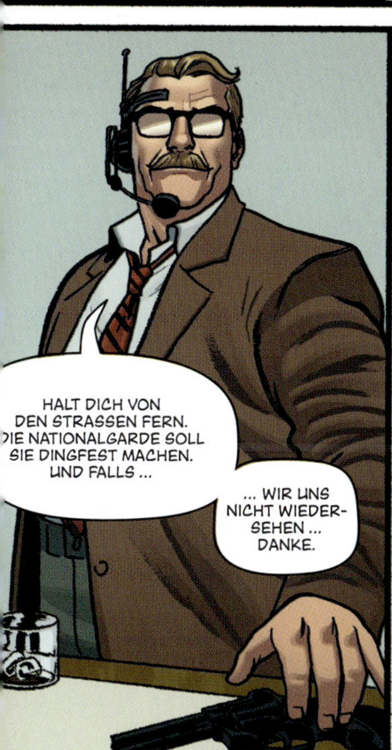
HALT DICH VON DEN STRASSEN FERN. DIE NATIONALGARDE SOLL SIE DINGFEST MACHEN. UND FALLS ...
... WIR UNS NICHT WIEDERSEHEN ... DANKE.

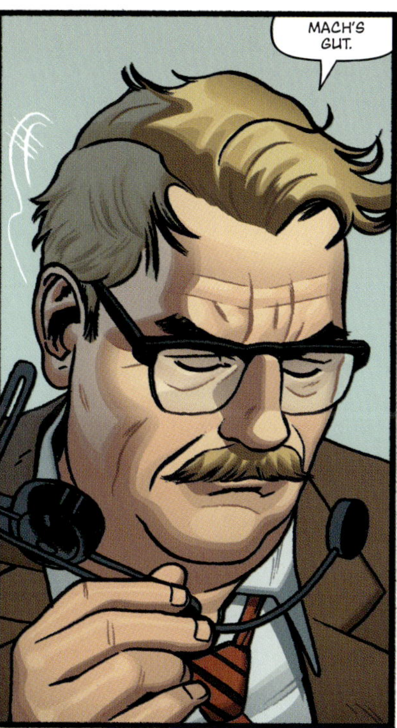
MACH'S GUT.

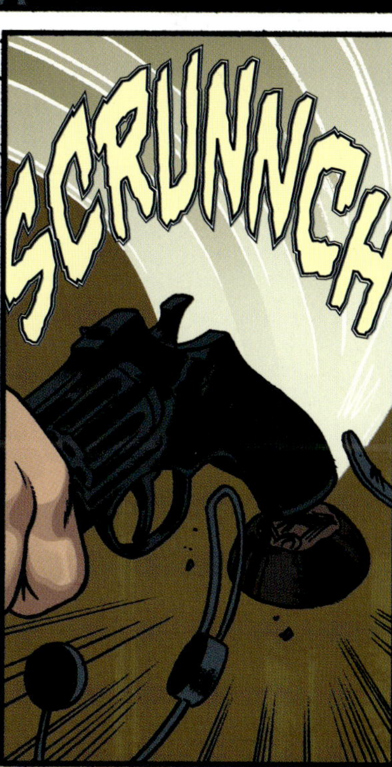
SCRUNNCH

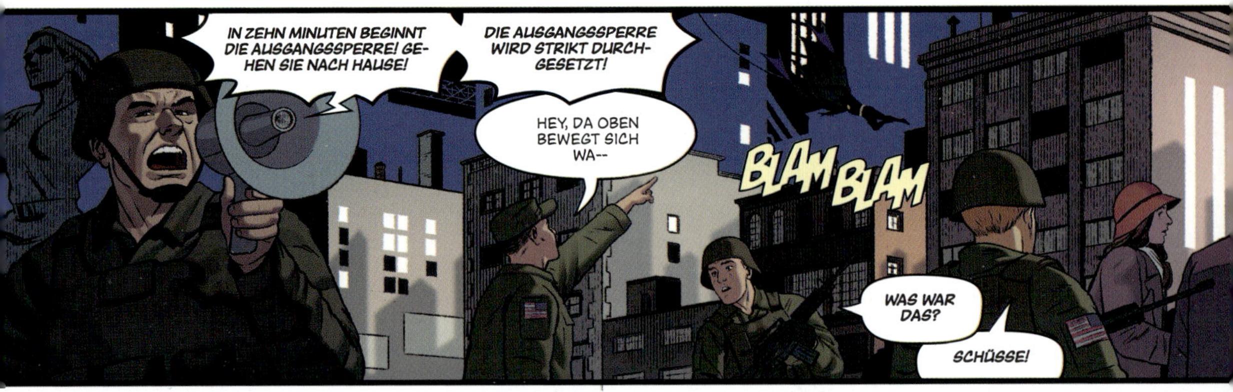
IN ZEHN MINUTEN BEGINNT DIE AUSGANGSSPERRE! GEHEN SIE NACH HAUSE!
DIE AUSGANGSSPERRE WIRD STRIKT DURCHGESETZT!
HEY, DA OBEN BEWEGT SICH WA--
BLAM BLAM
WAS WAR DAS?
SCHÜSSE!

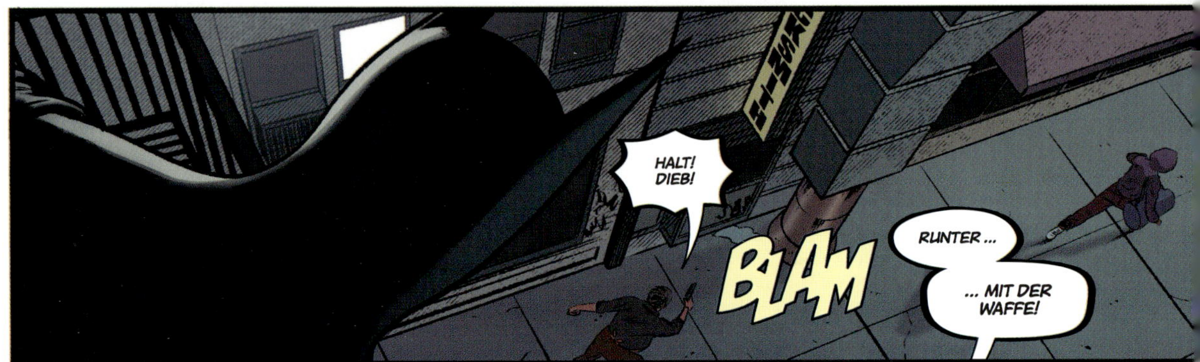
HALT! DIEB!
BLAM
RUNTER ...
... MIT DER WAFFE!

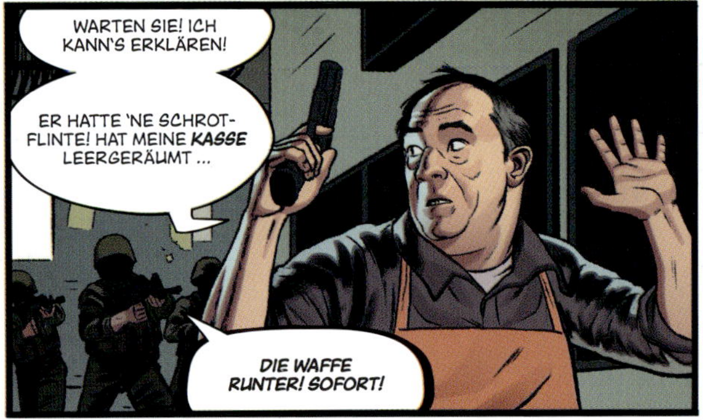
WARTEN SIE! ICH KANN'S ERKLÄREN!
ER HATTE 'NE SCHROTFLINTE! HAT MEINE KASSE LEERGERÄUMT ...
DIE WAFFE RUNTER! SOFORT!

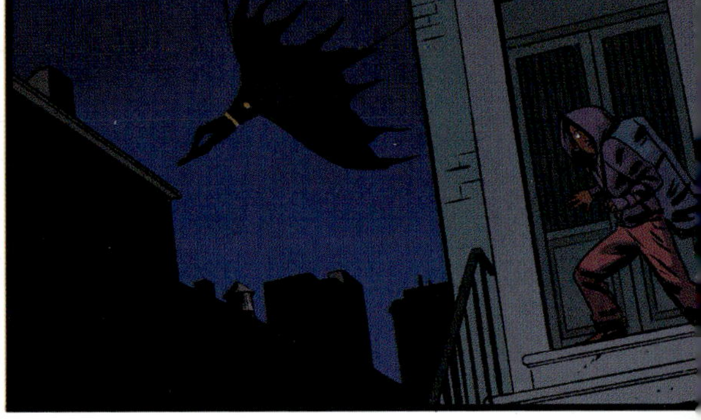

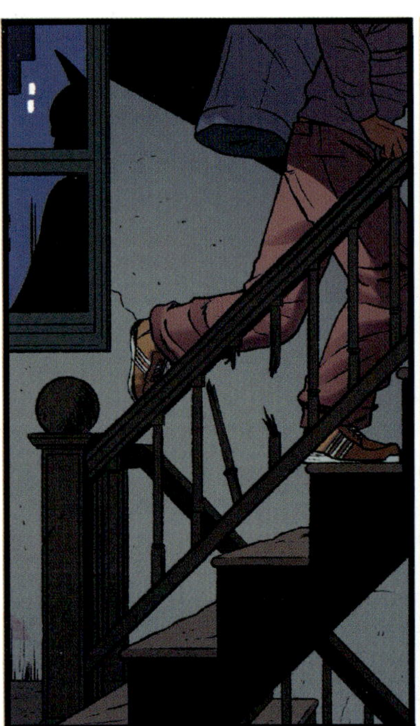

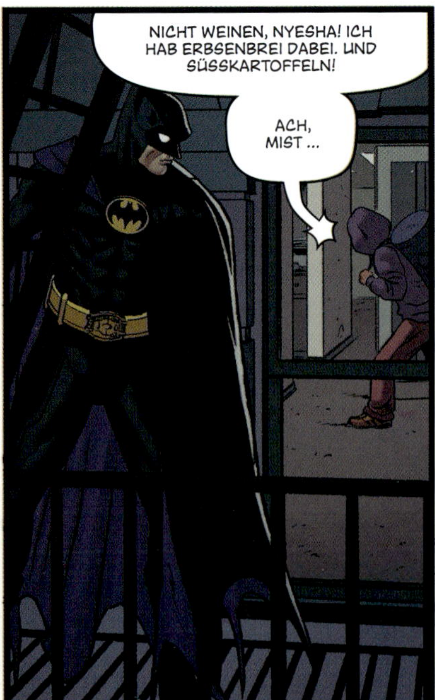
NICHT WEINEN, NYESHA! ICH HAB ERBSENBREI DABEI. UND SÜSSKARTOFFELN!
ACH, MIST ...

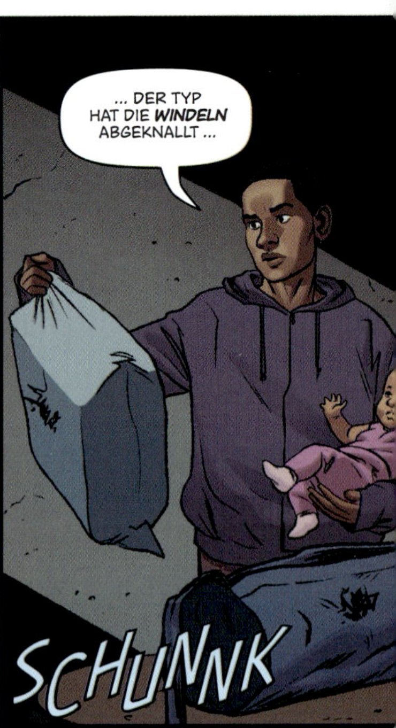
... DER TYP HAT DIE WINDELN ABGEKNALLT ...
SCHUNNK

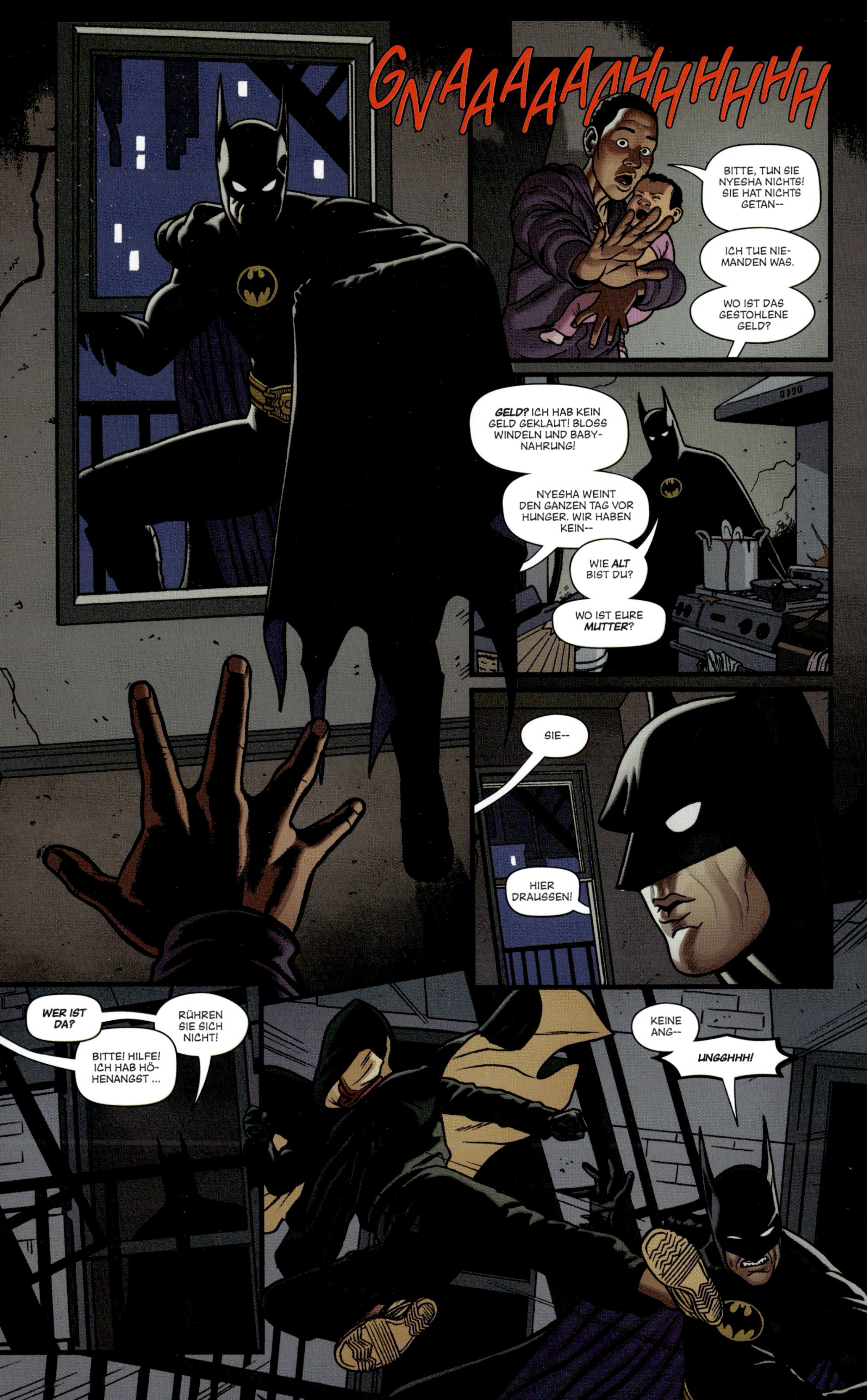
GNAAAAAAHHHHHH
BITTE, TUN SIE NYESHA NICHTS! SIE HAT NICHTS GETAN--
ICH TUE NIEMANDEN WAS.
WO IST DAS GESTOHLENE GELD?
GELD? ICH HAB KEIN GELD GEKLAUT! BLOSS WINDELN UND BABYNAHRUNG!
NYESHA WEINT DEN GANZEN TAG VOR HUNGER. WIR HABEN KEIN--
WIE ALT BIST DU?
WO IST EURE MUTTER?
SIE--
HIER DRAUSSEN!
WER IST DA?
RÜHREN SIE SICH NICHT!
BITTE! HILFE! ICH HAB HÖHENANGST ...
KEINE ANG--
UNGGHHH!

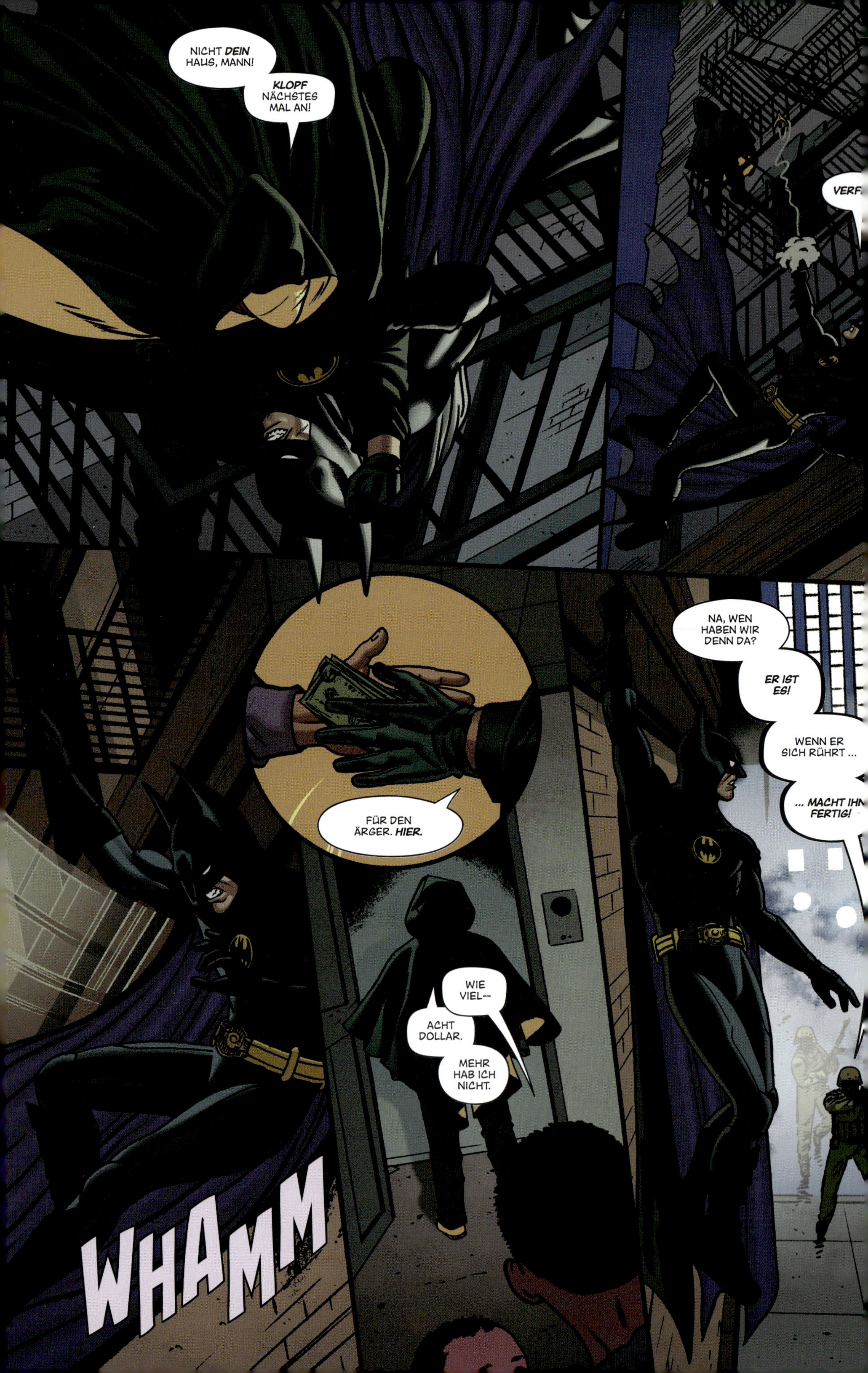
NICHT DEIN HAUS, MANN!
KLOPF NÄCHSTES MAL AN!
FÜR DEN ÄRGER. HIER.
WIE VIEL--
ACHT DOLLAR.
MEHR HAB ICH NICHT.
WHAMM
NA, WEN HABEN WIR DENN DA?
ER IST ES!
WENN ER SICH RÜHRT ...
... MACHT IHN FERTIG!

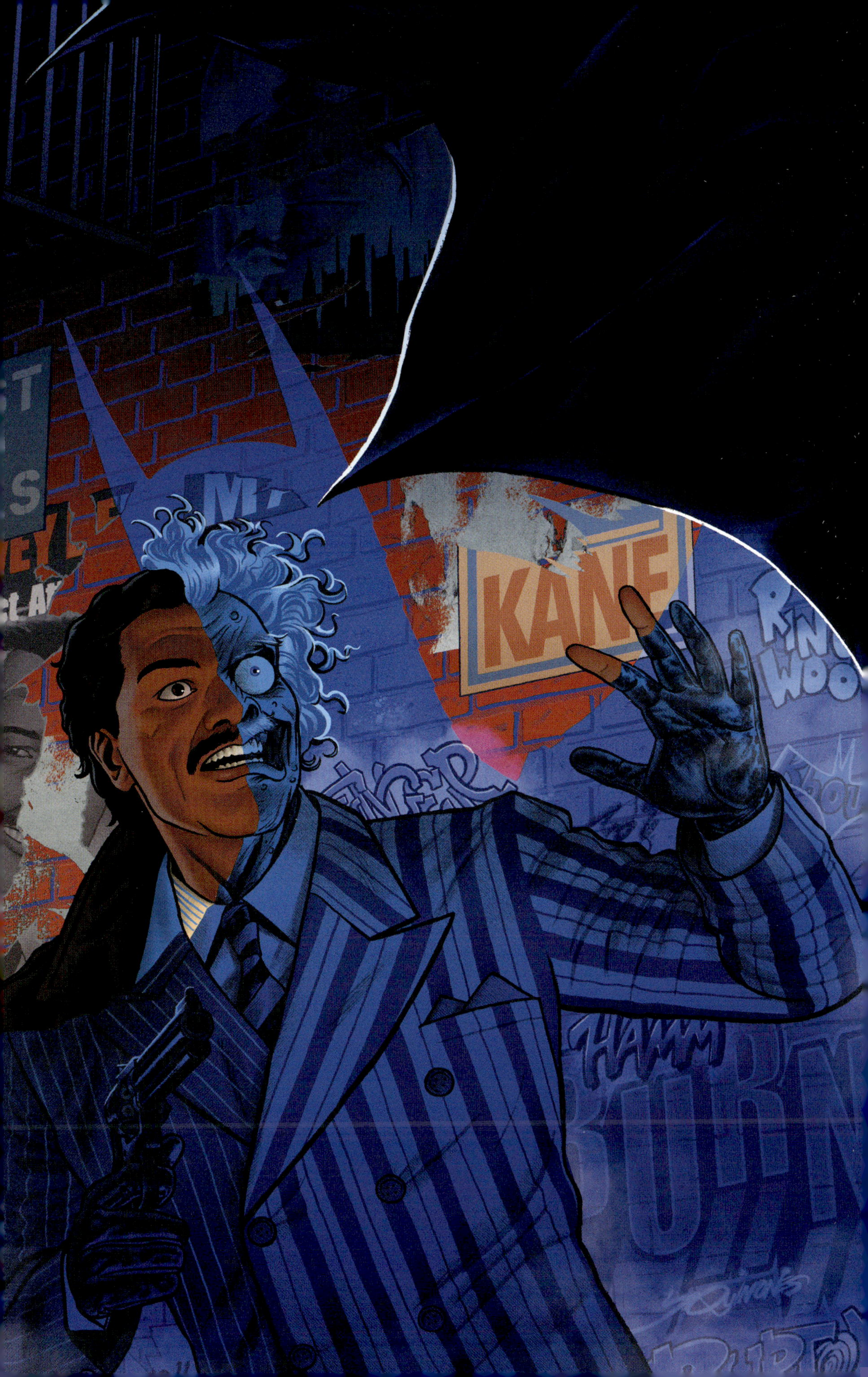
KANE

BATMAN '89 2

SCHATTEN
Kapitel 2

SAM HAMM
Story

JOE QUINONES
Zeichnungen & Tusche

LEONARDO ITO
Farben

JOE QUINONES
Original-Cover

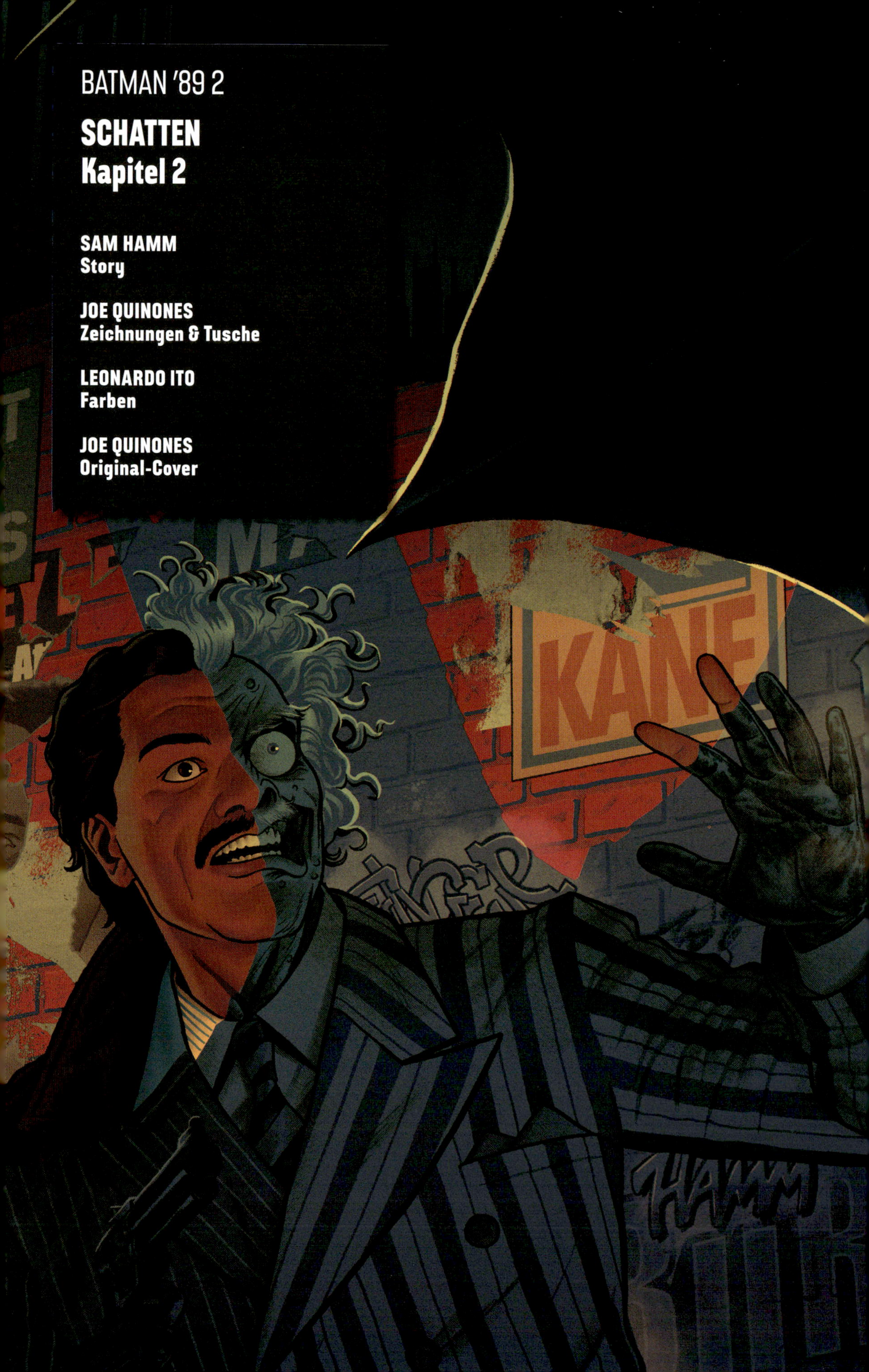

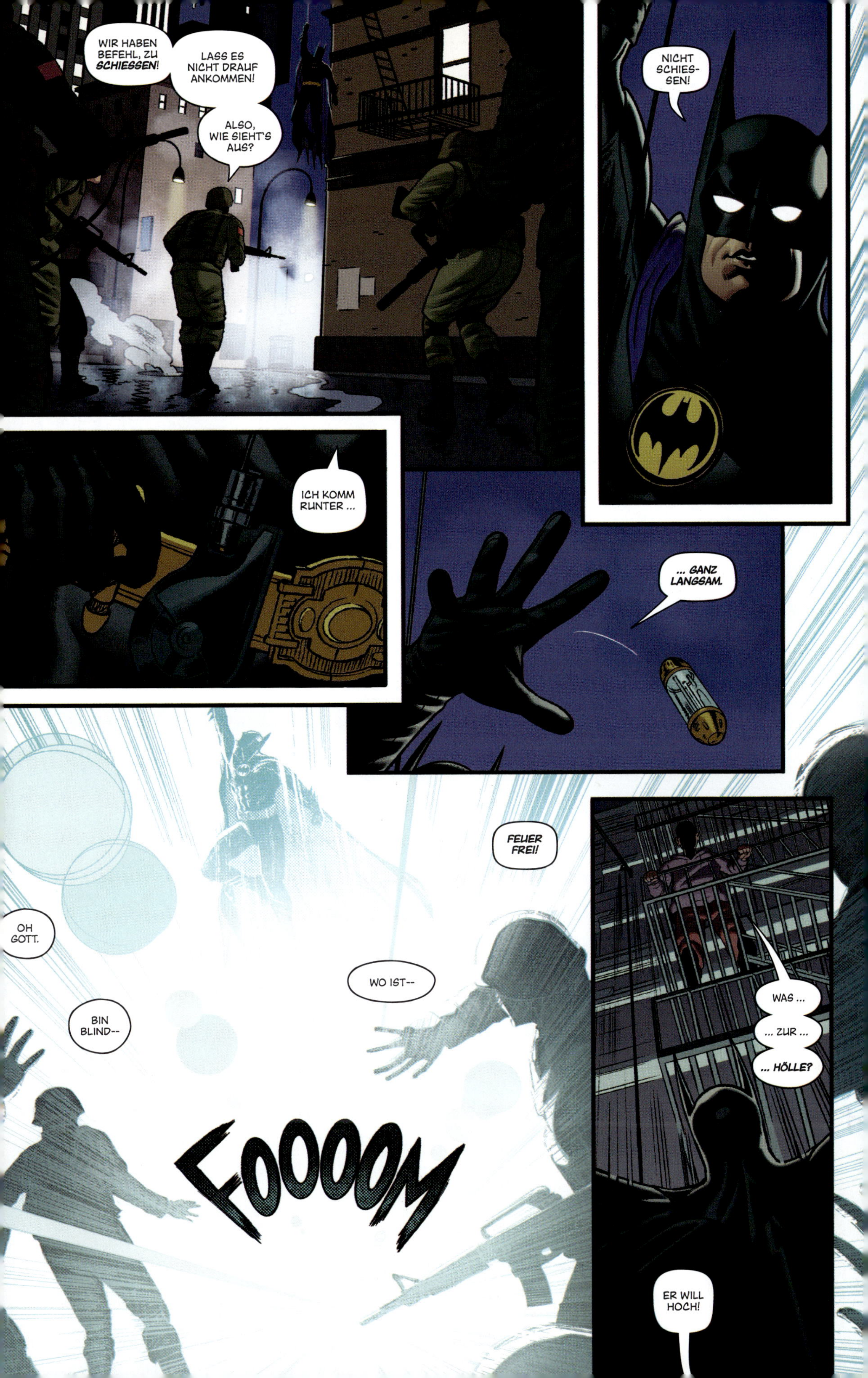
WIR HABEN BEFEHL, ZU SCHIESSEN!
LASS ES NICHT DRAUF ANKOMMEN!
ALSO, WIE SIEHT'S AUS?
NICHT SCHIES-SEN!
ICH KOMM RUNTER ...
... GANZ LANGSAM.
FEUER FREI!
OH GOTT.
BIN BLIND--
WO IST--
FOOOOM
WAS ...
... ZUR ...
... HÖLLE?
ER WILL HOCH!

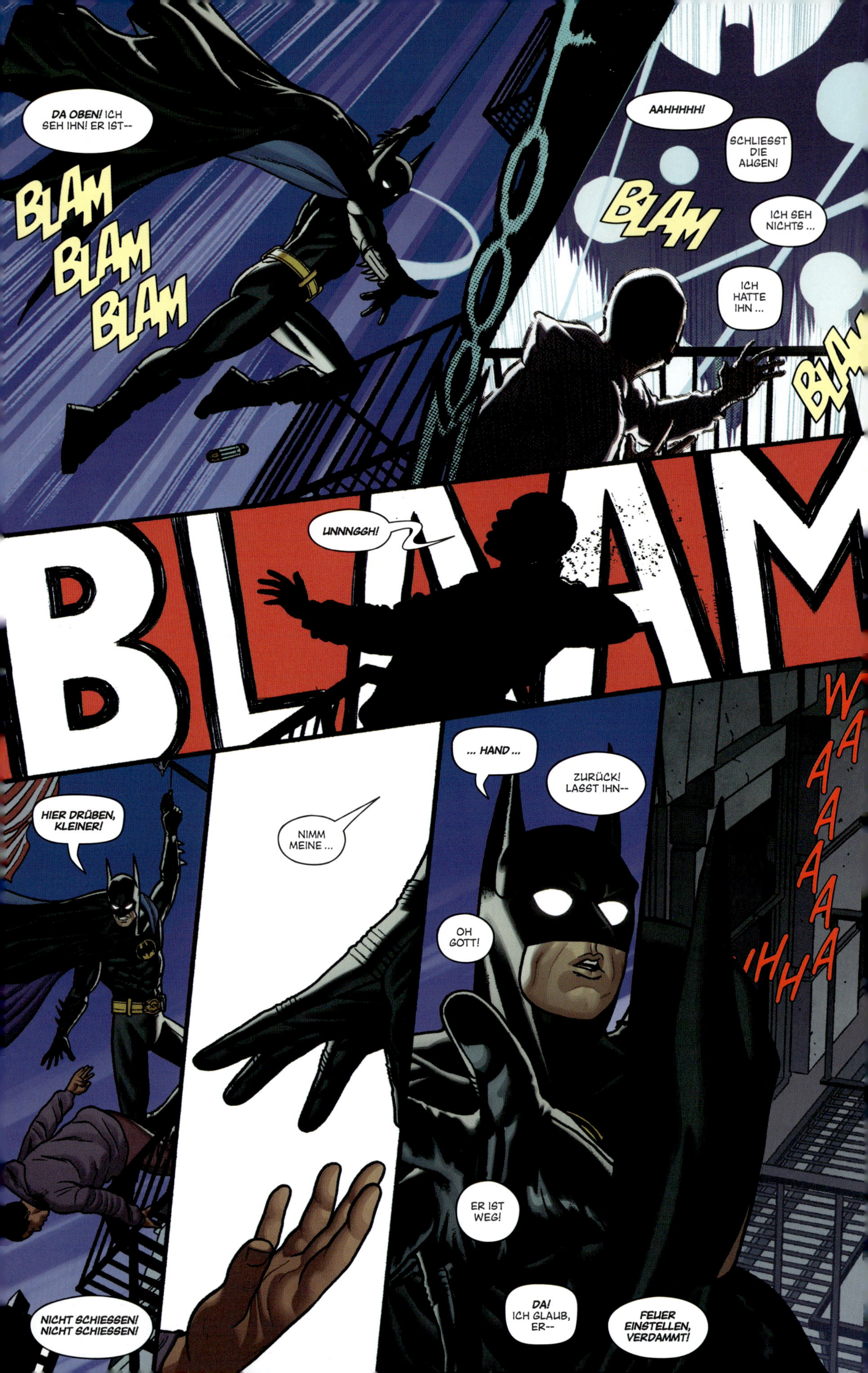
DA OBEN! ICH SEH IHN! ER IST--
BLAM
BLAM
BLAM
AAHHHHH!
SCHLIESST DIE AUGEN!
BLAM
ICH SEH NICHTS ...
ICH HATTE IHN ...
BLAM
UNNNGGH!
BLAM
... HAND ...
ZURÜCK! LASST IHN--
WAAAAAAAAHHH
HIER DRÜBEN, KLEINER!
NIMM MEINE ...
OH GOTT!
ER IST WEG!
NICHT SCHIESSEN! NICHT SCHIESSEN!
DA! ICH GLAUB, ER--
FEUER EINSTELLEN, VERDAMMT!

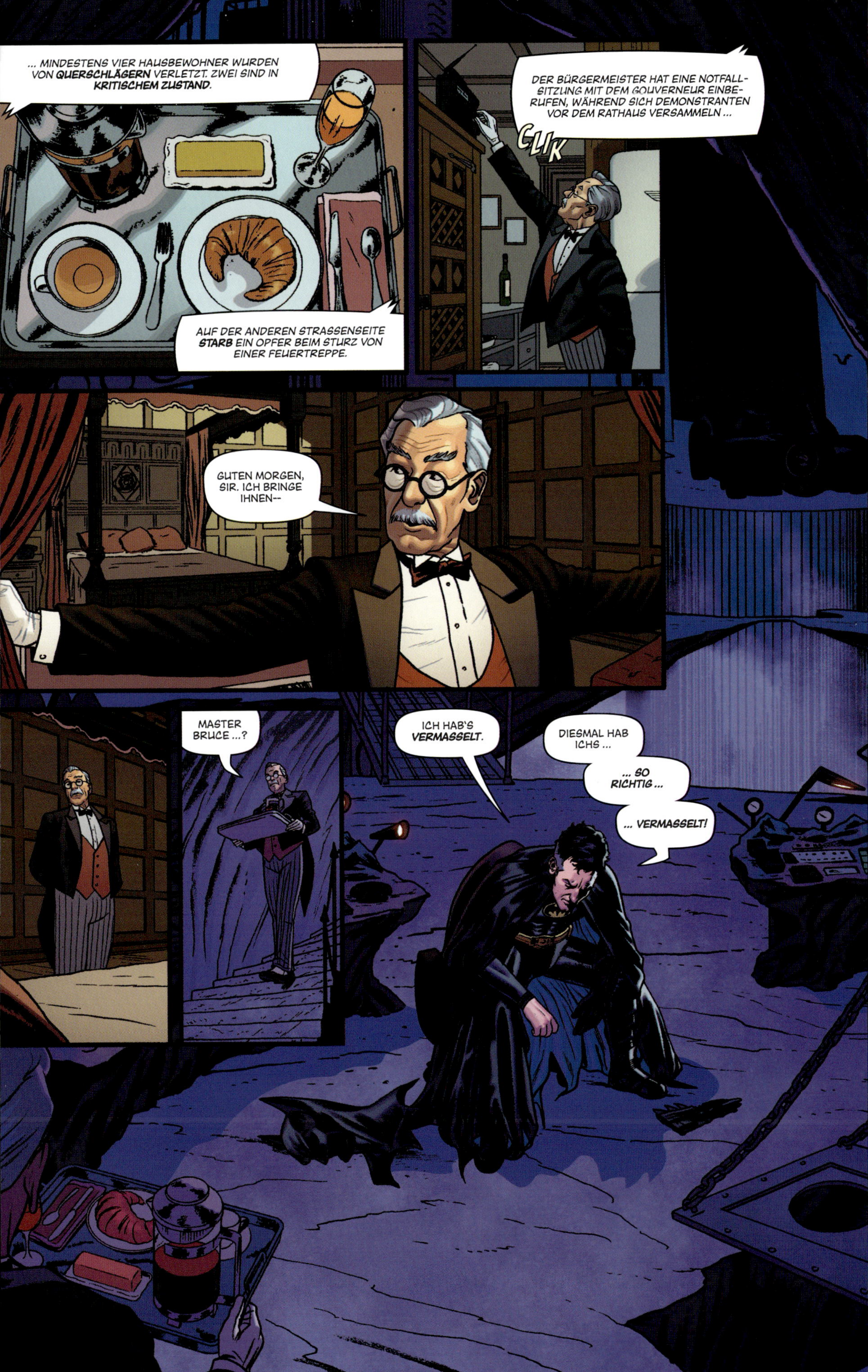
... MINDESTENS VIER HAUSBEWOHNER WURDEN VON **QUERSCHLÄGERN** VERLETZT. ZWEI SIND IN **KRITISCHEM ZUSTAND**.
AUF DER ANDEREN STRASSENSEITE **STARB** EIN OPFER BEIM STURZ VON EINER FEUERTREPPE.
DER BÜRGERMEISTER HAT EINE NOTFALL-SITZUNG MIT DEM GOUVERNEUR EINBE-RUFEN, WÄHREND SICH DEMONSTRANTEN VOR DEM RATHAUS VERSAMMELN ...
CLIK
GUTEN MORGEN, SIR. ICH BRINGE IHNEN--
MASTER BRUCE ...?
ICH HAB'S **VERMASSELT**.
DIESMAL HAB ICHS ...
... SO RICHTIG ...
... VERMASSELT!

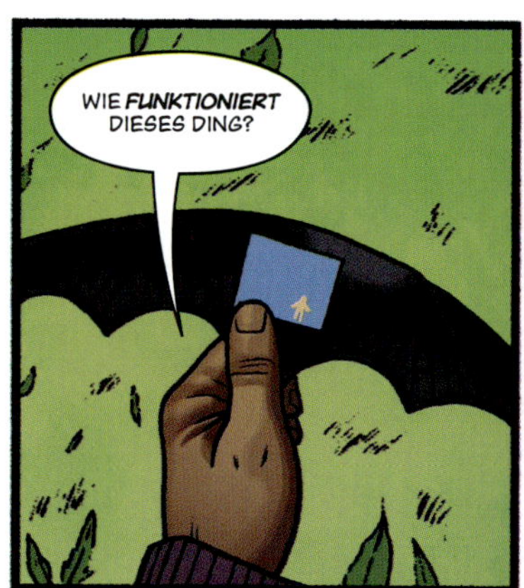
WIE FUNKTIONIERT DIESES DING?

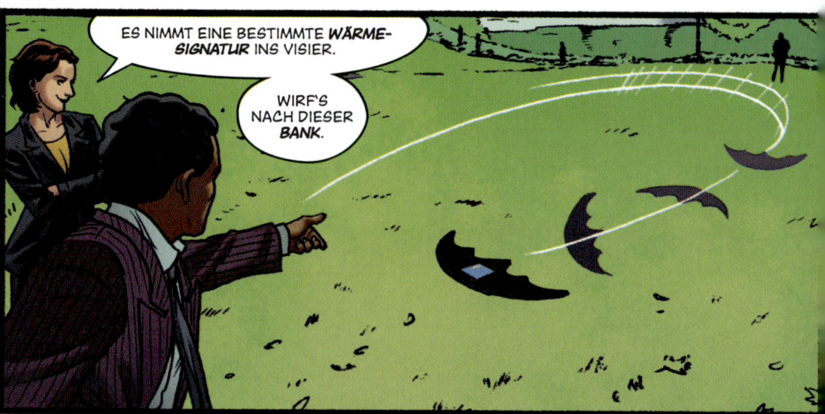
ES NIMMT EINE BESTIMMTE WÄRME-SIGNATUR INS VISIER.
WIRF'S NACH DIESER BANK.

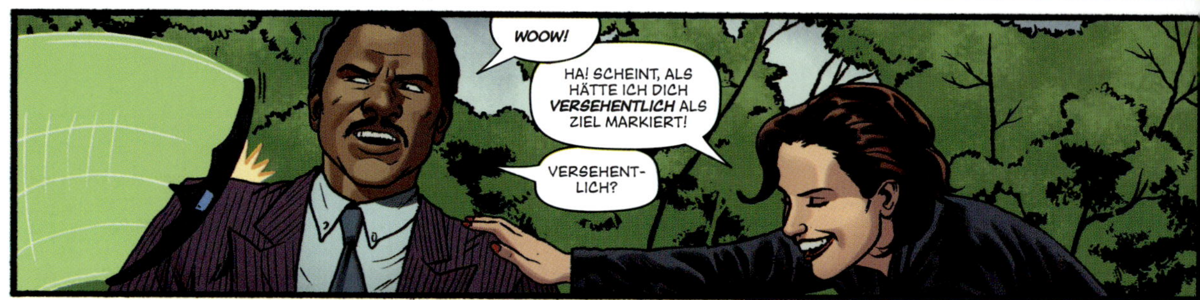
WOOW!
HA! SCHEINT, ALS HÄTTE ICH DICH VERSEHENTLICH ALS ZIEL MARKIERT!
VERSEHENT-LICH?

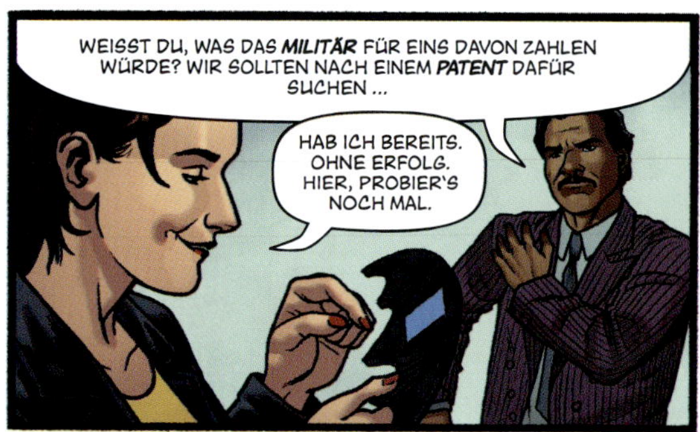
WEISST DU, WAS DAS MILITÄR FÜR EINS DAVON ZAHLEN WÜRDE? WIR SOLLTEN NACH EINEM PATENT DAFÜR SUCHEN ...
HAB ICH BEREITS. OHNE ERFOLG. HIER, PROBIER'S NOCH MAL.

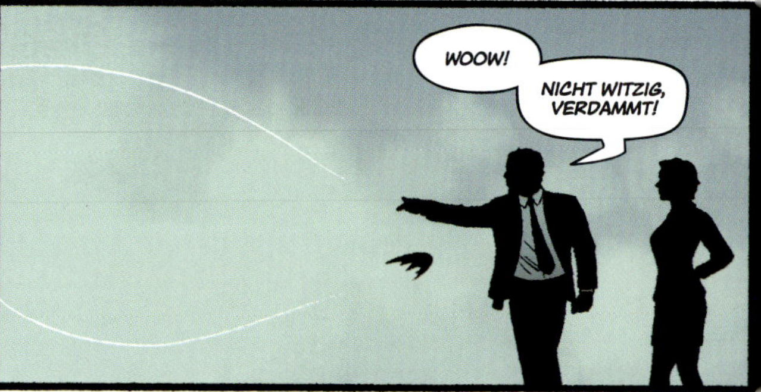
WOOW!
NICHT WITZIG, VERDAMMT!

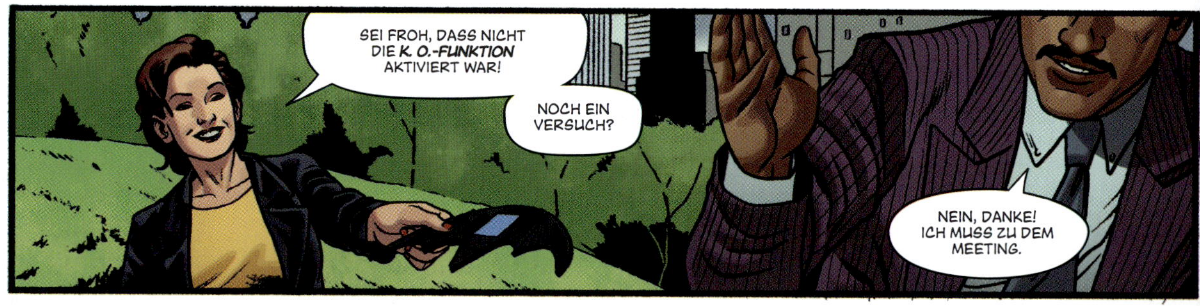
SEI FROH, DASS NICHT DIE K. O.-FUNKTION AKTIVIERT WAR!
NOCH EIN VERSUCH?
NEIN, DANKE! ICH MUSS ZU DEM MEETING.

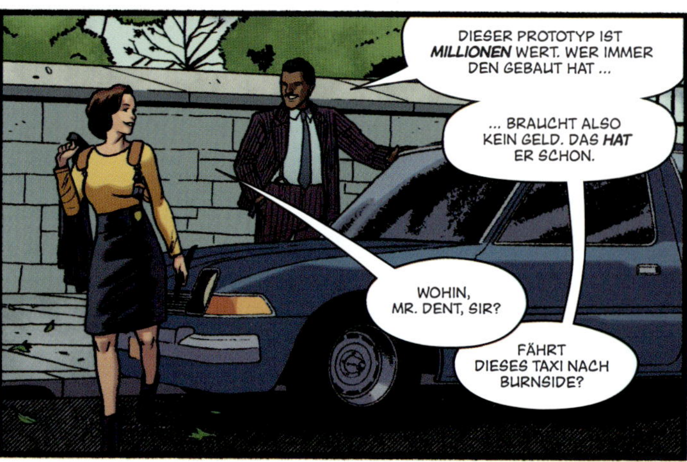
DIESER PROTOTYP IST MILLIONEN WERT. WER IMMER DEN GEBAUT HAT ...
... BRAUCHT ALSO KEIN GELD. DAS HAT ER SCHON.
WOHIN, MR. DENT, SIR?
FÄHRT DIESES TAXI NACH BURNSIDE?

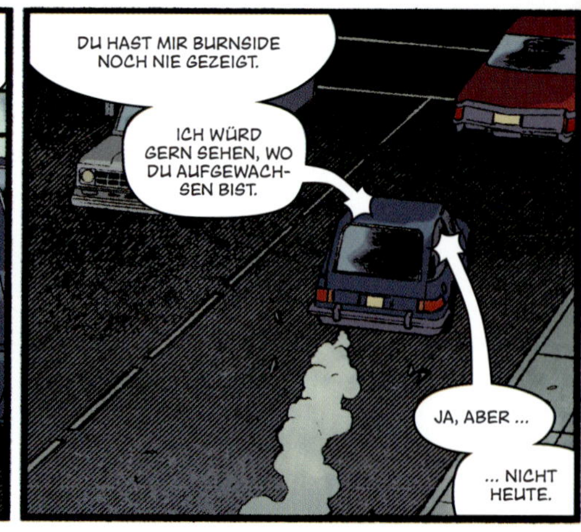
DU HAST MIR BURNSIDE NOCH NIE GEZEIGT.
ICH WÜRD GERN SEHEN, WO DU AUFGEWACH-SEN BIST.
JA, ABER ...
... NICHT HEUTE.

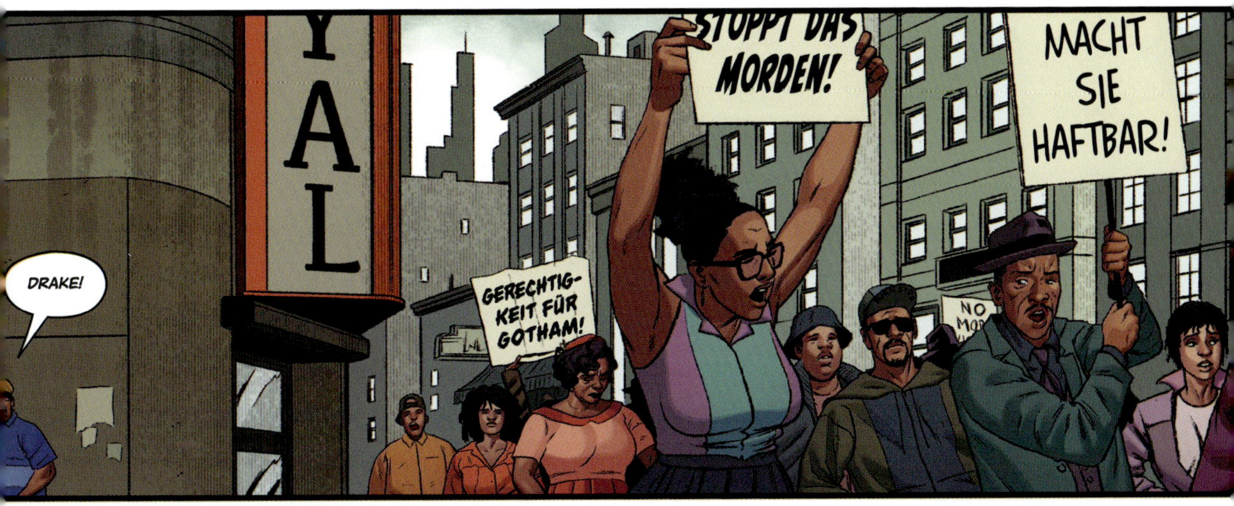
STOPPT DAS MORDEN!
MACHT SIE HAFTBAR!
DRAKE!
GERECHTIG-KEIT FÜR GOTHAM!

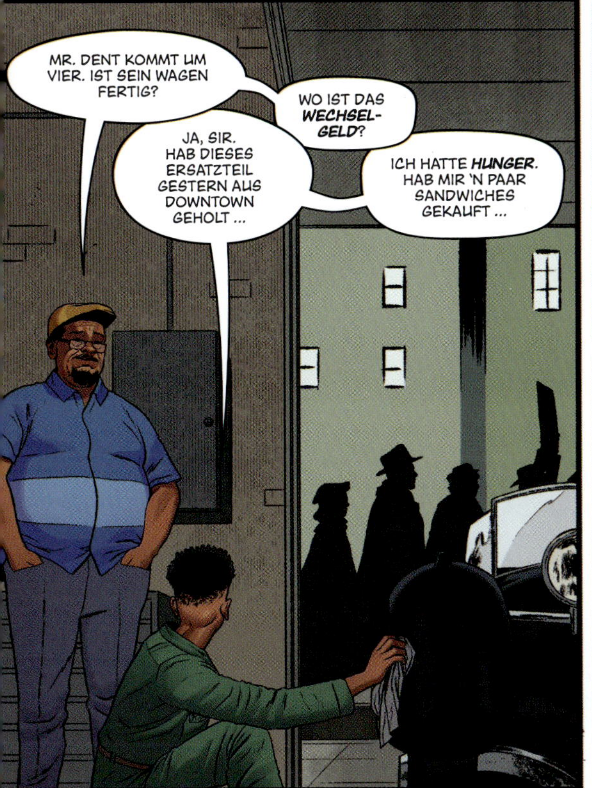
MR. DENT KOMMT UM VIER. IST SEIN WAGEN FERTIG?
JA, SIR. HAB DIESES ERSATZTEIL GESTERN AUS DOWNTOWN GEHOLT ...
WO IST DAS WECHSEL-GELD?
ICH HATTE HUNGER. HAB MIR 'N PAAR SANDWICHES GEKAUFT ...

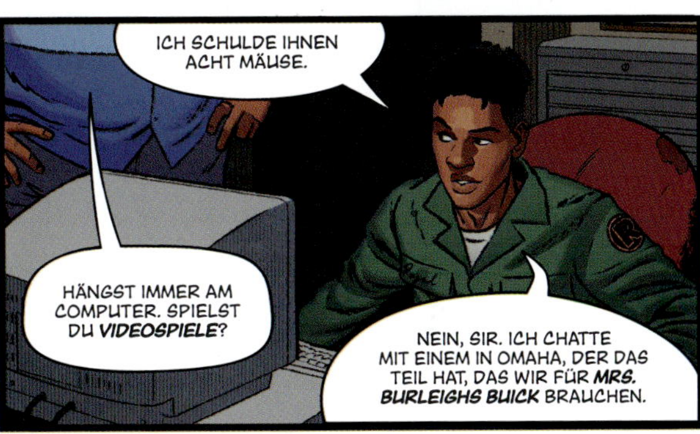
ICH SCHULDE IHNEN ACHT MÄUSE.
HÄNGST IMMER AM COMPUTER. SPIELST DU VIDEOSPIELE?
NEIN, SIR. ICH CHATTE MIT EINEM IN OMAHA, DER DAS TEIL HAT, DAS WIR FÜR MRS. BURLEIGHS BUICK BRAUCHEN.

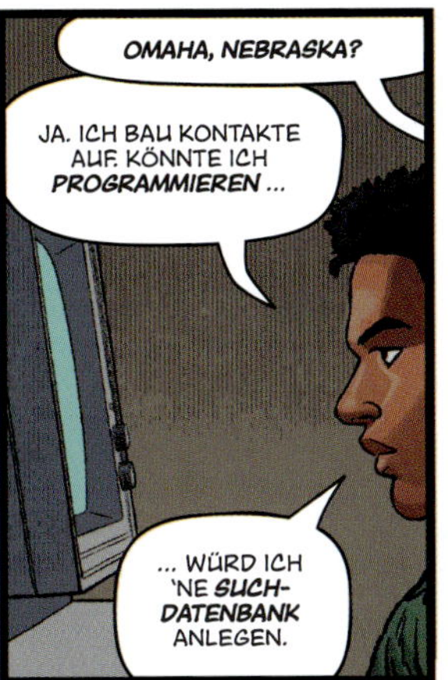
OMAHA, NEBRASKA?
JA. ICH BAU KONTAKTE AUF. KÖNNTE ICH PROGRAMMIEREN ...
... WÜRD ICH 'NE SUCH-DATENBANK ANLEGEN.

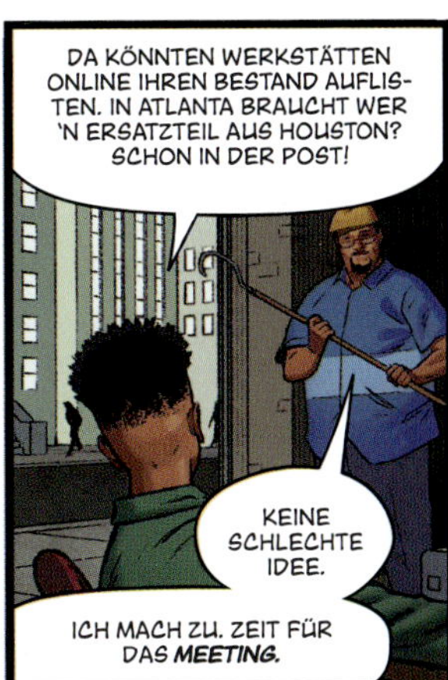
DA KÖNNTEN WERKSTÄTTEN ONLINE IHREN BESTAND AUFLIS-TEN. IN ATLANTA BRAUCHT WER 'N ERSATZTEIL AUS HOUSTON? SCHON IN DER POST!
KEINE SCHLECHTE IDEE.
ICH MACH ZU. ZEIT FÜR DAS MEETING.

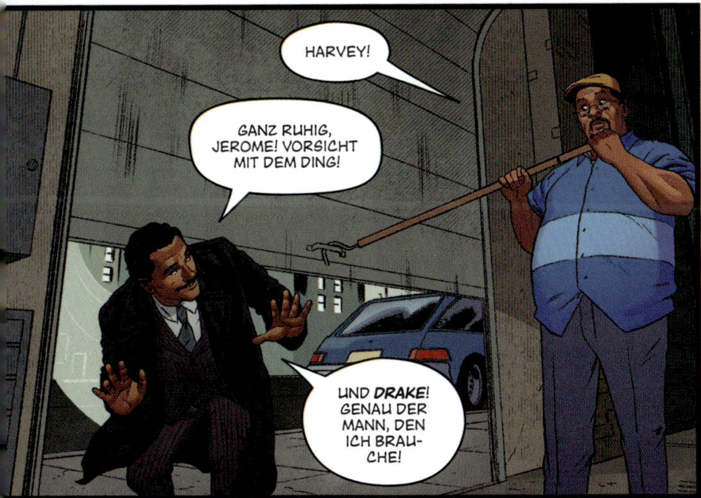
HARVEY!
GANZ RUHIG, JEROME! VORSICHT MIT DEM DING!
UND DRAKE! GENAU DER MANN, DEN ICH BRAU-CHE!

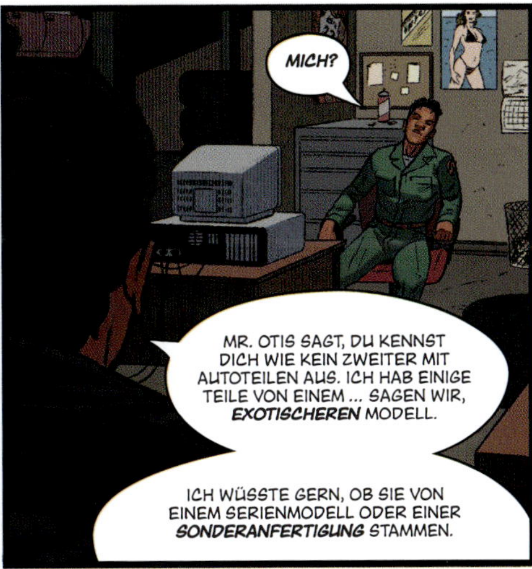
MICH?
MR. OTIS SAGT, DU KENNST DICH WIE KEIN ZWEITER MIT AUTOTEILEN AUS. ICH HAB EINIGE TEILE VON EINEM ... SAGEN WIR, EXOTISCHEREN MODELL.
ICH WÜSSTE GERN, OB SIE VON EINEM SERIENMODELL ODER EINER SONDERANFERTIGUNG STAMMEN.

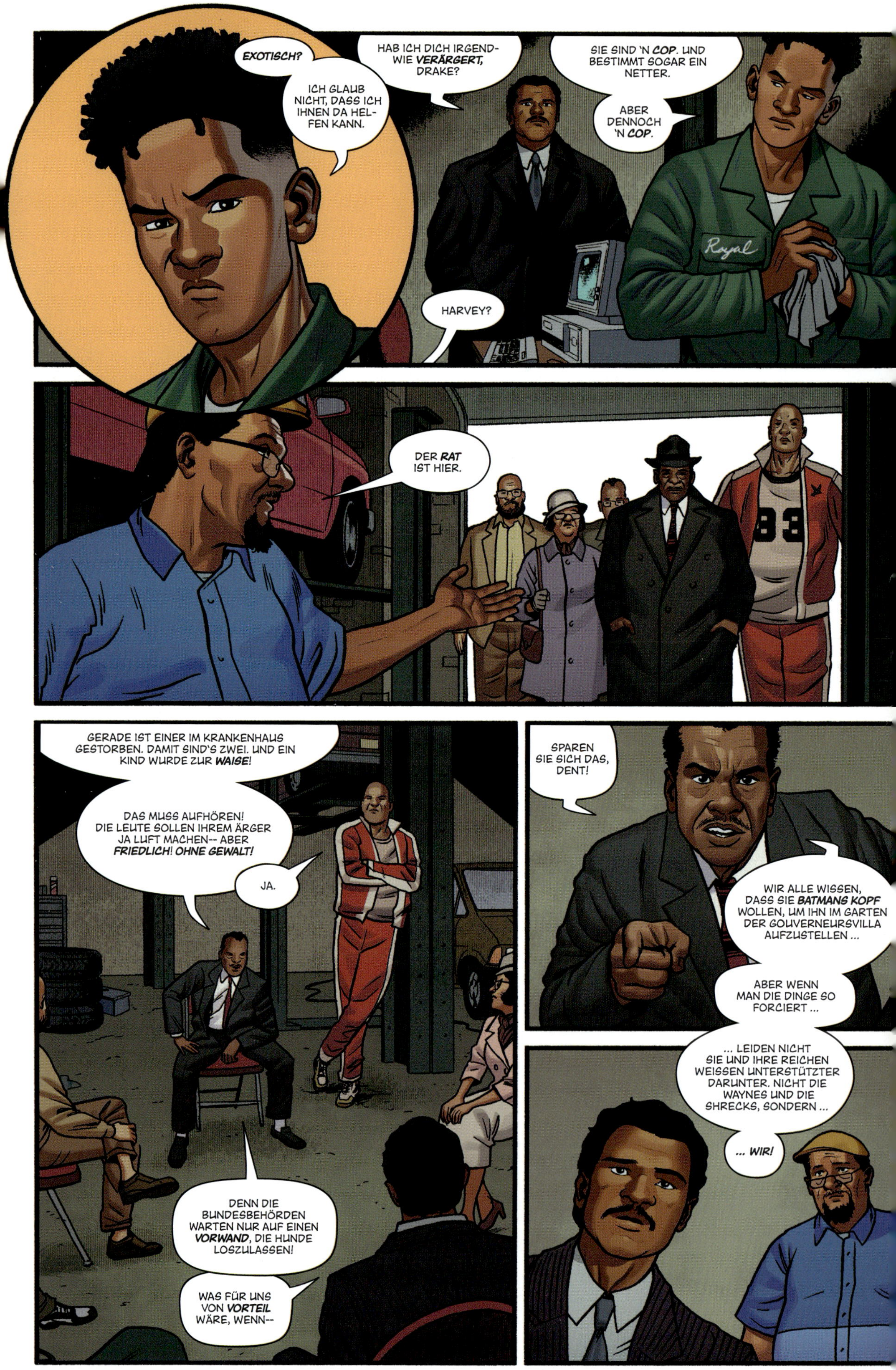

EXOTISCH?

ICH GLAUB NICHT, DASS ICH IHNEN DA HELFEN KANN.

HAB ICH DICH IRGENDWIE VERÄRGERT, DRAKE?

SIE SIND 'N COP. UND BESTIMMT SOGAR EIN NETTER.

ABER DENNOCH 'N COP.

HARVEY?

DER RAT IST HIER.

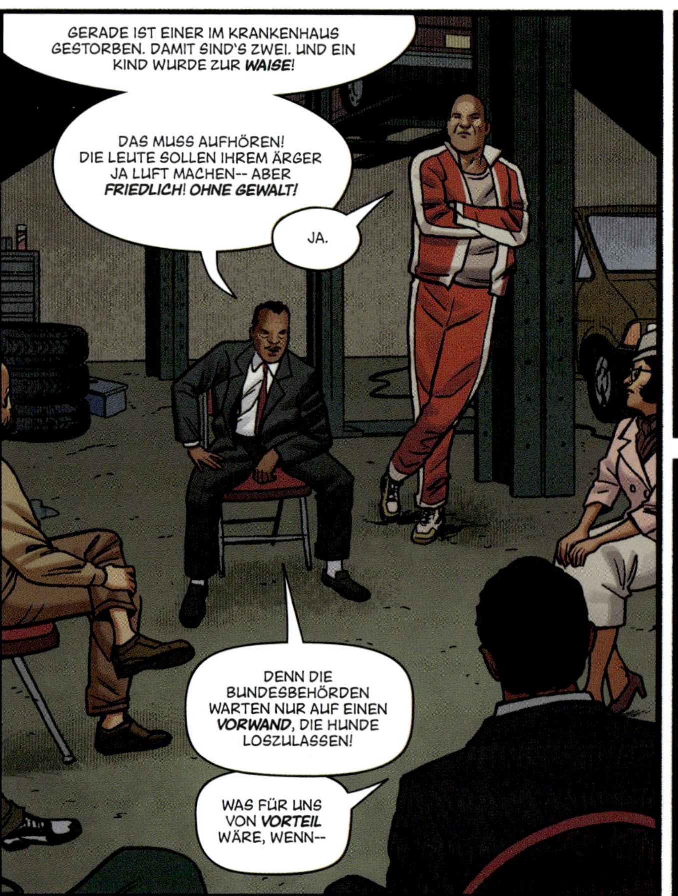

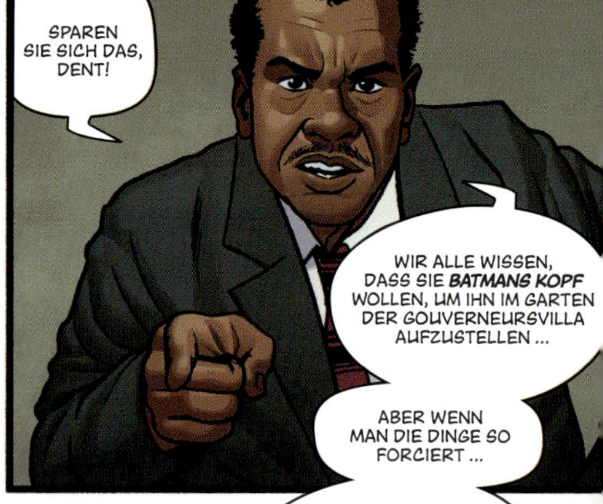

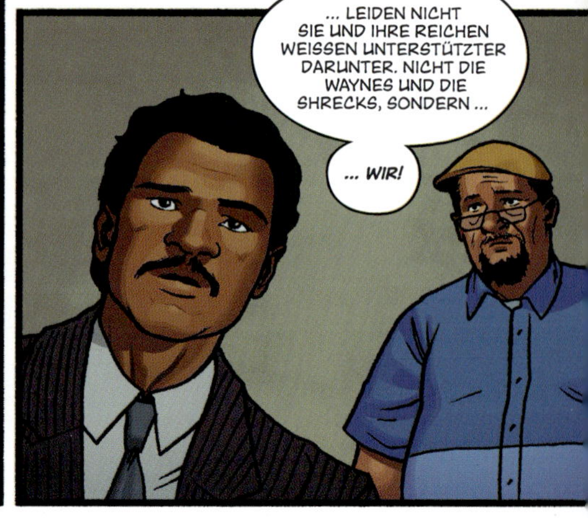

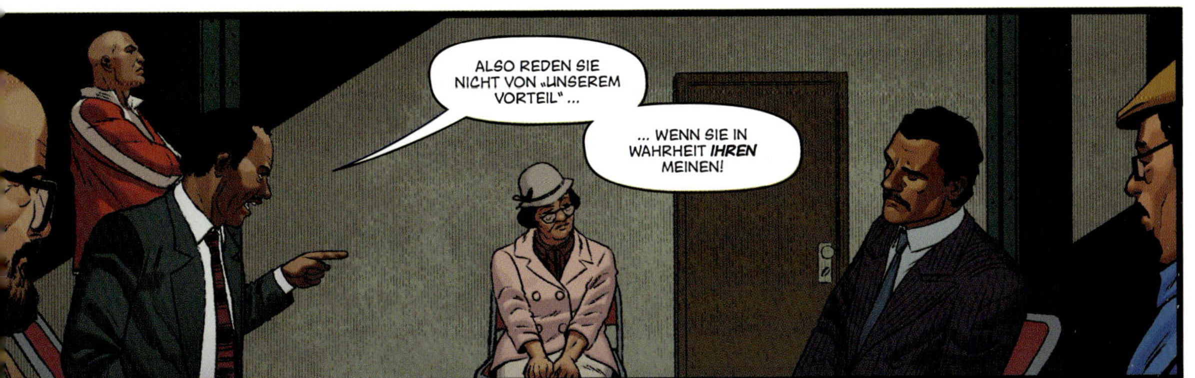
ALSO REDEN SIE NICHT VON „UNSEREM VORTEIL“ ...
... WENN SIE IN WAHRHEIT IHREN MEINEN!

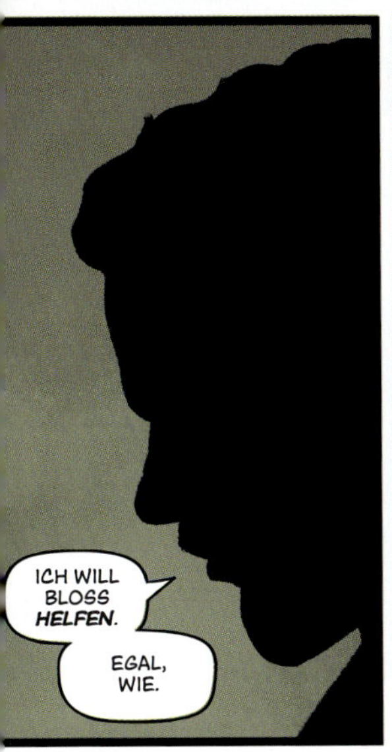
ICH WILL BLOSS HELFEN.
EGAL, WIE.

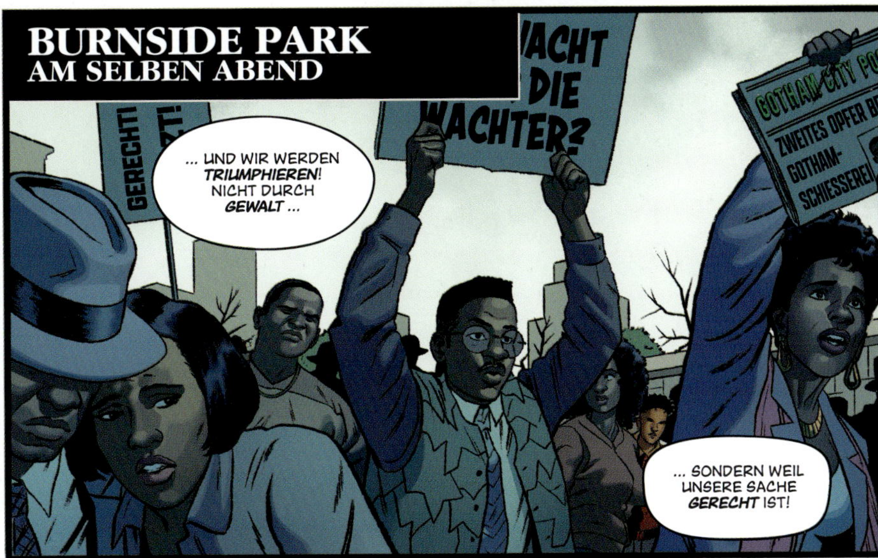
BURNSIDE PARK
AM SELBEN ABEND
... UND WIR WERDEN TRIUMPHIEREN! NICHT DURCH GEWALT ...
... SONDERN WEIL UNSERE SACHE GERECHT IST!

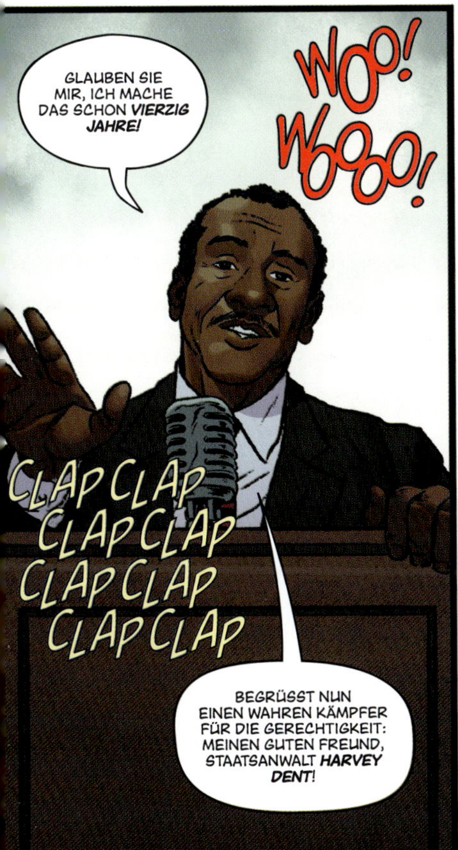
GLAUBEN SIE MIR, ICH MACHE DAS SCHON VIERZIG JAHRE!
WOO! WOOO!
CLAP CLAP CLAP CLAP CLAP CLAP CLAP CLAP
BEGRÜSST NUN EINEN WAHREN KÄMPFER FÜR DIE GERECHTIGKEIT: MEINEN GUTEN FREUND, STAATSANWALT HARVEY DENT!

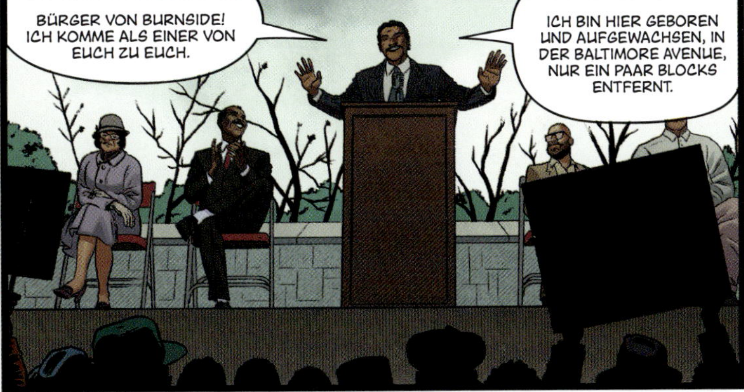
BÜRGER VON BURNSIDE! ICH KOMME ALS EINER VON EUCH ZU EUCH.
ICH BIN HIER GEBOREN UND AUFGEWACHSEN, IN DER BALTIMORE AVENUE, NUR EIN PAAR BLOCKS ENTFERNT.

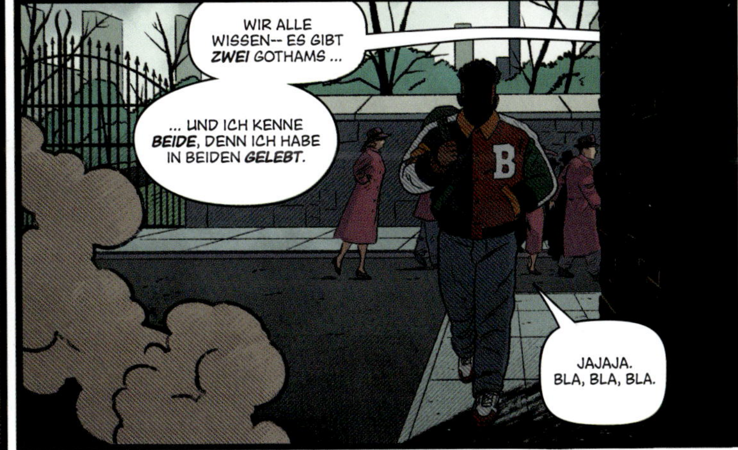
WIR ALLE WISSEN-- ES GIBT ZWEI GOTHAMS ...
... UND ICH KENNE BEIDE, DENN ICH HABE IN BEIDEN GELEBT.
JAJAJA. BLA, BLA, BLA.

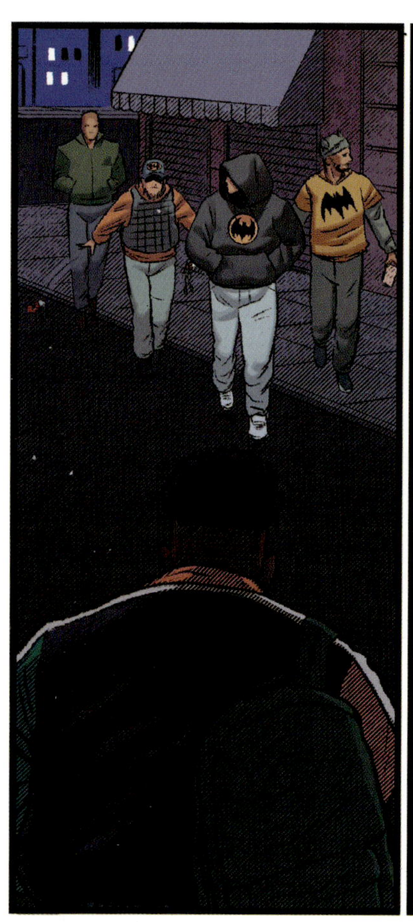

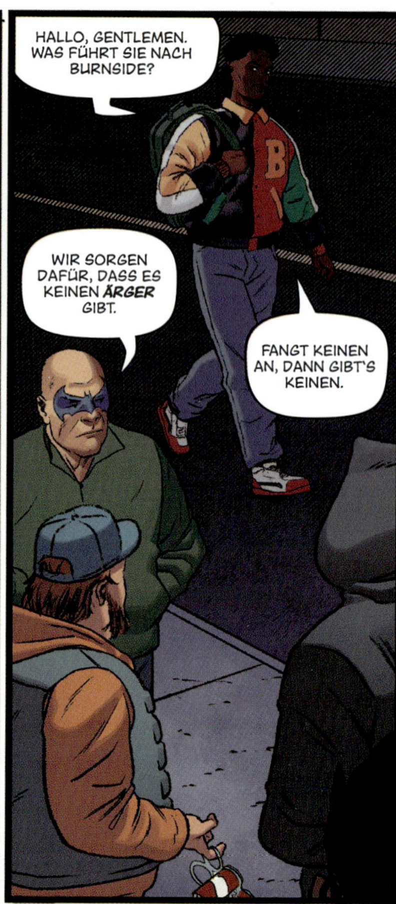
HALLO, GENTLEMEN. WAS FÜHRT SIE NACH BURNSIDE?
WIR SORGEN DAFÜR, DASS ES KEINEN ÄRGER GIBT.
FANGT KEINEN AN, DANN GIBT'S KEINEN.

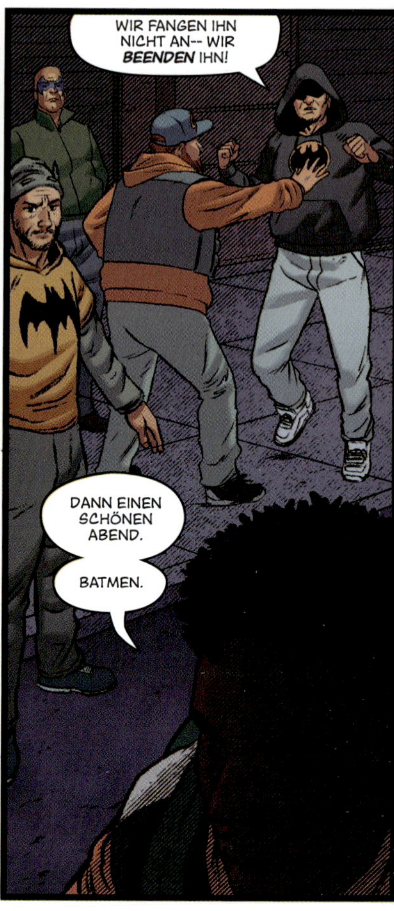
WIR FANGEN IHN NICHT AN-- WIR BEENDEN IHN!
DANN EINEN SCHÖNEN ABEND.
BATMEN.

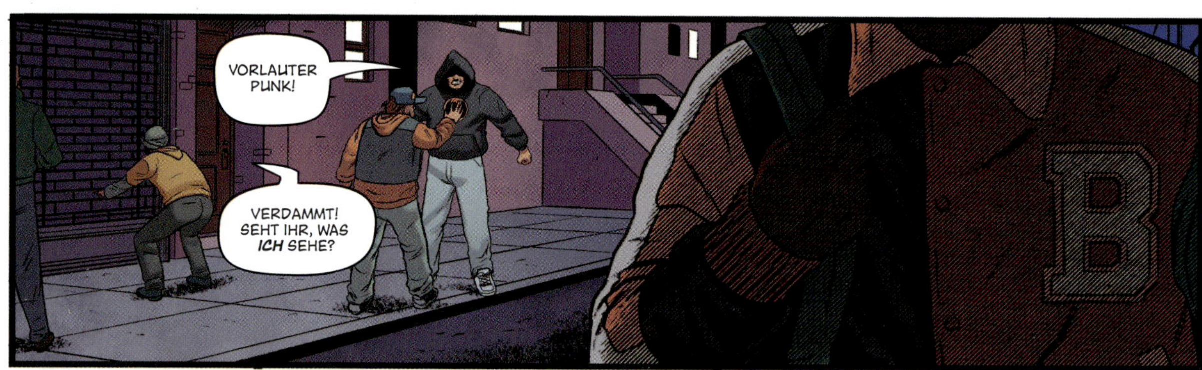
VORLAUTER PUNK!
VERDAMMT! SEHT IHR, WAS ICH SEHE?

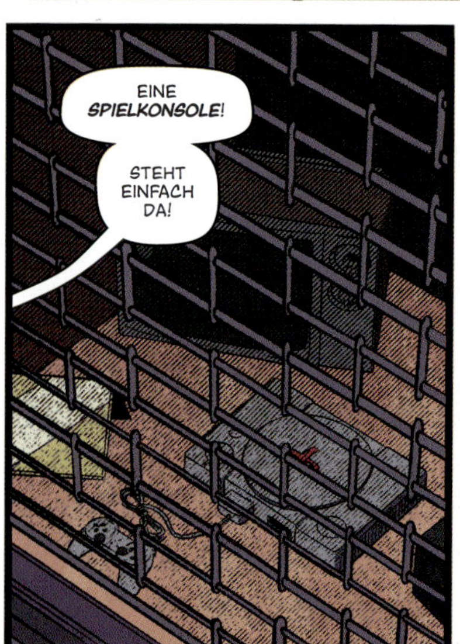
EINE SPIELKONSOLE!
STEHT EINFACH DA!

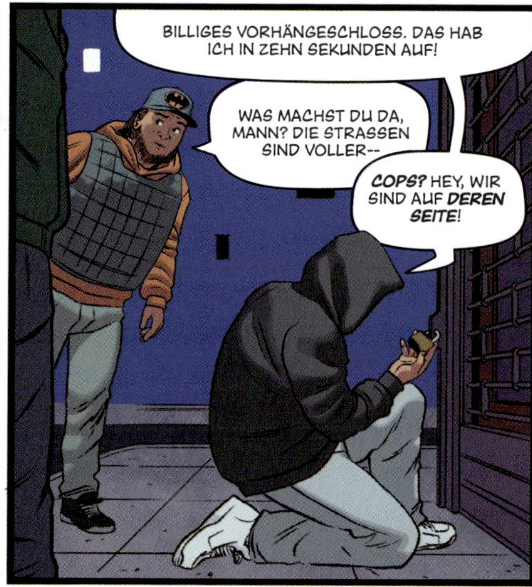
BILLIGES VORHÄNGESCHLOSS. DAS HAB ICH IN ZEHN SEKUNDEN AUF!
WAS MACHST DU DA, MANN? DIE STRASSEN SIND VOLLER--
COPS? HEY, WIR SIND AUF DEREN SEITE!

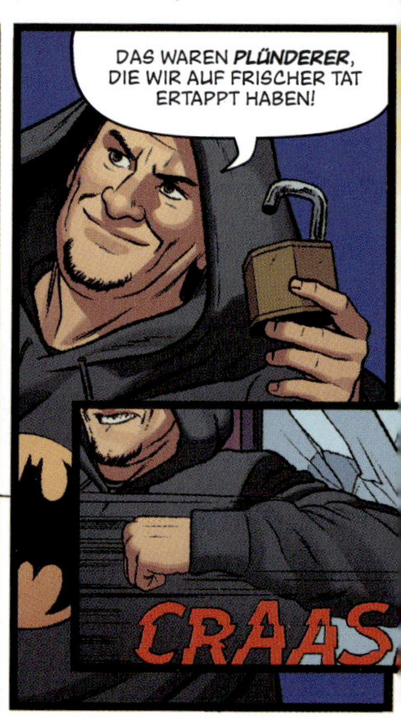
DAS WAREN PLÜNDERER, DIE WIR AUF FRISCHER TAT ERTAPPT HABEN!
CRAAS

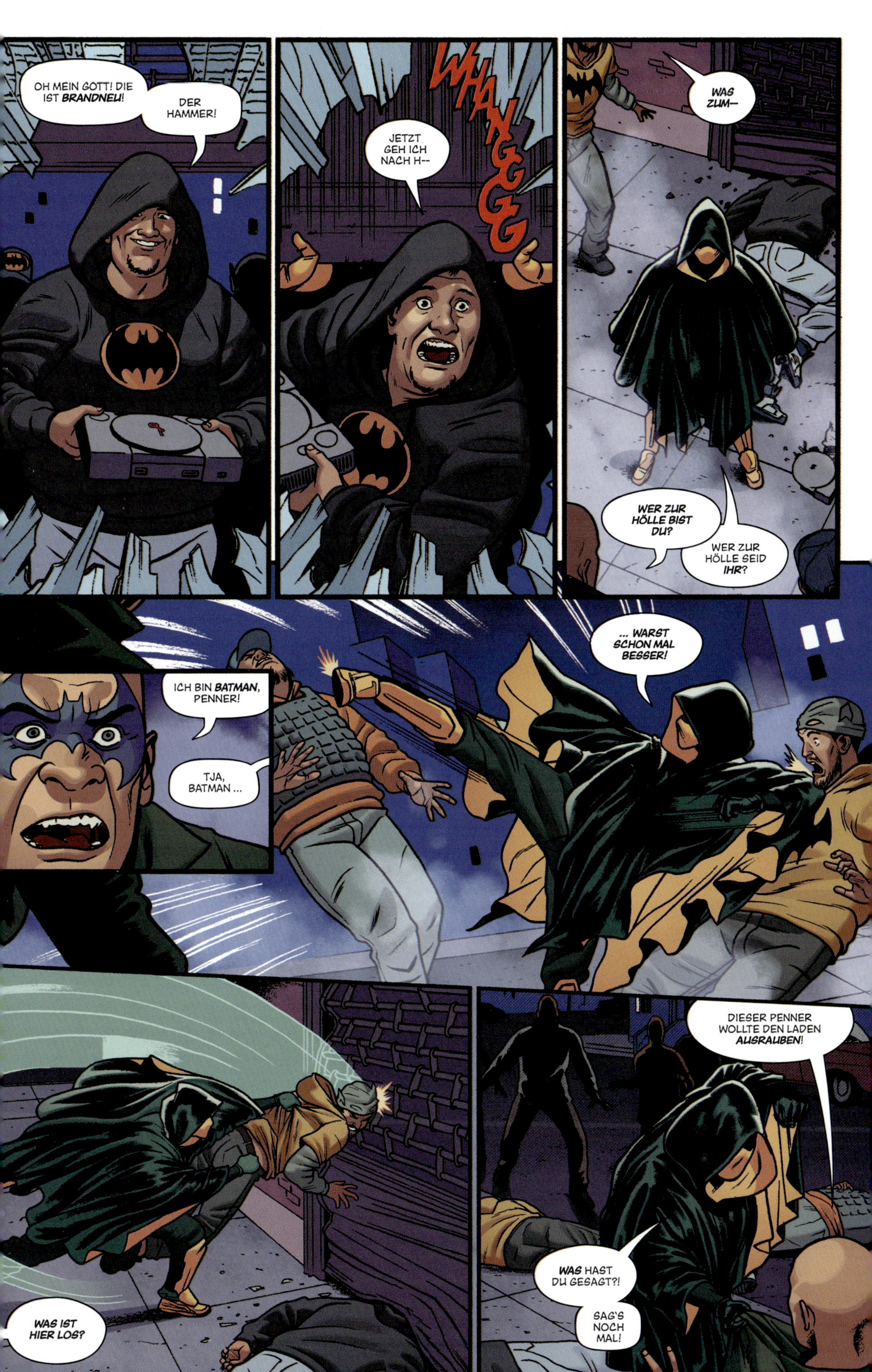
OH MEIN GOTT! DIE IST **BRANDNEU**!
DER HAMMER!
JETZT GEH ICH NACH H--
WHANGGG
WAS ZUM--
WER ZUR HÖLLE BIST DU?
WER ZUR HÖLLE SEID **IHR**?
ICH BIN **BATMAN**, PENNER!
TJA, BATMAN ...
... WARST SCHON MAL BESSER!
WAS IST HIER LOS?
DIESER PENNER WOLLTE DEN LADEN **AUSRAUBEN**!
WAS HAST DU GESAGT?!
SAG'S NOCH MAL!

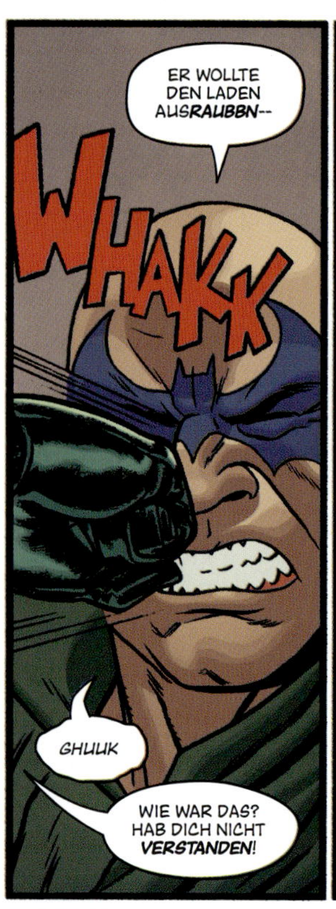
ER WOLLTE DEN LADEN AUSRAUBBN--
WHAKK
GHUUK
WIE WAR DAS? HAB DICH NICHT VERSTANDEN!

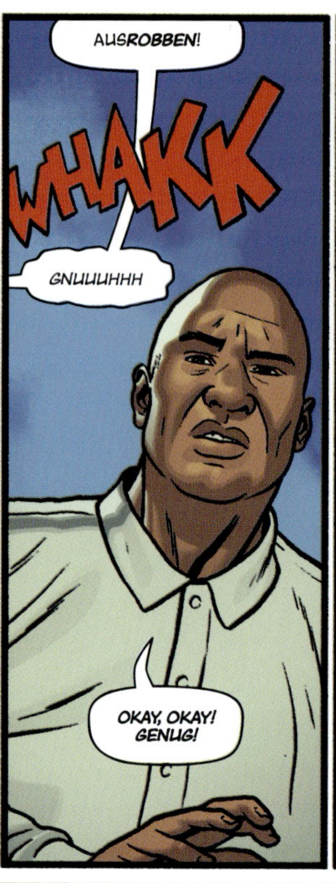
AUSROBBEN!
WHAKK
GNUUUHHH
OKAY, OKAY! GENUG!

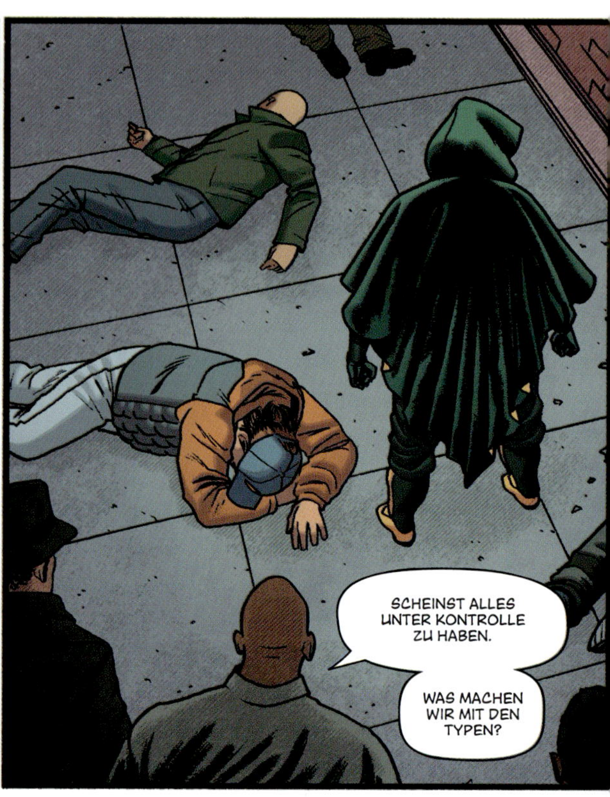
SCHEINST ALLES UNTER KONTROLLE ZU HABEN.
WAS MACHEN WIR MIT DEN TYPEN?

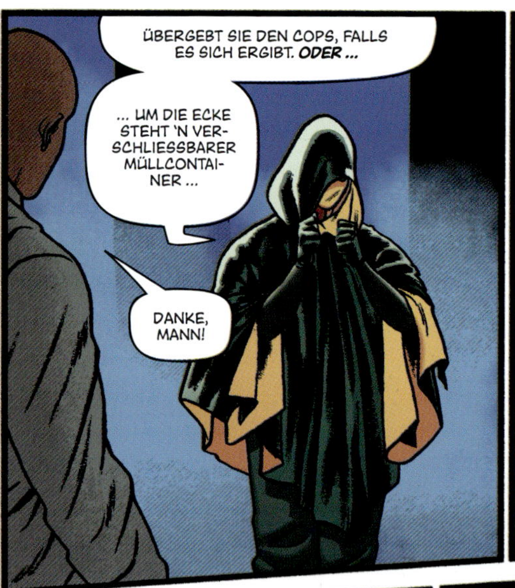
ÜBERGEBT SIE DEN COPS, FALLS ES SICH ERGIBT. ODER ...
... UM DIE ECKE STEHT 'N VERSCHLIESSBARER MÜLLCONTAINER ...
DANKE, MANN!

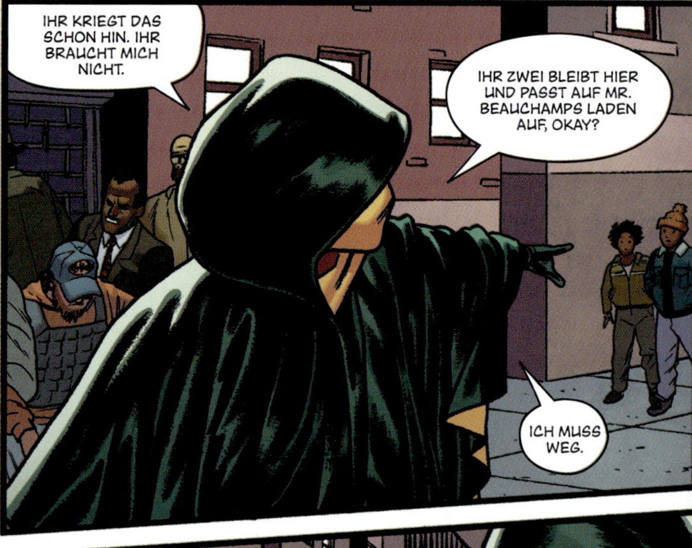
IHR KRIEGT DAS SCHON HIN. IHR BRAUCHT MICH NICHT.
IHR ZWEI BLEIBT HIER UND PASST AUF MR. BEAUCHAMPS LADEN AUF, OKAY?
ICH MUSS WEG.

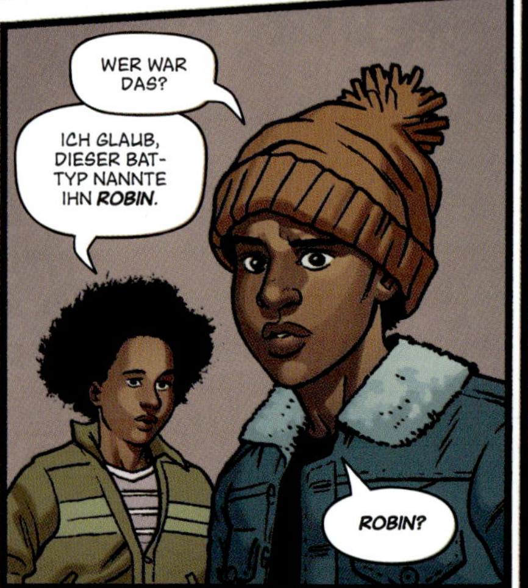
WER WAR DAS?
ICH GLAUB, DIESER BAT-TYP NANNTE IHN ROBIN.
ROBIN?

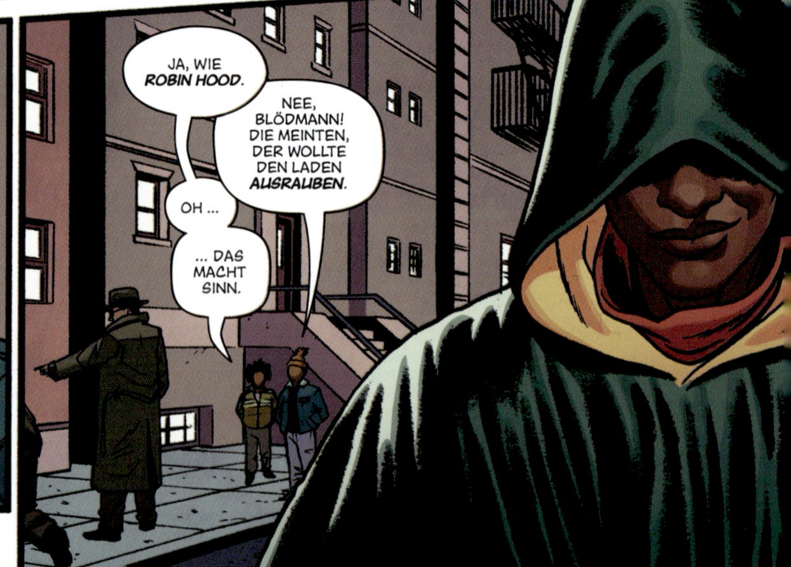
JA, WIE ROBIN HOOD.
NEE, BLÖDMANN! DIE MEINTEN, DER WOLLTE DEN LADEN AUSRAUBEN.
OH ...
... DAS MACHT SINN.

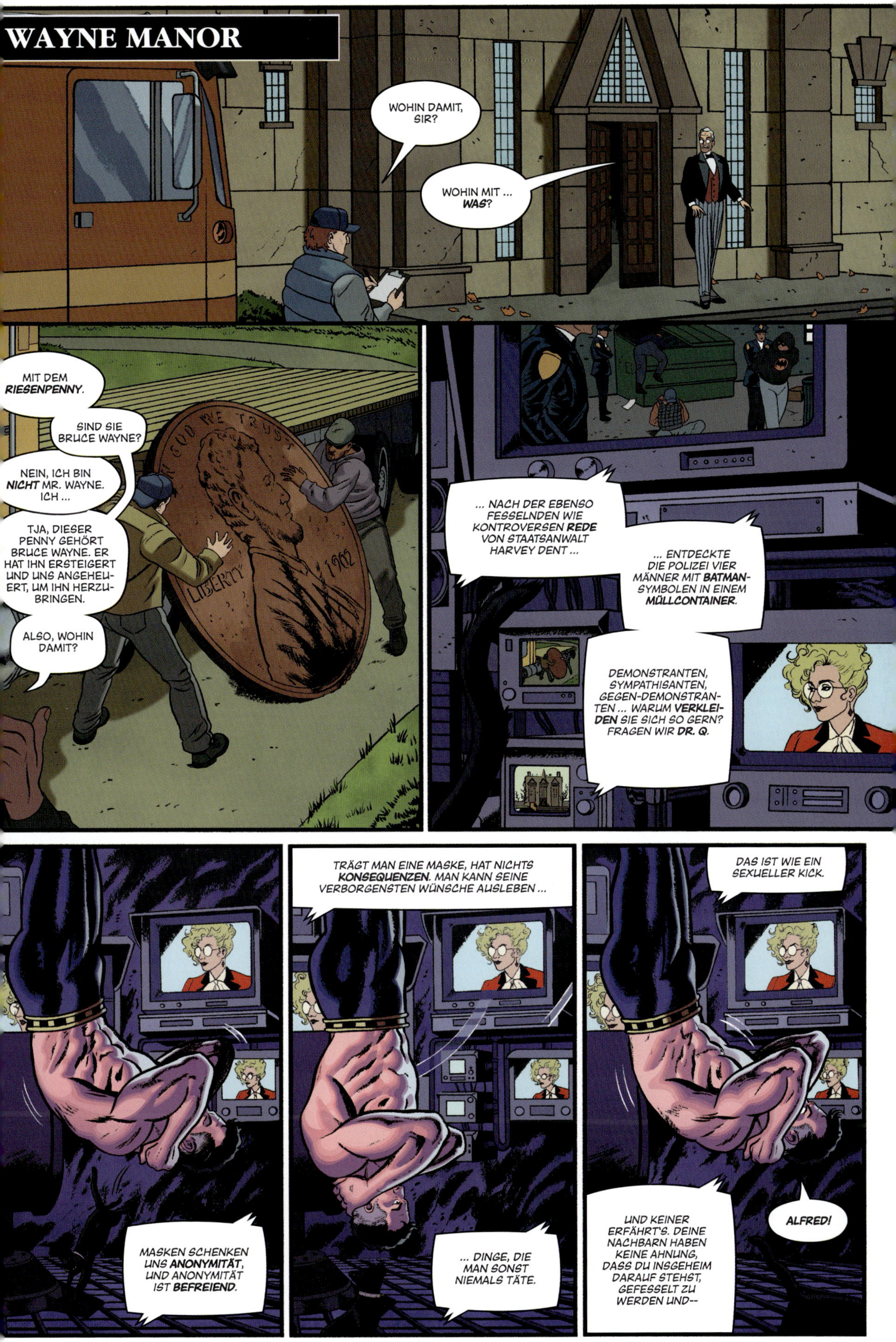

WAYNE MANOR

WOHIN DAMIT, SIR?

WOHIN MIT ... **WAS**?

MIT DEM **RIESENPENNY**.

SIND SIE BRUCE WAYNE?

NEIN, ICH BIN **NICHT** MR. WAYNE. ICH ...

TJA, DIESER PENNY GEHÖRT BRUCE WAYNE. ER HAT IHN ERSTEIGERT UND UNS ANGEHEUERT, UM IHN HERZUBRINGEN.

ALSO, WOHIN DAMIT?

... NACH DER EBENSO FESSELNDEN WIE KONTROVERSEN **REDE** VON STAATSANWALT HARVEY DENT ...

... ENTDECKTE DIE POLIZEI VIER MÄNNER MIT **BATMAN**-SYMBOLEN IN EINEM **MÜLLCONTAINER**.

DEMONSTRANTEN, SYMPATHISANTEN, GEGEN-DEMONSTRANTEN ... WARUM **VERKLEIDEN** SIE SICH SO GERN? FRAGEN WIR **DR. Q**.

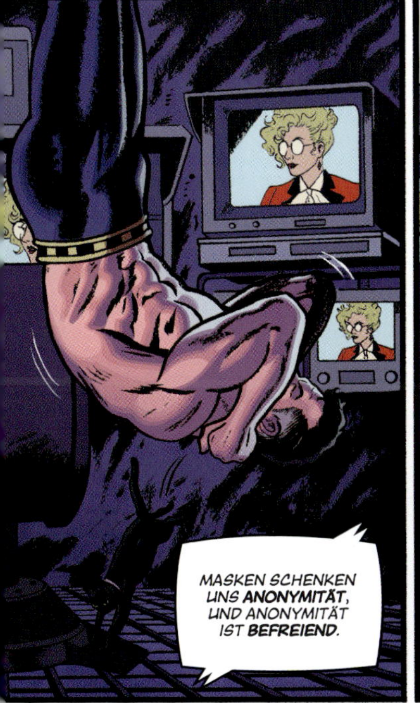

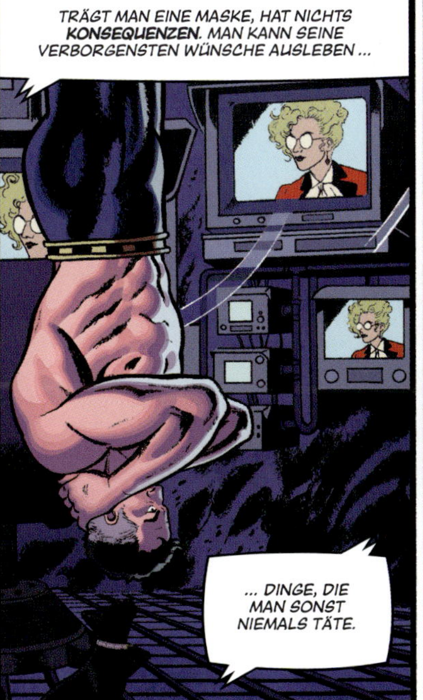

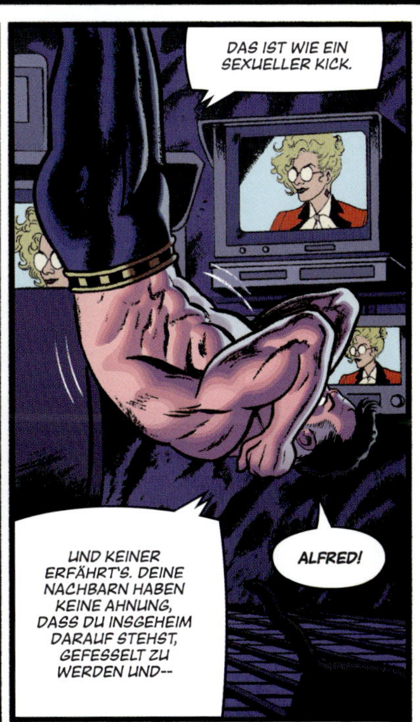

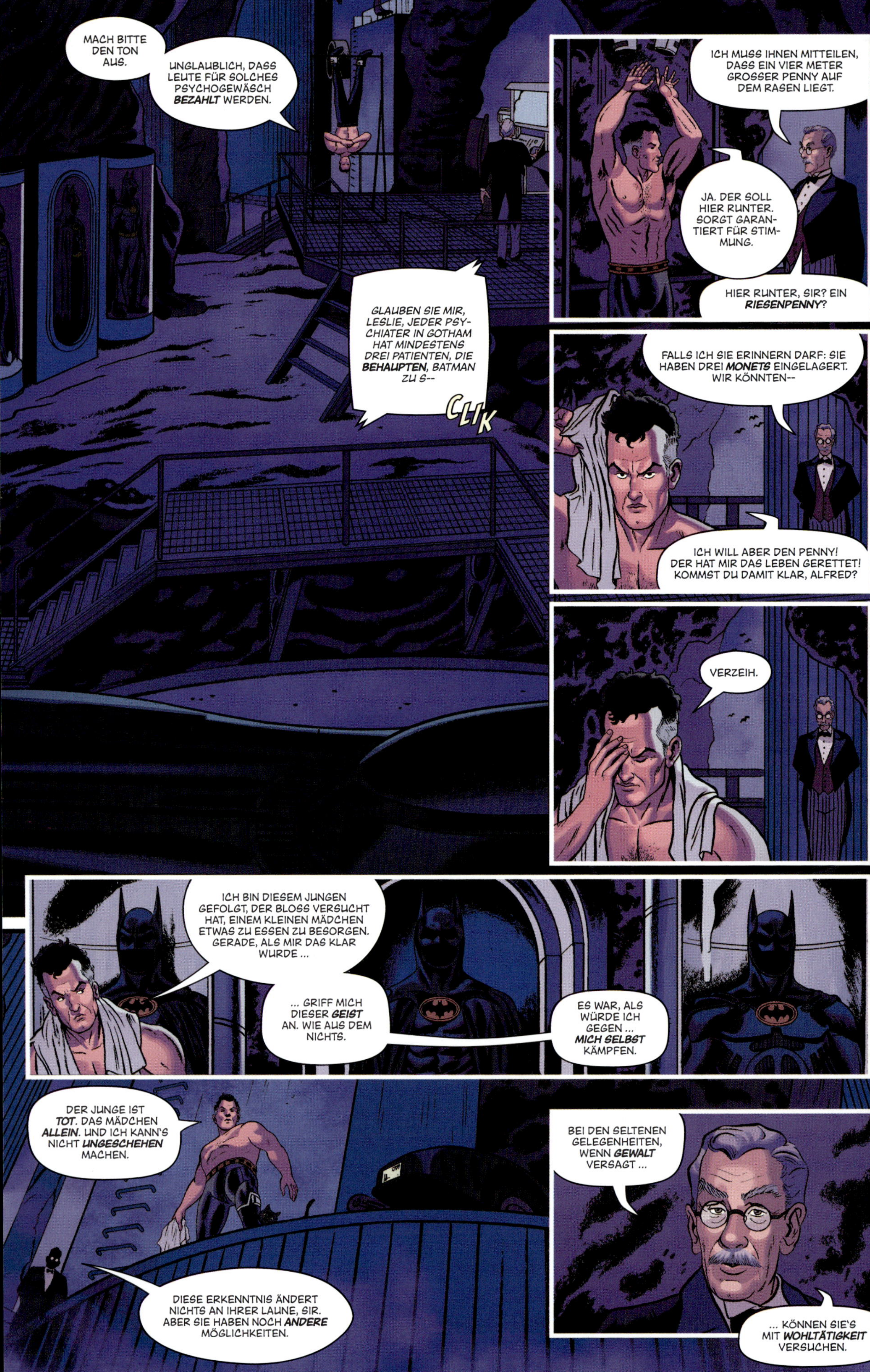
MACH BITTE DEN TON AUS.
UNGLAUBLICH, DASS LEUTE FÜR SOLCHES PSYCHOGEWÄSCH BEZAHLT WERDEN.
GLAUBEN SIE MIR, LESLIE, JEDER PSYCHIATER IN GOTHAM HAT MINDESTENS DREI PATIENTEN, DIE BEHAUPTEN, BATMAN ZU S--
CLIK
ICH MUSS IHNEN MITTEILEN, DASS EIN VIER METER GROSSER PENNY AUF DEM RASEN LIEGT.
JA. DER SOLL HIER RUNTER. SORGT GARANTIERT FÜR STIMMUNG.
HIER RUNTER, SIR? EIN RIESENPENNY?
FALLS ICH SIE ERINNERN DARF: SIE HABEN DREI MONETS EINGELAGERT. WIR KÖNNTEN--
ICH WILL ABER DEN PENNY! DER HAT MIR DAS LEBEN GERETTET! KOMMST DU DAMIT KLAR, ALFRED?
VERZEIH.
ICH BIN DIESEM JUNGEN GEFOLGT, DER BLOSS VERSUCHT HAT, EINEM KLEINEN MÄDCHEN ETWAS ZU ESSEN ZU BESORGEN. GERADE, ALS MIR DAS KLAR WURDE ...
... GRIFF MICH DIESER GEIST AN. WIE AUS DEM NICHTS.
ES WAR, ALS WÜRDE ICH GEGEN ... MICH SELBST KÄMPFEN.
DER JUNGE IST TOT. DAS MÄDCHEN ALLEIN. UND ICH KANN'S NICHT UNGESCHEHEN MACHEN.
DIESE ERKENNTNIS ÄNDERT NICHTS AN IHRER LAUNE, SIR. ABER SIE HABEN NOCH ANDERE MÖGLICHKEITEN.
BEI DEN SELTENEN GELEGENHEITEN, WENN GEWALT VERSAGT ...
... KÖNNEN SIE'S MIT WOHLTÄTIGKEIT VERSUCHEN.

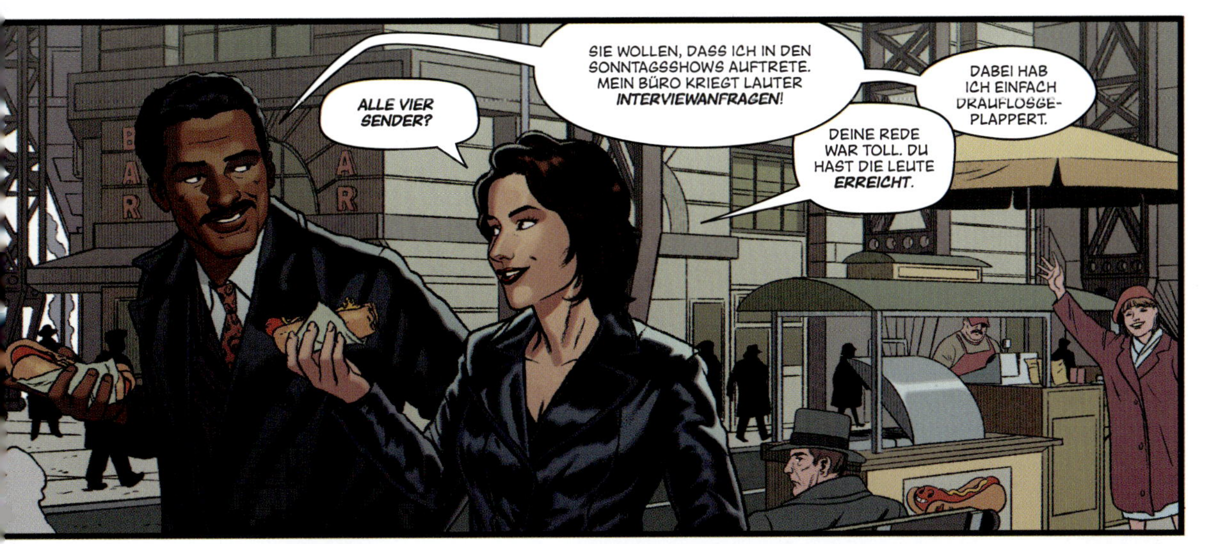
BAR
BAR
ALLE VIER SENDER?
SIE WOLLEN, DASS ICH IN DEN SONNTAGSSHOWS AUFTRETE. MEIN BÜRO KRIEGT LAUTER INTERVIEWANFRAGEN!
DABEI HAB ICH EINFACH DRAUFLOSGE-PLAPPERT.
DEINE REDE WAR TOLL. DU HAST DIE LEUTE ERREICHT.

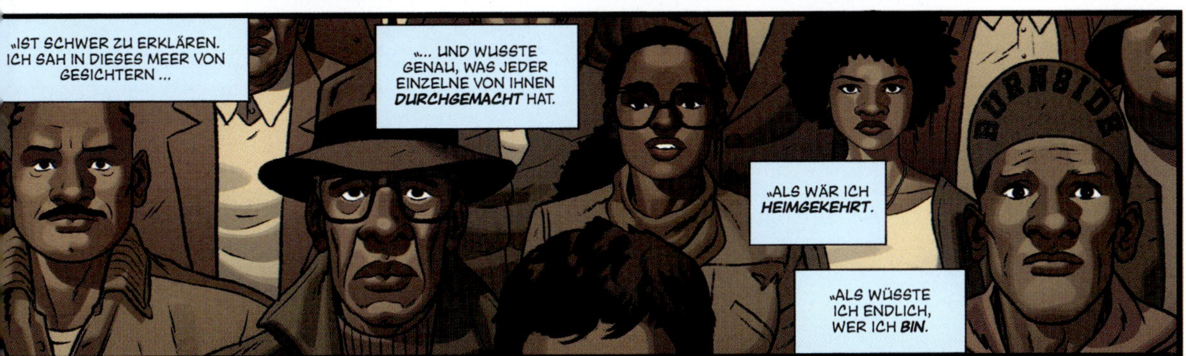
„IST SCHWER ZU ERKLÄREN. ICH SAH IN DIESES MEER VON GESICHTERN ...
„... UND WUSSTE GENAU, WAS JEDER EINZELNE VON IHNEN DURCHGEMACHT HAT.
BURNSIDE
„ALS WÄR ICH HEIMGEKEHRT.
„ALS WÜSSTE ICH ENDLICH, WER ICH BIN.

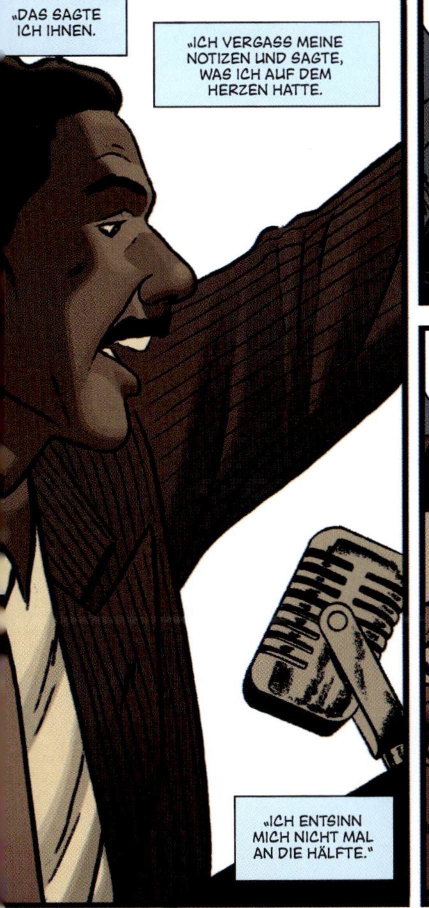
„DAS SAGTE ICH IHNEN.
„ICH VERGASS MEINE NOTIZEN UND SAGTE, WAS ICH AUF DEM HERZEN HATTE.
„ICH ENTSINN MICH NICHT MAL AN DIE HÄLFTE."

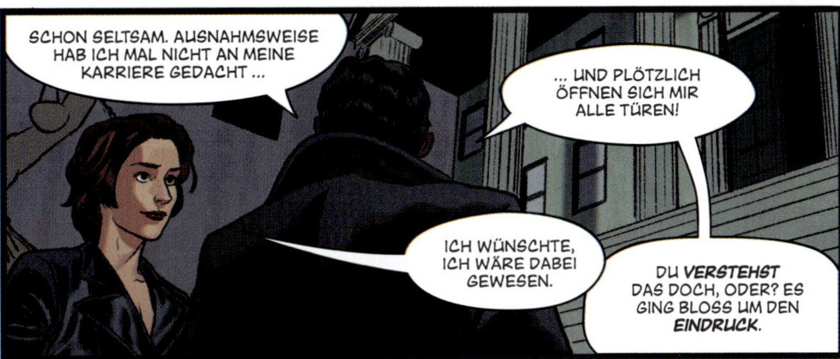
SCHON SELTSAM. AUSNAHMSWEISE HAB ICH MAL NICHT AN MEINE KARRIERE GEDACHT ...
... UND PLÖTZLICH ÖFFNEN SICH MIR ALLE TÜREN!
ICH WÜNSCHTE, ICH WÄRE DABEI GEWESEN.
DU VERSTEHST DAS DOCH, ODER? ES GING BLOSS UM DEN EINDRUCK.

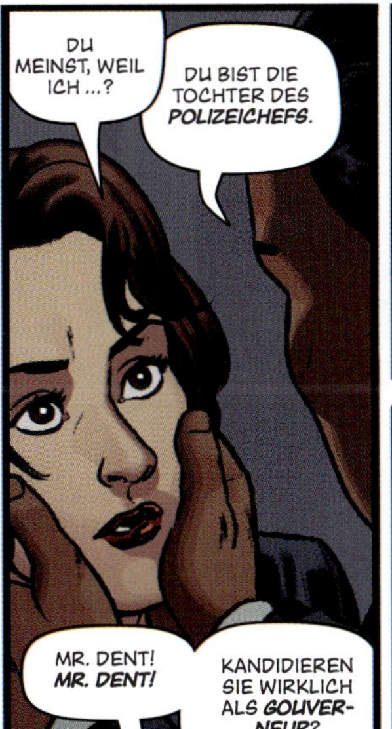
DU MEINST, WEIL ICH ...?
DU BIST DIE TOCHTER DES POLIZEICHEFS.
MR. DENT! MR. DENT!
KANDIDIEREN SIE WIRKLICH ALS GOUVER-NEUR?

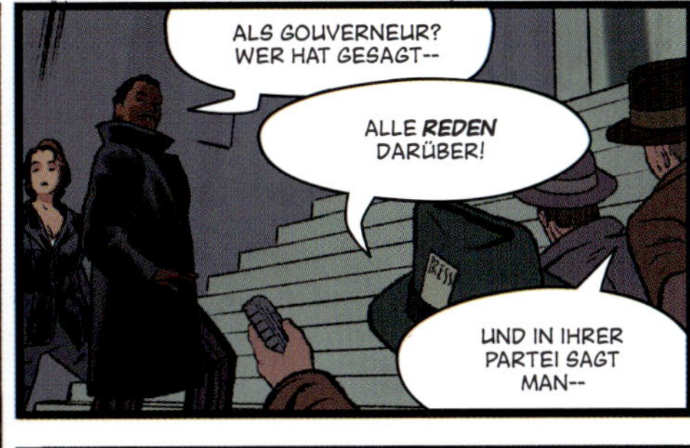
ALS GOUVERNEUR? WER HAT GESAGT--
ALLE REDEN DARÜBER!
PRESS
UND IN IHRER PARTEI SAGT MAN--

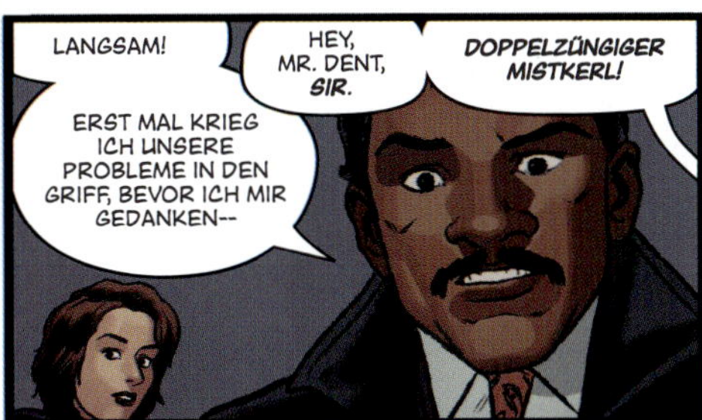
LANGSAM!
HEY, MR. DENT, SIR.
DOPPELZÜNGIGER MISTKERL!
ERST MAL KRIEG ICH UNSERE PROBLEME IN DEN GRIFF, BEVOR ICH MIR GEDANKEN--

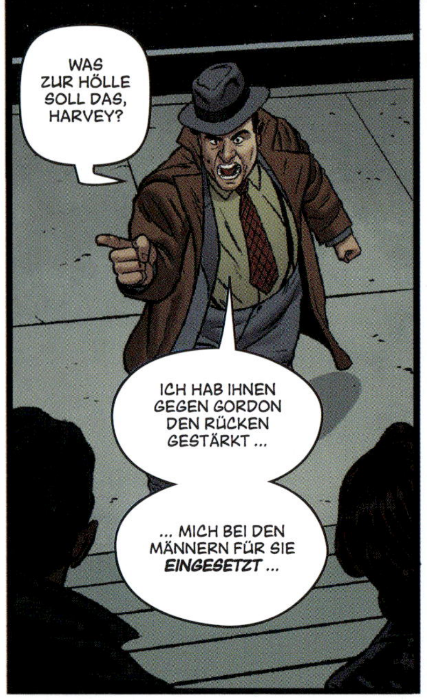
WAS ZUR HÖLLE SOLL DAS, HARVEY?
ICH HAB IHNEN GEGEN GORDON DEN RÜCKEN GESTÄRKT ...
... MICH BEI DEN MÄNNERN FÜR SIE **EINGESETZT** ...

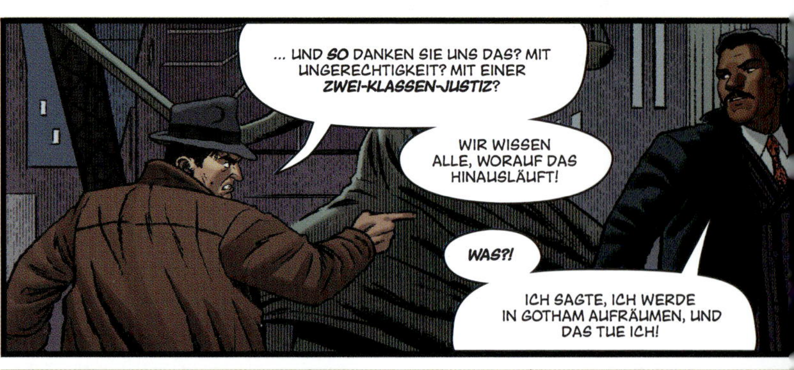
... UND **SO** DANKEN SIE UNS DAS? MIT UNGERECHTIGKEIT? MIT EINER **ZWEI-KLASSEN-JUSTIZ**?
WIR WISSEN ALLE, WORAUF DAS HINAUSLÄUFT!
WAS?!
ICH SAGTE, ICH WERDE IN GOTHAM AUFRÄUMEN, UND DAS TUE ICH!

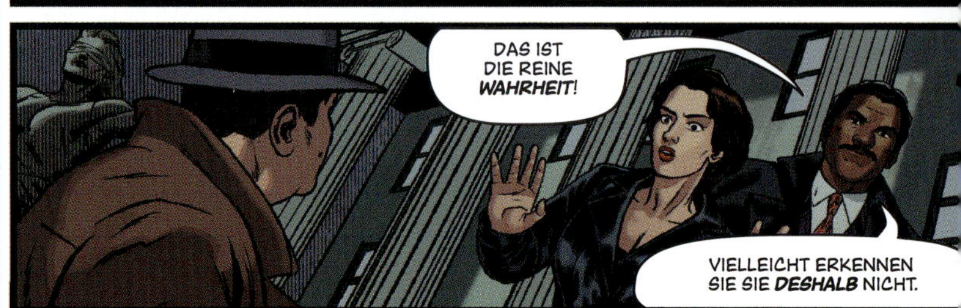
DAS IST DIE REINE **WAHRHEIT**!
VIELLEICHT ERKENNEN SIE SIE **DESHALB** NICHT.

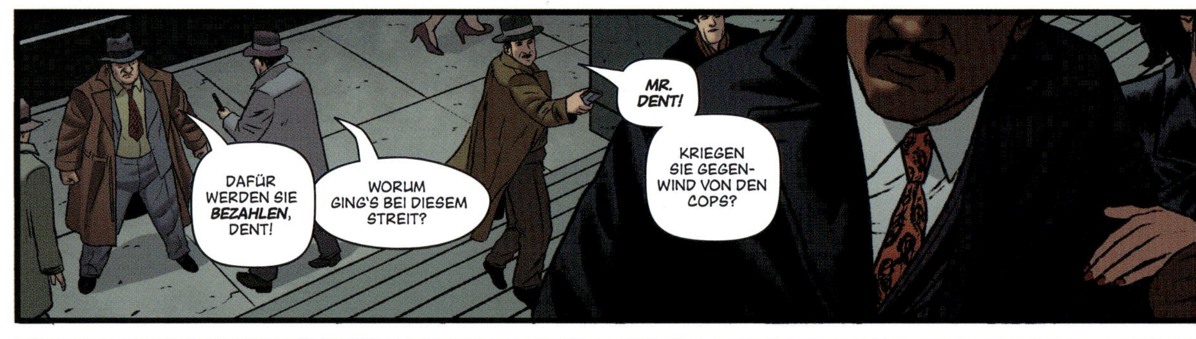
DAFÜR WERDEN SIE **BEZAHLEN**, DENT!
WORUM GING'S BEI DIESEM STREIT?
MR. DENT!
KRIEGEN SIE GEGEN-WIND VON DEN COPS?

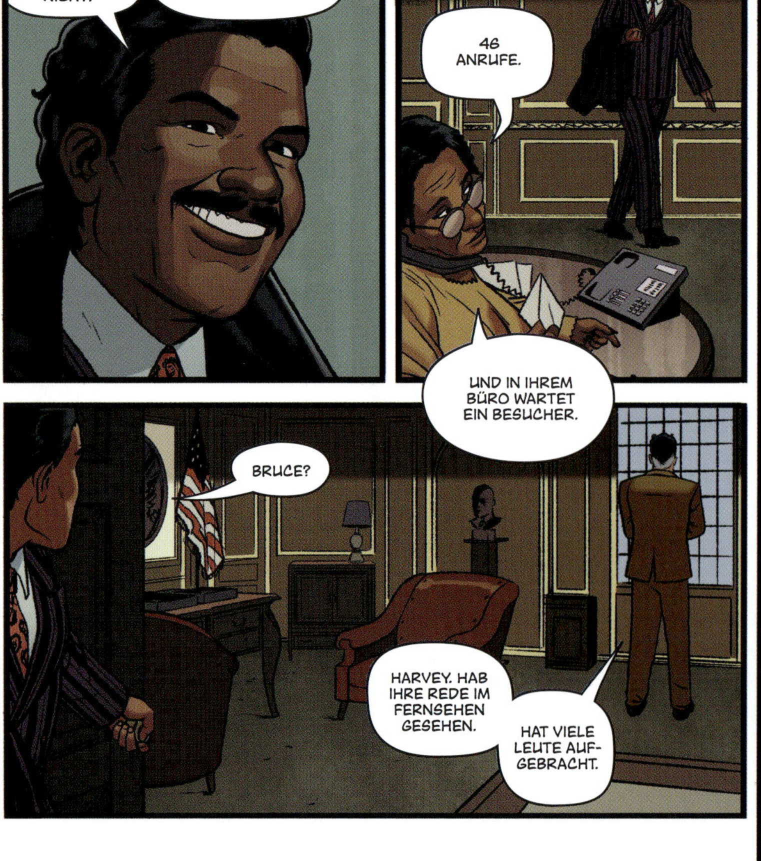
VON DEN COPS? ABSOLUT NICHT!
DAS MUSS ER MIT SICH SELBST AUSMACHEN.
HEY, LIZ. WAS GIBT'S NEUES?
46 ANRUFE.
UND IN IHREM BÜRO WARTET EIN BESUCHER.
BRUCE?
HARVEY. HAB IHRE REDE IM FERNSEHEN GESEHEN.
HAT VIELE LEUTE AUF-GEBRACHT.

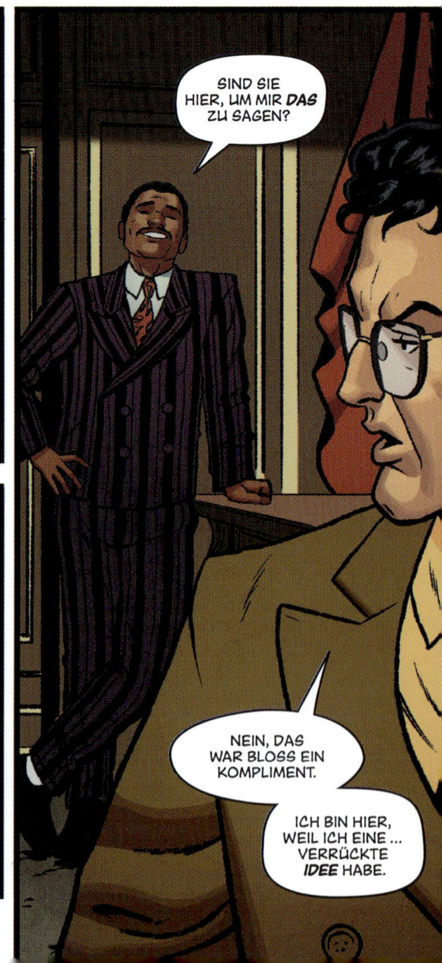
SIND SIE HIER, UM MIR **DAS** ZU SAGEN?
NEIN, DAS WAR BLOSS EIN KOMPLIMENT.
ICH BIN HIER, WEIL ICH EINE ... VERRÜCKTE **IDEE** HABE.

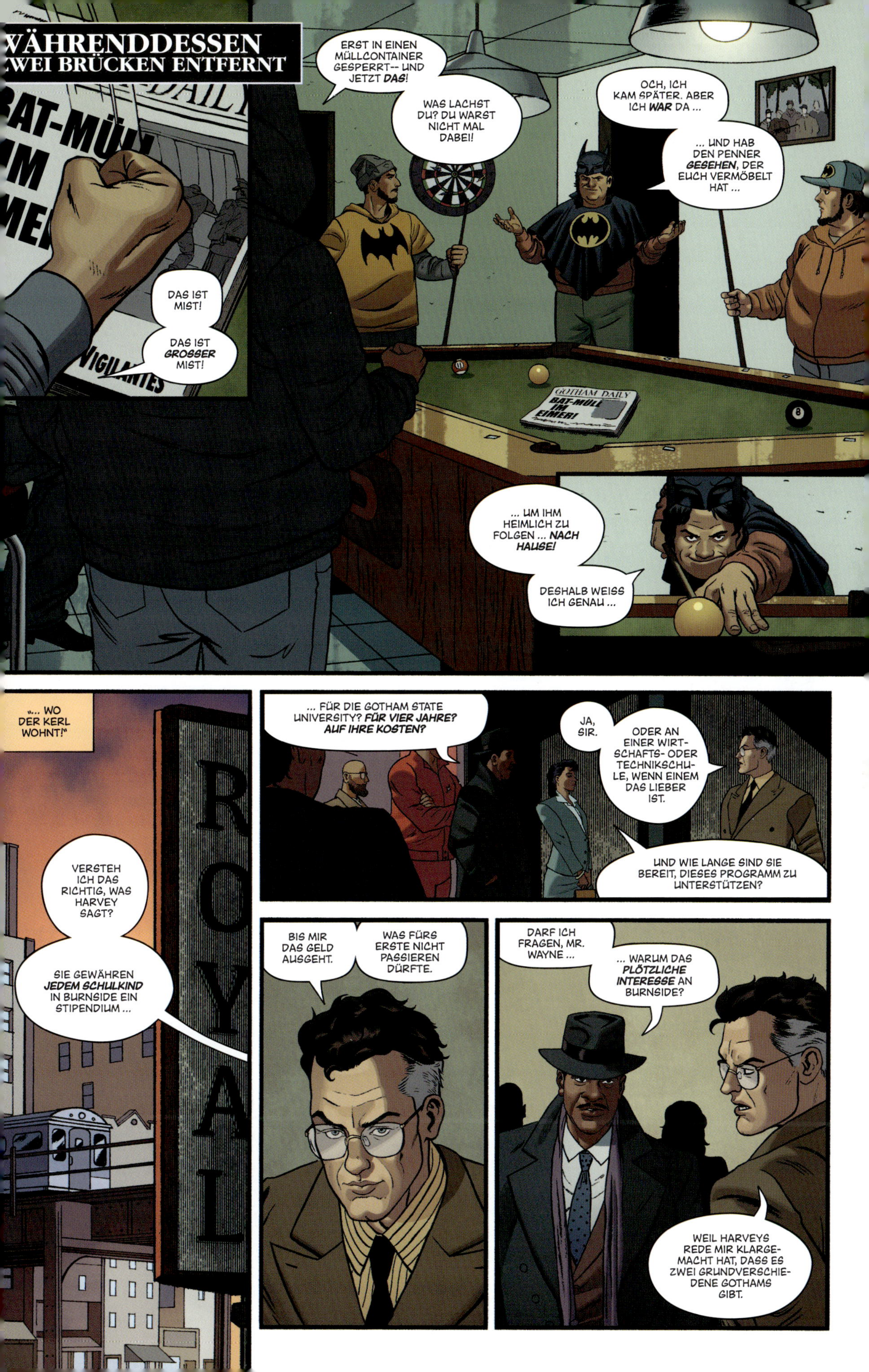

WÄHRENDDESSEN ZWEI BRÜCKEN ENTFERNT

DAS IST MIST!
DAS IST **GROSSER** MIST!
ERST IN EINEN MÜLLCONTAINER GESPERRT-- UND JETZT **DAS**!
WAS LACHST DU? DU WARST NICHT MAL DABEI!
OCH, ICH KAM SPÄTER. ABER ICH **WAR** DA ...
... UND HAB DEN PENNER **GESEHEN**, DER EUCH VERMÖBELT HAT ...
GOTHAM DAILY
BAT-MÜLL IM EIMER!
... UM IHM HEIMLICH ZU FOLGEN ... **NACH HAUSE!**
DESHALB WEISS ICH GENAU ...

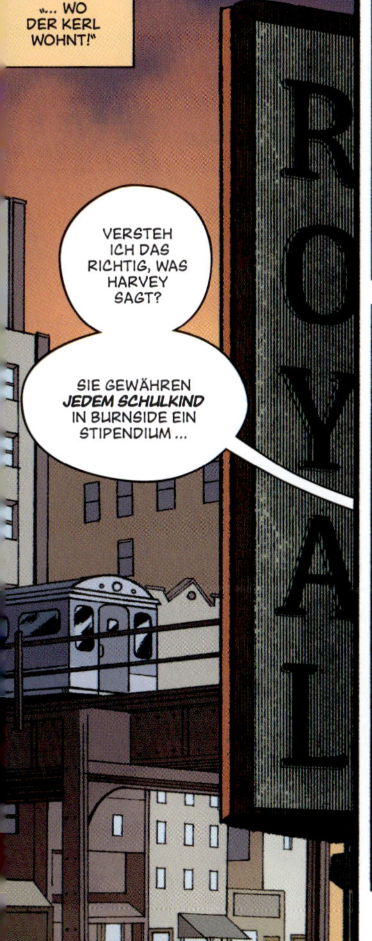

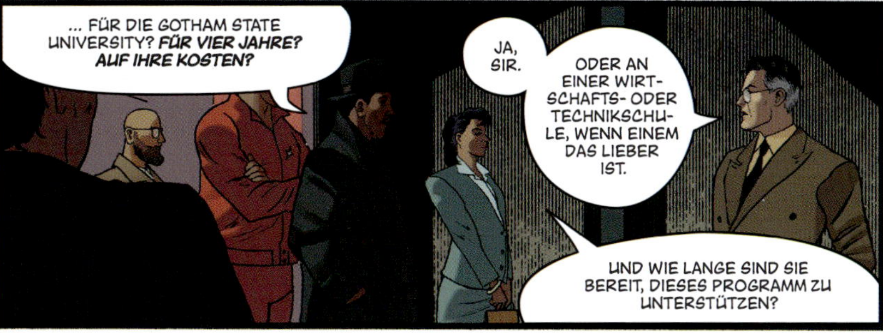

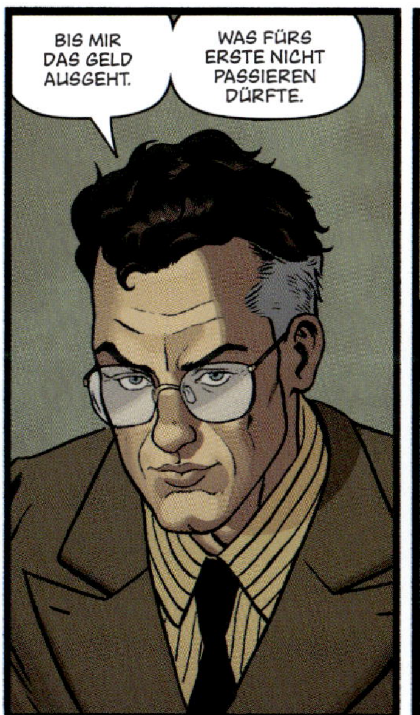

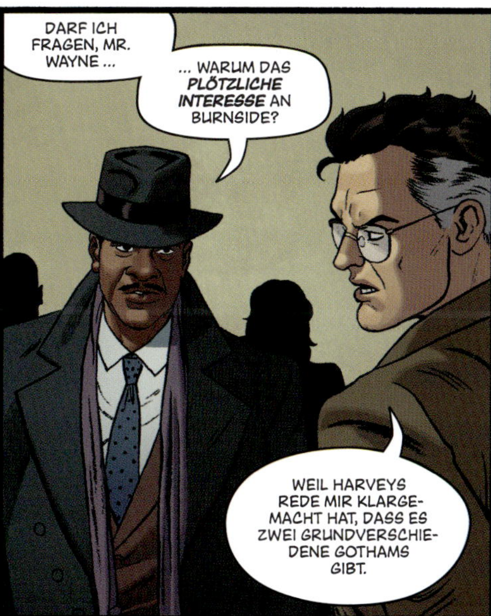

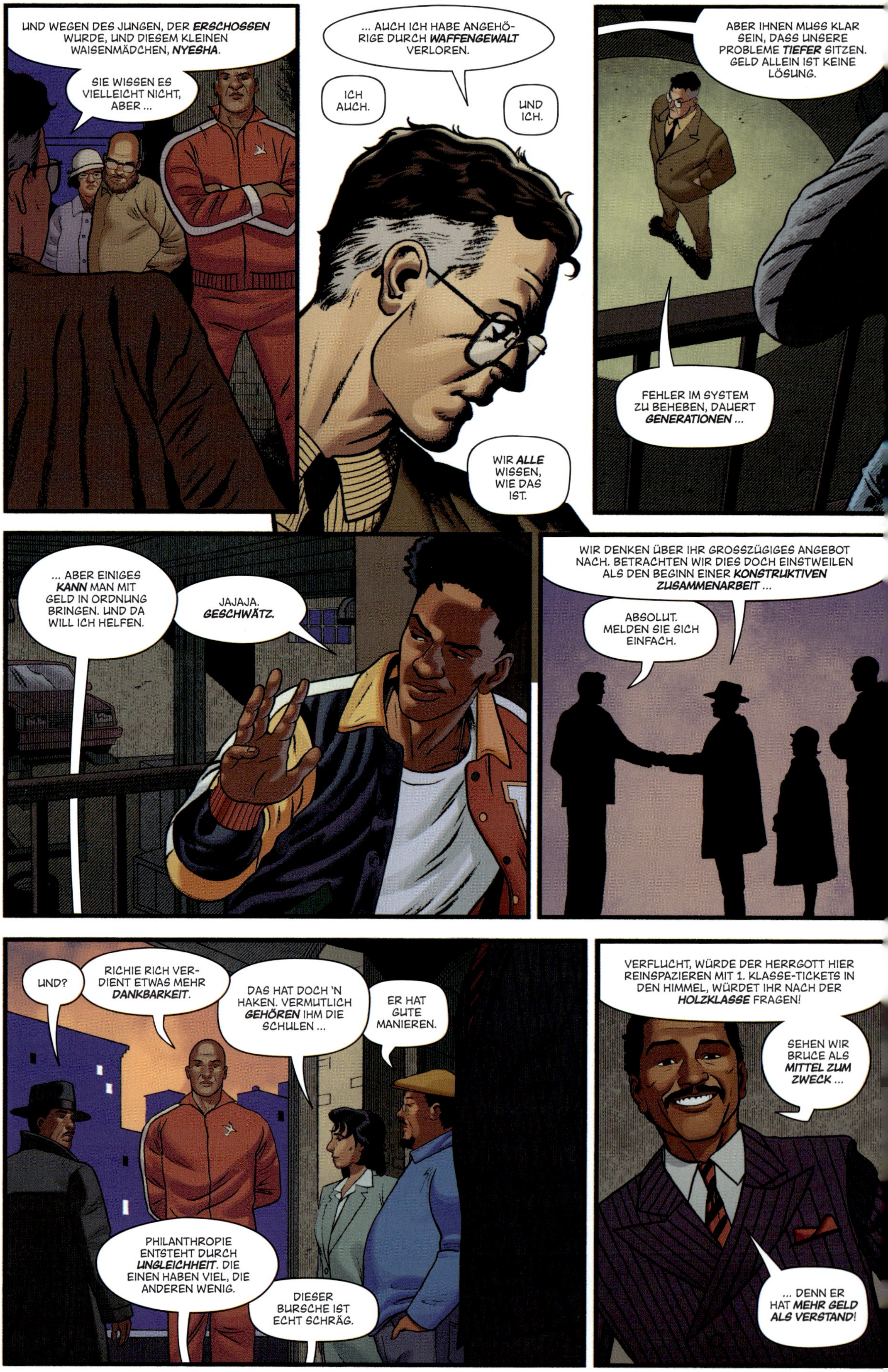

UND WEGEN DES JUNGEN, DER **ERSCHOSSEN** WURDE, UND DIESEM KLEINEN WAISENMÄDCHEN, **NYESHA**.

SIE WISSEN ES VIELLEICHT NICHT, ABER ...

... AUCH ICH HABE ANGEHÖRIGE DURCH **WAFFENGEWALT** VERLOREN.

ICH AUCH.

UND ICH.

WIR **ALLE** WISSEN, WIE DAS IST.

ABER IHNEN MUSS KLAR SEIN, DASS UNSERE PROBLEME **TIEFER** SITZEN. GELD ALLEIN IST KEINE LÖSUNG.

FEHLER IM SYSTEM ZU BEHEBEN, DAUERT **GENERATIONEN** ...

... ABER EINIGES **KANN** MAN MIT GELD IN ORDNUNG BRINGEN. UND DA WILL ICH HELFEN.

JAJAJA. **GESCHWÄTZ.**

WIR DENKEN ÜBER IHR GROSSZÜGIGES ANGEBOT NACH. BETRACHTEN WIR DIES DOCH EINSTWEILEN ALS DEN BEGINN EINER **KONSTRUKTIVEN ZUSAMMENARBEIT** ...

ABSOLUT. MELDEN SIE SICH EINFACH.

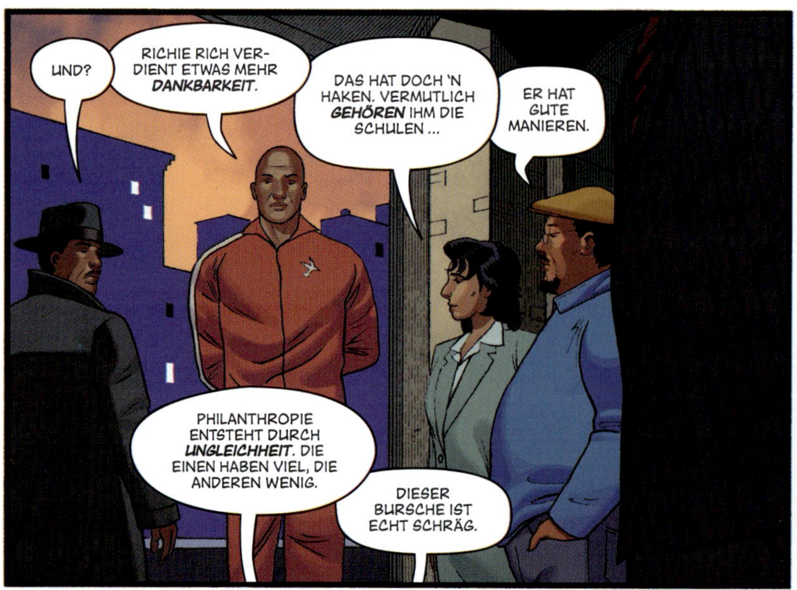

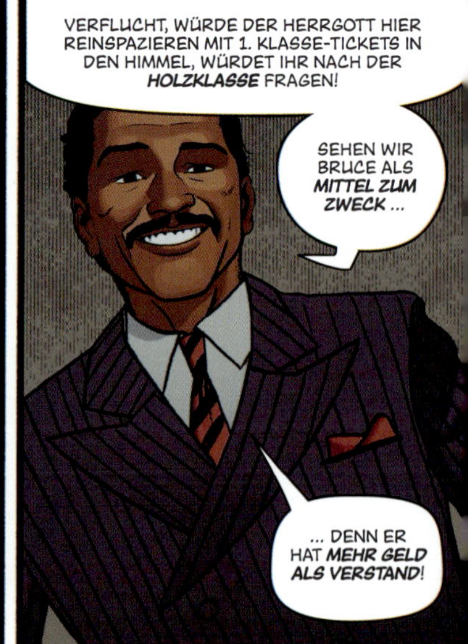

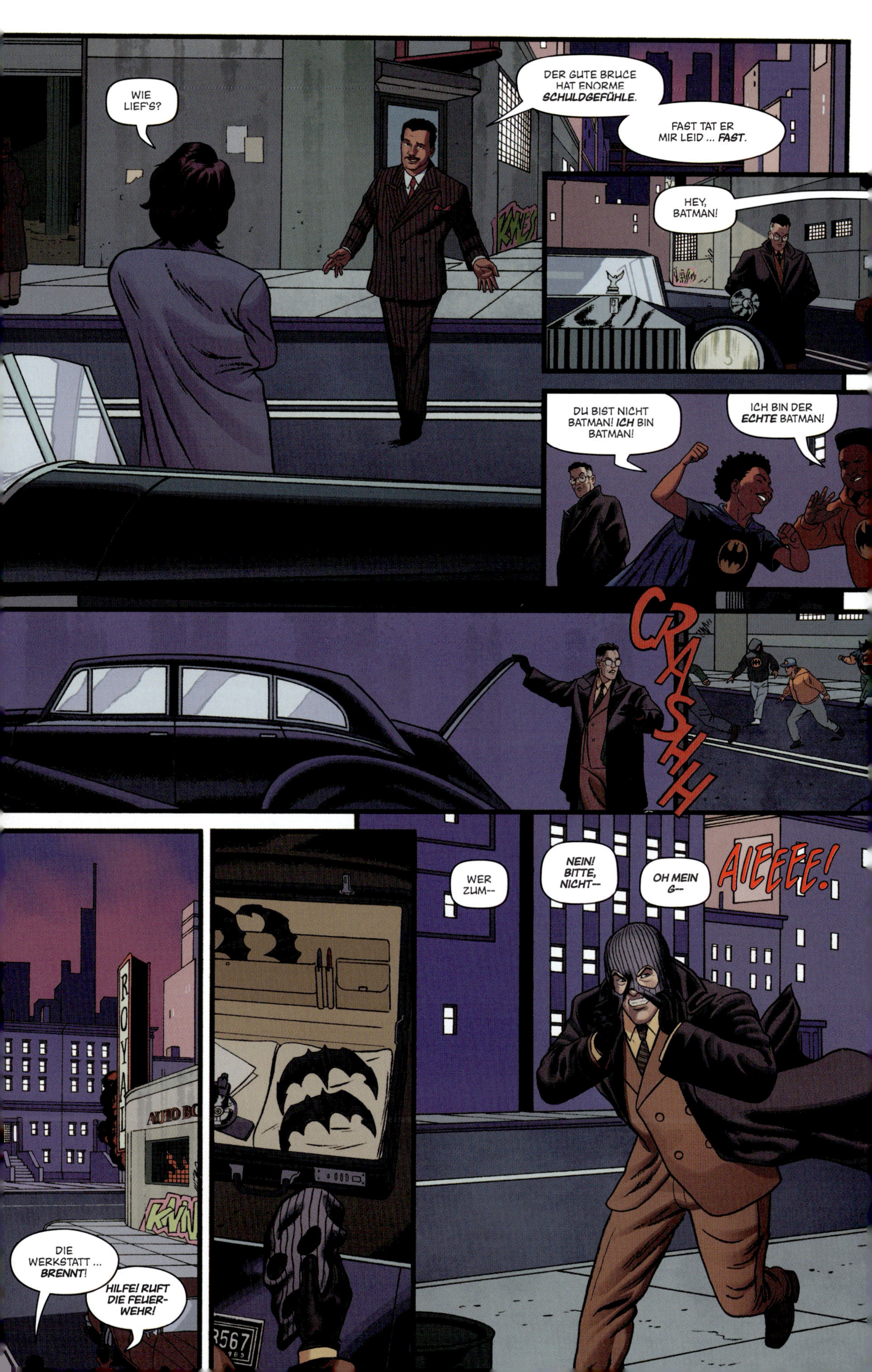
WIE LIEF'S?
DER GUTE BRUCE HAT ENORME SCHULDGEFÜHLE.
FAST TAT ER MIR LEID ... FAST.
HEY, BATMAN!
DU BIST NICHT BATMAN! ICH BIN BATMAN!
ICH BIN DER ECHTE BATMAN!
CRASHH
WER ZUM--
NEIN! BITTE, NICHT--
OH MEIN G--
AIEEEE!
DIE WERKSTATT ... BRENNT!
HILFE! RUFT DIE FEUERWEHR!

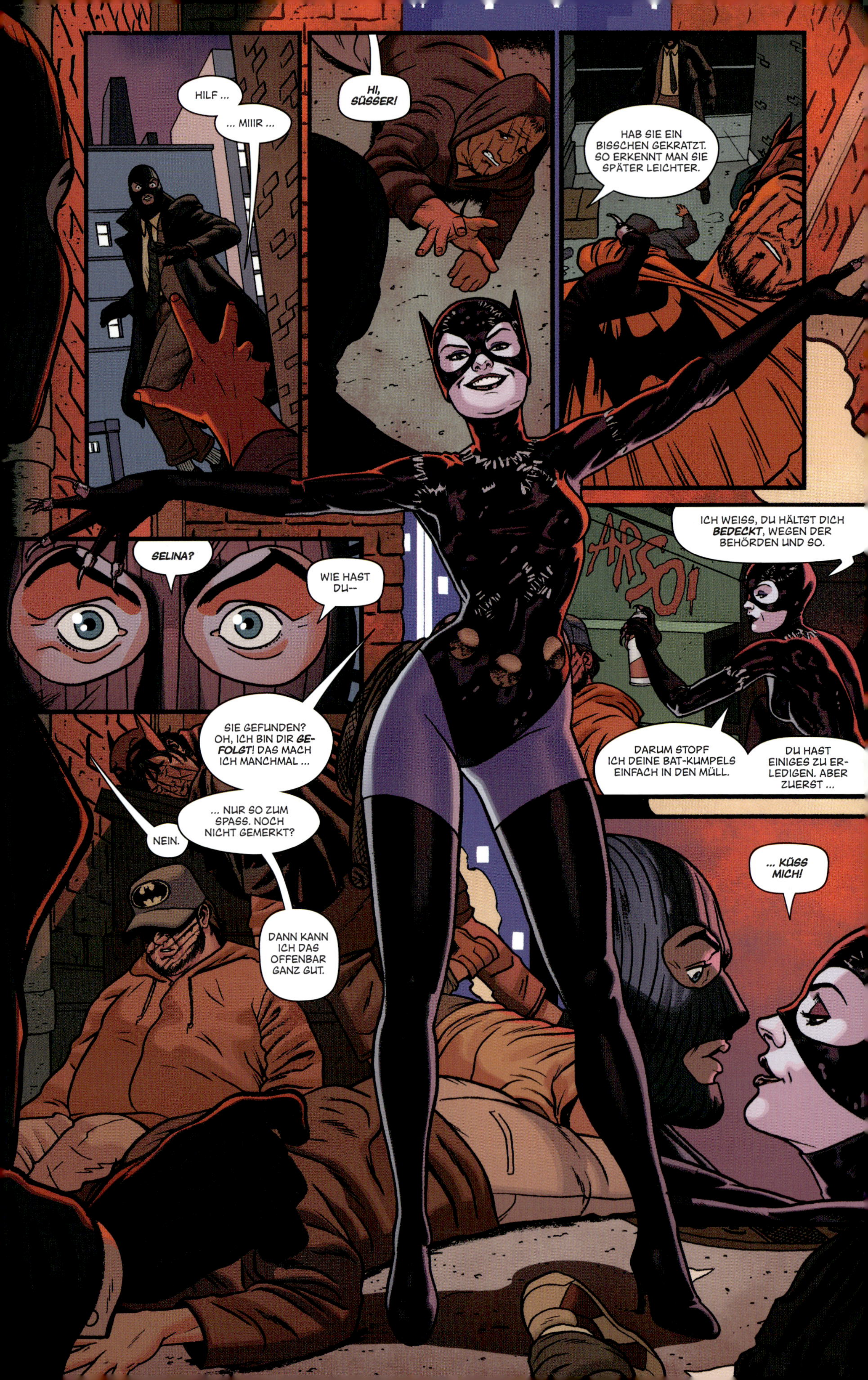

HILF ...
... MIIIR ...
HI, SÜSSER!
HAB SIE EIN BISSCHEN GEKRATZT. SO ERKENNT MAN SIE SPÄTER LEICHTER.
SELINA?
WIE HAST DU--
SIE GEFUNDEN? OH, ICH BIN DIR GEFOLGT! DAS MACH ICH MANCHMAL ...
... NUR SO ZUM SPASS. NOCH NICHT GEMERKT?
NEIN.
DANN KANN ICH DAS OFFENBAR GANZ GUT.
ICH WEISS, DU HÄLTST DICH BEDECKT, WEGEN DER BEHÖRDEN UND SO.
ARSO!
DARUM STOPF ICH DEINE BAT-KUMPELS EINFACH IN DEN MÜLL.
DU HAST EINIGES ZU ERLEDIGEN. ABER ZUERST ...
... KÜSS MICH!

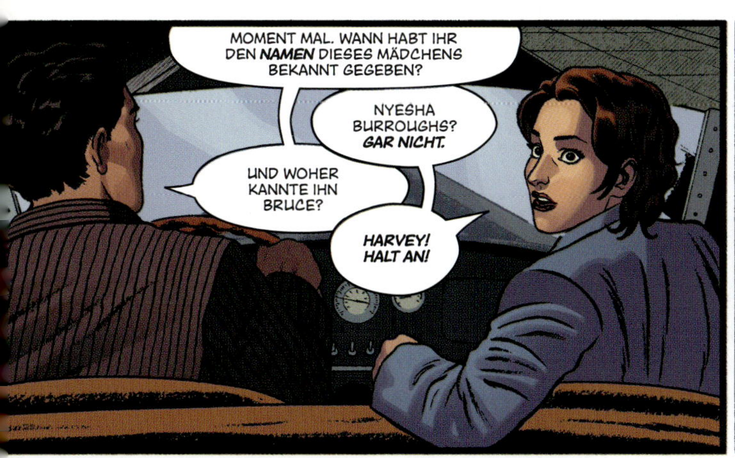
MOMENT MAL. WANN HABT IHR DEN **NAMEN** DIESES MÄDCHENS BEKANNT GEGEBEN?
NYESHA BURROUGHS? **GAR NICHT.**
UND WOHER KANNTE IHN BRUCE?
HARVEY! HALT AN!

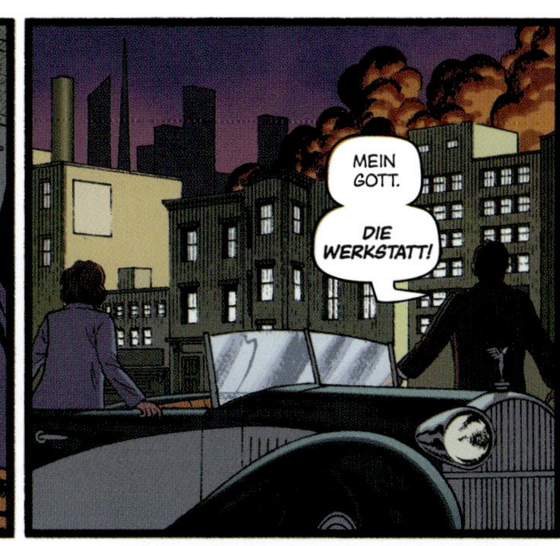
MEIN GOTT.
DIE WERKSTATT!

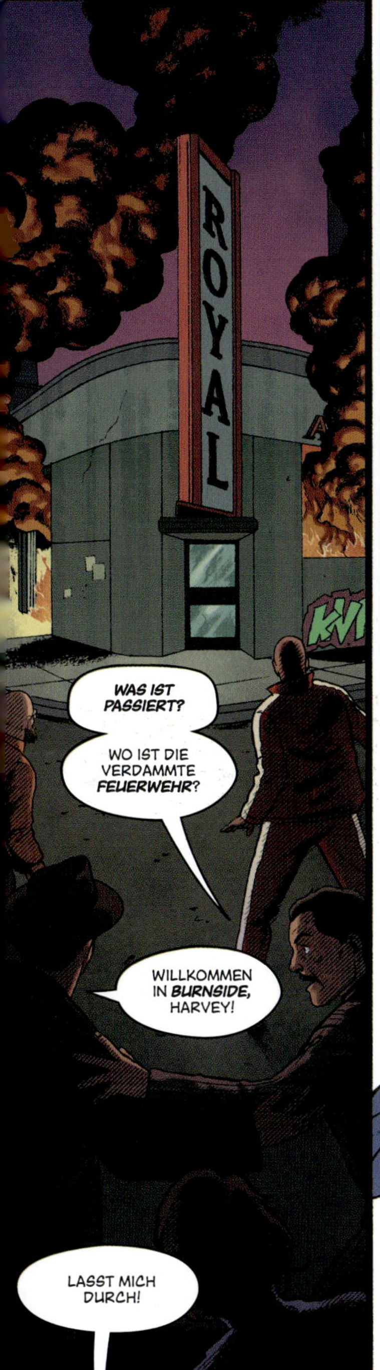
ROYAL
WAS IST PASSIERT?
WO IST DIE VERDAMMTE **FEUERWEHR**?
WILLKOMMEN IN **BURNSIDE,** HARVEY!
LASST MICH DURCH!

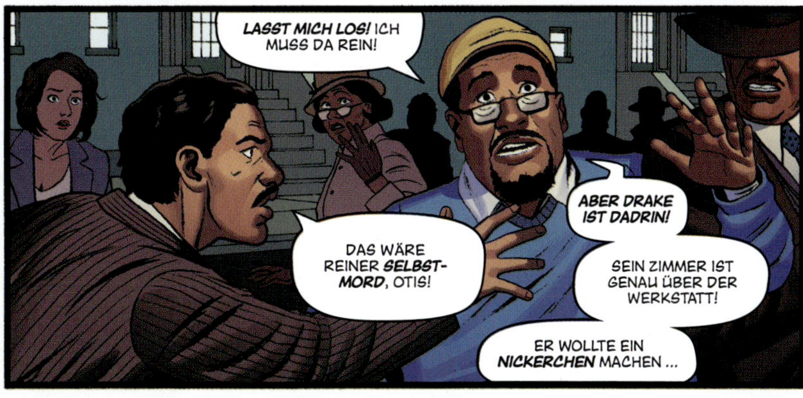
LASST MICH LOS! ICH MUSS DA REIN!
DAS WÄRE REINER **SELBSTMORD**, OTIS!
ABER DRAKE IST DADRIN!
SEIN ZIMMER IST GENAU ÜBER DER WERKSTATT!
ER WOLLTE EIN **NICKERCHEN** MACHEN ...

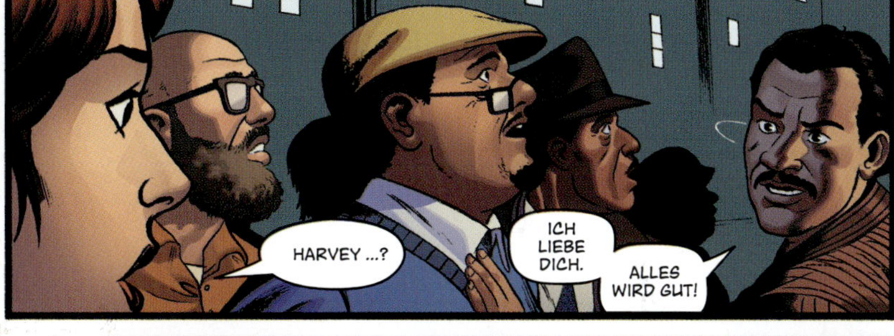
HARVEY ...?
ICH LIEBE DICH.
ALLES WIRD GUT!

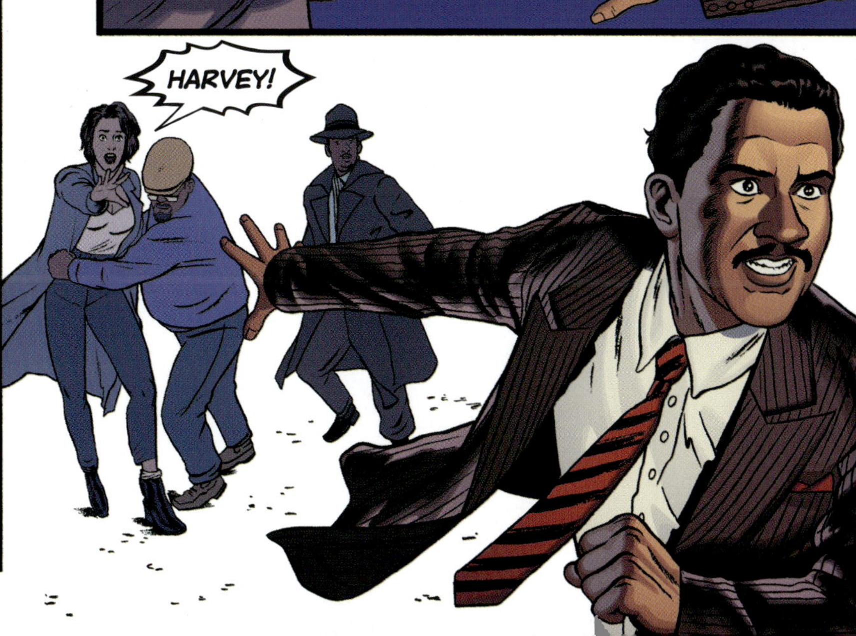
HARVEY!

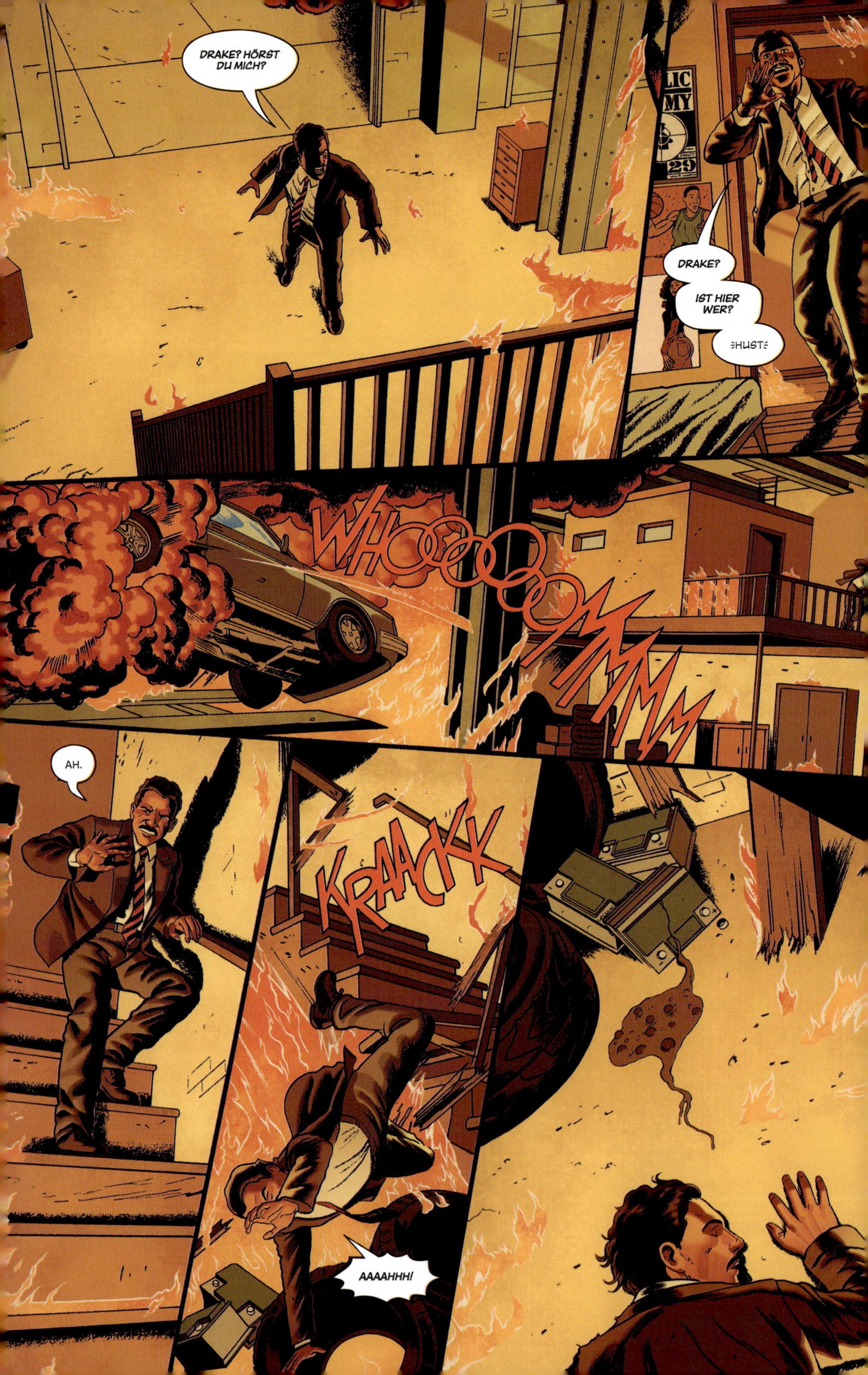
DRAKE? HÖRST DU MICH?
DRAKE?
IST HIER WER?
≠HUST≠
WHOOOOOOOMMMM
AH.
KRAACKK
AAAAHHH!

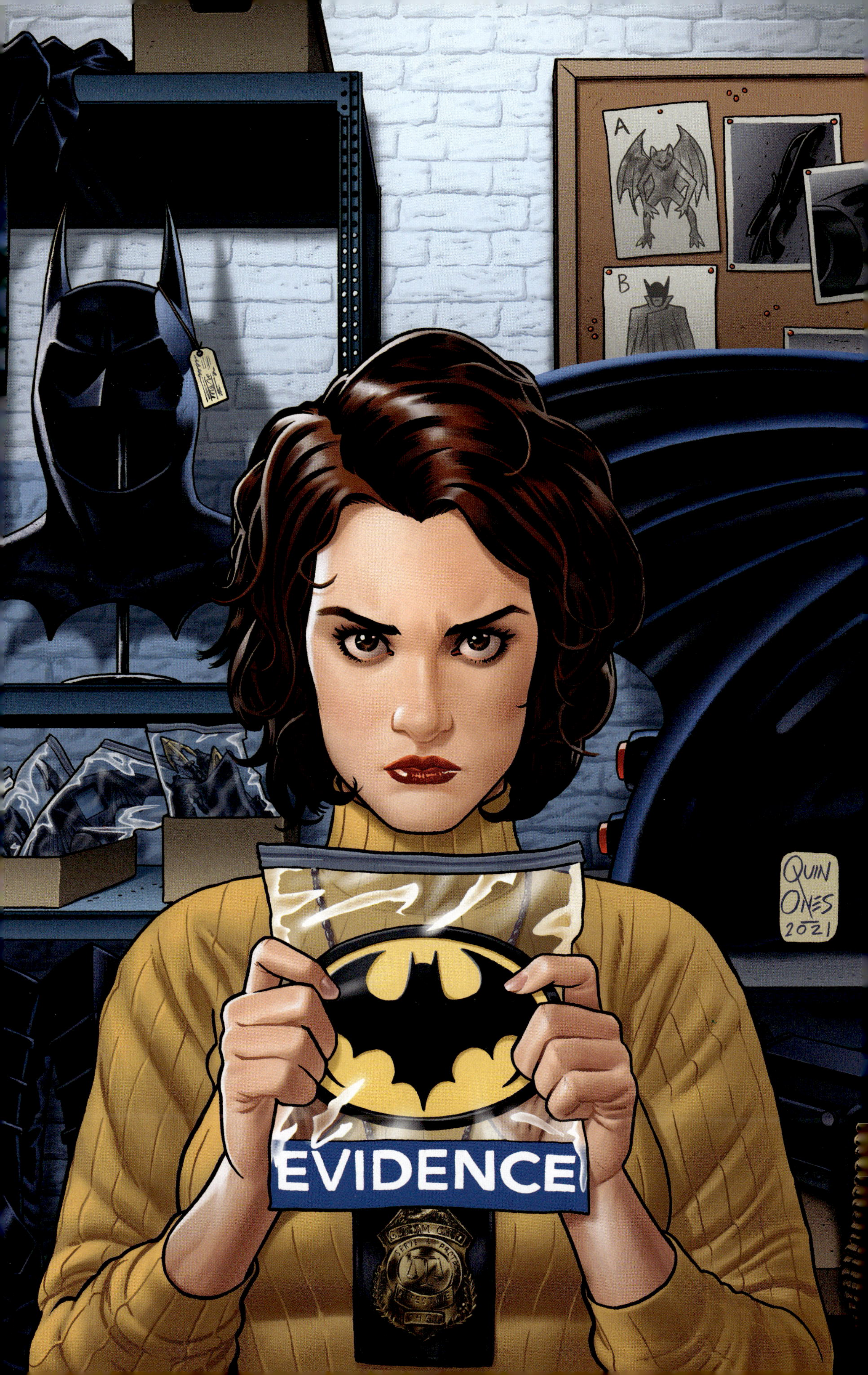

A
B
QUIN
ONES
2021
EVIDENCE

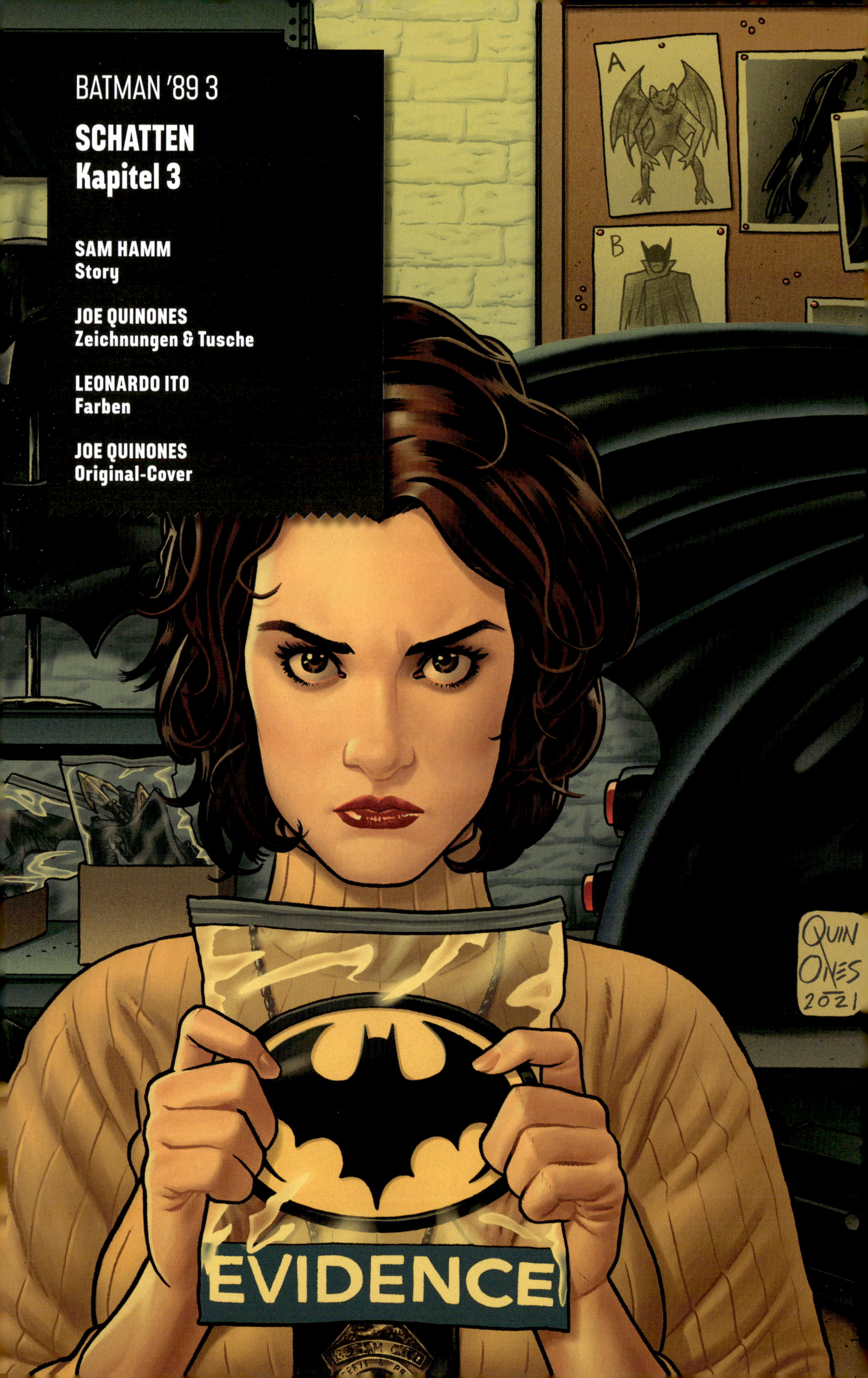
BATMAN '89 3
SCHATTEN
Kapitel 3
SAM HAMM
Story
JOE QUINONES
Zeichnungen & Tusche
LEONARDO ITO
Farben
JOE QUINONES
Original-Cover
A
B
QUIN
ONES
2021
EVIDENCE

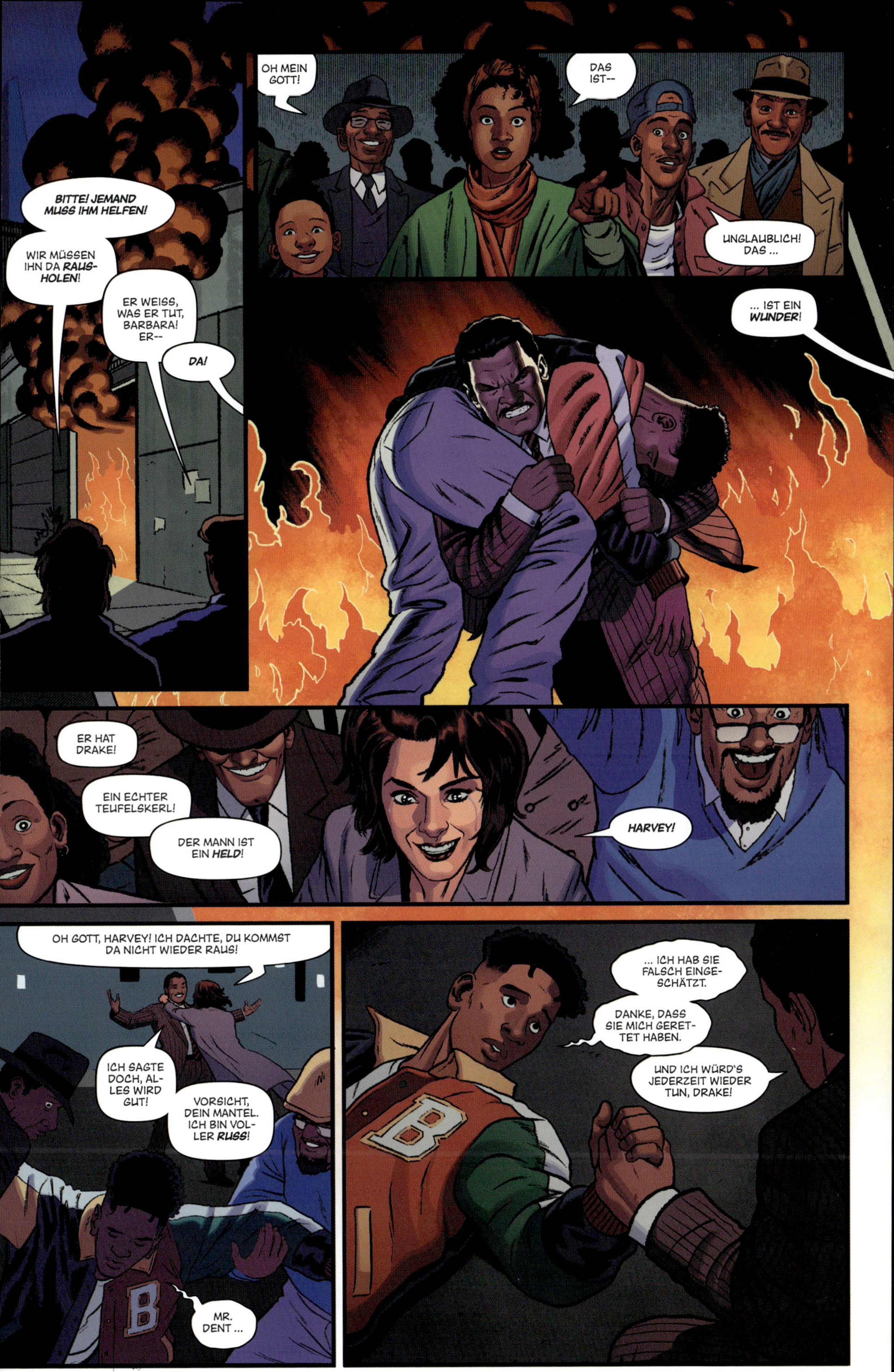

BITTE! JEMAND MUSS IHM HELFEN!
WIR MÜSSEN IHN DA RAUS-HOLEN!
ER WEISS, WAS ER TUT, BARBARA! ER--
DA!

OH MEIN GOTT!
DAS IST--
UNGLAUBLICH! DAS ...
... IST EIN WUNDER!

ER HAT DRAKE!
EIN ECHTER TEUFELSKERL!
DER MANN IST EIN HELD!
HARVEY!

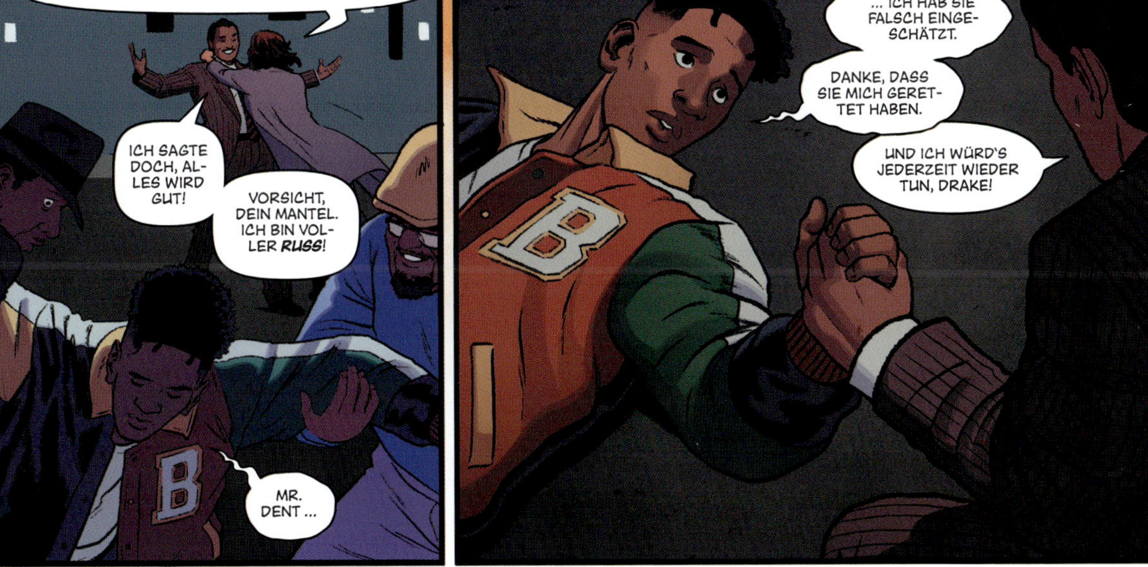

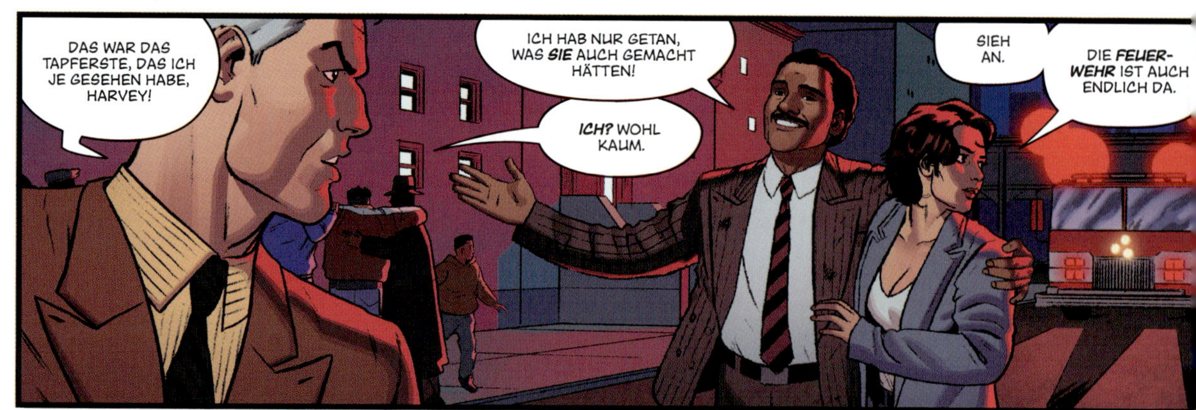

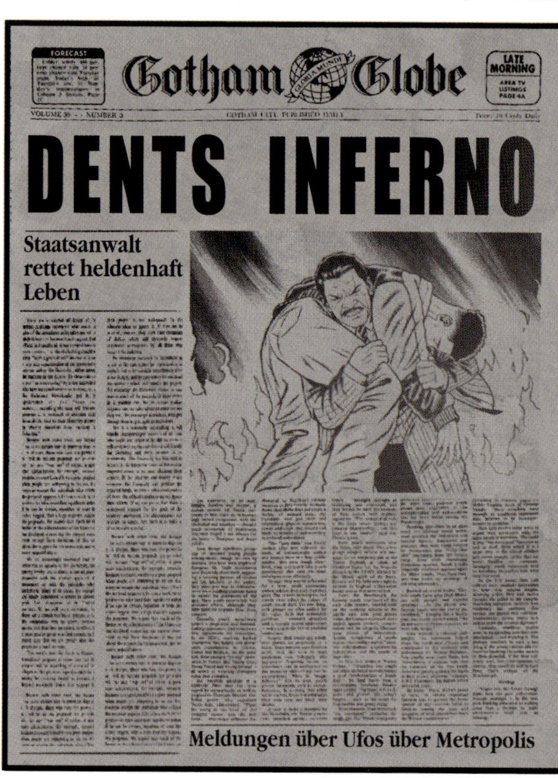

Gotham Globe

DENTS INFERNO

Staatsanwalt rettet heldenhaft Leben

Meldungen über Ufos über Metropolis

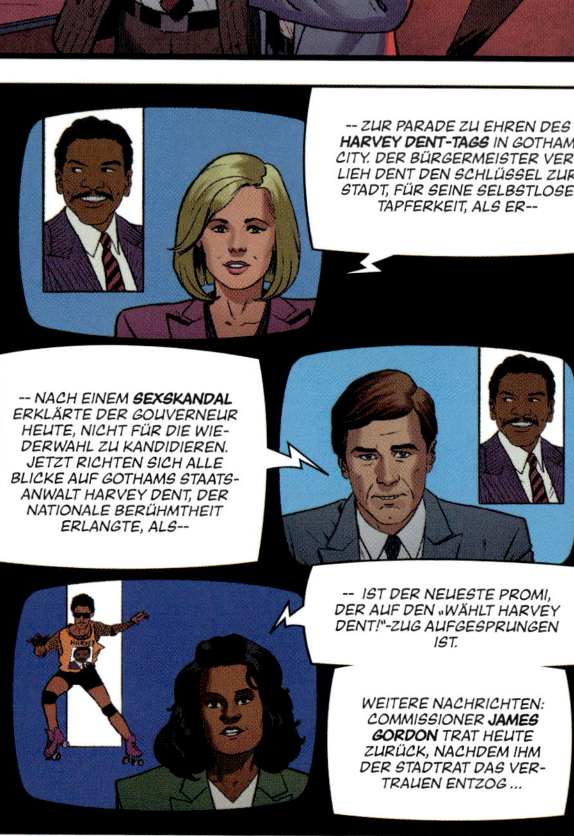

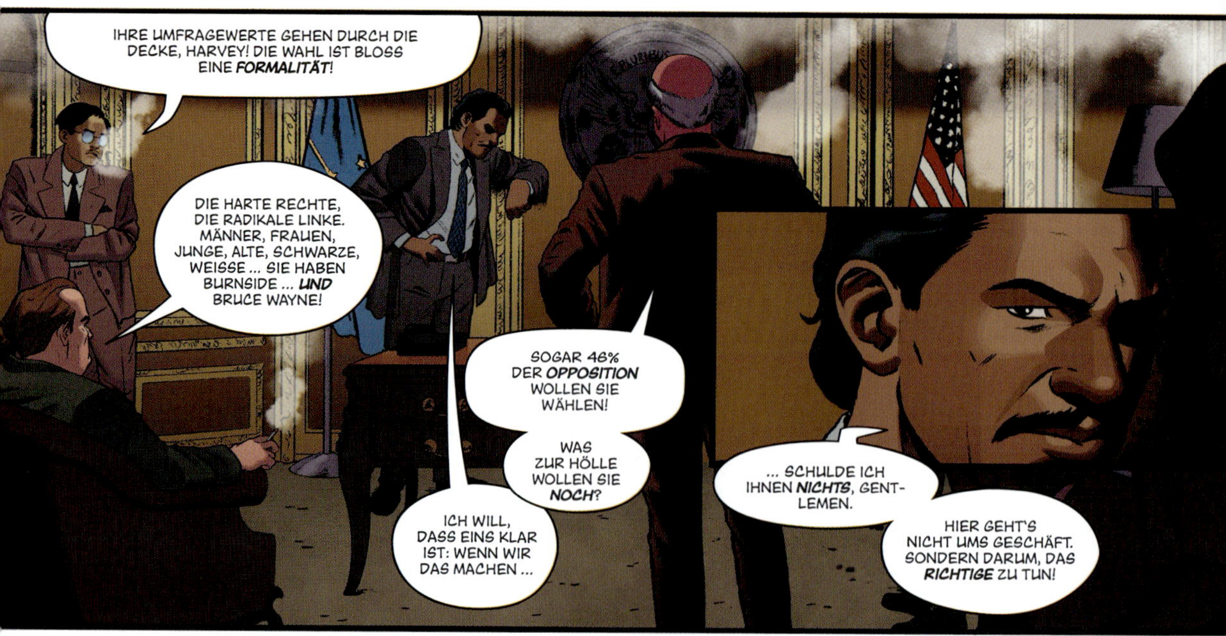

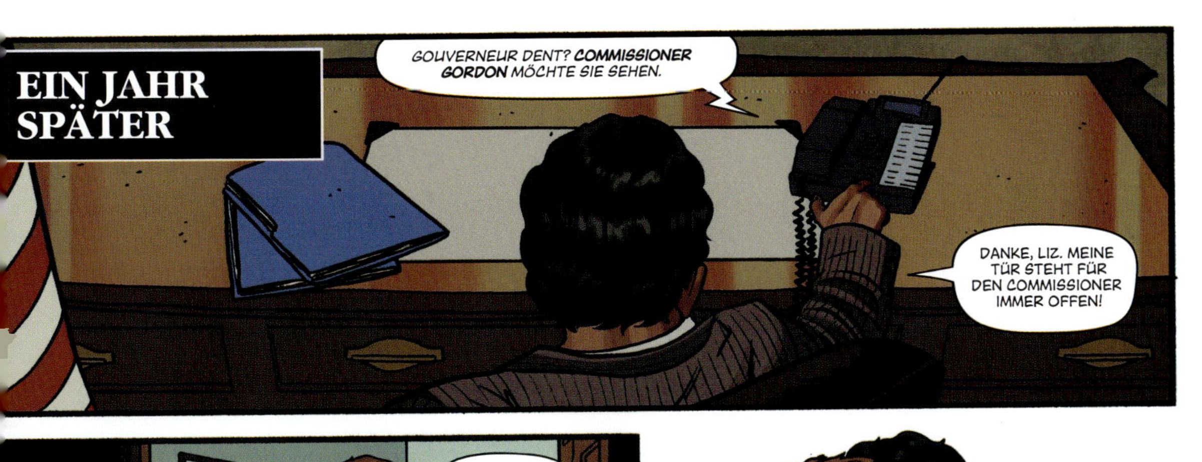
EIN JAHR SPÄTER
GOUVERNEUR DENT? COMMISSIONER GORDON MÖCHTE SIE SEHEN.
DANKE, LIZ. MEINE TÜR STEHT FÜR DEN COMMISSIONER IMMER OFFEN!

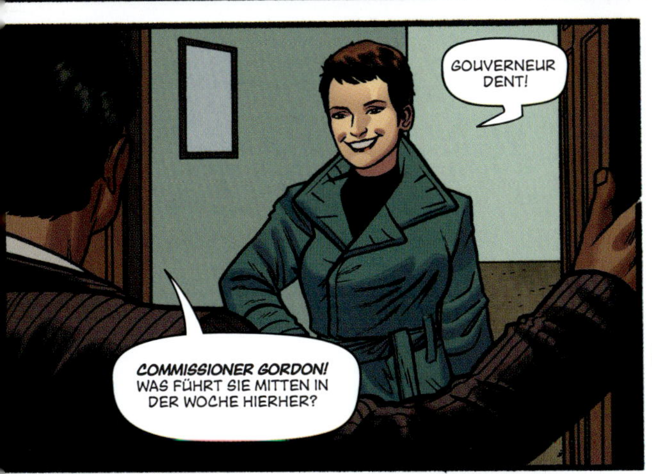
GOUVERNEUR DENT!
COMMISSIONER GORDON! WAS FÜHRT SIE MITTEN IN DER WOCHE HIERHER?

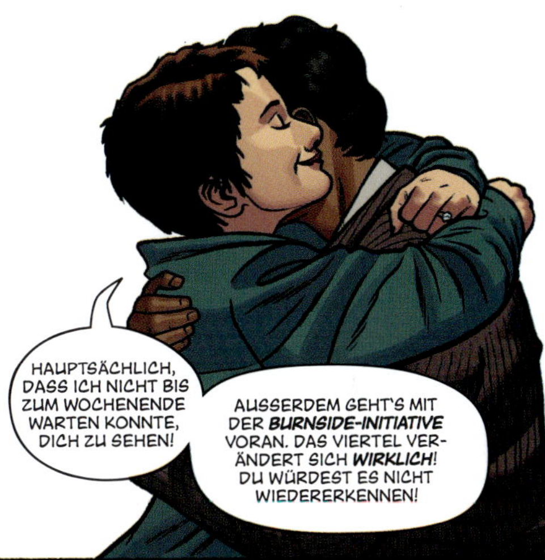
HAUPTSÄCHLICH, DASS ICH NICHT BIS ZUM WOCHENENDE WARTEN KONNTE, DICH ZU SEHEN!
AUSSERDEM GEHT'S MIT DER BURNSIDE-INITIATIVE VORAN. DAS VIERTEL VERÄNDERT SICH WIRKLICH! DU WÜRDEST ES NICHT WIEDERERKENNEN!

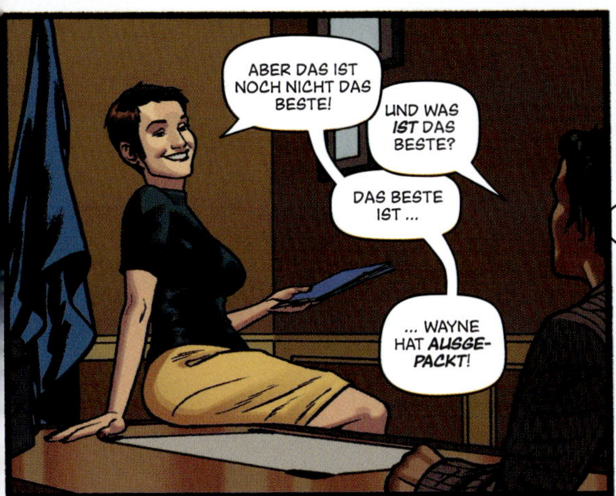
ABER DAS IST NOCH NICHT DAS BESTE!
UND WAS IST DAS BESTE?
DAS BESTE IST ...
... WAYNE HAT AUSGEPACKT!

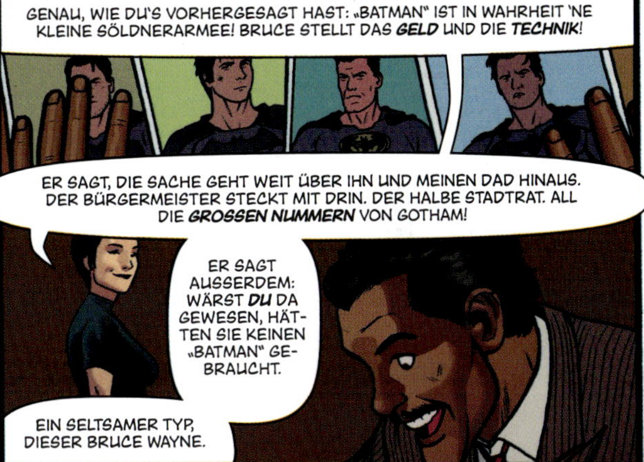
GENAU, WIE DU'S VORHERGESAGT HAST: »BATMAN« IST IN WAHRHEIT 'NE KLEINE SÖLDNERARMEE! BRUCE STELLT DAS GELD UND DIE TECHNIK!
ER SAGT, DIE SACHE GEHT WEIT ÜBER IHN UND MEINEN DAD HINAUS. DER BÜRGERMEISTER STECKT MIT DRIN. DER HALBE STADTRAT. ALL DIE GROSSEN NUMMERN VON GOTHAM!
ER SAGT AUSSERDEM: WÄRST DU DA GEWESEN, HÄTTEN SIE KEINEN »BATMAN« GEBRAUCHT.
EIN SELTSAMER TYP, DIESER BRUCE WAYNE.

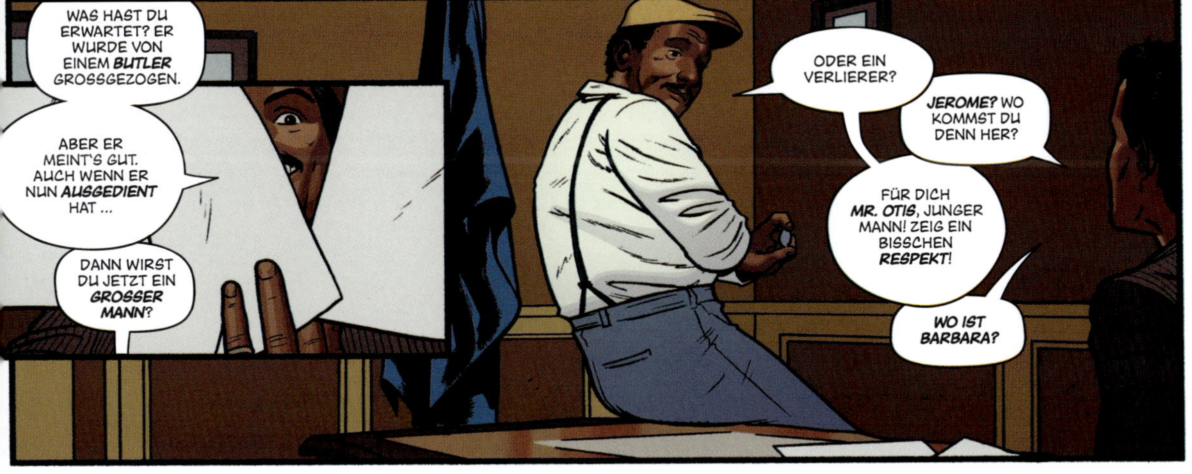
WAS HAST DU ERWARTET? ER WURDE VON EINEM BUTLER GROSSGEZOGEN.
ABER ER MEINT'S GUT. AUCH WENN ER NUN AUSGEDIENT HAT ...
DANN WIRST DU JETZT EIN GROSSER MANN?
ODER EIN VERLIERER?
JEROME? WO KOMMST DU DENN HER?
FÜR DICH MR. OTIS, JUNGER MANN! ZEIG EIN BISSCHEN RESPEKT!
WO IST BARBARA?

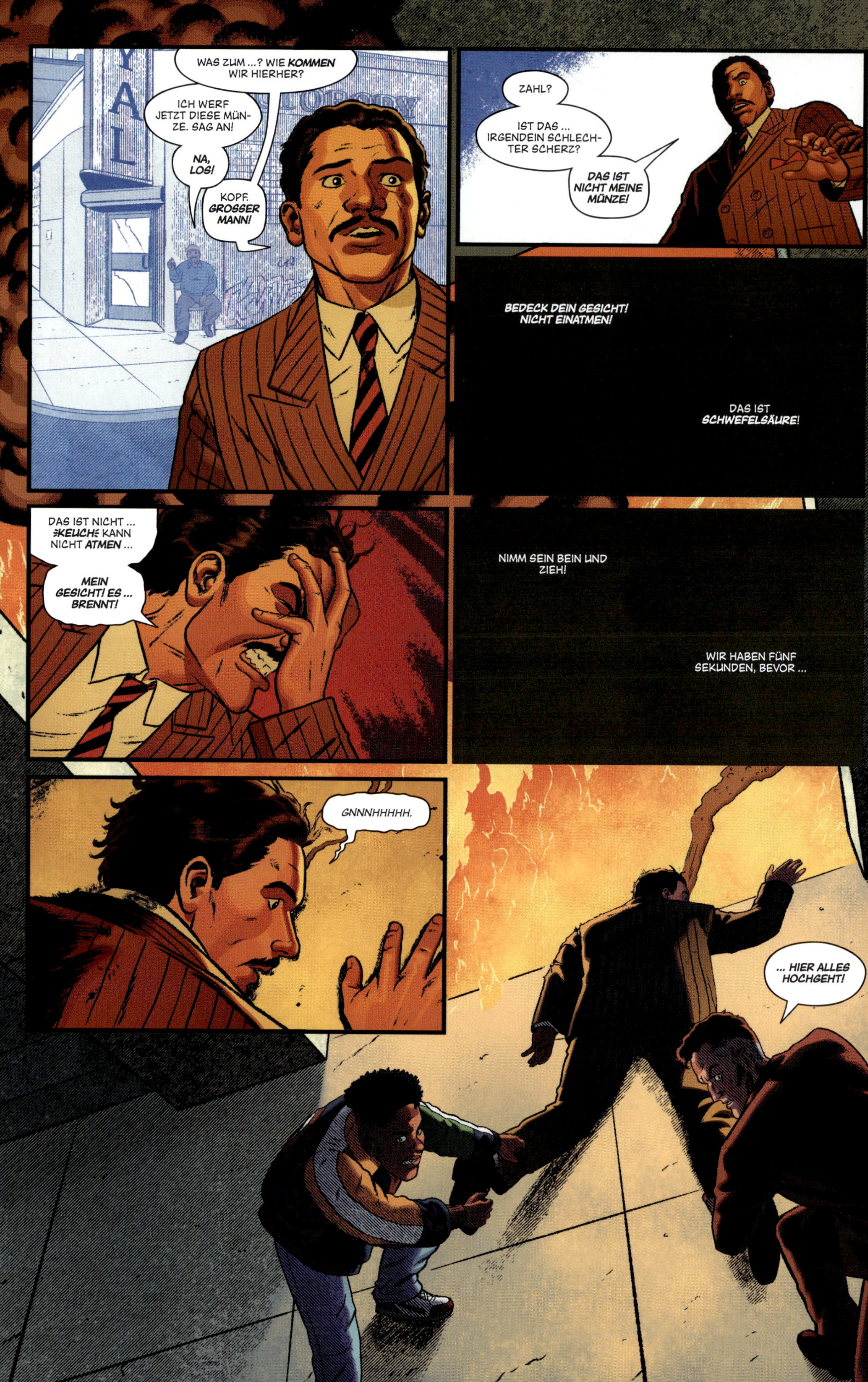
WAS ZUM …? WIE KOMMEN WIR HIERHER?
ICH WERF JETZT DIESE MÜN-ZE. SAG AN!
NA, LOS!
KOPF. GROSSER MANN!
ZAHL?
IST DAS … IRGENDEIN SCHLECH-TER SCHERZ?
DAS IST NICHT MEINE MÜNZE!
BEDECK DEIN GESICHT! NICHT EINATMEN!
DAS IST SCHWEFELSÄURE!
DAS IST NICHT … *KEUCH* KANN NICHT ATMEN …
MEIN GESICHT! ES … BRENNT!
NIMM SEIN BEIN UND ZIEH!
WIR HABEN FÜNF SEKUNDEN, BEVOR …
GNNNHHHHH.
… HIER ALLES HOCHGEHT!

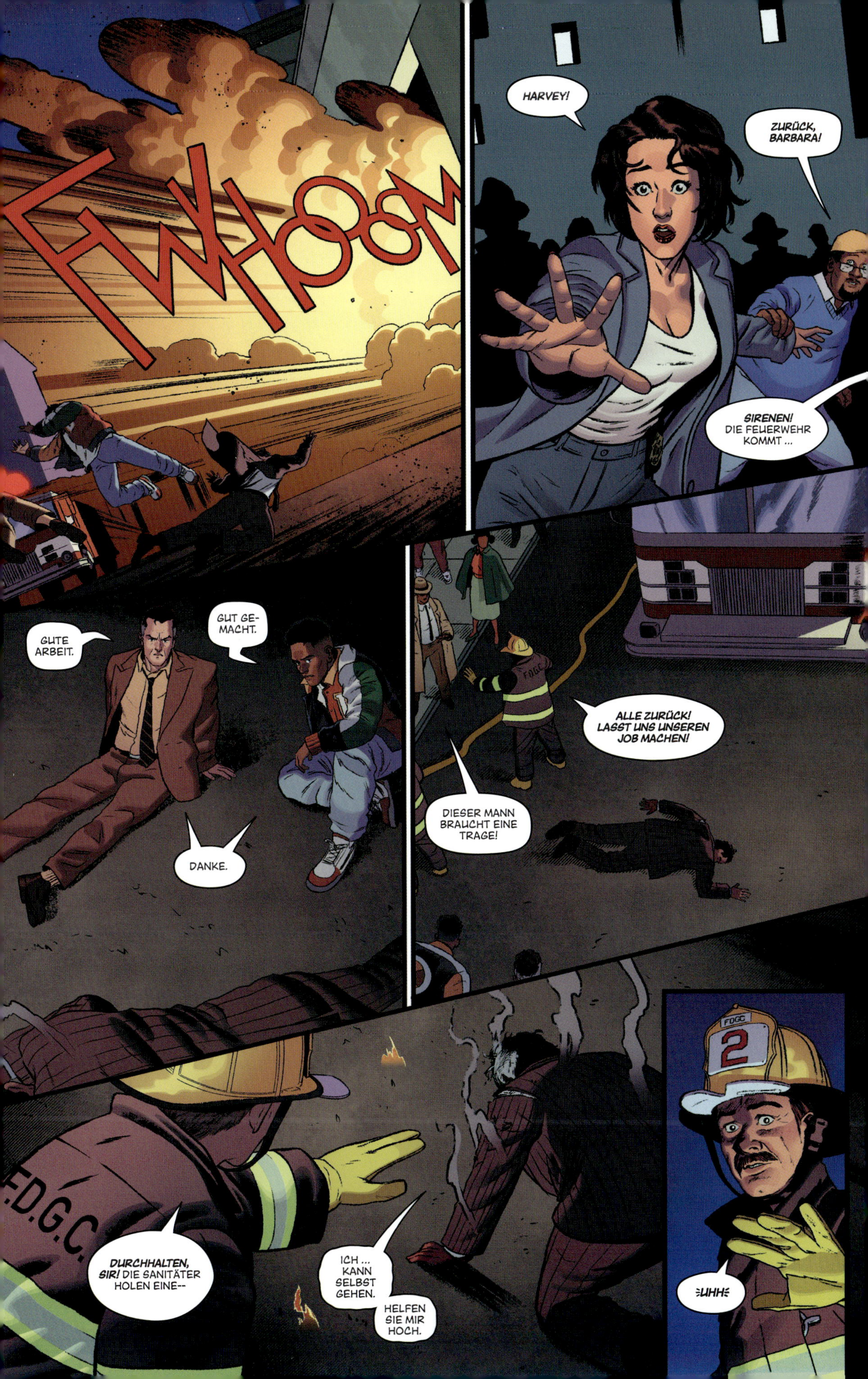
FWHOOM
HARVEY!
ZURÜCK, BARBARA!
SIRENEN! DIE FEUERWEHR KOMMT ...
GUTE ARBEIT.
GUT GE-MACHT.
DANKE.
ALLE ZURÜCK! LASST UNS UNSEREN JOB MACHEN!
DIESER MANN BRAUCHT EINE TRAGE!
DURCHHALTEN, SIR! DIE SANITÄTER HOLEN EINE--
ICH ... KANN SELBST GEHEN.
HELFEN SIE MIR HOCH.
UHH

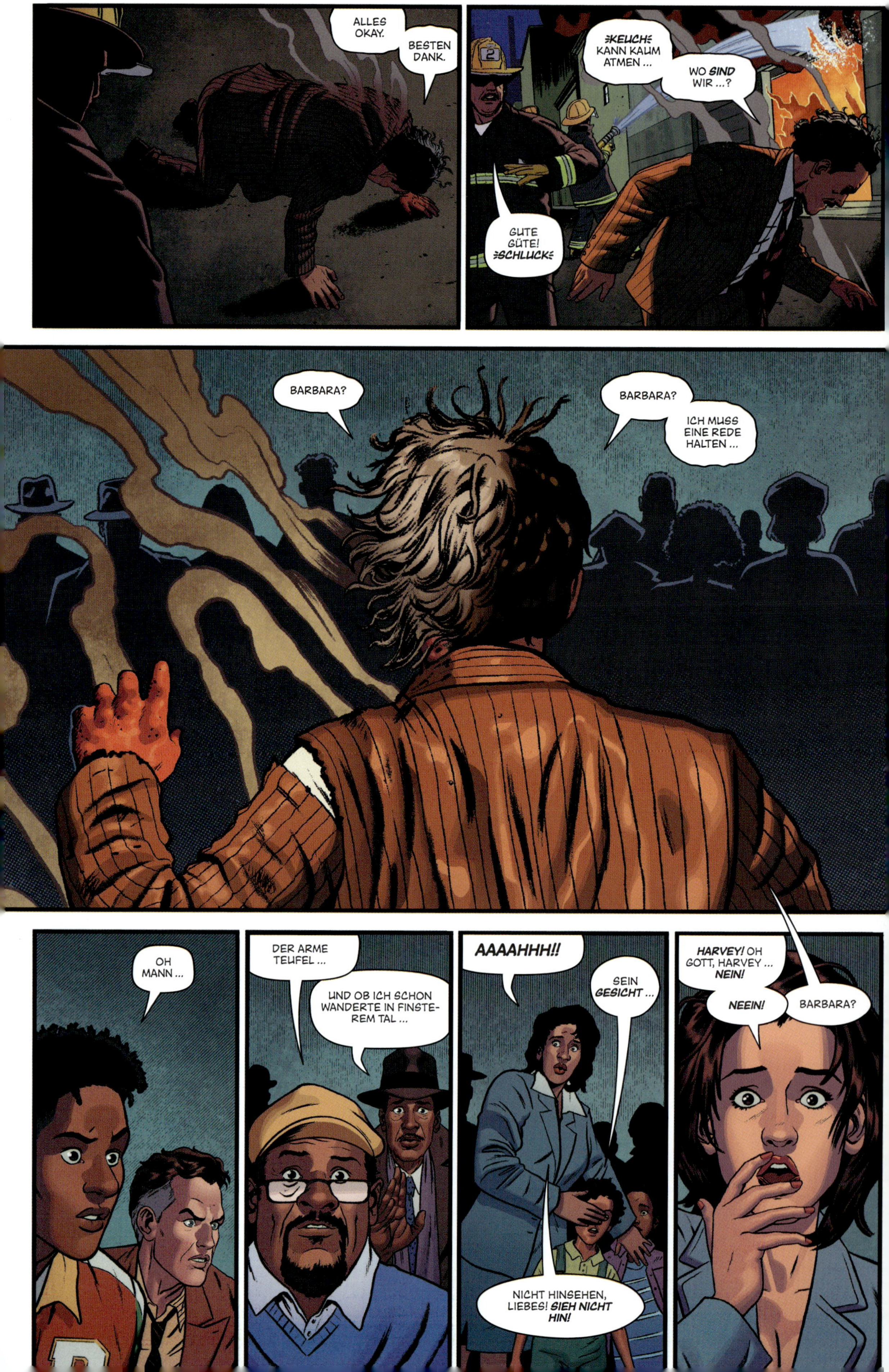

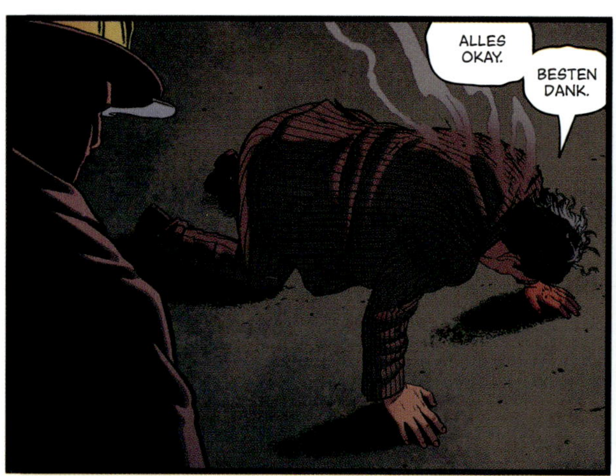
ALLES OKAY.
BESTEN DANK.

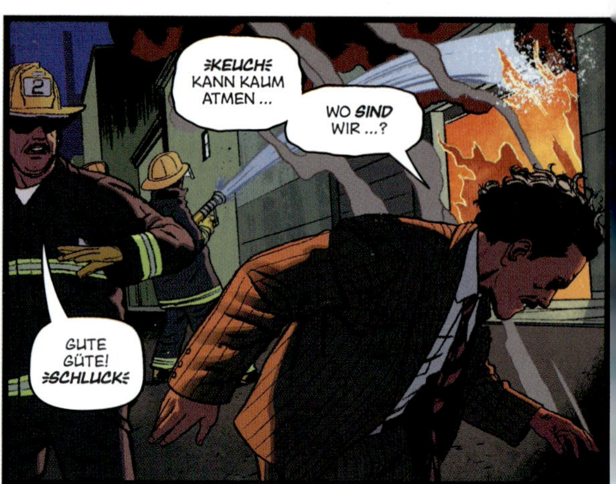
≶KEUCH≶ KANN KAUM ATMEN ...
WO *SIND* WIR ...?
GUTE GÜTE! ≶SCHLUCK≶

BARBARA?
BARBARA?
ICH MUSS EINE REDE HALTEN ...

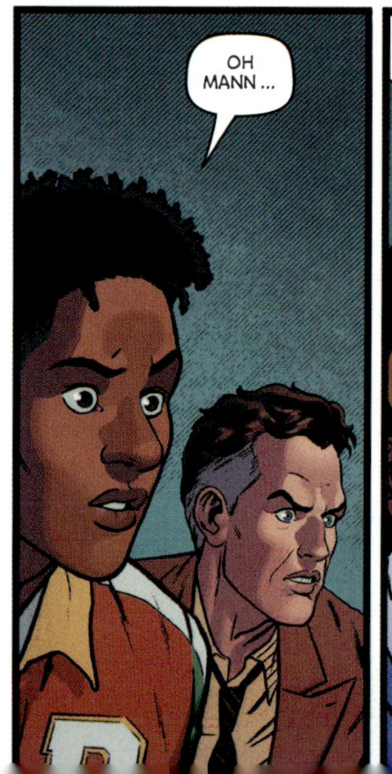
OH MANN ...

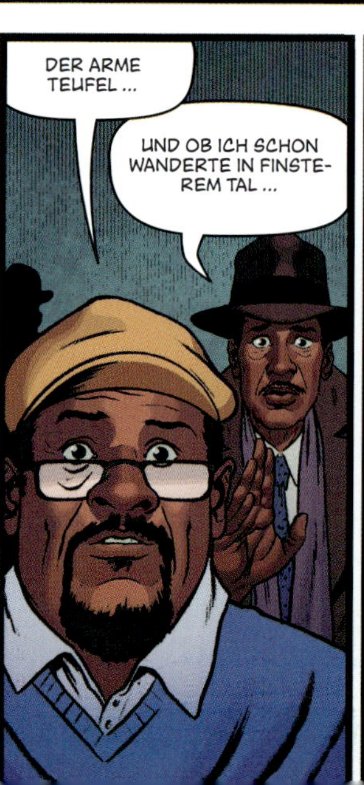
DER ARME TEUFEL ...
UND OB ICH SCHON WANDERTE IN FINSTE-REM TAL ...

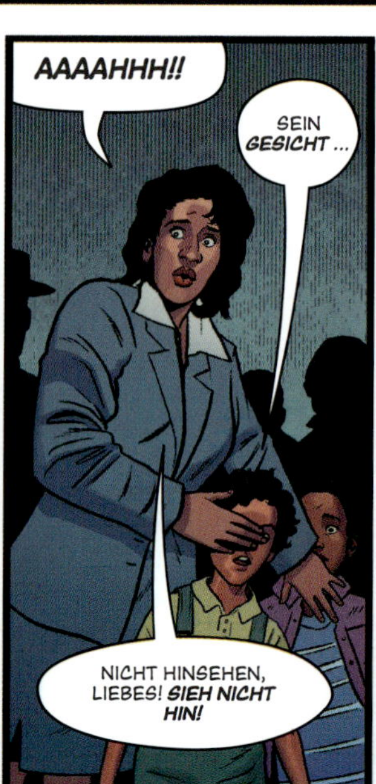
AAAAHHH!!
SEIN *GESICHT* ...
NICHT HINSEHEN, LIEBES! *SIEH NICHT HIN!*

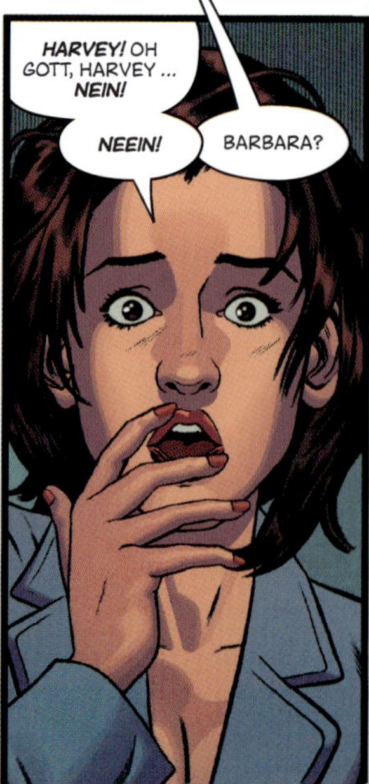
HARVEY! OH GOTT, HARVEY ... *NEIN!*
NEEIN!
BARBARA?

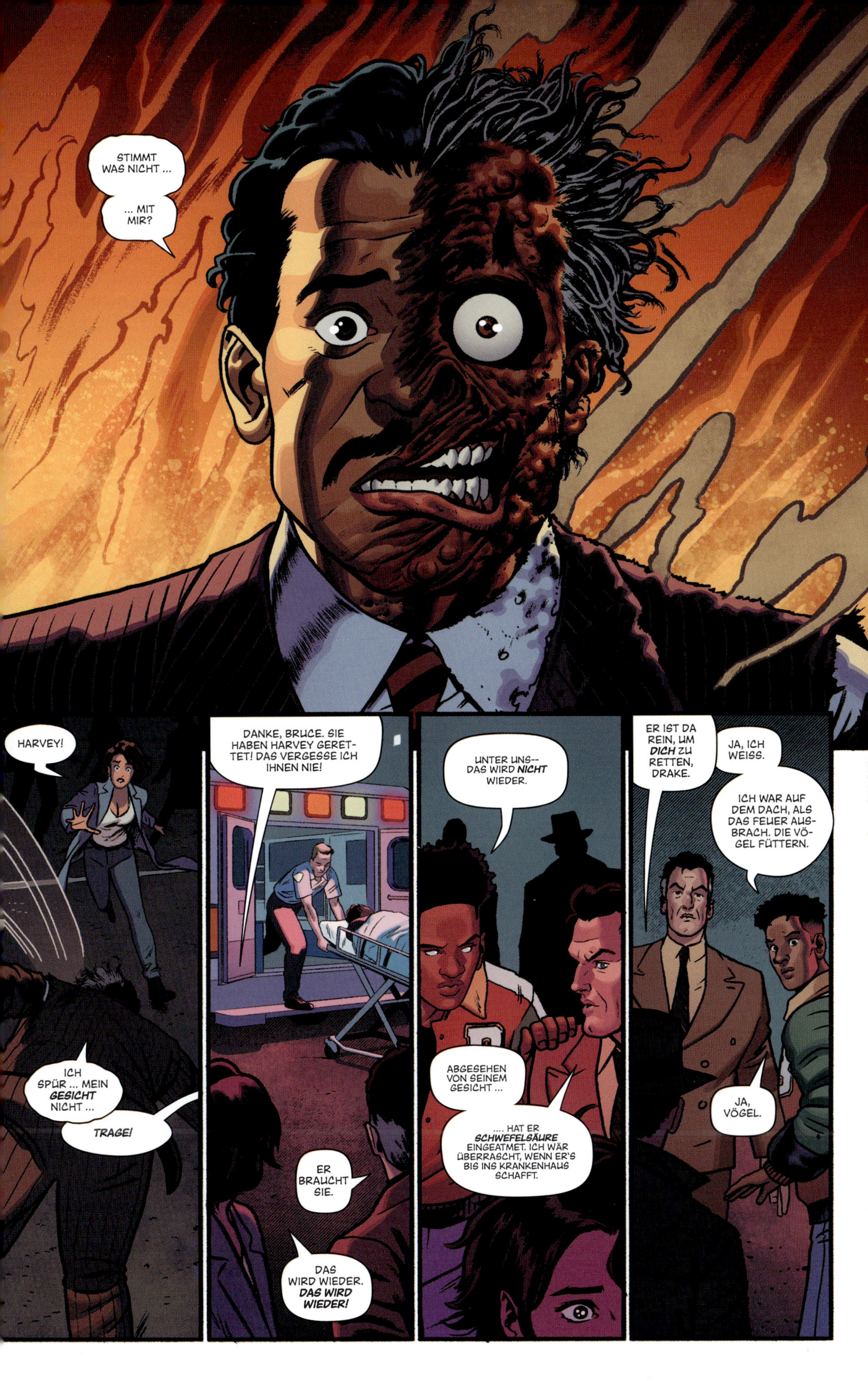
STIMMT WAS NICHT ...
... MIT MIR?
HARVEY!
ICH SPÜR ... MEIN **GESICHT** NICHT ...
TRAGE!
DANKE, BRUCE. SIE HABEN HARVEY GERETTET! DAS VERGESSE ICH IHNEN NIE!
ER BRAUCHT SIE.
DAS WIRD WIEDER. **DAS WIRD WIEDER!**
UNTER UNS-- DAS WIRD **NICHT** WIEDER.
ABGESEHEN VON SEINEM GESICHT ...
.... HAT ER **SCHWEFELSÄURE** EINGEATMET. ICH WÄR ÜBERRASCHT, WENN ER'S BIS INS KRANKENHAUS SCHAFFT.
ER IST DA REIN, UM **DICH** ZU RETTEN, DRAKE.
JA, ICH WEISS.
ICH WAR AUF DEM DACH, ALS DAS FEUER AUSBRACH. DIE VÖGEL FÜTTERN.
JA, VÖGEL.

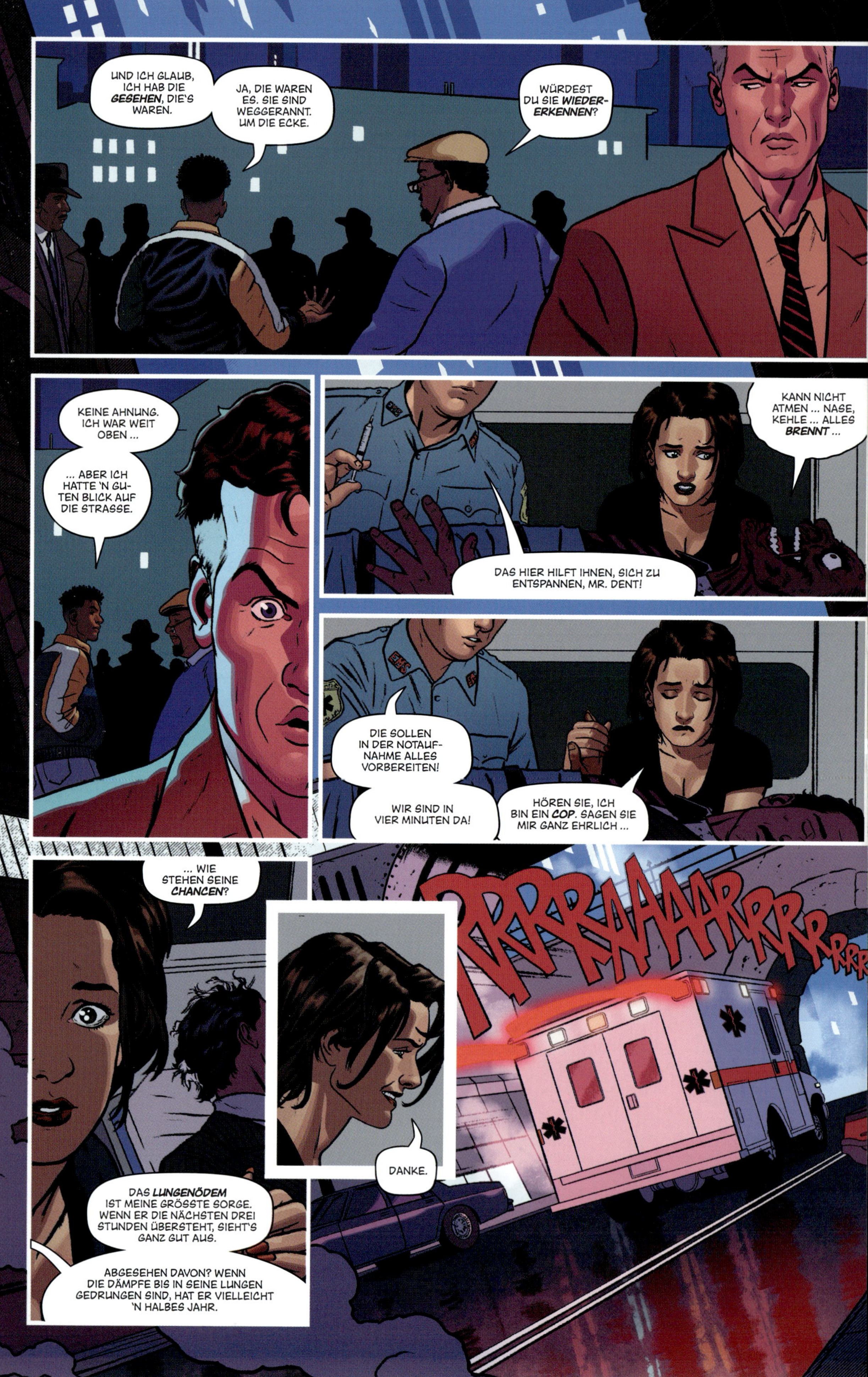
UND ICH GLAUB, ICH HAB DIE GESEHEN, DIE'S WAREN.
JA, DIE WAREN ES. SIE SIND WEGGERANNT. UM DIE ECKE.
WÜRDEST DU SIE WIEDER-ERKENNEN?
KEINE AHNUNG. ICH WAR WEIT OBEN ...
... ABER ICH HATTE 'N GUTEN BLICK AUF DIE STRASSE.
KANN NICHT ATMEN ... NASE, KEHLE ... ALLES BRENNT ...
DAS HIER HILFT IHNEN, SICH ZU ENTSPANNEN, MR. DENT!
DIE SOLLEN IN DER NOTAUFNAHME ALLES VORBEREITEN!
WIR SIND IN VIER MINUTEN DA!
HÖREN SIE, ICH BIN EIN COP. SAGEN SIE MIR GANZ EHRLICH ...
... WIE STEHEN SEINE CHANCEN?
DAS LUNGENÖDEM IST MEINE GRÖSSTE SORGE. WENN ER DIE NÄCHSTEN DREI STUNDEN ÜBERSTEHT, SIEHT'S GANZ GUT AUS.
ABGESEHEN DAVON? WENN DIE DÄMPFE BIS IN SEINE LUNGEN GEDRUNGEN SIND, HAT ER VIELLEICHT 'N HALBES JAHR.
DANKE.
RRRRAAAARRRRRRR

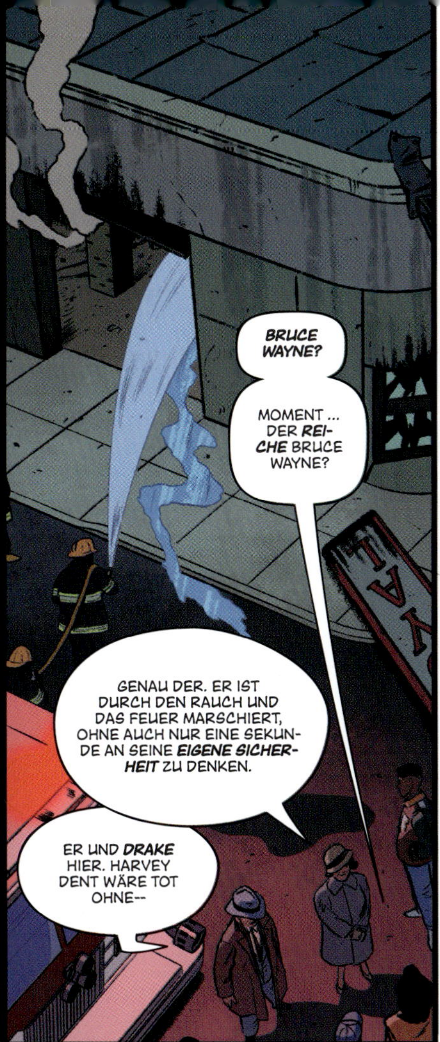
BRUCE WAYNE?
MOMENT ... DER REICHE BRUCE WAYNE?
GENAU DER. ER IST DURCH DEN RAUCH UND DAS FEUER MARSCHIERT, OHNE AUCH NUR EINE SEKUNDE AN SEINE EIGENE SICHERHEIT ZU DENKEN.
ER UND DRAKE HIER. HARVEY DENT WÄRE TOT OHNE--

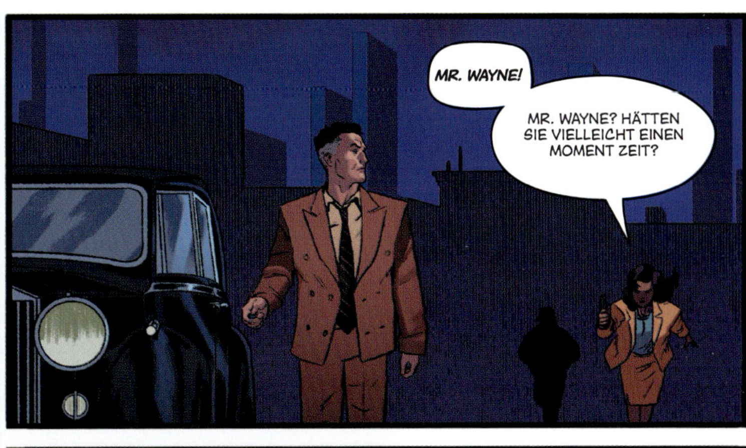
MR. WAYNE!
MR. WAYNE? HÄTTEN SIE VIELLEICHT EINEN MOMENT ZEIT?

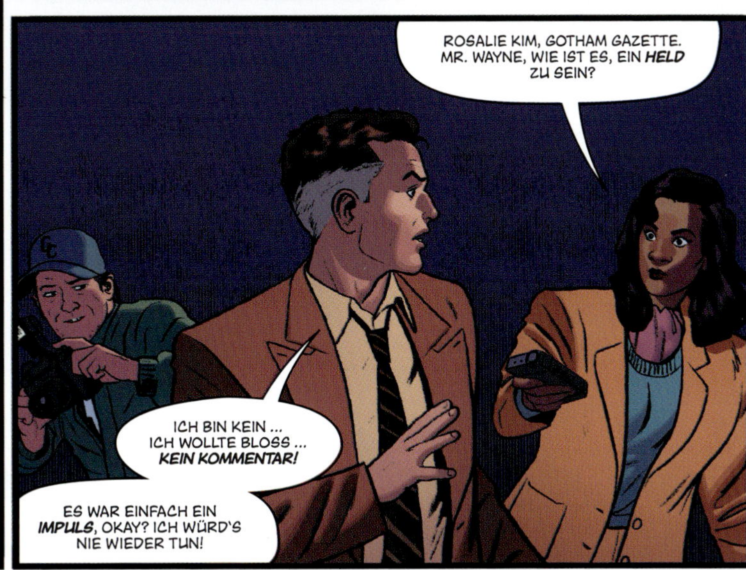
ROSALIE KIM, GOTHAM GAZETTE. MR. WAYNE, WIE IST ES, EIN HELD ZU SEIN?
ICH BIN KEIN ... ICH WOLLTE BLOSS ... KEIN KOMMENTAR!
ES WAR EINFACH EIN IMPULS, OKAY? ICH WÜRD'S NIE WIEDER TUN!

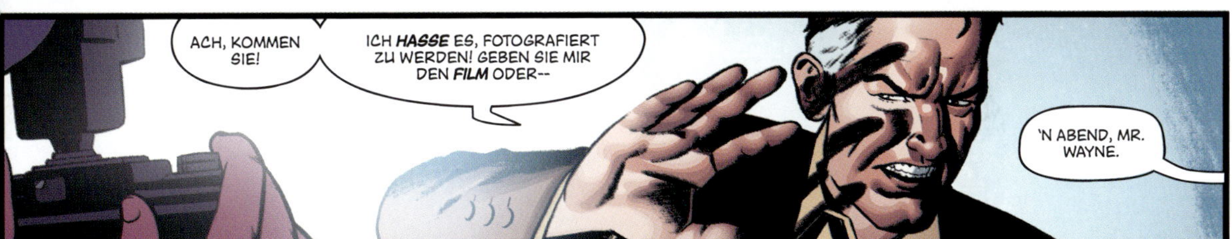
ACH, KOMMEN SIE!
ICH HASSE ES, FOTOGRAFIERT ZU WERDEN! GEBEN SIE MIR DEN FILM ODER--
'N ABEND, MR. WAYNE.

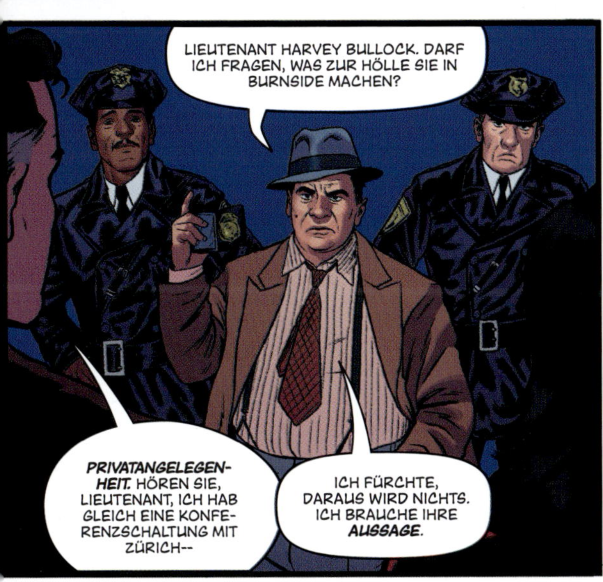
LIEUTENANT HARVEY BULLOCK. DARF ICH FRAGEN, WAS ZUR HÖLLE SIE IN BURNSIDE MACHEN?
PRIVATANGELEGENHEIT. HÖREN SIE, LIEUTENANT, ICH HAB GLEICH EINE KONFERENZSCHALTUNG MIT ZÜRICH--
ICH FÜRCHTE, DARAUS WIRD NICHTS. ICH BRAUCHE IHRE AUSSAGE.

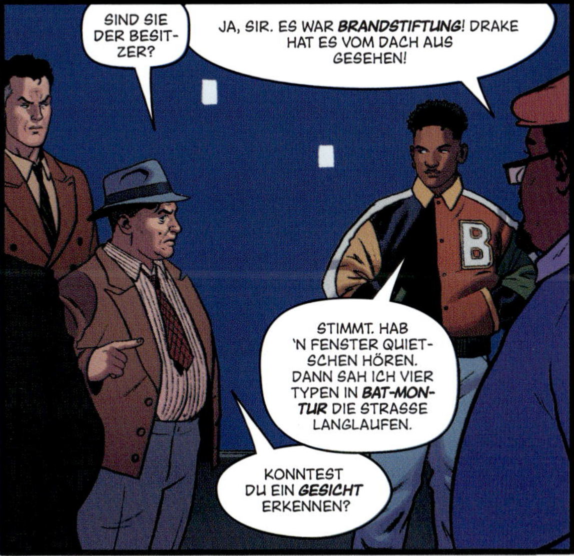
SIND SIE DER BESITZER?
JA, SIR. ES WAR BRANDSTIFTUNG! DRAKE HAT ES VOM DACH AUS GESEHEN!
STIMMT. HAB 'N FENSTER QUIETSCHEN HÖREN. DANN SAH ICH VIER TYPEN IN BAT-MONTUR DIE STRASSE LANGLAUFEN.
KONNTEST DU EIN GESICHT ERKENNEN?

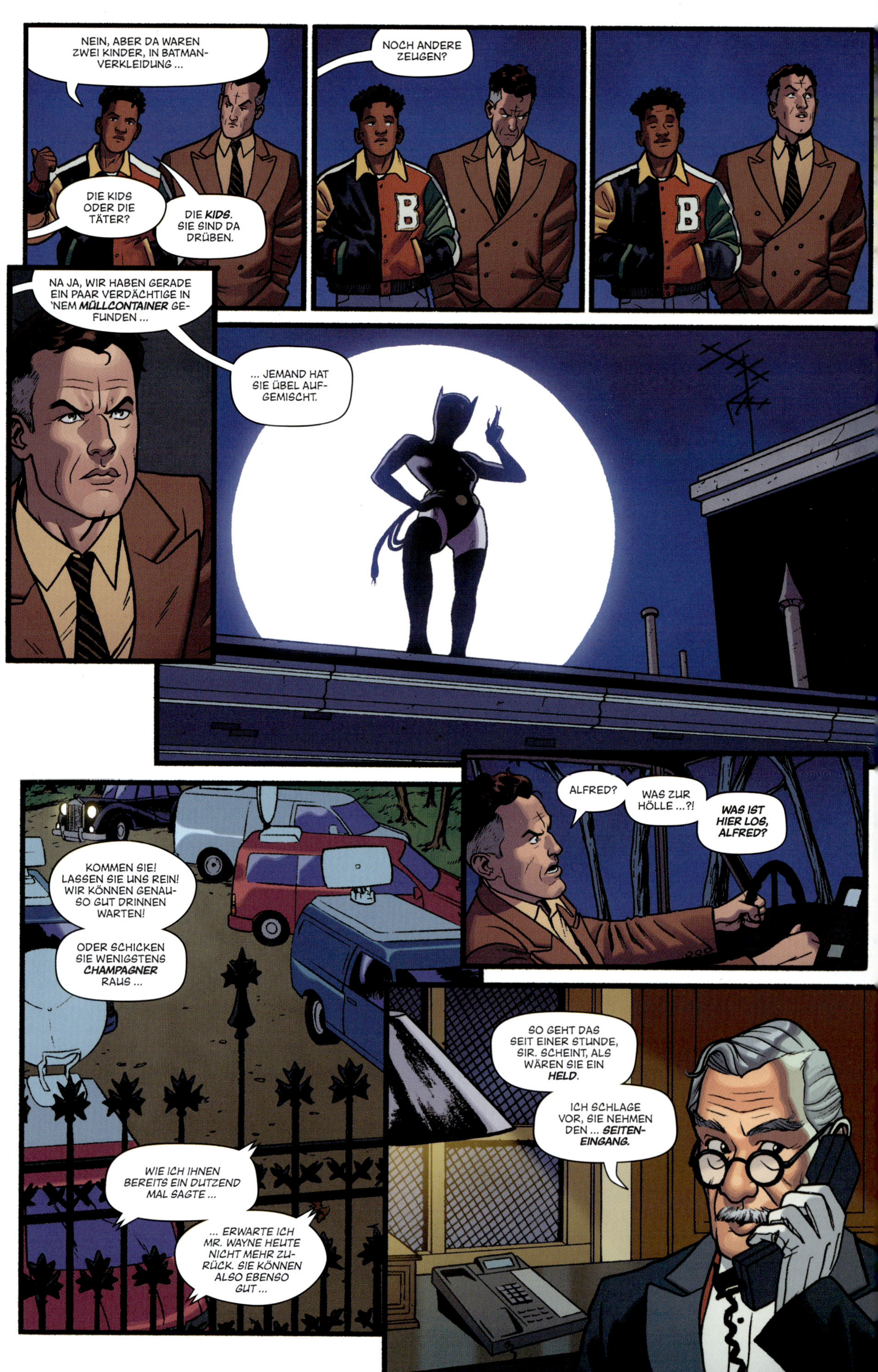
NEIN, ABER DA WAREN ZWEI KINDER, IN BATMAN-VERKLEIDUNG ...
DIE KIDS ODER DIE TÄTER?
DIE KIDS. SIE SIND DA DRÜBEN.
NOCH ANDERE ZEUGEN?
NA JA, WIR HABEN GERADE EIN PAAR VERDÄCHTIGE IN 'NEM MÜLLCONTAINER GEFUNDEN ...
... JEMAND HAT SIE ÜBEL AUFGEMISCHT.
KOMMEN SIE! LASSEN SIE UNS REIN! WIR KÖNNEN GENAUSO GUT DRINNEN WARTEN!
ODER SCHICKEN SIE WENIGSTENS CHAMPAGNER RAUS ...
WIE ICH IHNEN BEREITS EIN DUTZEND MAL SAGTE ...
... ERWARTE ICH MR. WAYNE HEUTE NICHT MEHR ZURÜCK. SIE KÖNNEN ALSO EBENSO GUT ...
ALFRED?
WAS ZUR HÖLLE ...?!
WAS IST HIER LOS, ALFRED?
SO GEHT DAS SEIT EINER STUNDE, SIR. SCHEINT, ALS WÄREN SIE EIN HELD.
ICH SCHLAGE VOR, SIE NEHMEN DEN ... SEITENEINGANG.

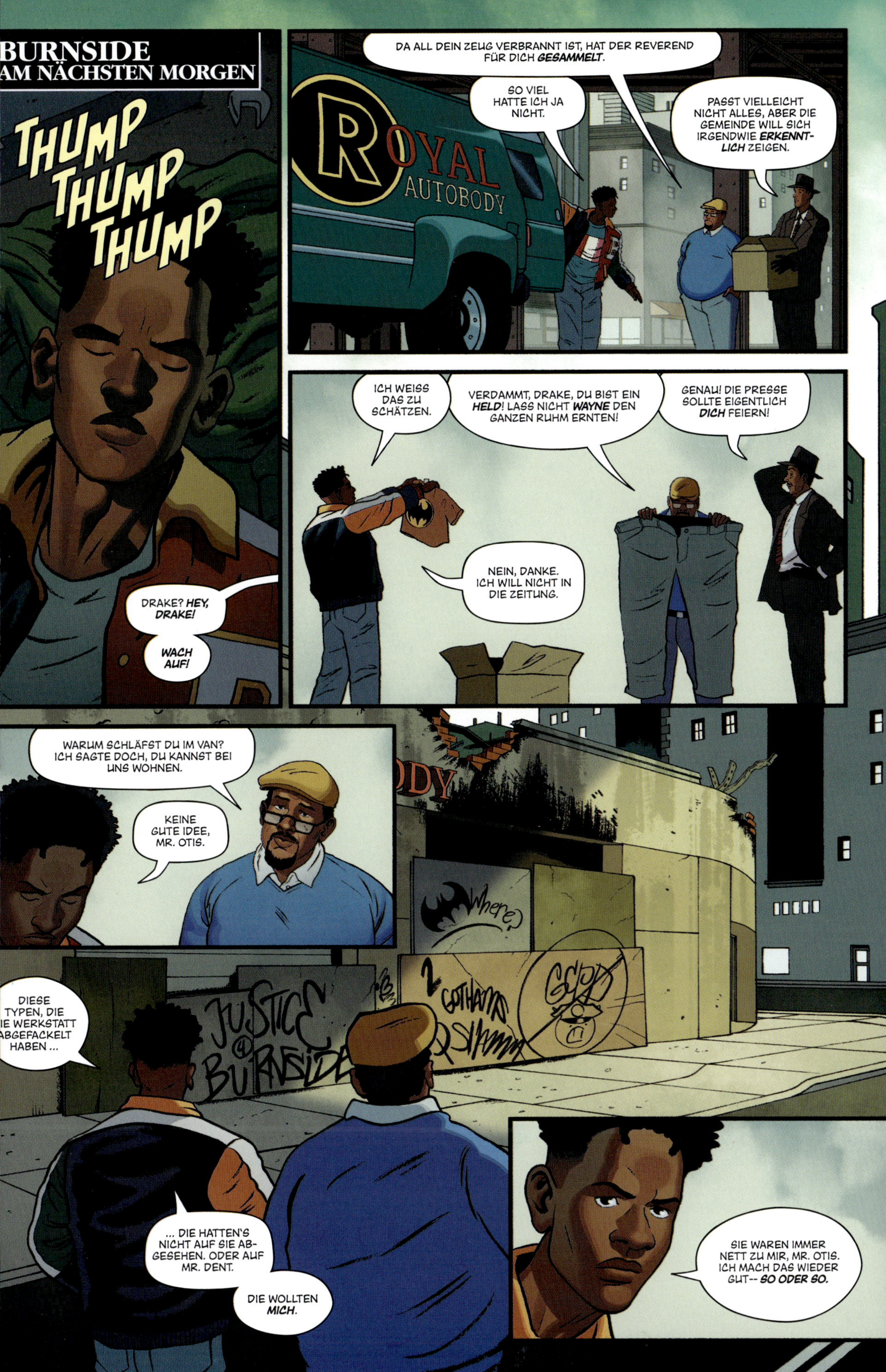
BURNSIDE
AM NÄCHSTEN MORGEN
THUMP THUMP THUMP
DRAKE? **HEY, DRAKE!**
WACH AUF!
DA ALL DEIN ZEUG VERBRANNT IST, HAT DER REVEREND FÜR DICH ***GESAMMELT***.
SO VIEL HATTE ICH JA NICHT.
PASST VIELLEICHT NICHT ALLES, ABER DIE GEMEINDE WILL SICH IRGENDWIE ***ERKENNT-LICH*** ZEIGEN.
ROYAL AUTOBODY
ICH WEISS DAS ZU SCHÄTZEN.
VERDAMMT, DRAKE, DU BIST EIN ***HELD***! LASS NICHT ***WAYNE*** DEN GANZEN RUHM ERNTEN!
GENAU! DIE PRESSE SOLLTE EIGENTLICH ***DICH*** FEIERN!
NEIN, DANKE. ICH WILL NICHT IN DIE ZEITUNG.
WARUM SCHLÄFST DU IM VAN? ICH SAGTE DOCH, DU KANNST BEI UNS WOHNEN.
KEINE GUTE IDEE, MR. OTIS.
Where?
DIESE TYPEN, DIE IE WERKSTATT BGEFACKELT HABEN ...
JUSTICE 4 BURNSIDE
... DIE HATTEN'S NICHT AUF SIE AB-GESEHEN. ODER AUF MR. DENT.
DIE WOLLTEN ***MICH***.
SIE WAREN IMMER NETT ZU MIR, MR. OTIS. ICH MACH DAS WIEDER GUT-- ***SO ODER SO.***

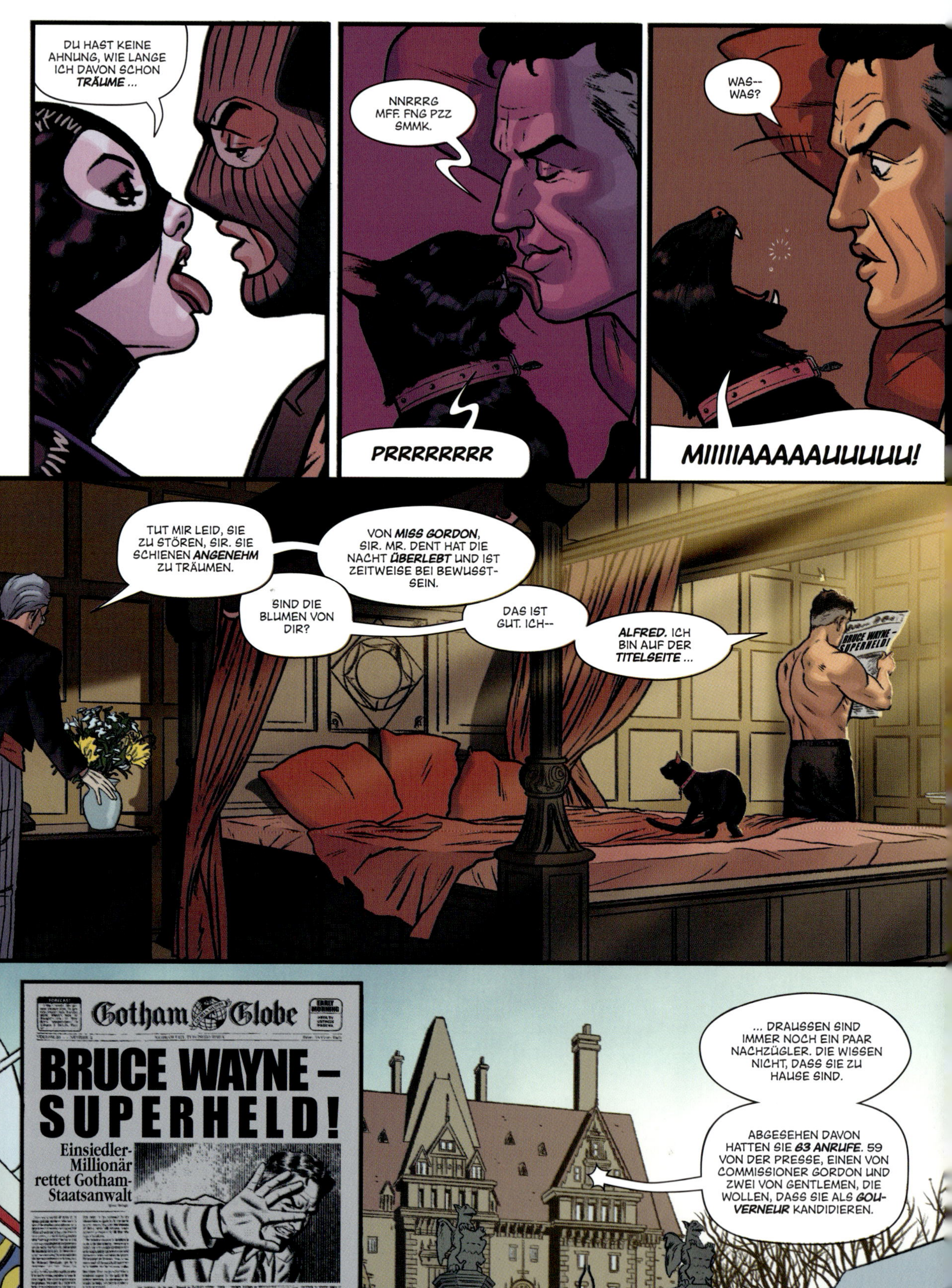

DU HAST KEINE AHNUNG, WIE LANGE ICH DAVON SCHON TRÄUME ...
NNRRRG MFF. FNG PZZ SMMK.
PRRRRRRRR
WAS-- WAS?
MIIIIAAAAAUUUUU!
TUT MIR LEID, SIE ZU STÖREN, SIR. SIE SCHIENEN ANGENEHM ZU TRÄUMEN.
SIND DIE BLUMEN VON DIR?
VON MISS GORDON, SIR. MR. DENT HAT DIE NACHT ÜBERLEBT UND IST ZEITWEISE BEI BEWUSST-SEIN.
DAS IST GUT. ICH--
ALFRED. ICH BIN AUF DER TITELSEITE ...
BRUCE WAYNE – SUPERHELD!
Gotham Globe
EARLY MORNING
BRUCE WAYNE – SUPERHELD!
Einsiedler-Millionär rettet Gotham-Staatsanwalt
... DRAUSSEN SIND IMMER NOCH EIN PAAR NACHZÜGLER. DIE WISSEN NICHT, DASS SIE ZU HAUSE SIND.
ABGESEHEN DAVON HATTEN SIE 63 ANRUFE. 59 VON DER PRESSE, EINEN VON COMMISSIONER GORDON UND ZWEI VON GENTLEMEN, DIE WOLLEN, DASS SIE ALS GOUVERNEUR KANDIDIEREN.
JA, SIR. EBEN DARUM WÜRDE ICH DIE SÜDFENSTER MEIDEN.

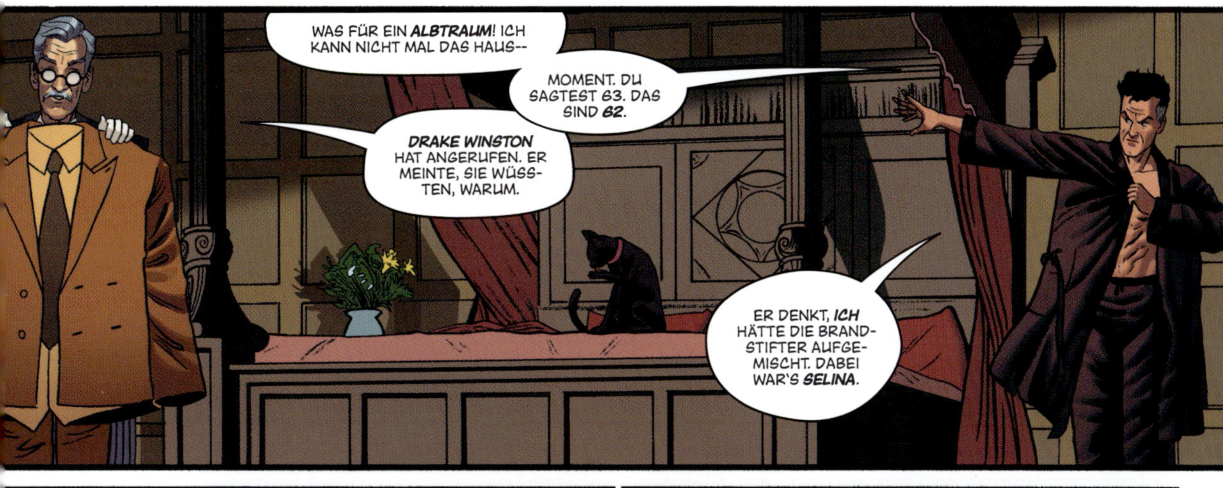
WAS FÜR EIN ALBTRAUM! ICH KANN NICHT MAL DAS HAUS--
MOMENT. DU SAGTEST 63. DAS SIND 62.
DRAKE WINSTON HAT ANGERUFEN. ER MEINTE, SIE WÜSSTEN, WARUM.
ER DENKT, ICH HÄTTE DIE BRANDSTIFTER AUFGEMISCHT. DABEI WAR'S SELINA.

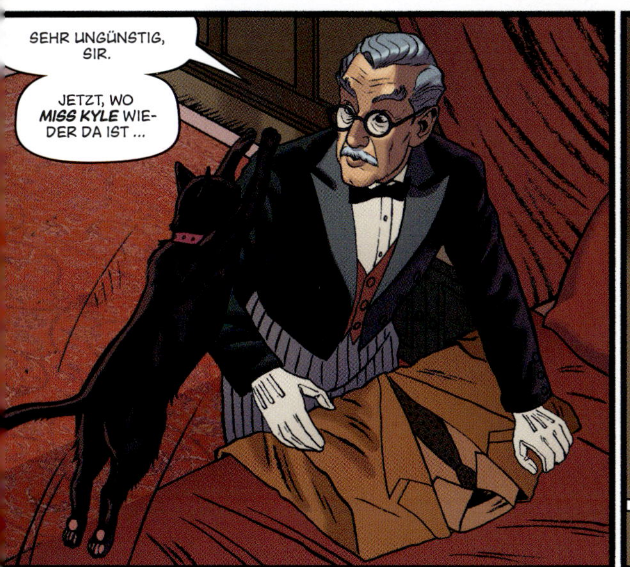
SEHR UNGÜNSTIG, SIR.
JETZT, WO MISS KYLE WIEDER DA IST ...

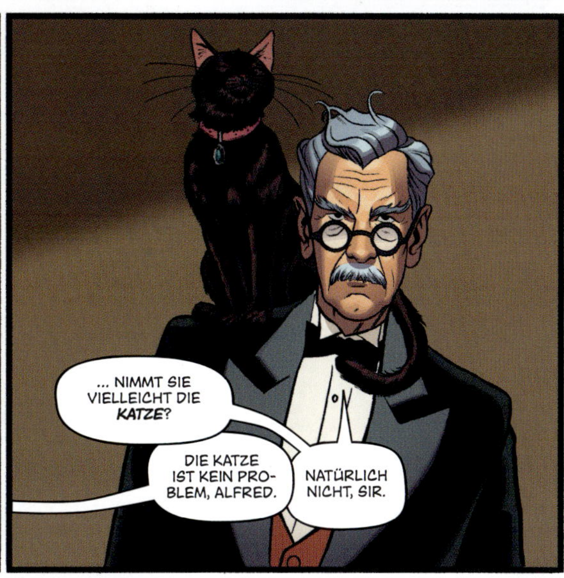
... NIMMT SIE VIELLEICHT DIE KATZE?
DIE KATZE IST KEIN PROBLEM, ALFRED.
NATÜRLICH NICHT, SIR.

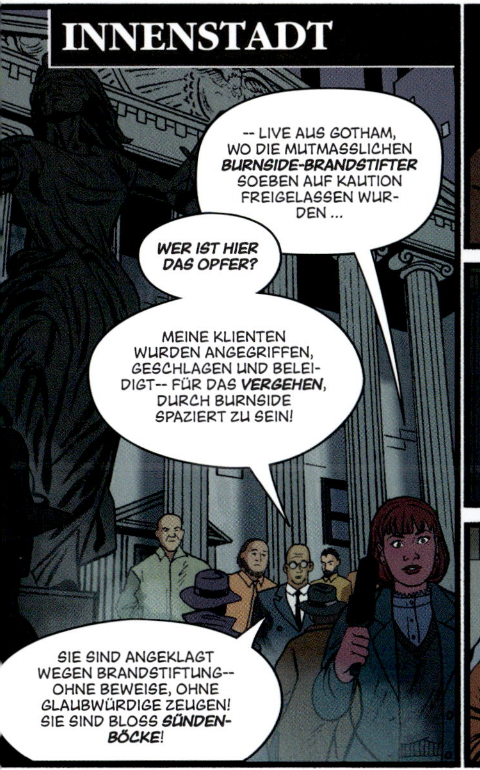
INNENSTADT
-- LIVE AUS GOTHAM, WO DIE MUTMASSLICHEN BURNSIDE-BRANDSTIFTER SOEBEN AUF KAUTION FREIGELASSEN WURDEN ...
WER IST HIER DAS OPFER?
MEINE KLIENTEN WURDEN ANGEGRIFFEN, GESCHLAGEN UND BELEIDIGT-- FÜR DAS VERGEHEN, DURCH BURNSIDE SPAZIERT ZU SEIN!
SIE SIND ANGEKLAGT WEGEN BRANDSTIFTUNG-- OHNE BEWEISE, OHNE GLAUBWÜRDIGE ZEUGEN! SIE SIND BLOSS SÜNDENBÖCKE!

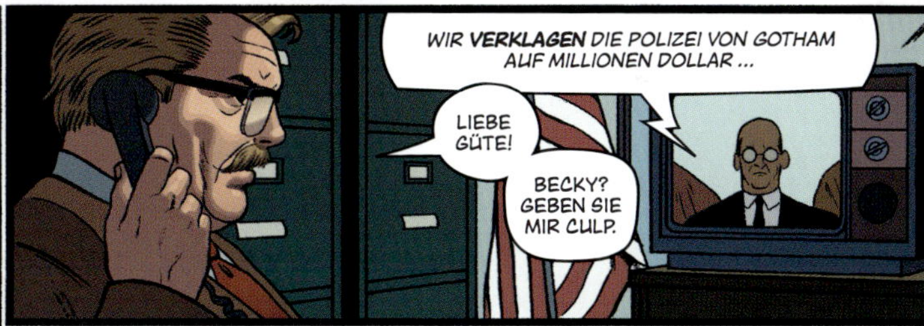
WIR VERKLAGEN DIE POLIZEI VON GOTHAM AUF MILLIONEN DOLLAR ...
LIEBE GÜTE!
BECKY? GEBEN SIE MIR CULP.

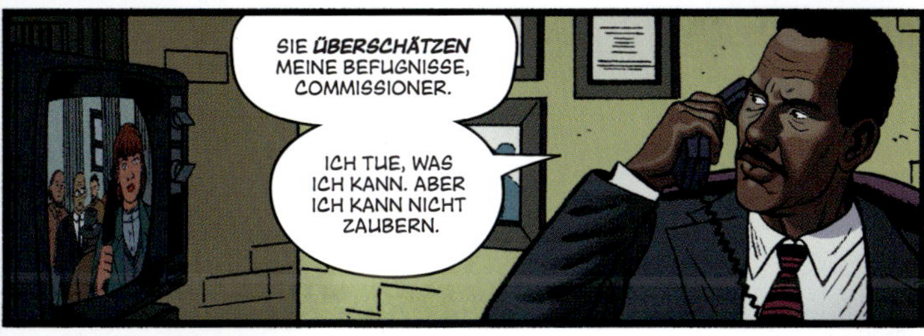
SIE ÜBERSCHÄTZEN MEINE BEFUGNISSE, COMMISSIONER.
ICH TUE, WAS ICH KANN. ABER ICH KANN NICHT ZAUBERN.

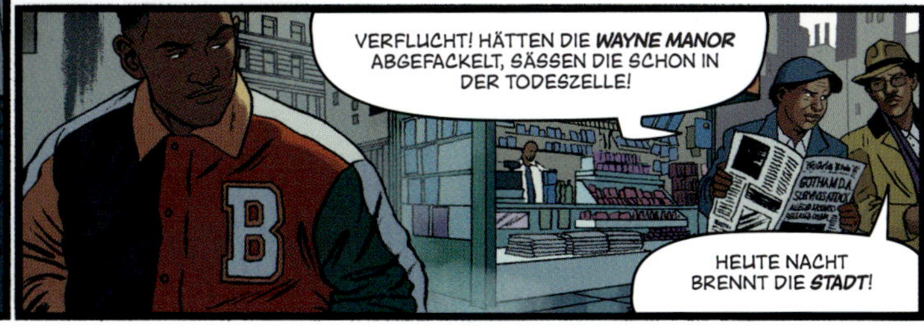
VERFLUCHT! HÄTTEN DIE WAYNE MANOR ABGEFACKELT, SÄSSEN DIE SCHON IN DER TODESZELLE!
HEUTE NACHT BRENNT DIE STADT!

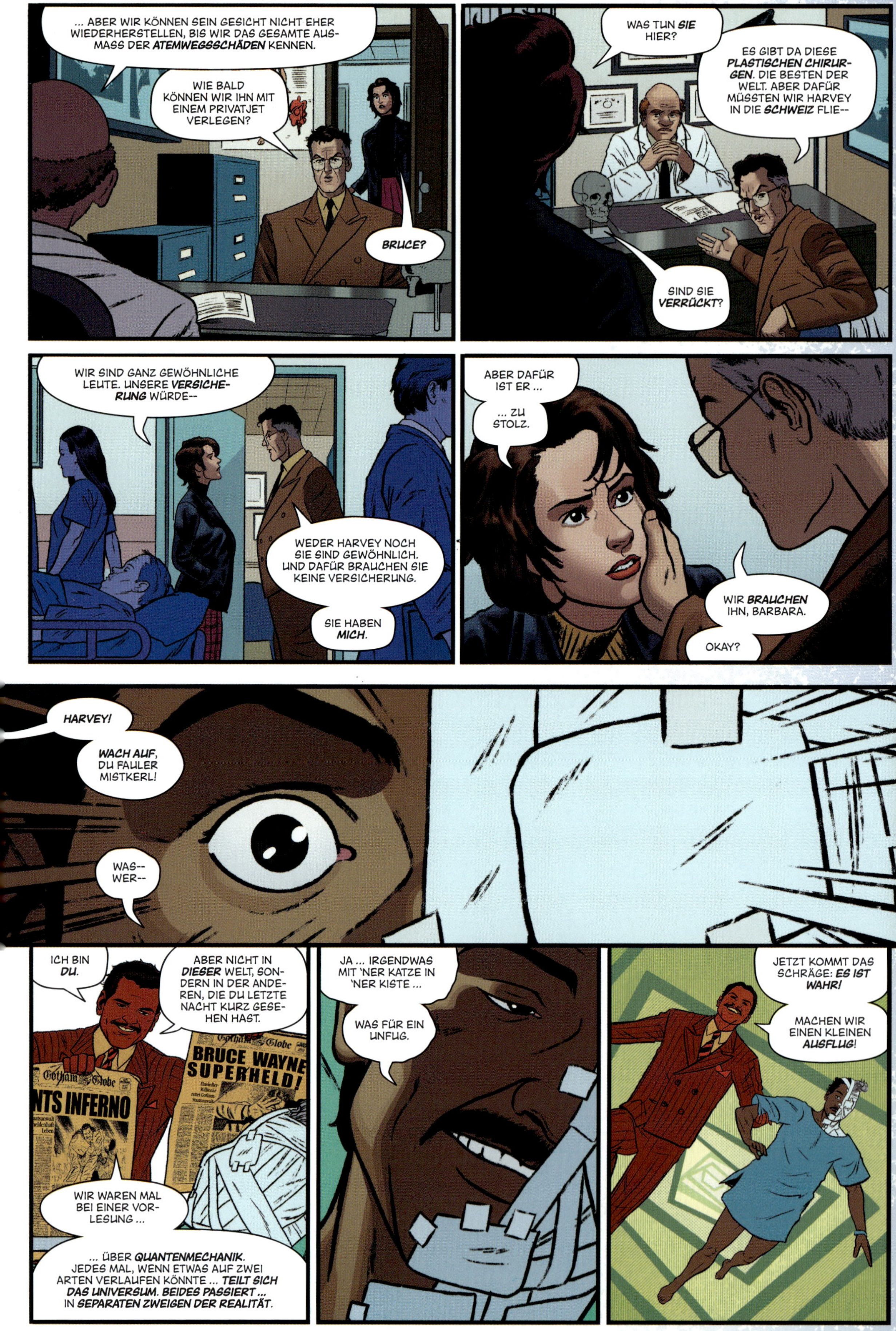

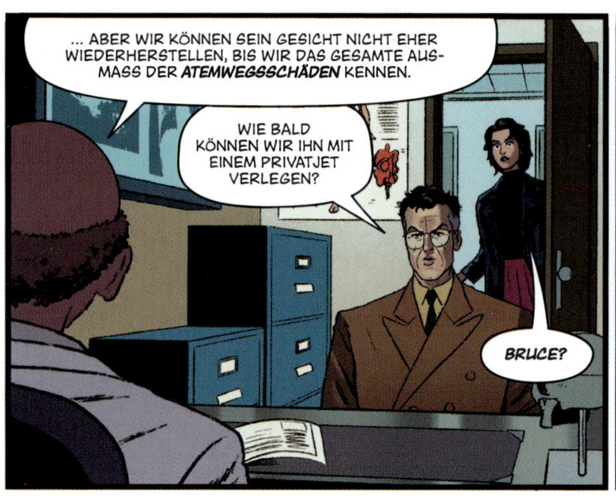

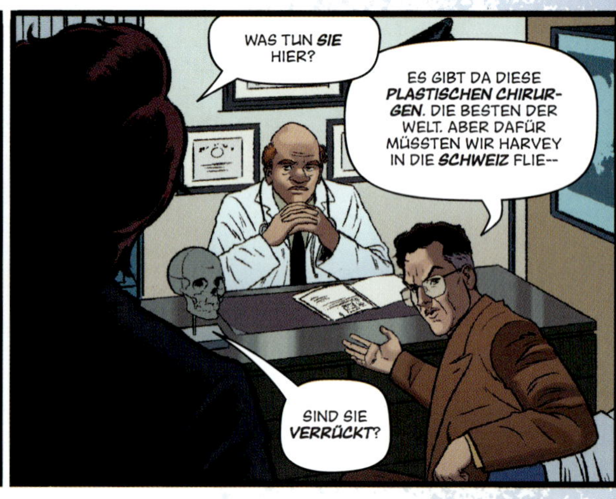

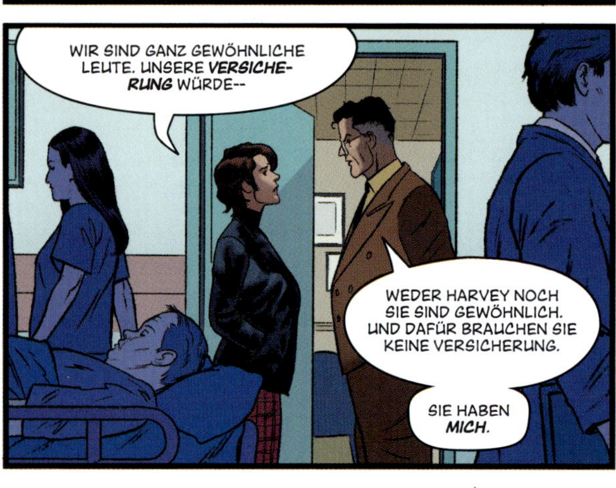

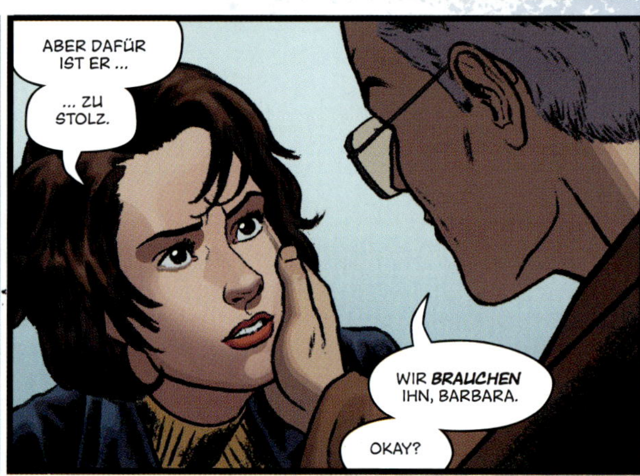

HARVEY!
WACH AUF, DU FAULER MISTKERL!
WAS-- WER--

ICH BIN DU.
ABER NICHT IN DIESER WELT, SONDERN IN DER ANDEREN, DIE DU LETZTE NACHT KURZ GESEHEN HAST.
BRUCE WAYNE SUPERHELD!
WIR WAREN MAL BEI EINER VORLESUNG ...
... ÜBER QUANTENMECHANIK. JEDES MAL, WENN ETWAS AUF ZWEI ARTEN VERLAUFEN KÖNNTE ... TEILT SICH DAS UNIVERSUM. BEIDES PASSIERT ... IN SEPARATEN ZWEIGEN DER REALITÄT.

JA ... IRGENDWAS MIT 'NER KATZE IN 'NER KISTE ...
WAS FÜR EIN UNFUG.

JETZT KOMMT DAS SCHRÄGE: ES IST WAHR!
MACHEN WIR EINEN KLEINEN AUSFLUG!

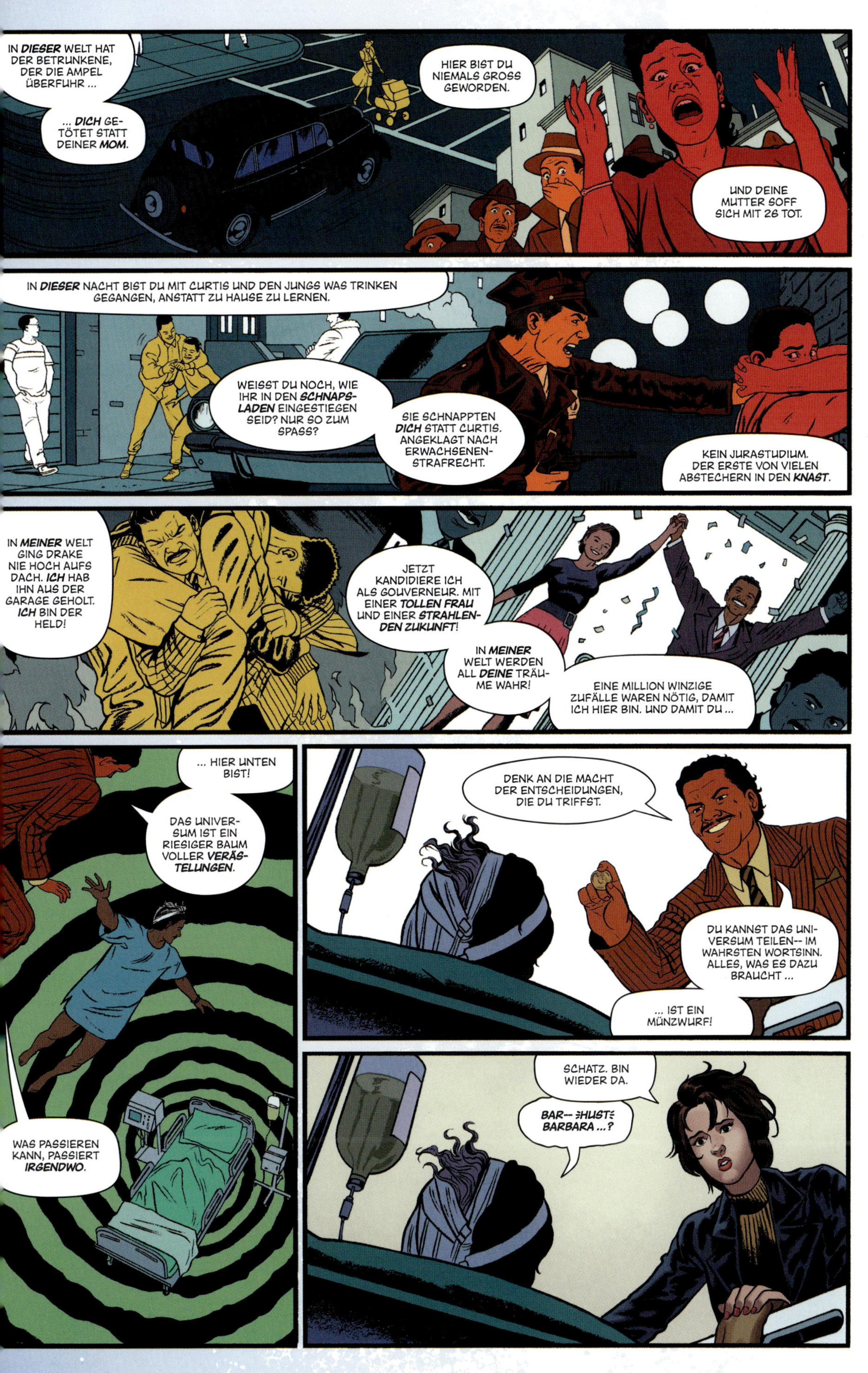
IN DIESER WELT HAT DER BETRUNKENE, DER DIE AMPEL ÜBERFUHR ...
... DICH GETÖTET STATT DEINER MOM.
HIER BIST DU NIEMALS GROSS GEWORDEN.
UND DEINE MUTTER SOFF SICH MIT 26 TOT.
IN DIESER NACHT BIST DU MIT CURTIS UND DEN JUNGS WAS TRINKEN GEGANGEN, ANSTATT ZU HAUSE ZU LERNEN.
WEISST DU NOCH, WIE IHR IN DEN SCHNAPSLADEN EINGESTIEGEN SEID? NUR SO ZUM SPASS?
SIE SCHNAPPTEN DICH STATT CURTIS. ANGEKLAGT NACH ERWACHSENENSTRAFRECHT.
KEIN JURASTUDIUM. DER ERSTE VON VIELEN ABSTECHERN IN DEN KNAST.
IN MEINER WELT GING DRAKE NIE HOCH AUFS DACH. ICH HAB IHN AUS DER GARAGE GEHOLT. ICH BIN DER HELD!
JETZT KANDIDIERE ICH ALS GOUVERNEUR. MIT EINER TOLLEN FRAU UND EINER STRAHLENDEN ZUKUNFT!
IN MEINER WELT WERDEN ALL DEINE TRÄUME WAHR!
EINE MILLION WINZIGE ZUFÄLLE WAREN NÖTIG, DAMIT ICH HIER BIN. UND DAMIT DU ...
... HIER UNTEN BIST!
DAS UNIVERSUM IST EIN RIESIGER BAUM VOLLER VERÄSTELUNGEN.
WAS PASSIEREN KANN, PASSIERT IRGENDWO.
DENK AN DIE MACHT DER ENTSCHEIDUNGEN, DIE DU TRIFFST.
DU KANNST DAS UNIVERSUM TEILEN-- IM WAHRSTEN WORTSINN. ALLES, WAS ES DAZU BRAUCHT ...
... IST EIN MÜNZWURF!
SCHATZ. BIN WIEDER DA.
BAR-- HUST BARBARA ...?

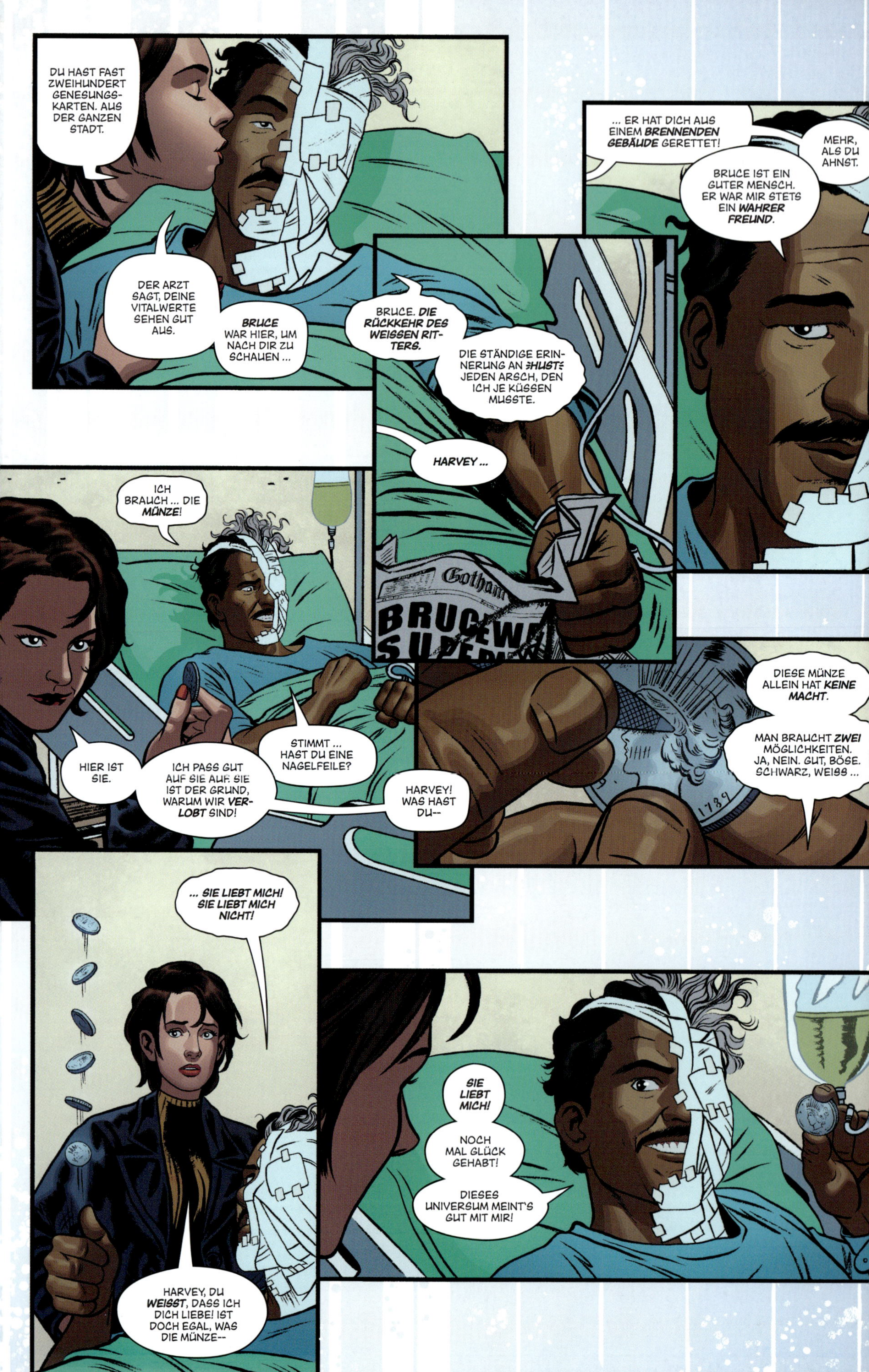
DU HAST FAST ZWEIHUNDERT GENESUNGS-KARTEN. AUS DER GANZEN STADT.
DER ARZT SAGT, DEINE VITALWERTE SEHEN GUT AUS.
BRUCE WAR HIER, UM NACH DIR ZU SCHAUEN ...
BRUCE. DIE RÜCKKEHR DES WEISSEN RIT-TERS.
DIE STÄNDIGE ERIN-NERUNG AN *HUST* JEDEN ARSCH, DEN ICH JE KÜSSEN MUSSTE.
HARVEY ...
... ER HAT DICH AUS EINEM BRENNENDEN GEBÄUDE GERETTET!
BRUCE IST EIN GUTER MENSCH. ER WAR MIR STETS EIN WAHRER FREUND.
MEHR, ALS DU AHNST.
Gotham
BRUCE WA
SUPER
ICH BRAUCH ... DIE MÜNZE!
HIER IST SIE.
ICH PASS GUT AUF SIE AUF. SIE IST DER GRUND, WARUM WIR VER-LOBT SIND!
STIMMT ... HAST DU EINE NAGELFEILE?
HARVEY! WAS HAST DU--
DIESE MÜNZE ALLEIN HAT KEINE MACHT.
MAN BRAUCHT ZWEI MÖGLICHKEITEN. JA, NEIN. GUT, BÖSE. SCHWARZ, WEISS ...
... SIE LIEBT MICH! SIE LIEBT MICH NICHT!
HARVEY, DU WEISST, DASS ICH DICH LIEBE! IST DOCH EGAL, WAS DIE MÜNZE--
SIE LIEBT MICH!
NOCH MAL GLÜCK GEHABT!
DIESES UNIVERSUM MEINT'S GUT MIT MIR!

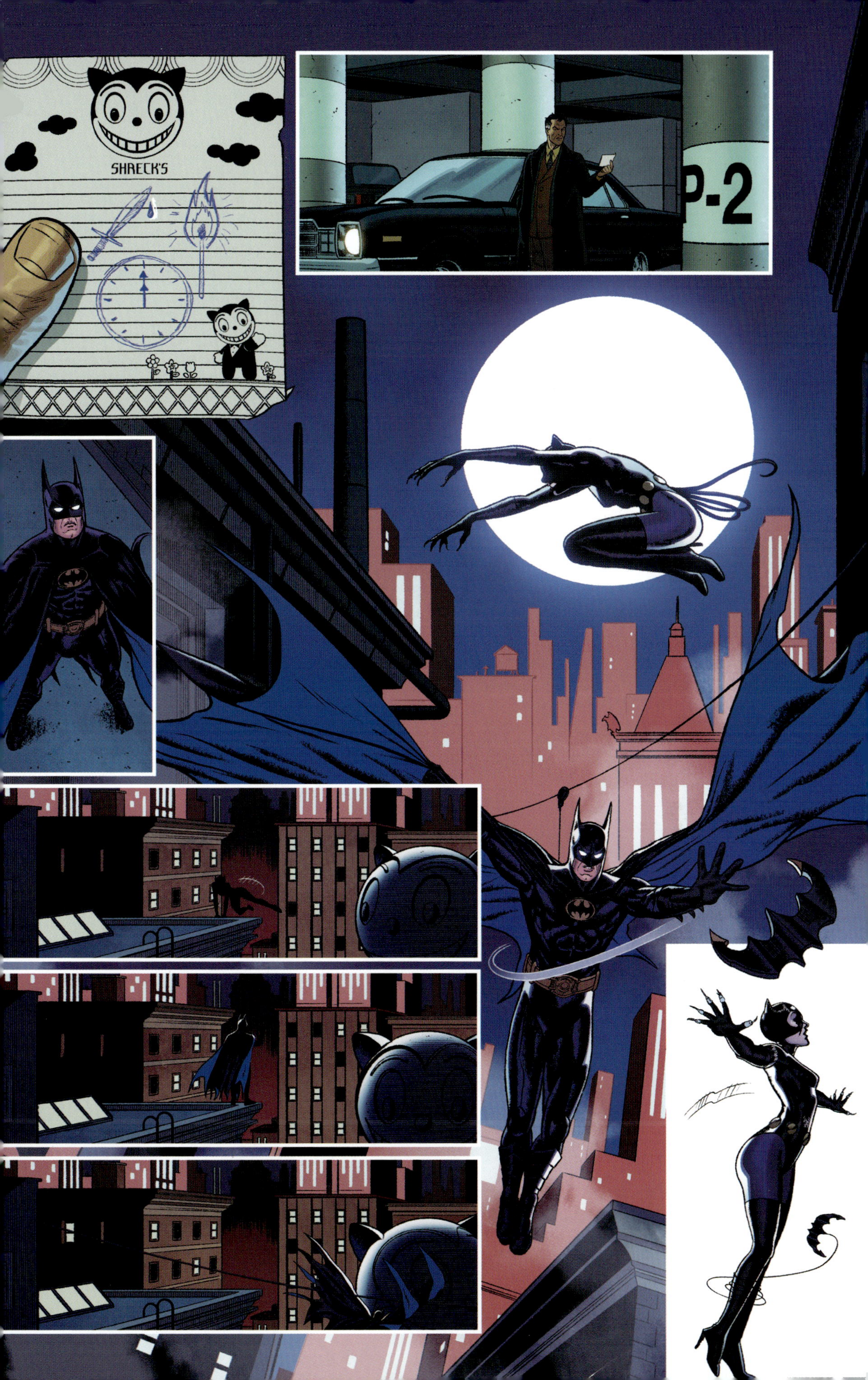
SHRECK'S
P-2

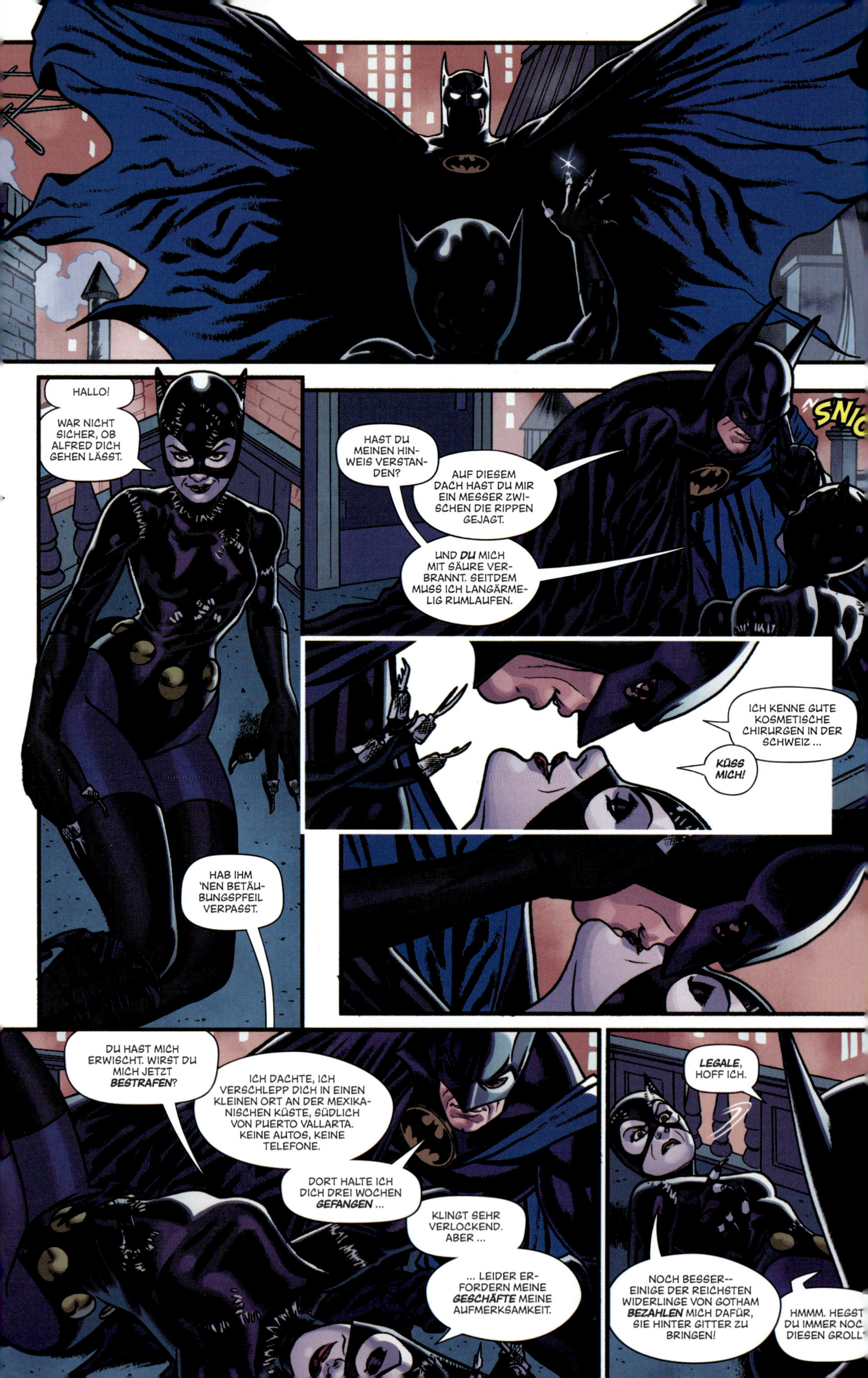
HALLO!
WAR NICHT SICHER, OB ALFRED DICH GEHEN LÄSST.
HAB IHM 'NEN BETÄUBUNGSPFEIL VERPASST.
HAST DU MEINEN HINWEIS VERSTANDEN?
AUF DIESEM DACH HAST DU MIR EIN MESSER ZWISCHEN DIE RIPPEN GEJAGT.
UND DU MICH MIT SÄURE VERBRANNT. SEITDEM MUSS ICH LANGÄRMELIG RUMLAUFEN.
ICH KENNE GUTE KOSMETISCHE CHIRURGEN IN DER SCHWEIZ ...
KÜSS MICH!
DU HAST MICH ERWISCHT. WIRST DU MICH JETZT BESTRAFEN?
ICH DACHTE, ICH VERSCHLEPP DICH IN EINEN KLEINEN ORT AN DER MEXIKANISCHEN KÜSTE, SÜDLICH VON PUERTO VALLARTA. KEINE AUTOS, KEINE TELEFONE.
DORT HALTE ICH DICH DREI WOCHEN GEFANGEN ...
KLINGT SEHR VERLOCKEND. ABER ...
... LEIDER ERFORDERN MEINE GESCHÄFTE MEINE AUFMERKSAMKEIT.
LEGALE, HOFF ICH.
NOCH BESSER-- EINIGE DER REICHSTEN WIDERLINGE VON GOTHAM BEZAHLEN MICH DAFÜR, SIE HINTER GITTER ZU BRINGEN!
HMMM. HEGST DU IMMER NOC DIESEN GROLL

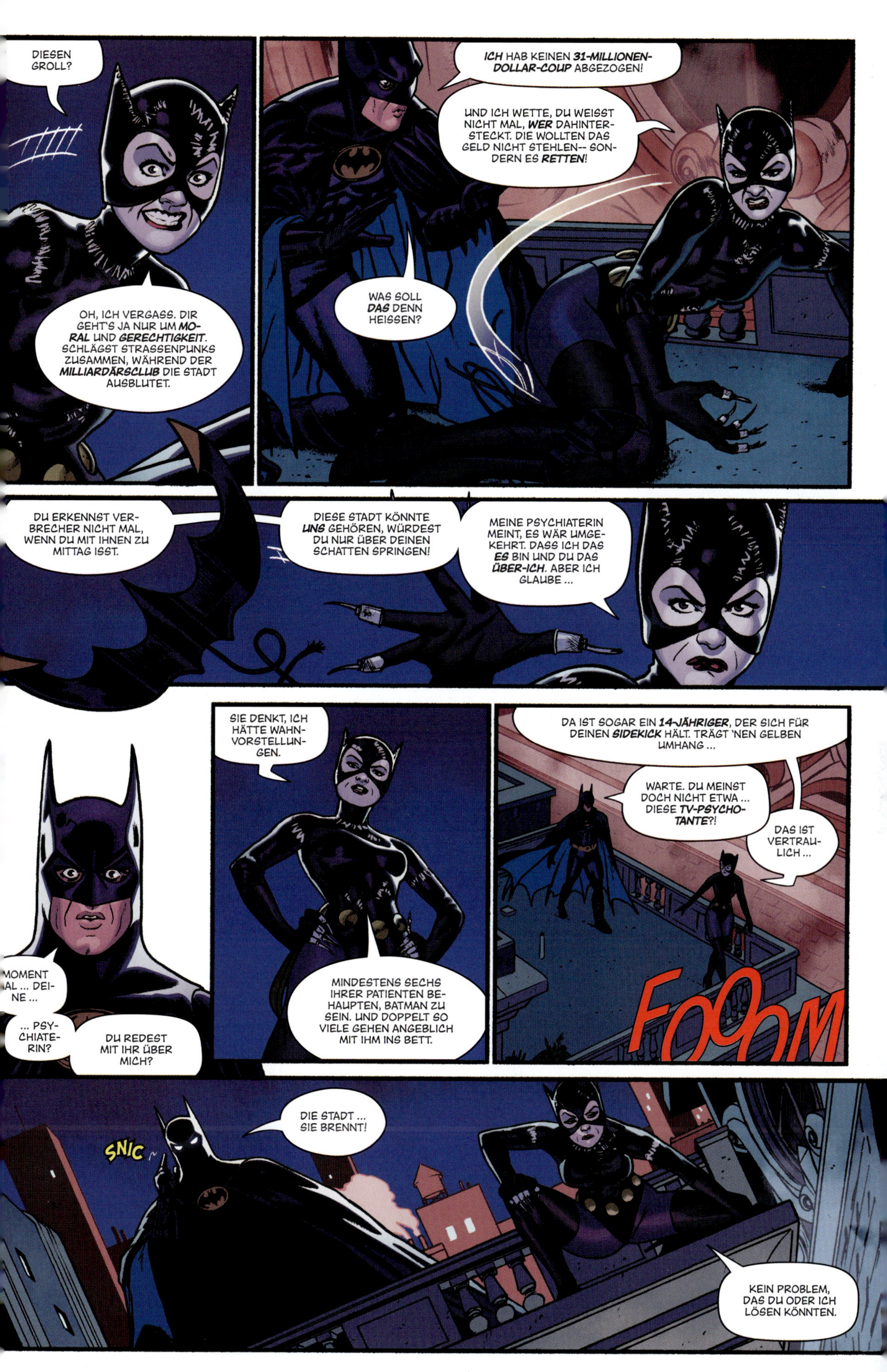
DIESEN GROLL?
OH, ICH VERGASS. DIR GEHT'S JA NUR UM MORAL UND GERECHTIGKEIT. SCHLÄGST STRASSENPUNKS ZUSAMMEN, WÄHREND DER MILLIARDÄRSCLUB DIE STADT AUSBLUTET.
ICH HAB KEINEN 31-MILLIONEN-DOLLAR-COUP ABGEZOGEN!
WAS SOLL DAS DENN HEISSEN?
UND ICH WETTE, DU WEISST NICHT MAL, WER DAHINTERSTECKT. DIE WOLLTEN DAS GELD NICHT STEHLEN-- SONDERN ES RETTEN!
DU ERKENNST VERBRECHER NICHT MAL, WENN DU MIT IHNEN ZU MITTAG ISST.
DIESE STADT KÖNNTE UNS GEHÖREN, WÜRDEST DU NUR ÜBER DEINEN SCHATTEN SPRINGEN!
MEINE PSYCHIATERIN MEINT, ES WÄR UMGEKEHRT. DASS ICH DAS ES BIN UND DU DAS ÜBER-ICH. ABER ICH GLAUBE ...
SIE DENKT, ICH HÄTTE WAHNVORSTELLUNGEN.
MOMENT MAL ... DEINE ...
... PSYCHIATERIN?
DU REDEST MIT IHR ÜBER MICH?
MINDESTENS SECHS IHRER PATIENTEN BEHAUPTEN, BATMAN ZU SEIN. UND DOPPELT SO VIELE GEHEN ANGEBLICH MIT IHM INS BETT.
DA IST SOGAR EIN 14-JÄHRIGER, DER SICH FÜR DEINEN SIDEKICK HÄLT. TRÄGT 'NEN GELBEN UMHANG ...
WARTE. DU MEINST DOCH NICHT ETWA ... DIESE TV-PSYCHOTANTE?!
DAS IST VERTRAULICH ...
FOOOM
SNIC
DIE STADT ... SIE BRENNT!
KEIN PROBLEM, DAS DU ODER ICH LÖSEN KÖNNTEN.

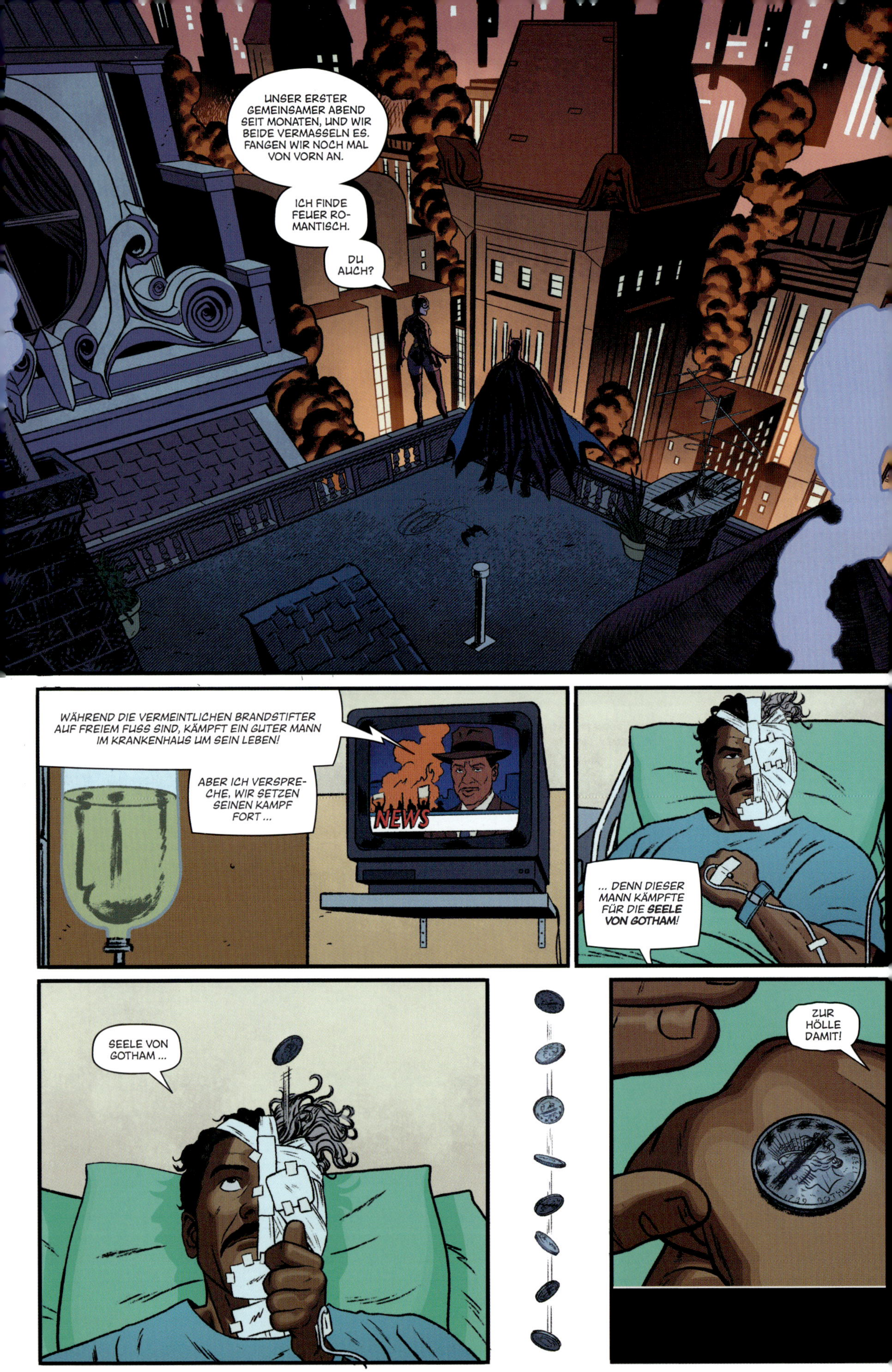

UNSER ERSTER GEMEINSAMER ABEND SEIT MONATEN, UND WIR BEIDE VERMASSELN ES. FANGEN WIR NOCH MAL VON VORN AN.
ICH FINDE FEUER RO-MANTISCH.
DU AUCH?

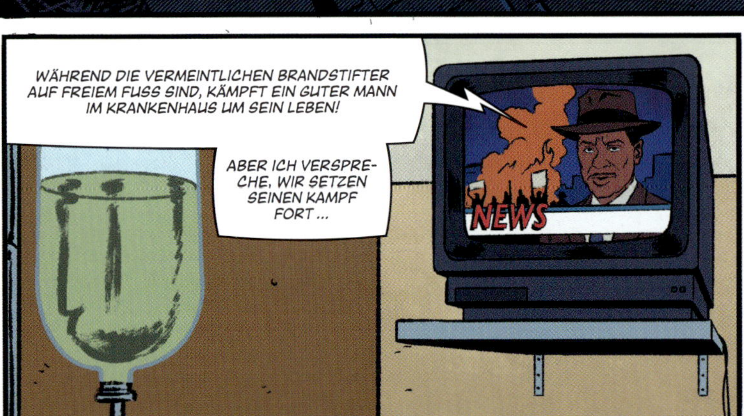

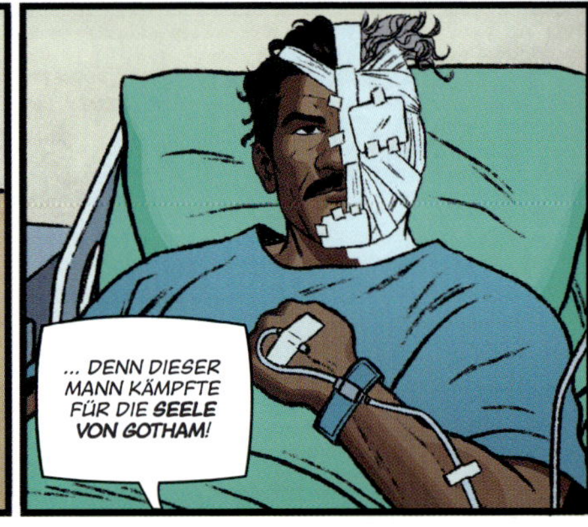

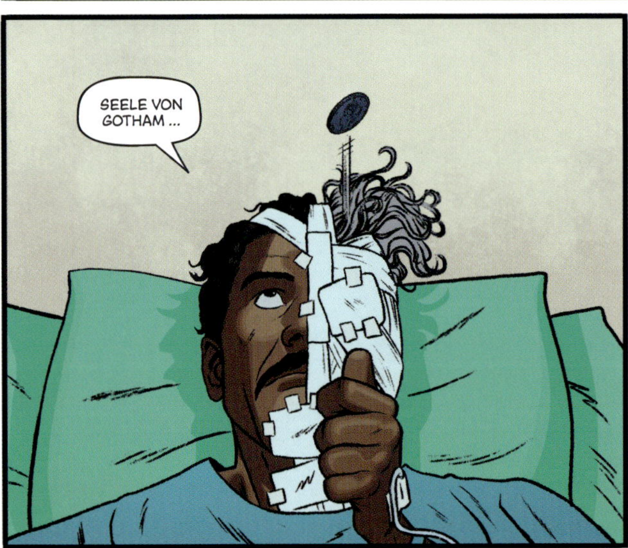

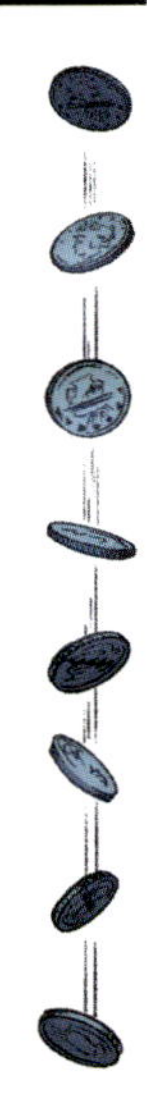

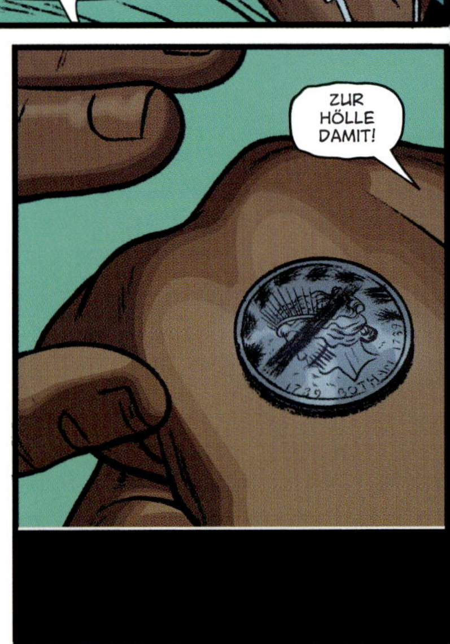

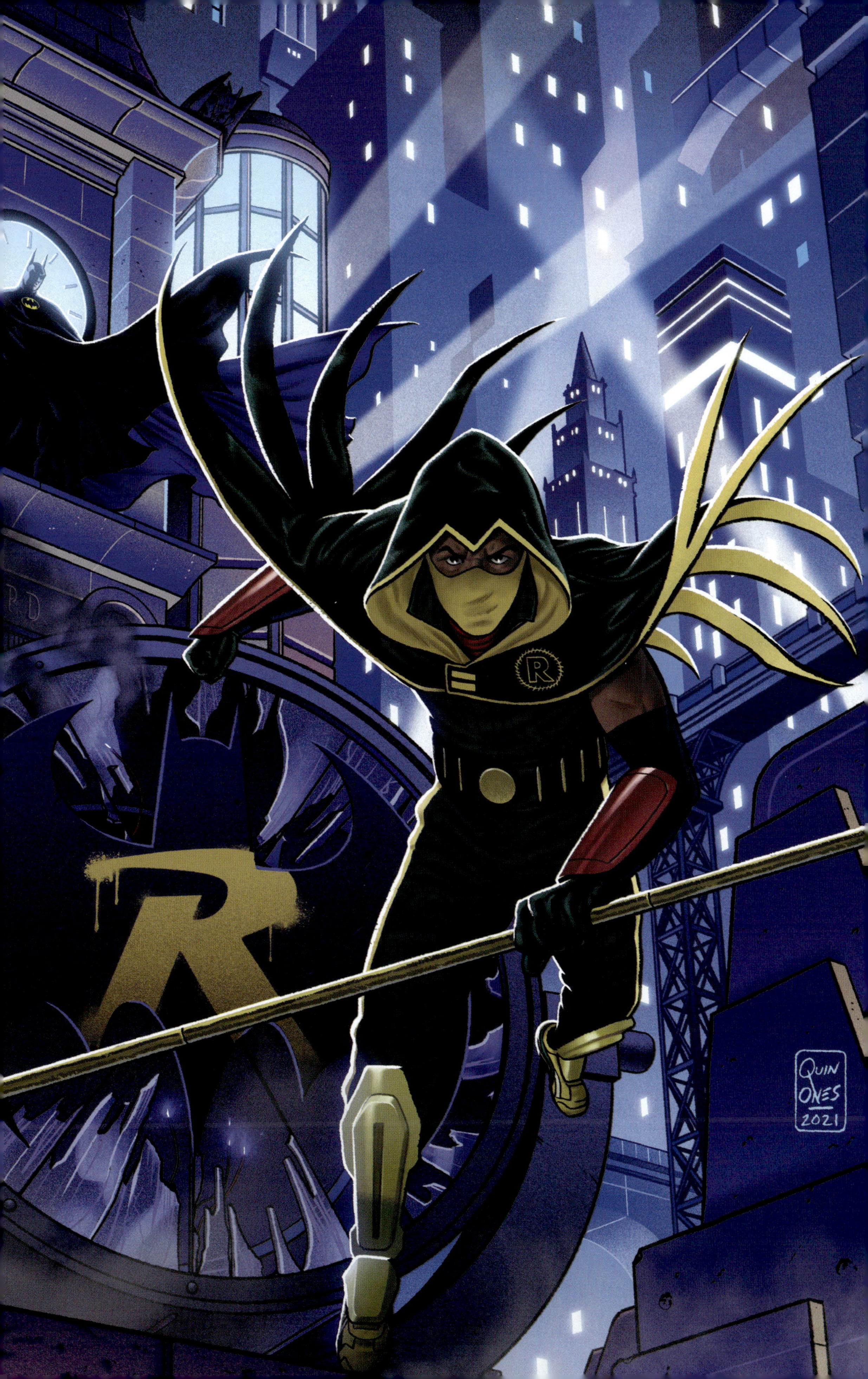
QUIN
ONES
2021

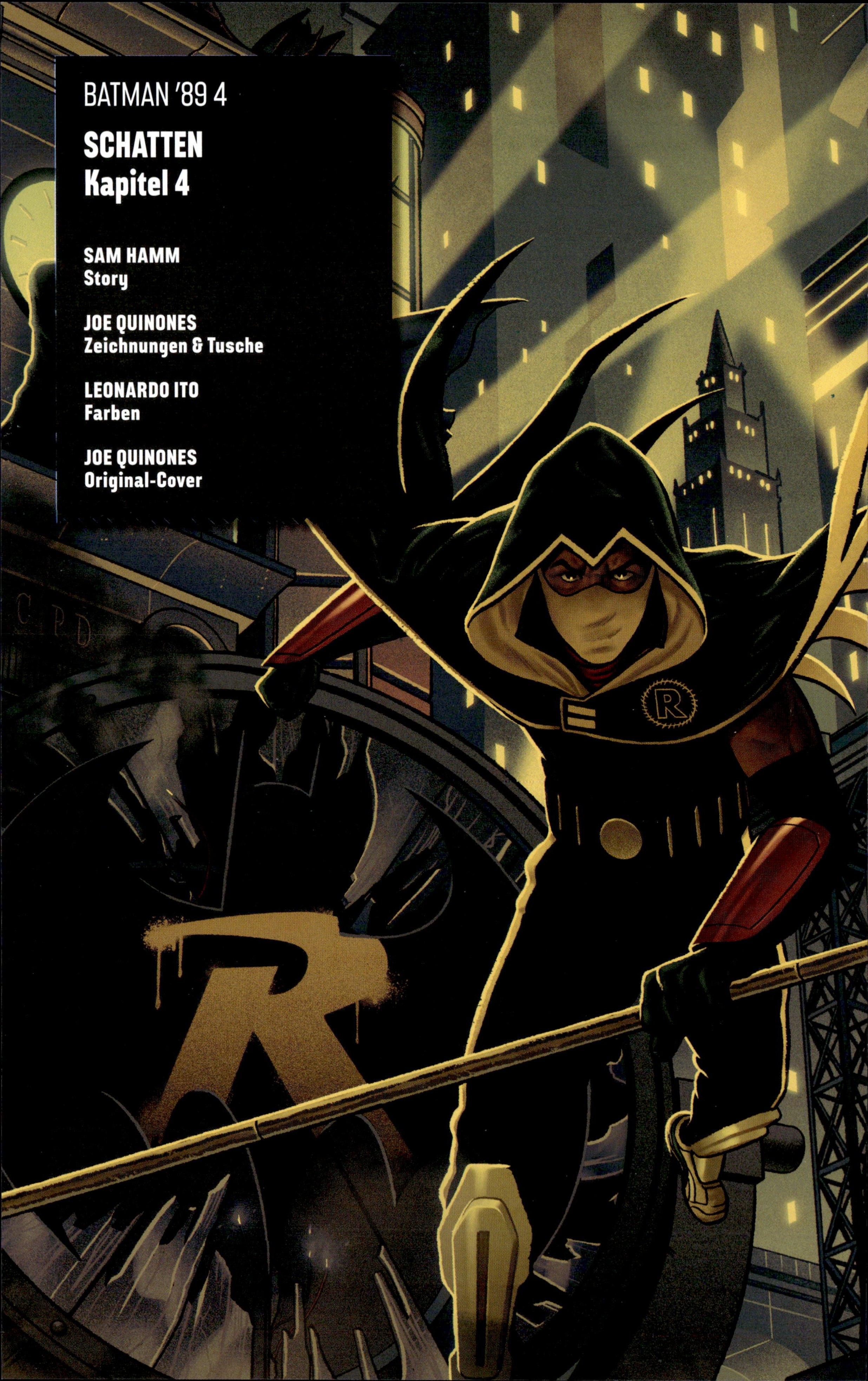

BATMAN '89 4

SCHATTEN
Kapitel 4

SAM HAMM
Story

JOE QUINONES
Zeichnungen & Tusche

LEONARDO ITO
Farben

JOE QUINONES
Original-Cover

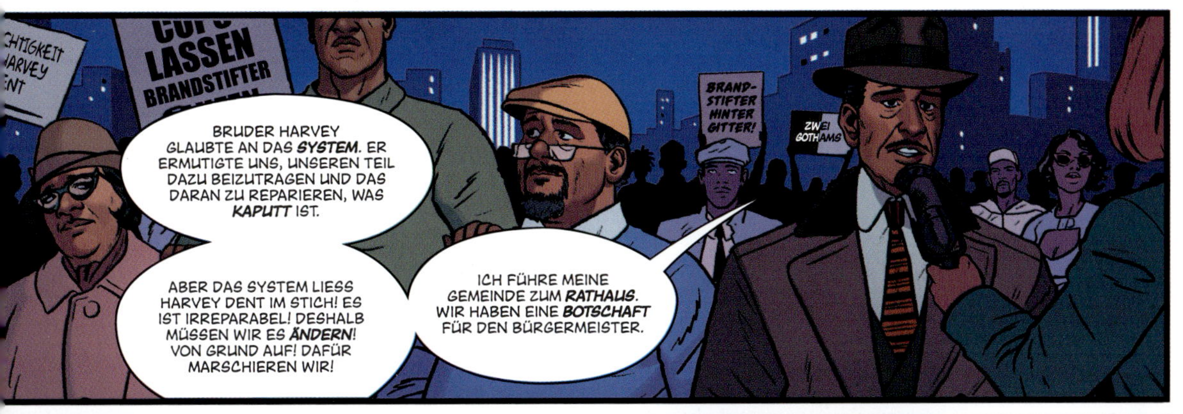
LASSEN
BRANDSTIFTER
BRANDSTIFTER HINTER GITTER!
BRUDER HARVEY GLAUBTE AN DAS SYSTEM. ER ERMUTIGTE UNS, UNSEREN TEIL DAZU BEIZUTRAGEN UND DAS DARAN ZU REPARIEREN, WAS KAPUTT IST.
ABER DAS SYSTEM LIESS HARVEY DENT IM STICH! ES IST IRREPARABEL! DESHALB MÜSSEN WIR ES ÄNDERN! VON GRUND AUF! DAFÜR MARSCHIEREN WIR!
ICH FÜHRE MEINE GEMEINDE ZUM RATHAUS. WIR HABEN EINE BOTSCHAFT FÜR DEN BÜRGERMEISTER.

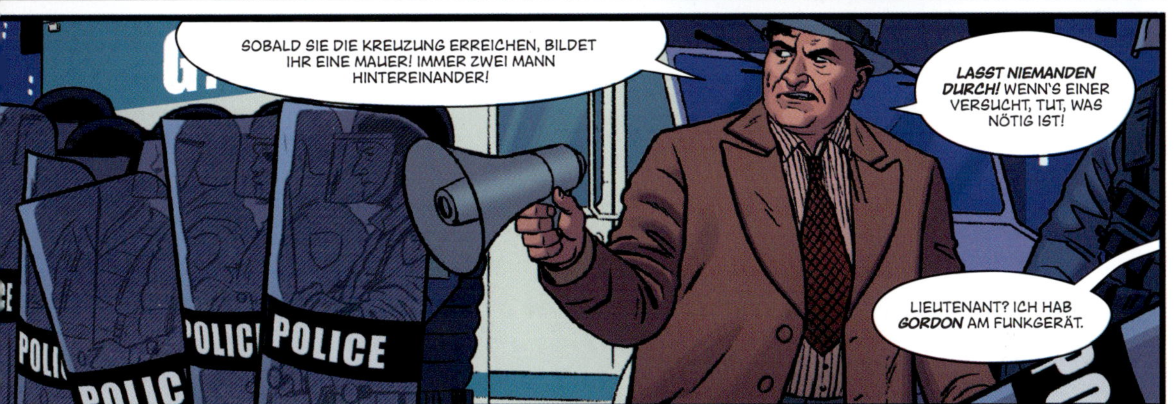
SOBALD SIE DIE KREUZUNG ERREICHEN, BILDET IHR EINE MAUER! IMMER ZWEI MANN HINTEREINANDER!
LASST NIEMANDEN DURCH! WENN'S EINER VERSUCHT, TUT, WAS NÖTIG IST!
LIEUTENANT? ICH HAB GORDON AM FUNKGERÄT.
POLICE

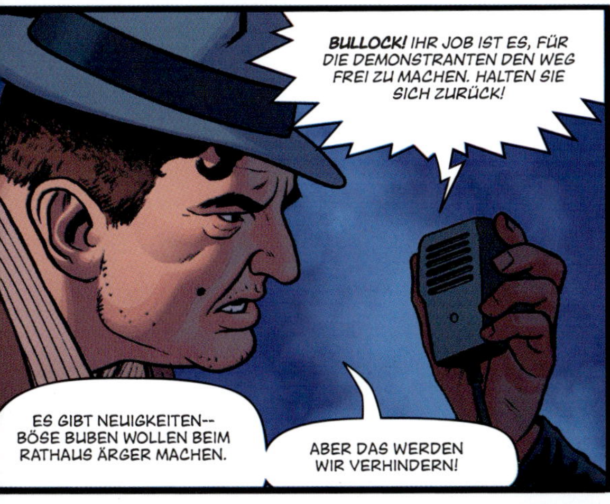
BULLOCK! IHR JOB IST ES, FÜR DIE DEMONSTRANTEN DEN WEG FREI ZU MACHEN. HALTEN SIE SICH ZURÜCK!
ES GIBT NEUIGKEITEN-- BÖSE BUBEN WOLLEN BEIM RATHAUS ÄRGER MACHEN.
ABER DAS WERDEN WIR VERHINDERN!

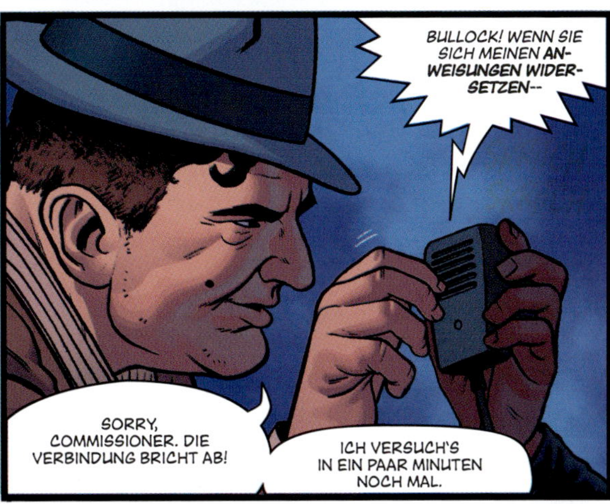
BULLOCK! WENN SIE SICH MEINEN ANWEISUNGEN WIDERSETZEN--
SORRY, COMMISSIONER. DIE VERBINDUNG BRICHT AB!
ICH VERSUCH'S IN EIN PAAR MINUTEN NOCH MAL.

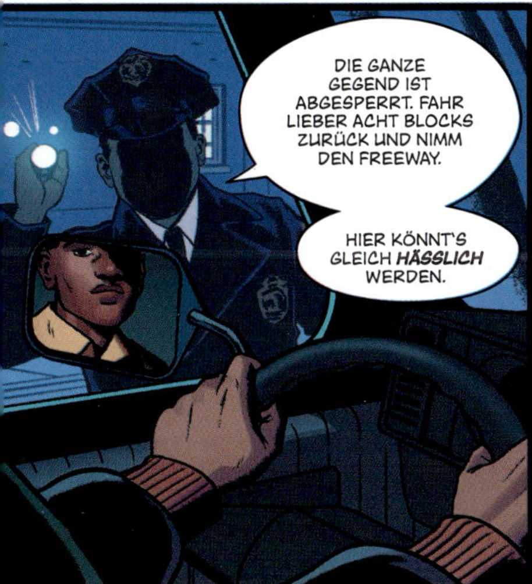
DIE GANZE GEGEND IST ABGESPERRT. FAHR LIEBER ACHT BLOCKS ZURÜCK UND NIMM DEN FREEWAY.
HIER KÖNNT'S GLEICH HÄSSLICH WERDEN.

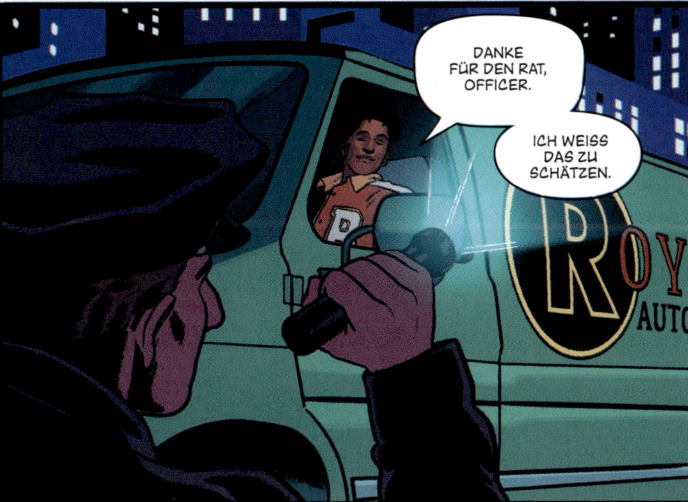
DANKE FÜR DEN RAT, OFFICER.
ICH WEISS DAS ZU SCHÄTZEN.

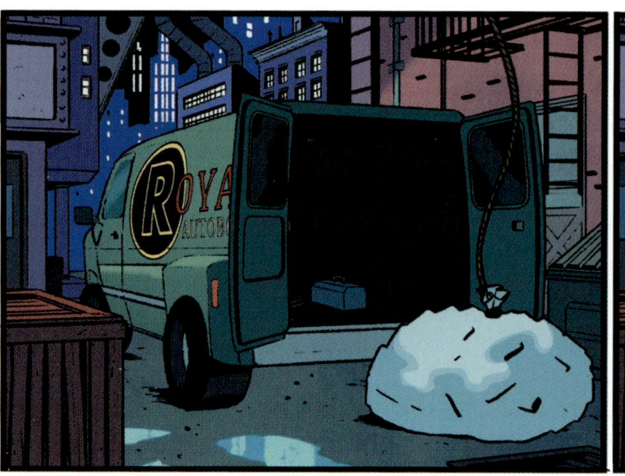

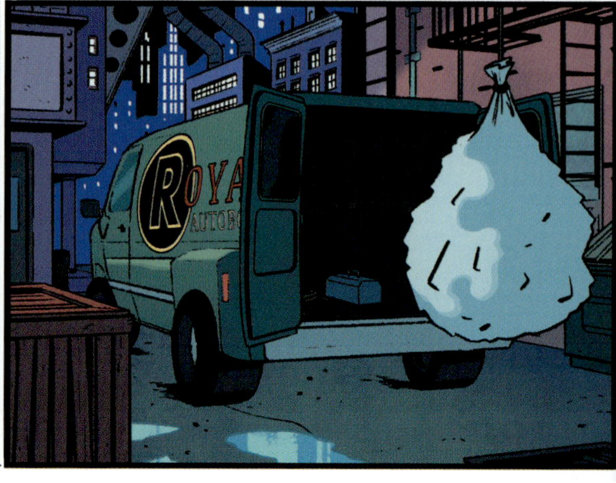

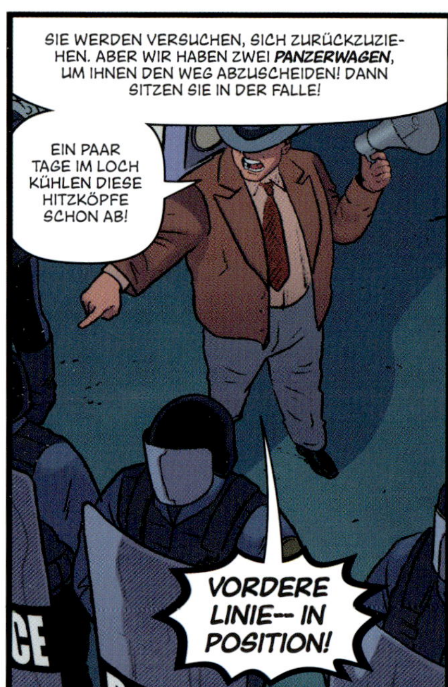

SIE WERDEN VERSUCHEN, SICH ZURÜCKZUZIEHEN. ABER WIR HABEN ZWEI PANZERWAGEN, UM IHNEN DEN WEG ABZUSCHEIDEN! DANN SITZEN SIE IN DER FALLE!
EIN PAAR TAGE IM LOCH KÜHLEN DIESE HITZKÖPFE SCHON AB!
VORDERE LINIE-- IN POSITION!

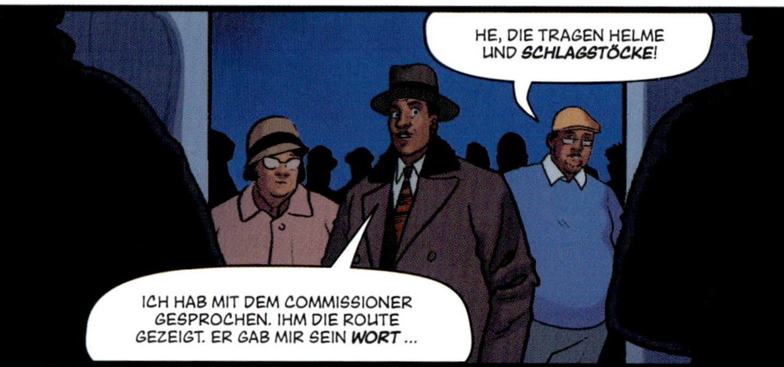

HE, DIE TRAGEN HELME UND SCHLAGSTÖCKE!
ICH HAB MIT DEM COMMISSIONER GESPROCHEN. IHM DIE ROUTE GEZEIGT. ER GAB MIR SEIN WORT ...

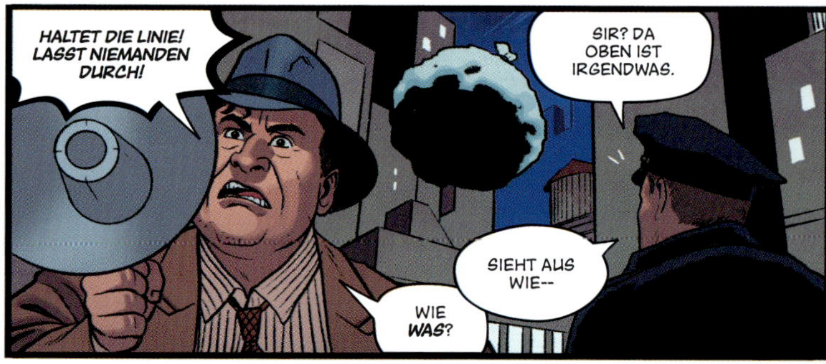

HALTET DIE LINIE! LASST NIEMANDEN DURCH!
SIR? DA OBEN IST IRGENDWAS.
SIEHT AUS WIE--
WIE WAS?

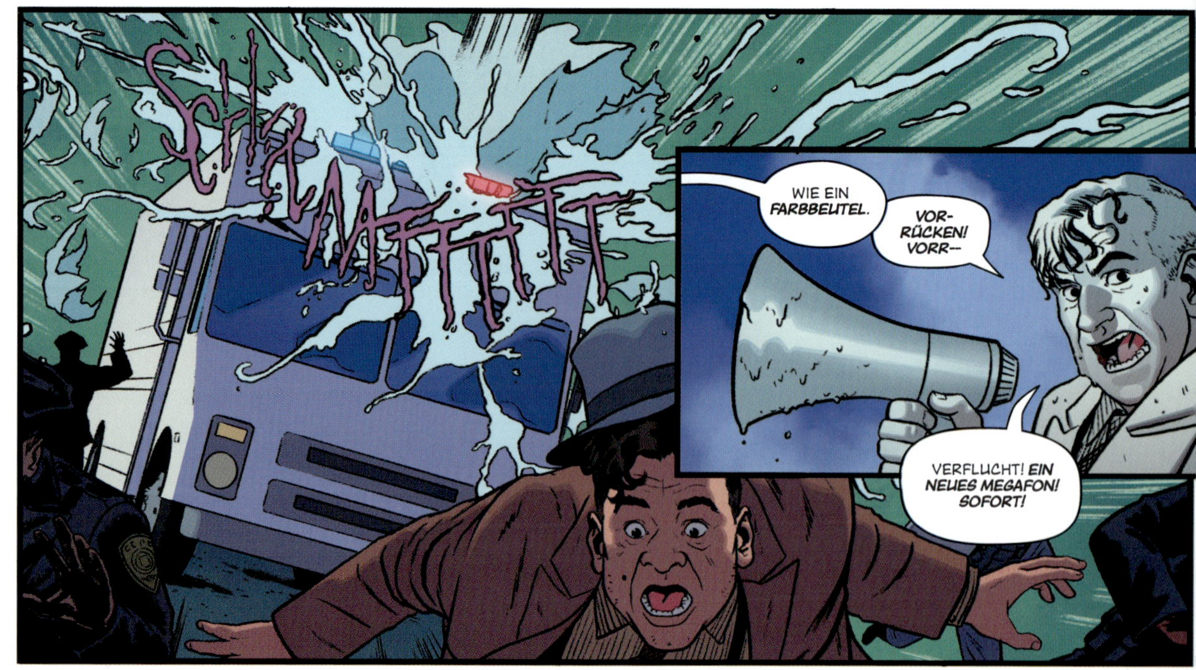

SCHLATTTT
WIE EIN FARBBEUTEL.
VORRÜCKEN! VORR--
VERFLUCHT! EIN NEUES MEGAFON! SOFORT!

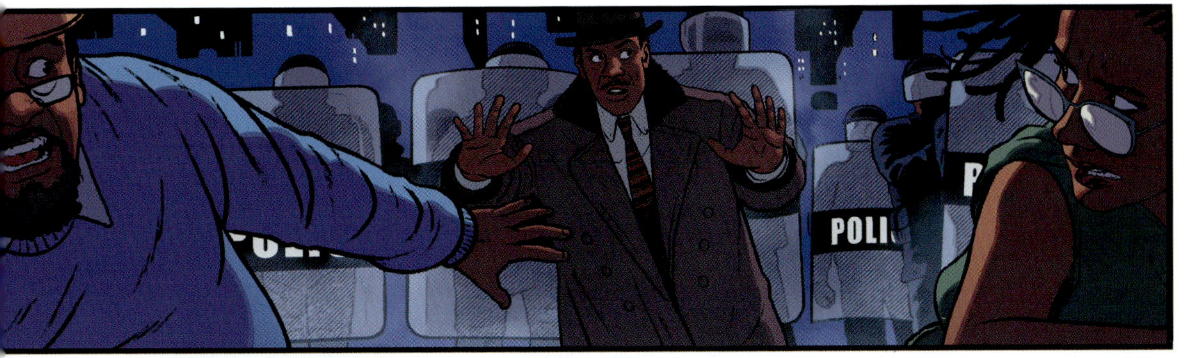

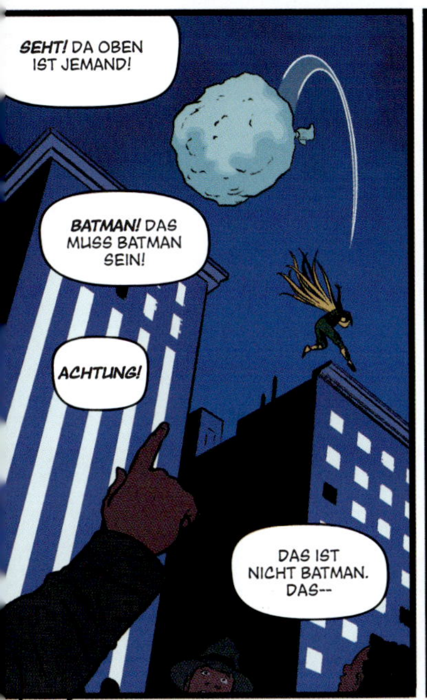
SEHT! DA OBEN IST JEMAND!
BATMAN! DAS MUSS BATMAN SEIN!
ACHTUNG!
DAS IST NICHT BATMAN. DAS--

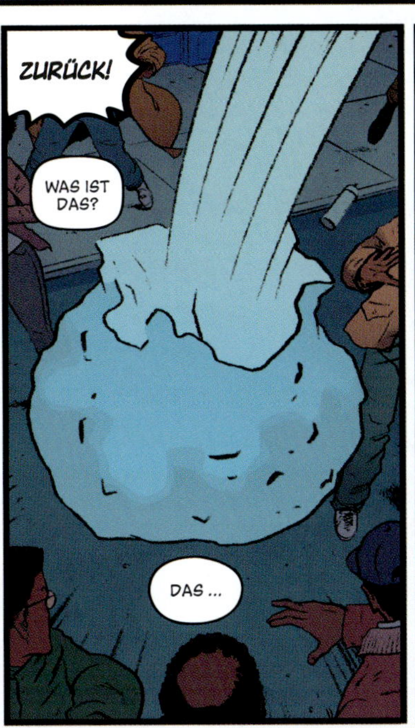
ZURÜCK!
WAS IST DAS?
DAS ...

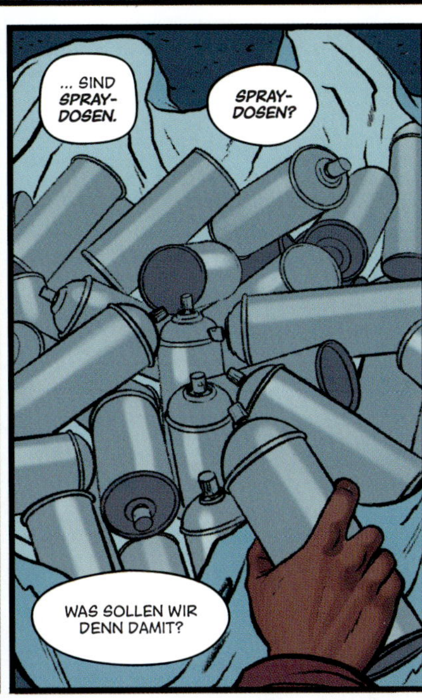
... SIND SPRAY-DOSEN.
SPRAY-DOSEN?
WAS SOLLEN WIR DENN DAMIT?

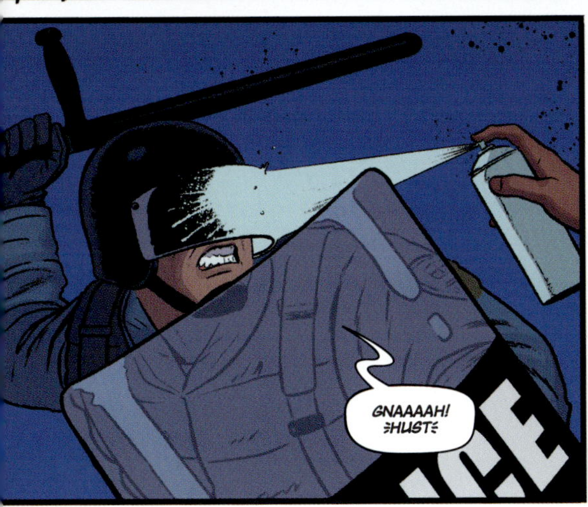
GNAAAAH! HUST

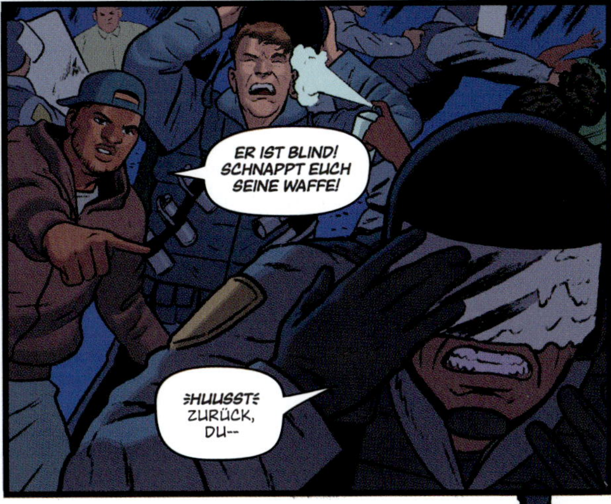
ER IST BLIND! SCHNAPPT EUCH SEINE WAFFE!
HUUSST ZURÜCK, DU--

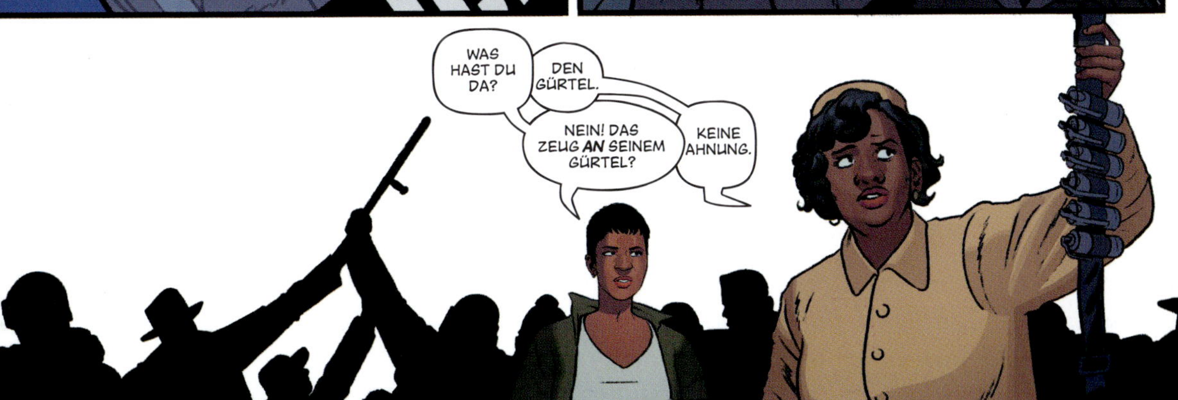
WAS HAST DU DA?
DEN GÜRTEL.
NEIN! DAS ZEUG AN SEINEM GÜRTEL?
KEINE AHNUNG.

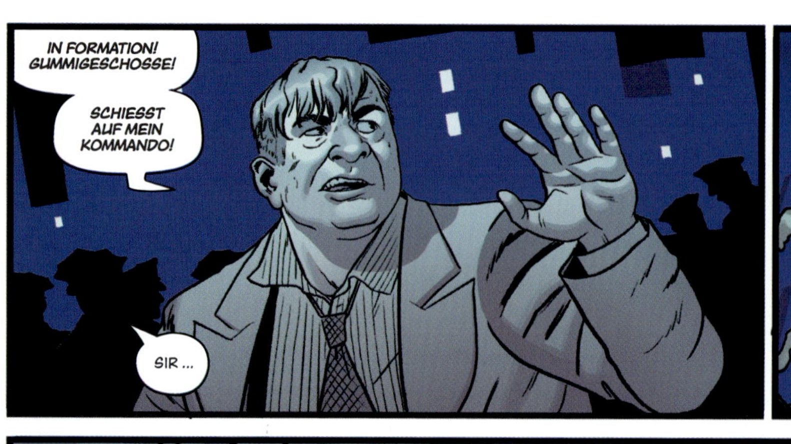
IN FORMATION! GUMMIGESCHOSSE!
SCHIESST AUF MEIN KOMMANDO!
SIR ...

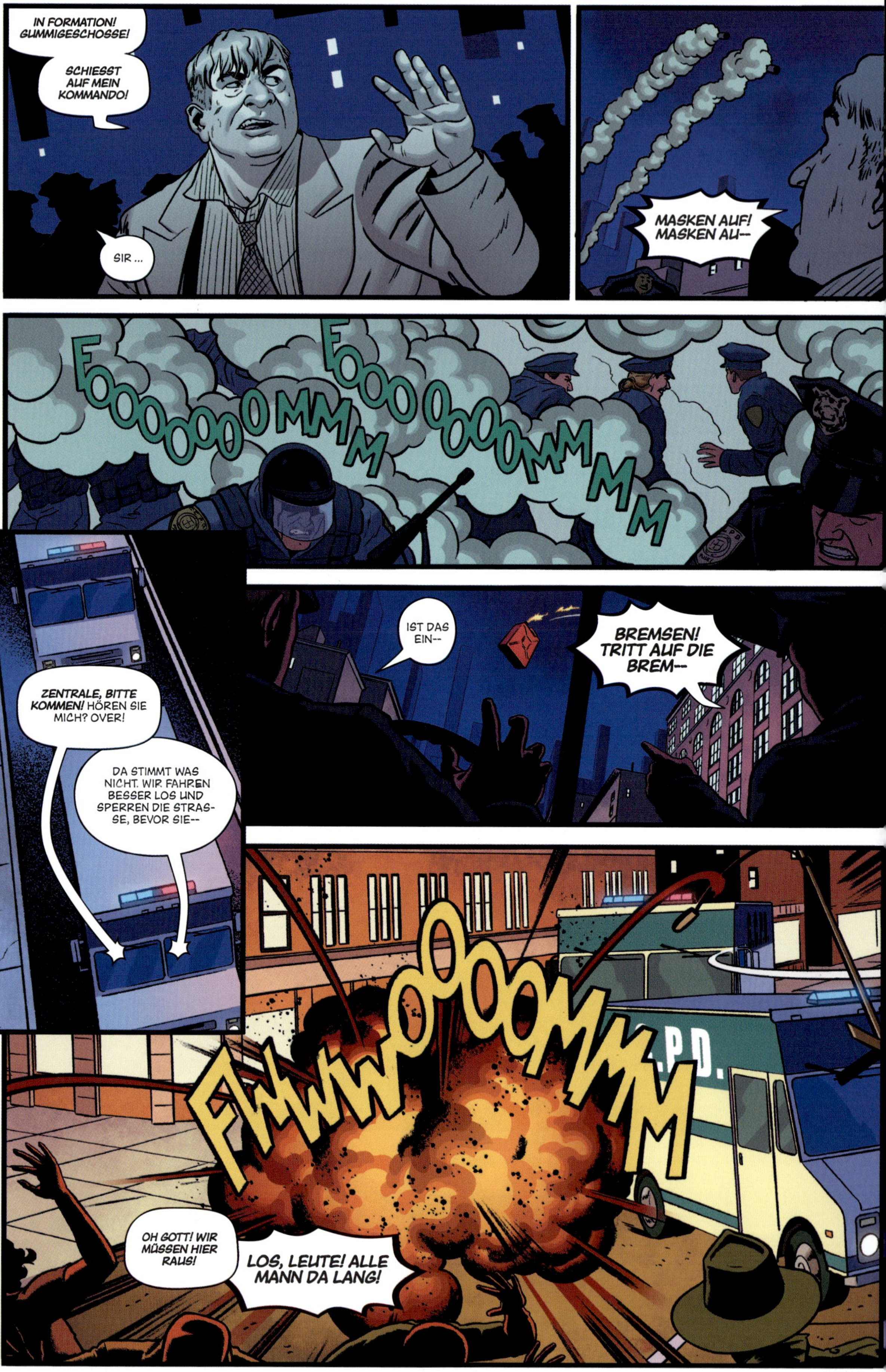

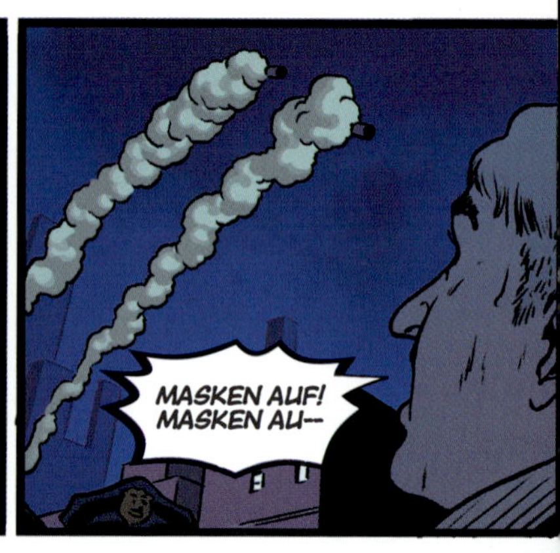
MASKEN AUF! MASKEN AU--

FOOOOOOOMMMM
FOOOOOOOMMMMM
IST DAS EIN--
BREMSEN! TRITT AUF DIE BREM--
ZENTRALE, BITTE KOMMEN! HÖREN SIE MICH? OVER!
DA STIMMT WAS NICHT. WIR FAHREN BESSER LOS UND SPERREN DIE STRASSE, BEVOR SIE--
FWWWOOOOMMMM
OH GOTT! WIR MÜSSEN HIER RAUS!
LOS, LEUTE! ALLE MANN DA LANG!

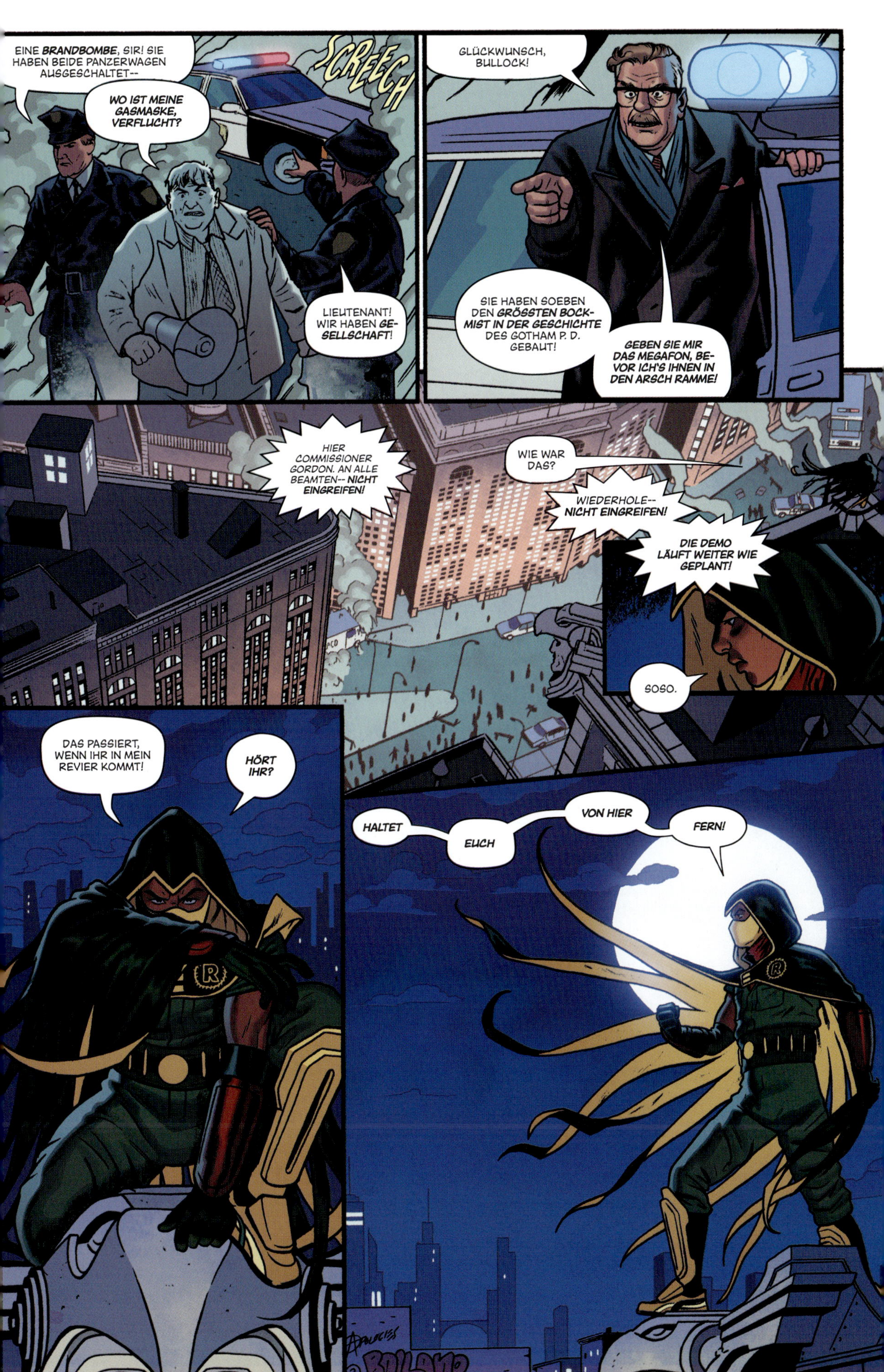
EINE BRANDBOMBE, SIR! SIE HABEN BEIDE PANZERWAGEN AUSGESCHALTET--
SCREECH
WO IST MEINE GASMASKE, VERFLUCHT?
LIEUTENANT! WIR HABEN GESELLSCHAFT!
GLÜCKWUNSCH, BULLOCK!
SIE HABEN SOEBEN DEN GRÖSSTEN BOCKMIST IN DER GESCHICHTE DES GOTHAM P. D. GEBAUT!
GEBEN SIE MIR DAS MEGAFON, BEVOR ICH'S IHNEN IN DEN ARSCH RAMME!
HIER COMMISSIONER GORDON. AN ALLE BEAMTEN-- NICHT EINGREIFEN!
WIE WAR DAS?
WIEDERHOLE-- NICHT EINGREIFEN!
DIE DEMO LÄUFT WEITER WIE GEPLANT!
SOSO.
DAS PASSIERT, WENN IHR IN MEIN REVIER KOMMT!
HÖRT IHR?
HALTET
EUCH
VON HIER
FERN!
BOLLAND
2

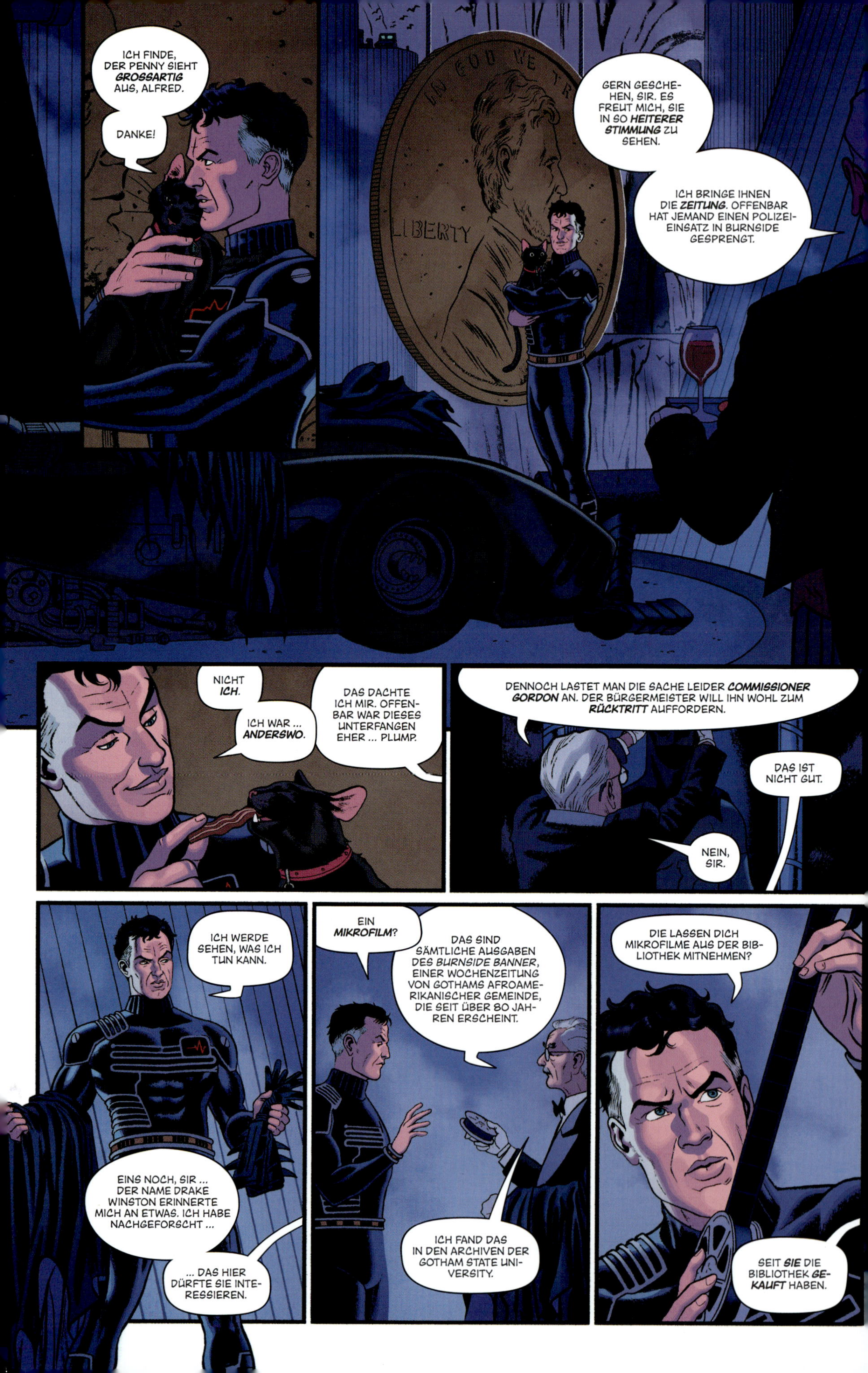

ICH FINDE, DER PENNY SIEHT **GROSSARTIG** AUS, ALFRED.
DANKE!
GERN GESCHEHEN, SIR. ES FREUT MICH, SIE IN SO **HEITERER STIMMUNG** ZU SEHEN.
ICH BRINGE IHNEN DIE **ZEITUNG**. OFFENBAR HAT JEMAND EINEN POLIZEIEINSATZ IN BURNSIDE GESPRENGT.
NICHT **ICH**.
ICH WAR ... **ANDERSWO**.
DAS DACHTE ICH MIR. OFFENBAR WAR DIESES UNTERFANGEN EHER ... PLUMP.
DENNOCH LASTET MAN DIE SACHE LEIDER **COMMISSIONER GORDON** AN. DER BÜRGERMEISTER WILL IHN WOHL ZUM **RÜCKTRITT** AUFFORDERN.
DAS IST NICHT GUT.
NEIN, SIR.

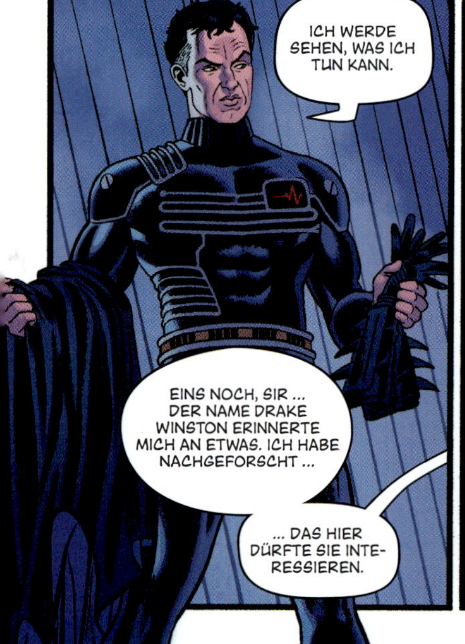

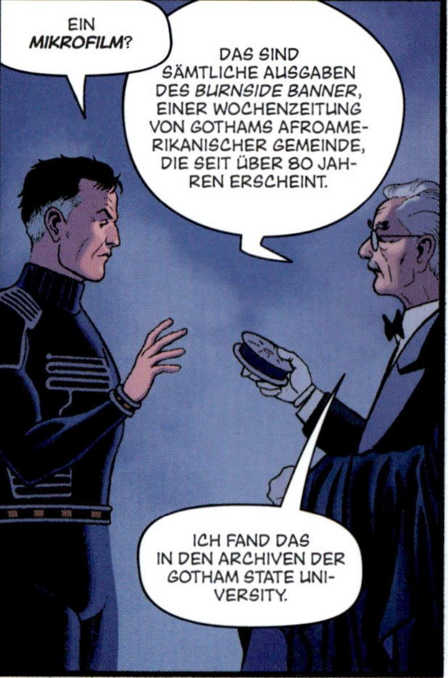

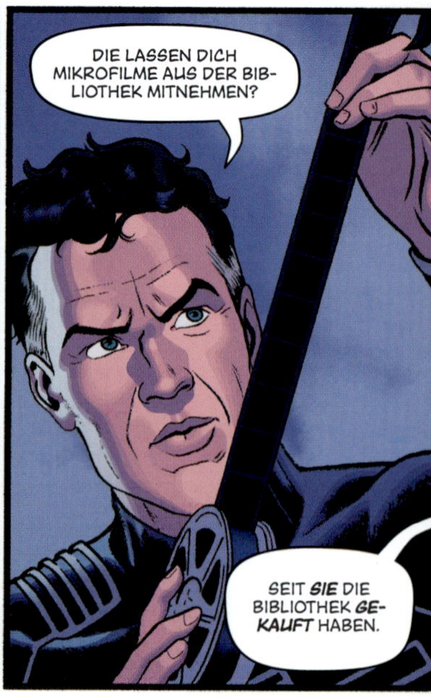

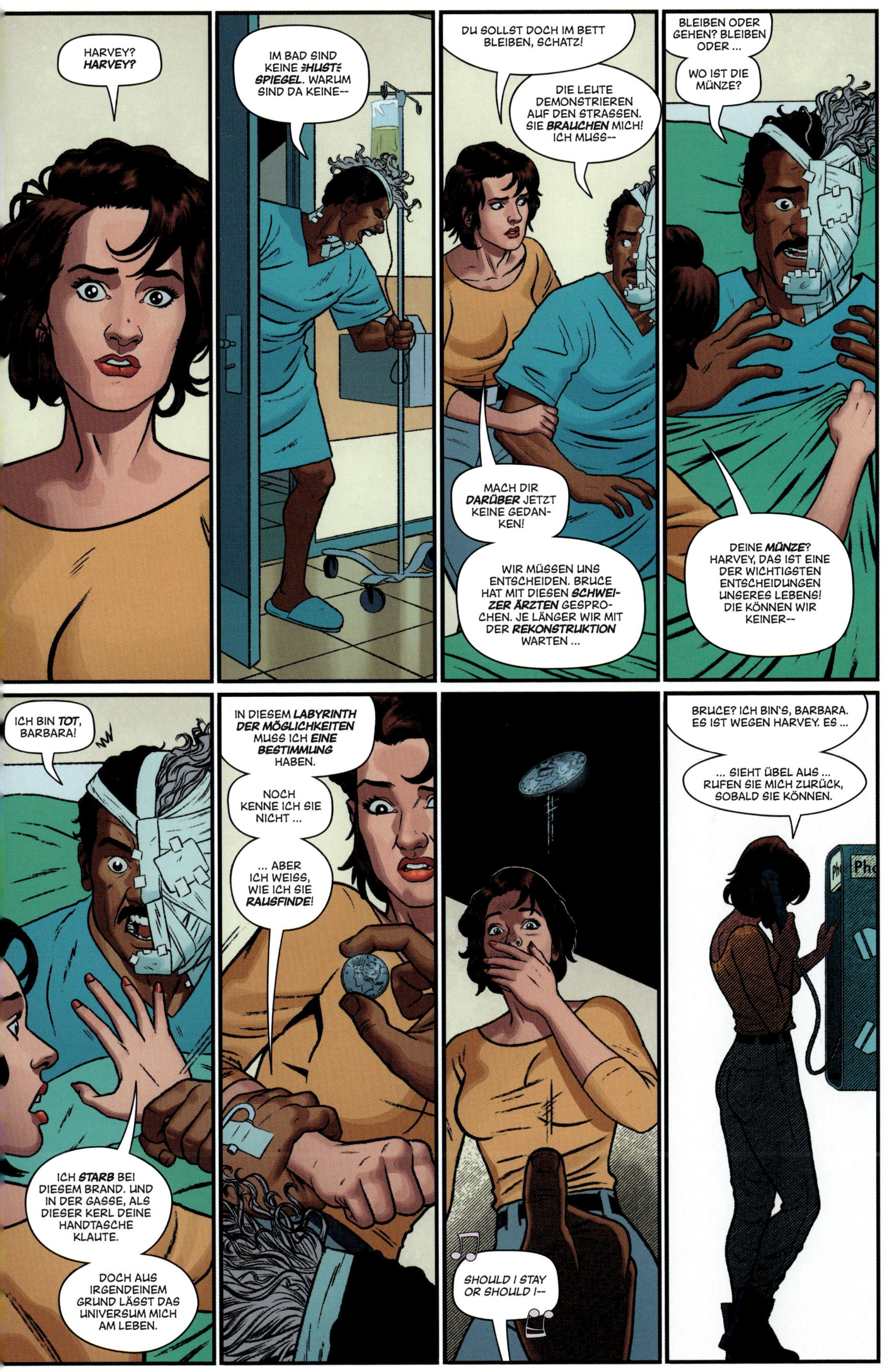
HARVEY? HARVEY?
IM BAD SIND KEINE *HUST* SPIEGEL. WARUM SIND DA KEINE--
DU SOLLST DOCH IM BETT BLEIBEN, SCHATZ!
DIE LEUTE DEMONSTRIEREN AUF DEN STRASSEN. SIE BRAUCHEN MICH! ICH MUSS--
MACH DIR DARÜBER JETZT KEINE GEDANKEN!
WIR MÜSSEN UNS ENTSCHEIDEN. BRUCE HAT MIT DIESEN SCHWEIZER ÄRZTEN GESPROCHEN. JE LÄNGER WIR MIT DER REKONSTRUKTION WARTEN ...
BLEIBEN ODER GEHEN? BLEIBEN ODER ...
WO IST DIE MÜNZE?
DEINE MÜNZE? HARVEY, DAS IST EINE DER WICHTIGSTEN ENTSCHEIDUNGEN UNSERES LEBENS! DIE KÖNNEN WIR KEINER--
ICH BIN TOT, BARBARA!
ICH STARB BEI DIESEM BRAND. UND IN DER GASSE, ALS DIESER KERL DEINE HANDTASCHE KLAUTE.
DOCH AUS IRGENDEINEM GRUND LÄSST DAS UNIVERSUM MICH AM LEBEN.
IN DIESEM LABYRINTH DER MÖGLICHKEITEN MUSS ICH EINE BESTIMMUNG HABEN.
NOCH KENNE ICH SIE NICHT ...
... ABER ICH WEISS, WIE ICH SIE RAUSFINDE!
SHOULD I STAY OR SHOULD I--
BRUCE? ICH BIN'S, BARBARA. ES IST WEGEN HARVEY. ES ...
... SIEHT ÜBEL AUS ... RUFEN SIE MICH ZURÜCK, SOBALD SIE KÖNNEN.

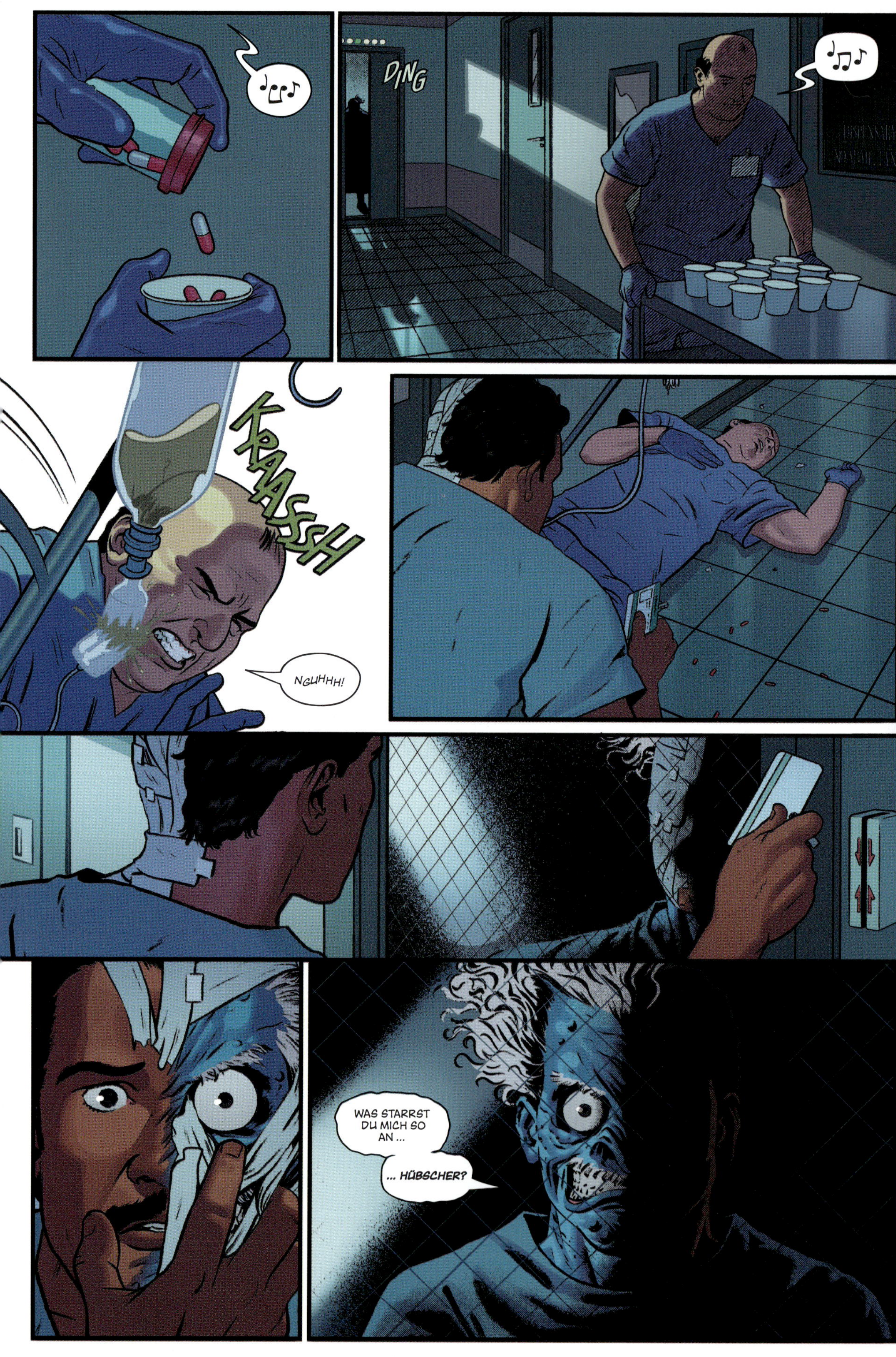
DING
KRAASSH
NGUHHH!
WAS STARRST DU MICH SO AN ...
... HÜBSCHER?

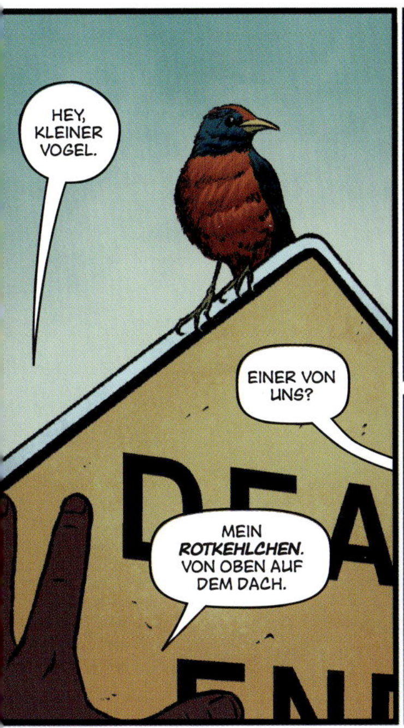

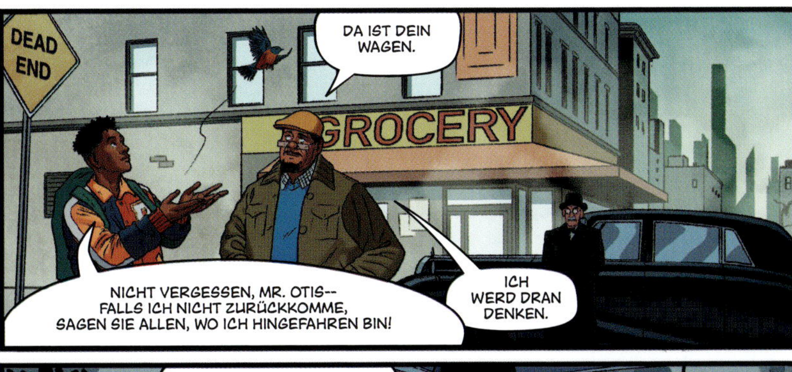

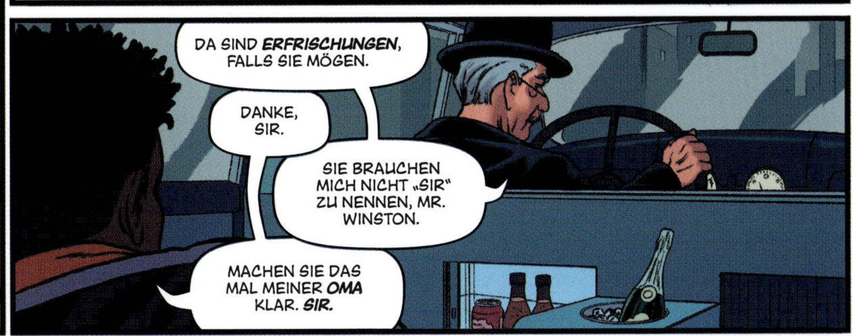

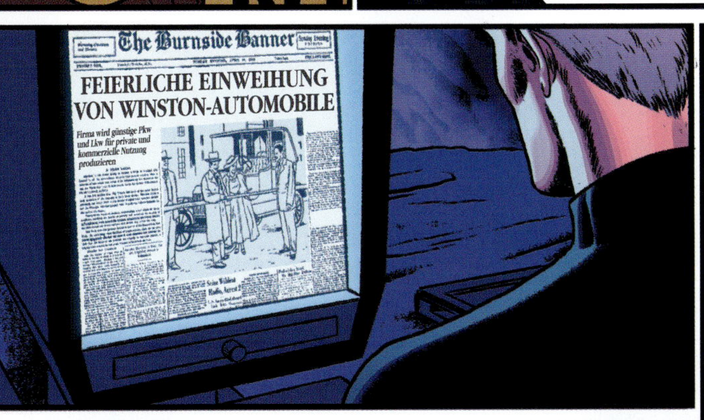

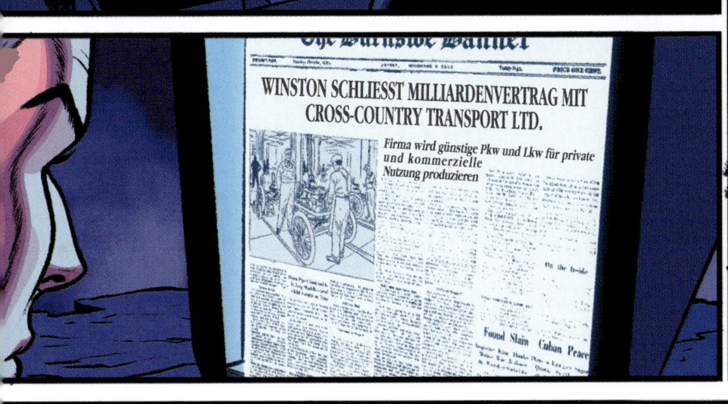

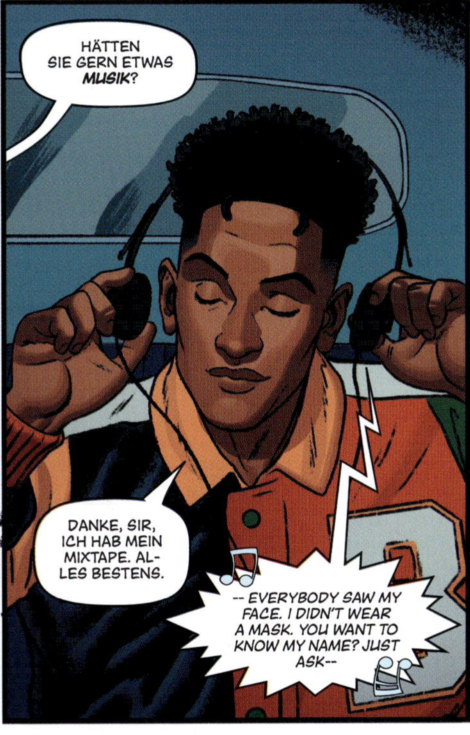

FEINDLICHE ÜBERNAHME: WAYNE MOTORS ERWIRBT WINSTON-AUTOMOBILE

Neues Management bestreitet Gerüchte über Massenentlassungen

„WAYNE MOTORS."

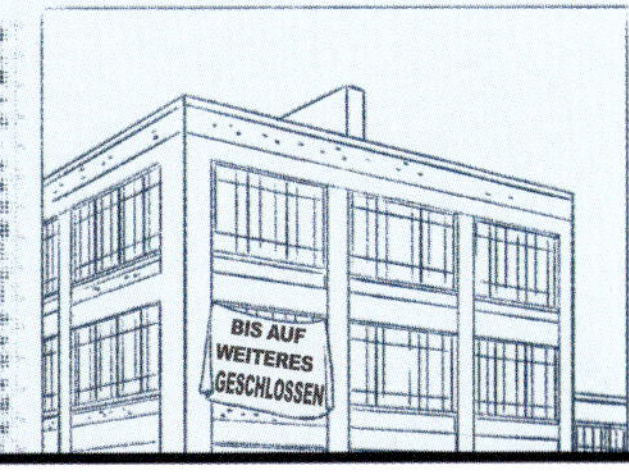

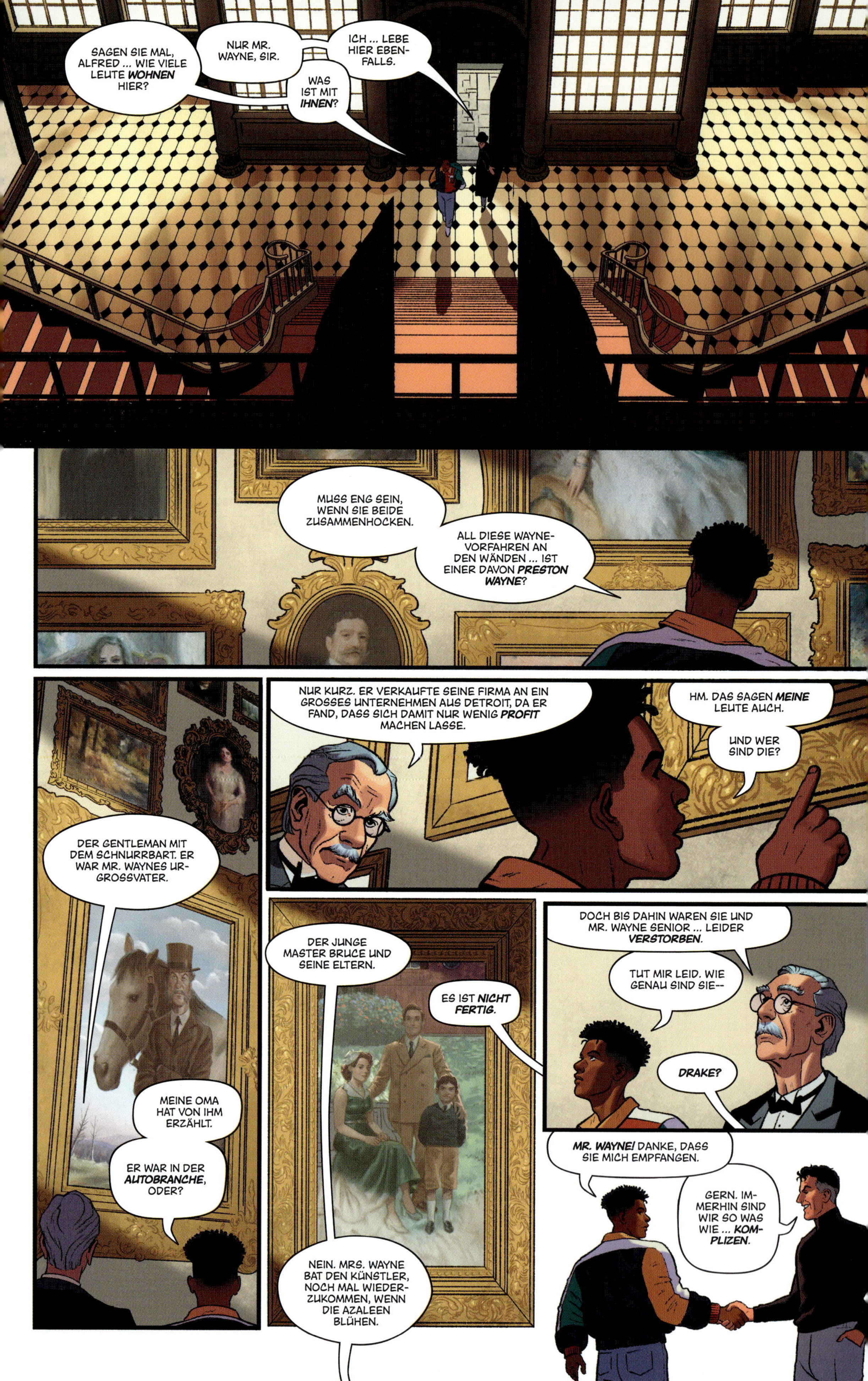
SAGEN SIE MAL, ALFRED ... WIE VIELE LEUTE *WOHNEN* HIER?
NUR MR. WAYNE, SIR.
WAS IST MIT *IHNEN*?
ICH ... LEBE HIER EBEN-FALLS.
MUSS ENG SEIN, WENN SIE BEIDE ZUSAMMENHOCKEN.
ALL DIESE WAYNE-VORFAHREN AN DEN WÄNDEN ... IST EINER DAVON *PRESTON WAYNE*?
DER GENTLEMAN MIT DEM SCHNURRBART. ER WAR MR. WAYNES UR-GROSSVATER.
MEINE OMA HAT VON IHM ERZÄHLT.
ER WAR IN DER *AUTOBRANCHE*, ODER?
NUR KURZ. ER VERKAUFTE SEINE FIRMA AN EIN GROSSES UNTERNEHMEN AUS DETROIT, DA ER FAND, DASS SICH DAMIT NUR WENIG *PROFIT* MACHEN LASSE.
HM. DAS SAGEN *MEINE* LEUTE AUCH.
UND WER SIND DIE?
DER JUNGE MASTER BRUCE UND SEINE ELTERN.
ES IST *NICHT FERTIG*.
NEIN. MRS. WAYNE BAT DEN KÜNSTLER, NOCH MAL WIEDER-ZUKOMMEN, WENN DIE AZALEEN BLÜHEN.
DOCH BIS DAHIN WAREN SIE UND MR. WAYNE SENIOR ... LEIDER *VERSTORBEN*.
TUT MIR LEID. WIE GENAU SIND SIE--
DRAKE?
MR. WAYNE! DANKE, DASS SIE MICH EMPFANGEN.
GERN. IM-MERHIN SIND WIR SO WAS WIE ... *KOM-PLIZEN*.

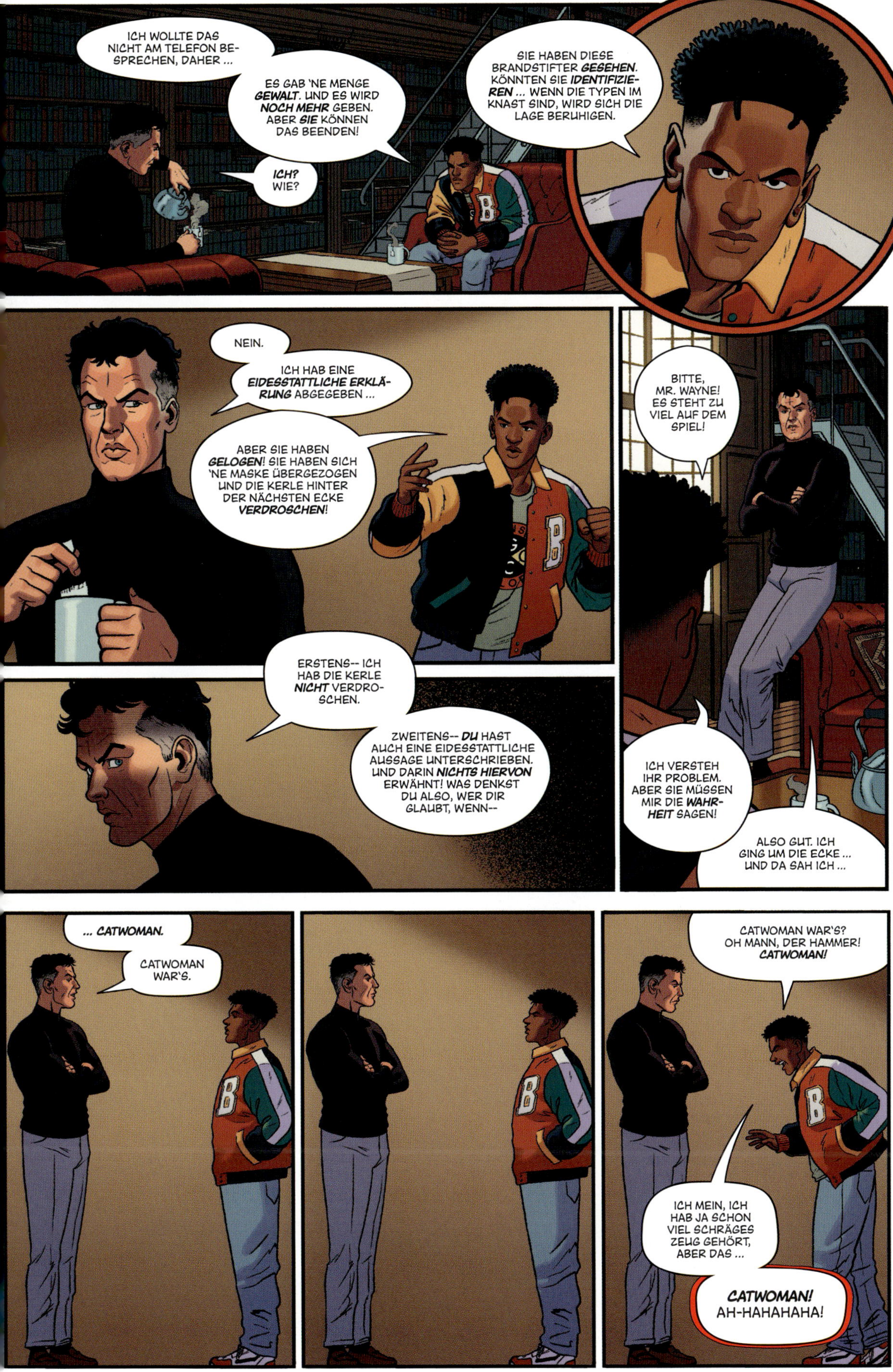

ICH WOLLTE DAS NICHT AM TELEFON BESPRECHEN, DAHER ...
ES GAB 'NE MENGE GEWALT. UND ES WIRD NOCH MEHR GEBEN. ABER SIE KÖNNEN DAS BEENDEN!
ICH? WIE?
SIE HABEN DIESE BRANDSTIFTER GESEHEN. KÖNNTEN SIE IDENTIFIZIEREN ... WENN DIE TYPEN IM KNAST SIND, WIRD SICH DIE LAGE BERUHIGEN.

NEIN.
ICH HAB EINE EIDESSTATTLICHE ERKLÄRUNG ABGEGEBEN ...
ABER SIE HABEN GELOGEN! SIE HABEN SICH 'NE MASKE ÜBERGEZOGEN UND DIE KERLE HINTER DER NÄCHSTEN ECKE VERDROSCHEN!

ERSTENS-- ICH HAB DIE KERLE NICHT VERDROSCHEN.
ZWEITENS-- DU HAST AUCH EINE EIDESSTATTLICHE AUSSAGE UNTERSCHRIEBEN. UND DARIN NICHTS HIERVON ERWÄHNT! WAS DENKST DU ALSO, WER DIR GLAUBT, WENN--

BITTE, MR. WAYNE! ES STEHT ZU VIEL AUF DEM SPIEL!
ICH VERSTEH IHR PROBLEM. ABER SIE MÜSSEN MIR DIE WAHRHEIT SAGEN!
ALSO GUT. ICH GING UM DIE ECKE ... UND DA SAH ICH ...

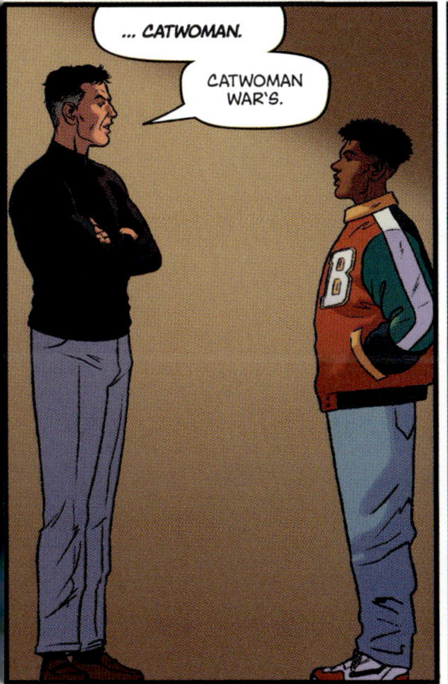

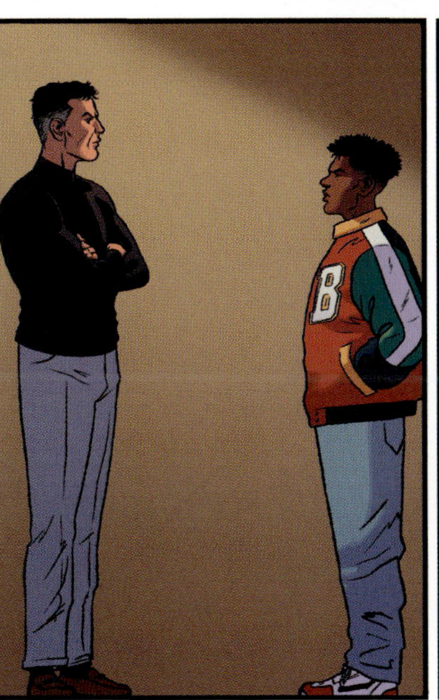

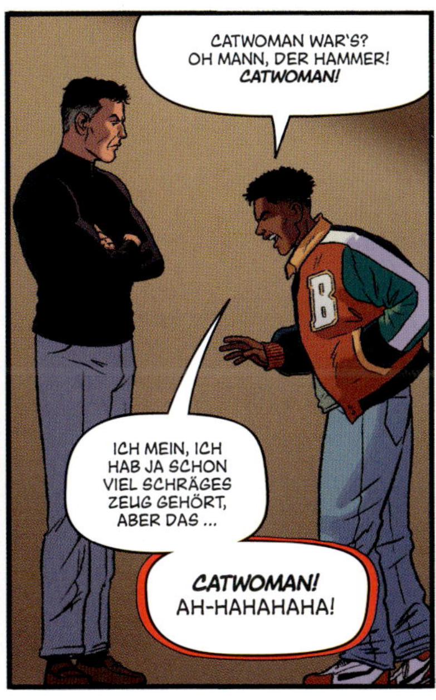

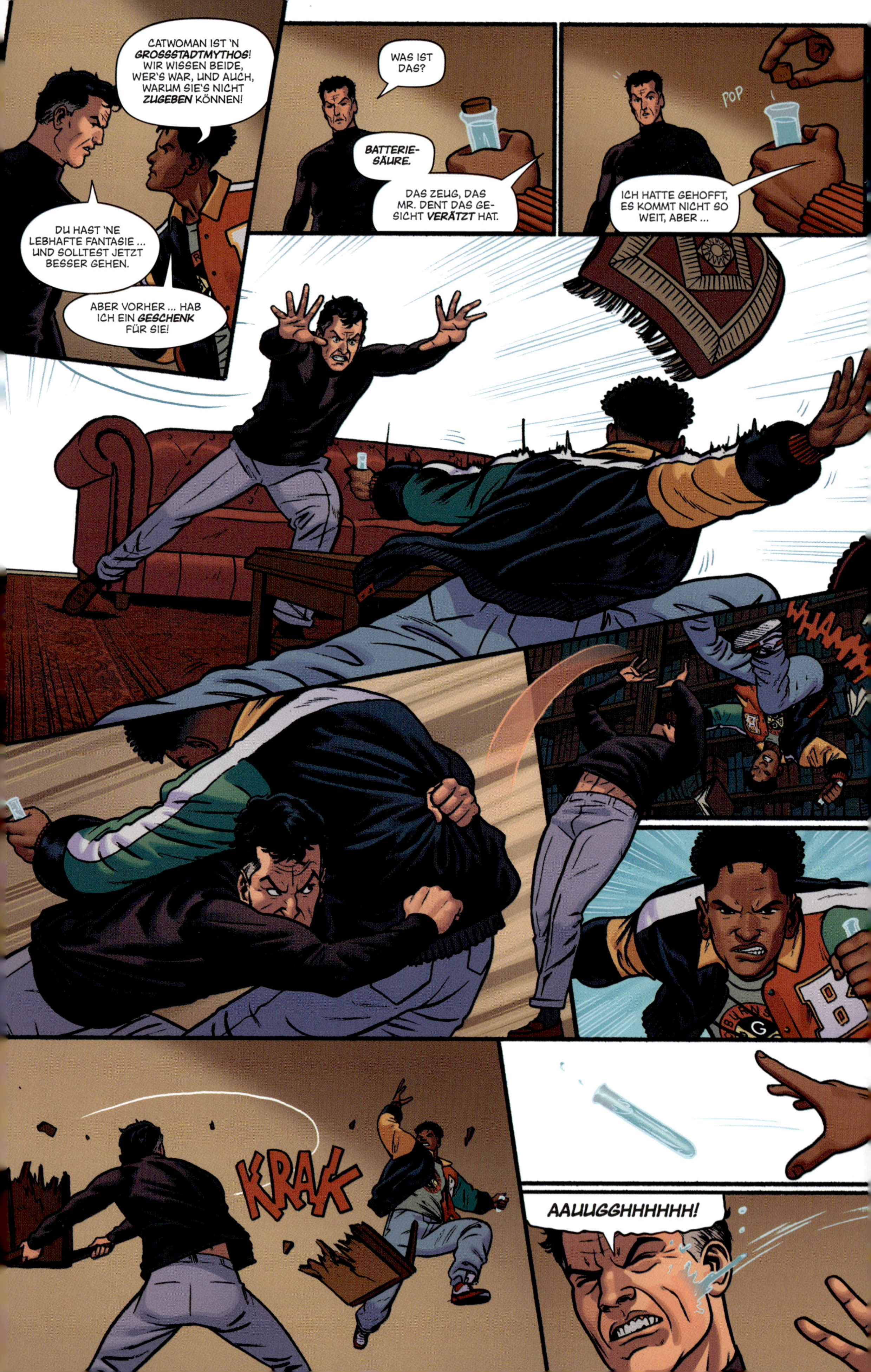
CATWOMAN IST 'N GROSSSTADTMYTHOS! WIR WISSEN BEIDE, WER'S WAR, UND AUCH, WARUM SIE'S NICHT ZUGEBEN KÖNNEN!
DU HAST 'NE LEBHAFTE FANTASIE ... UND SOLLTEST JETZT BESSER GEHEN.
ABER VORHER ... HAB ICH EIN GESCHENK FÜR SIE!
WAS IST DAS?
BATTERIE-SÄURE.
DAS ZEUG, DAS MR. DENT DAS GE-SICHT VERÄTZT HAT.
POP
ICH HATTE GEHOFFT, ES KOMMT NICHT SO WEIT, ABER ...
WHAMM
KRAK
AAUUGGHHHHHH!

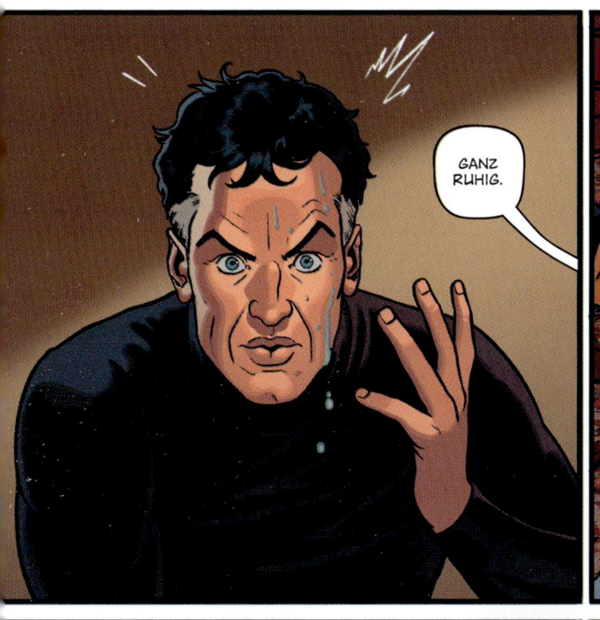
GANZ RUHIG.

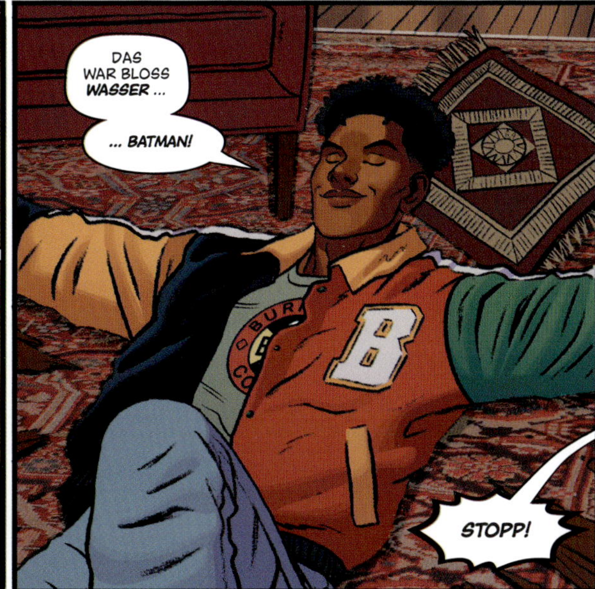
DAS WAR BLOSS WASSER ...
... BATMAN!
STOPP!

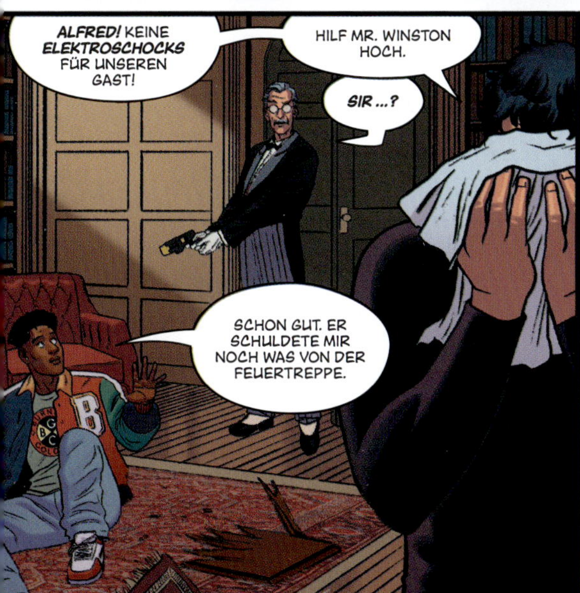
ALFRED! KEINE ELEKTROSCHOCKS FÜR UNSEREN GAST!
HILF MR. WINSTON HOCH.
SIR ...?
SCHON GUT. ER SCHULDETE MIR NOCH WAS VON DER FEUERTREPPE.

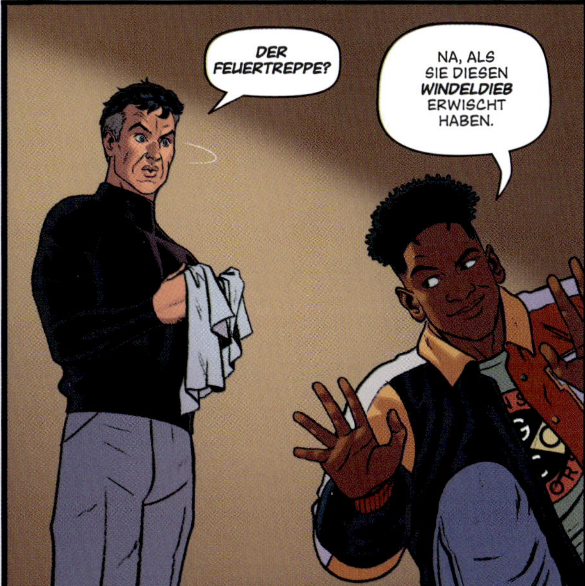
DER FEUERTREPPE?
NA, ALS SIE DIESEN WINDELDIEB ERWISCHT HABEN.

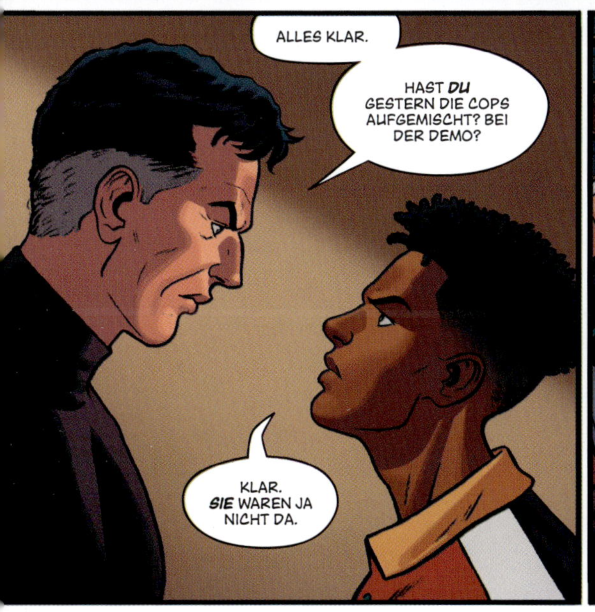
ALLES KLAR.
HAST DU GESTERN DIE COPS AUFGEMISCHT? BEI DER DEMO?
KLAR. SIE WAREN JA NICHT DA.

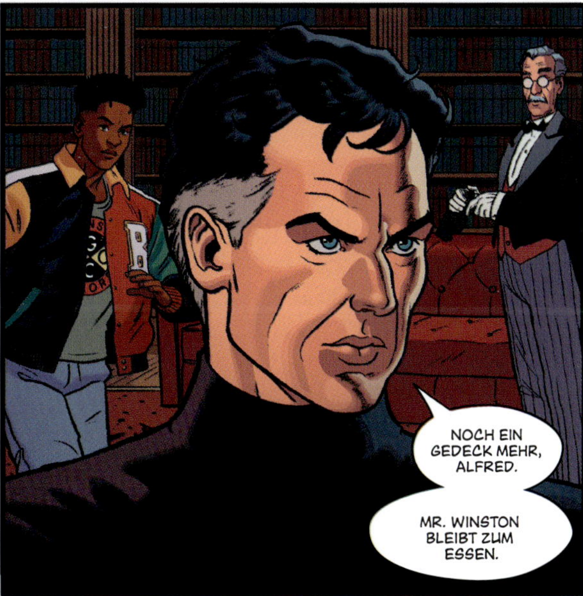
NOCH EIN GEDECK MEHR, ALFRED.
MR. WINSTON BLEIBT ZUM ESSEN.

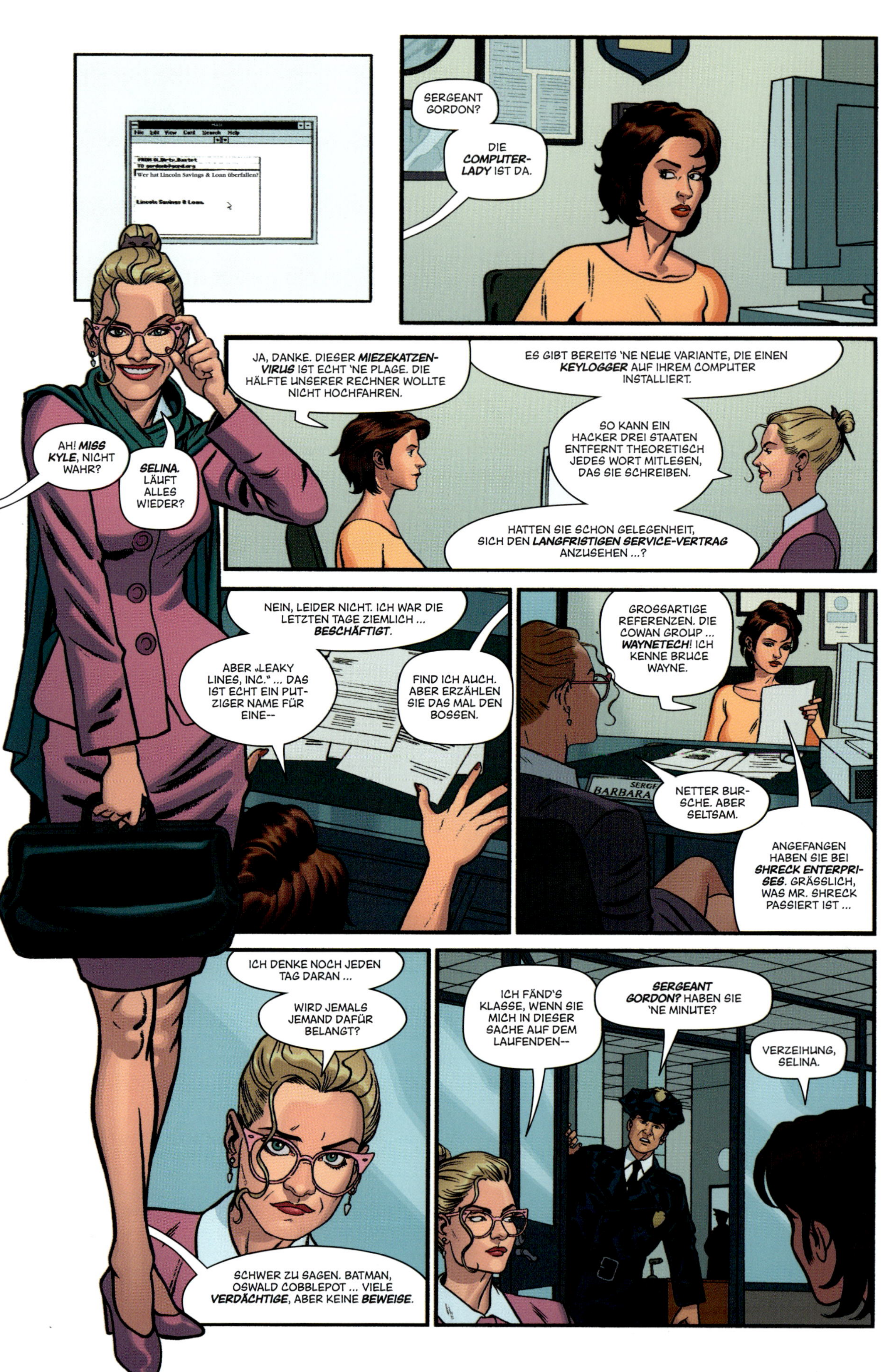
Wer hat Lincoln Savings & Loan überfallen?
Lincoln Savings & Loan.
SERGEANT GORDON?
DIE COMPUTER-LADY IST DA.
AH! MISS KYLE, NICHT WAHR?
SELINA. LÄUFT ALLES WIEDER?
JA, DANKE. DIESER MIEZEKATZEN-VIRUS IST ECHT 'NE PLAGE. DIE HÄLFTE UNSERER RECHNER WOLLTE NICHT HOCHFAHREN.
ES GIBT BEREITS 'NE NEUE VARIANTE, DIE EINEN KEYLOGGER AUF IHREM COMPUTER INSTALLIERT.
SO KANN EIN HACKER DREI STAATEN ENTFERNT THEORETISCH JEDES WORT MITLESEN, DAS SIE SCHREIBEN.
HATTEN SIE SCHON GELEGENHEIT, SICH DEN LANGFRISTIGEN SERVICE-VERTRAG ANZUSEHEN ...?
NEIN, LEIDER NICHT. ICH WAR DIE LETZTEN TAGE ZIEMLICH ... BESCHÄFTIGT.
ABER »LEAKY LINES, INC.« ... DAS IST ECHT EIN PUTZIGER NAME FÜR EINE--
FIND ICH AUCH. ABER ERZÄHLEN SIE DAS MAL DEN BOSSEN.
GROSSARTIGE REFERENZEN. DIE COWAN GROUP ... WAYNETECH! ICH KENNE BRUCE WAYNE.
NETTER BURSCHE. ABER SELTSAM.
ANGEFANGEN HABEN SIE BEI SHRECK ENTERPRISES. GRÄSSLICH, WAS MR. SHRECK PASSIERT IST ...
ICH DENKE NOCH JEDEN TAG DARAN ...
WIRD JEMALS JEMAND DAFÜR BELANGT?
SCHWER ZU SAGEN. BATMAN, OSWALD COBBLEPOT ... VIELE VERDÄCHTIGE, ABER KEINE BEWEISE.
ICH FÄND'S KLASSE, WENN SIE MICH IN DIESER SACHE AUF DEM LAUFENDEN--
SERGEANT GORDON? HABEN SIE 'NE MINUTE?
VERZEIHUNG, SELINA.

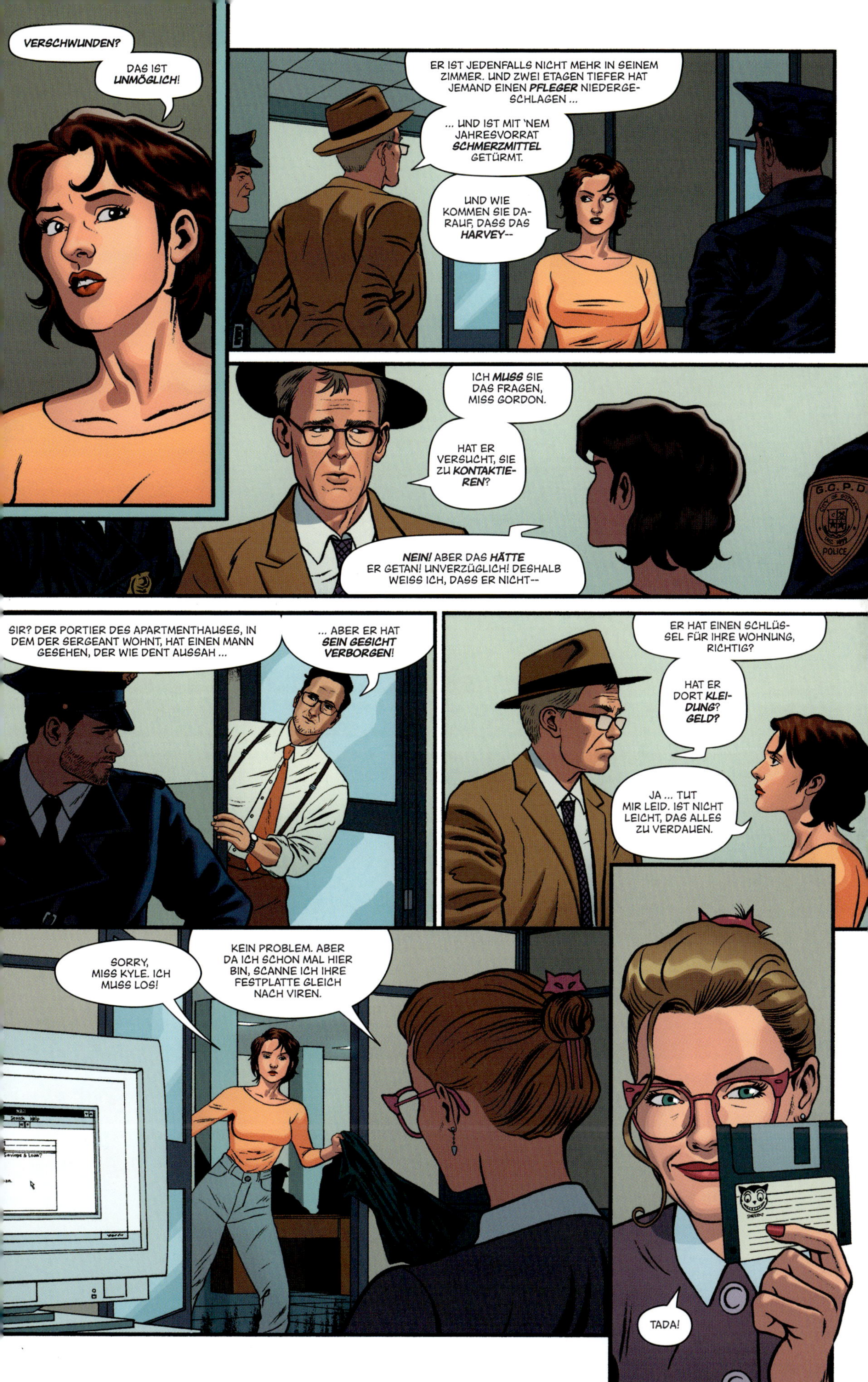

VERSCHWUNDEN?
DAS IST UNMÖGLICH!
ER IST JEDENFALLS NICHT MEHR IN SEINEM ZIMMER. UND ZWEI ETAGEN TIEFER HAT JEMAND EINEN PFLEGER NIEDERGESCHLAGEN ...
... UND IST MIT 'NEM JAHRESVORRAT SCHMERZMITTEL GETÜRMT.
UND WIE KOMMEN SIE DARAUF, DASS DAS HARVEY--
ICH MUSS SIE DAS FRAGEN, MISS GORDON.
HAT ER VERSUCHT, SIE ZU KONTAKTIEREN?
NEIN! ABER DAS HÄTTE ER GETAN! UNVERZÜGLICH! DESHALB WEISS ICH, DASS ER NICHT--
G.C.P.D.
POLICE
SIR? DER PORTIER DES APARTMENTHAUSES, IN DEM DER SERGEANT WOHNT, HAT EINEN MANN GESEHEN, DER WIE DENT AUSSAH ...
... ABER ER HAT SEIN GESICHT VERBORGEN!
ER HAT EINEN SCHLÜSSEL FÜR IHRE WOHNUNG, RICHTIG?
HAT ER DORT KLEIDUNG? GELD?
JA ... TUT MIR LEID. IST NICHT LEICHT, DAS ALLES ZU VERDAUEN.
SORRY, MISS KYLE. ICH MUSS LOS!
KEIN PROBLEM. ABER DA ICH SCHON MAL HIER BIN, SCANNE ICH IHRE FESTPLATTE GLEICH NACH VIREN.
TADA!

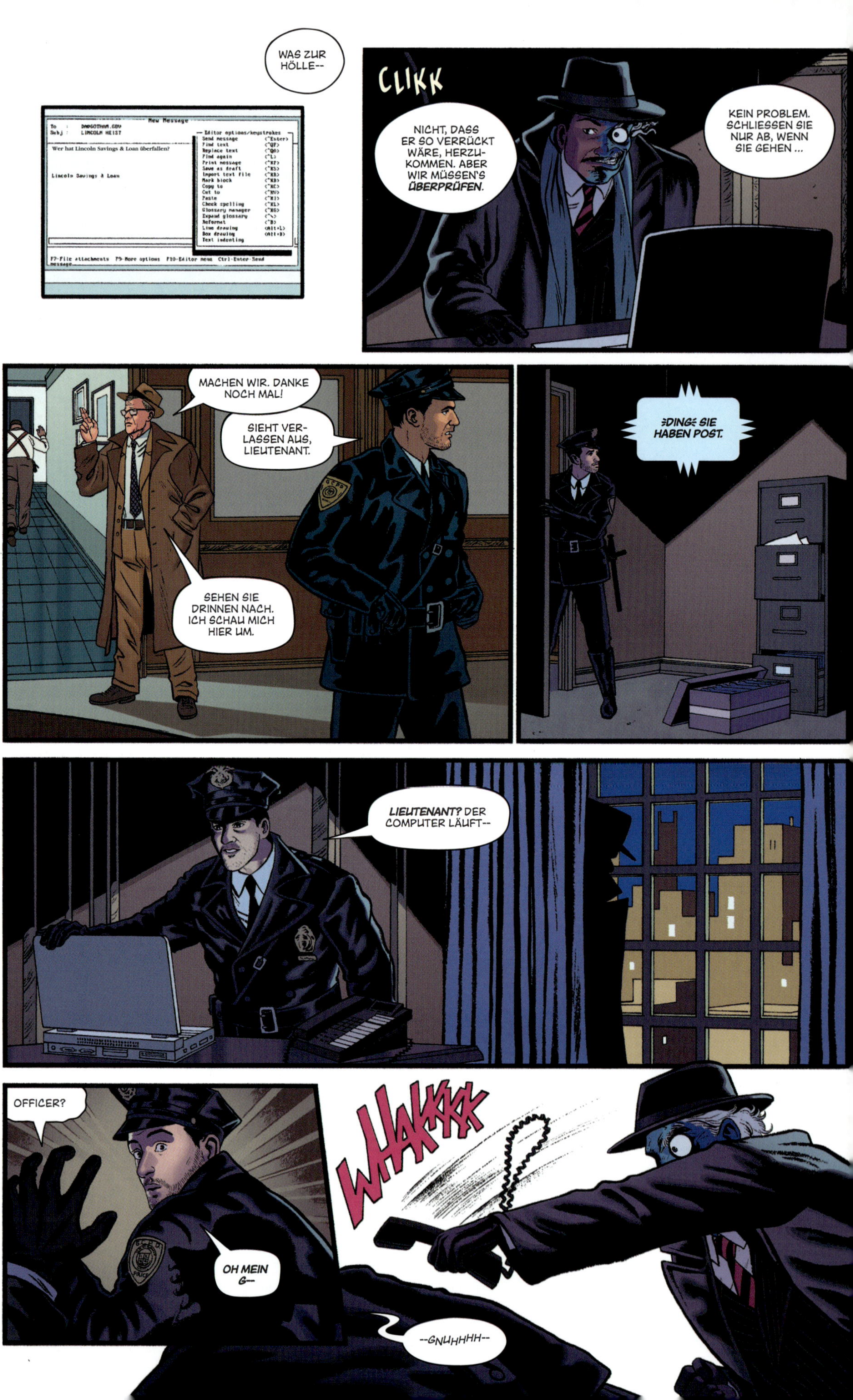

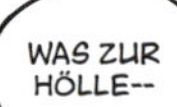
WAS ZUR HÖLLE--

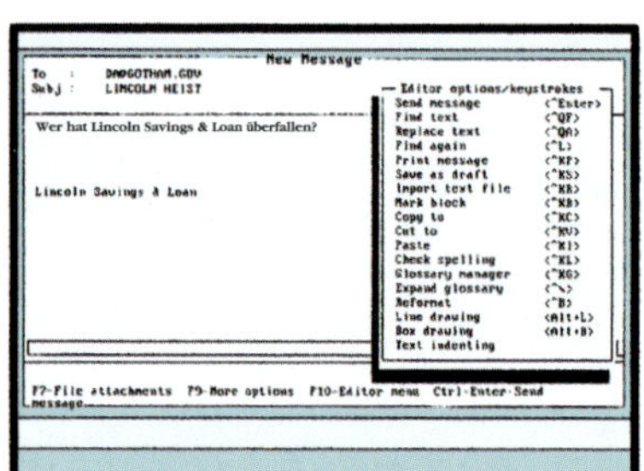
New Message
To : DA@GOTHAM.GOV
Subj : LINCOLN HEIST
Wer hat Lincoln Savings & Loan überfallen?
Lincoln Savings & Loan
Editor options/keystrokes
Send message <^Enter>
Find text <^QF>
Replace text <^QA>
Find again <^L>
Print message <^KP>
Save as draft <^KS>
Import text file <^KR>
Mark block <^KB>
Copy to <^KC>
Cut to <^KV>
Paste <^KI>
Check spelling <^KL>
Glossary manager <^KG>
Expand glossary <^\>
Reformat <^B>
Line drawing <Alt+L>
Box drawing <Alt+B>
Text indenting
F7-File attachments F9-More options F10-Editor menu Ctrl-Enter-Send message

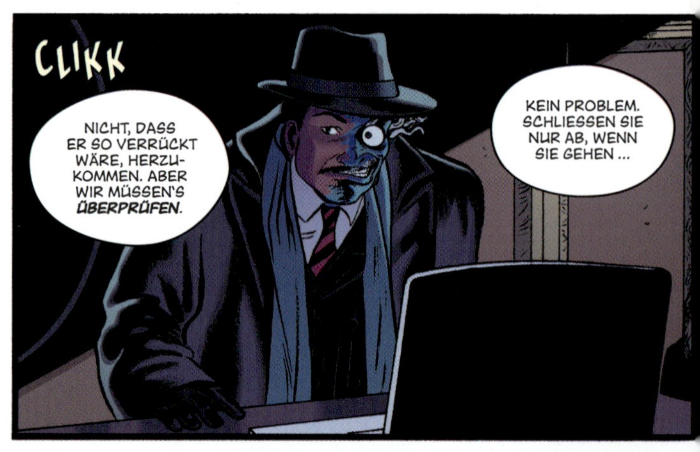
CLIKK
NICHT, DASS ER SO VERRÜCKT WÄRE, HERZUKOMMEN. ABER WIR MÜSSEN'S ÜBERPRÜFEN.
KEIN PROBLEM. SCHLIESSEN SIE NUR AB, WENN SIE GEHEN ...

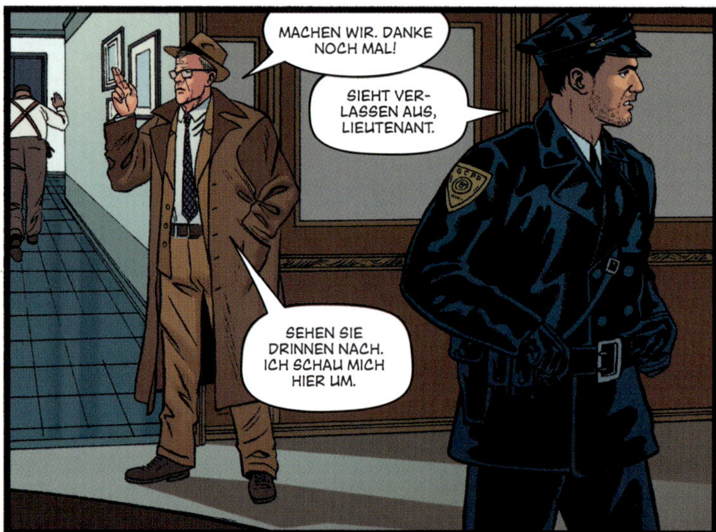
MACHEN WIR. DANKE NOCH MAL!
SIEHT VERLASSEN AUS, LIEUTENANT.
SEHEN SIE DRINNEN NACH. ICH SCHAU MICH HIER UM.

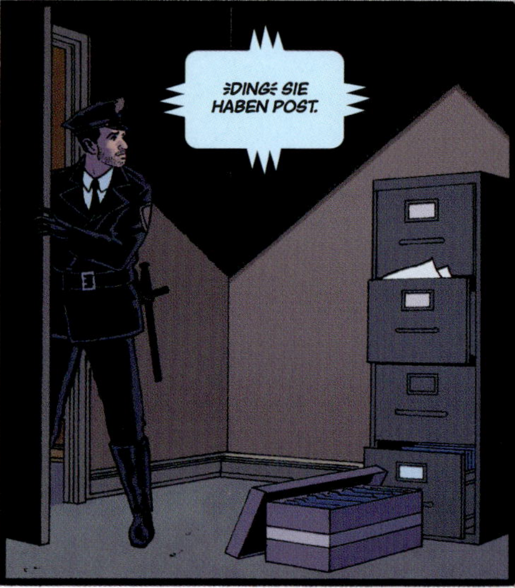
DING SIE HABEN POST.
LIEUTENANT? DER COMPUTER LÄUFT--
OFFICER?
OH MEIN G--
WHAKKKK
--GNUHHHH--

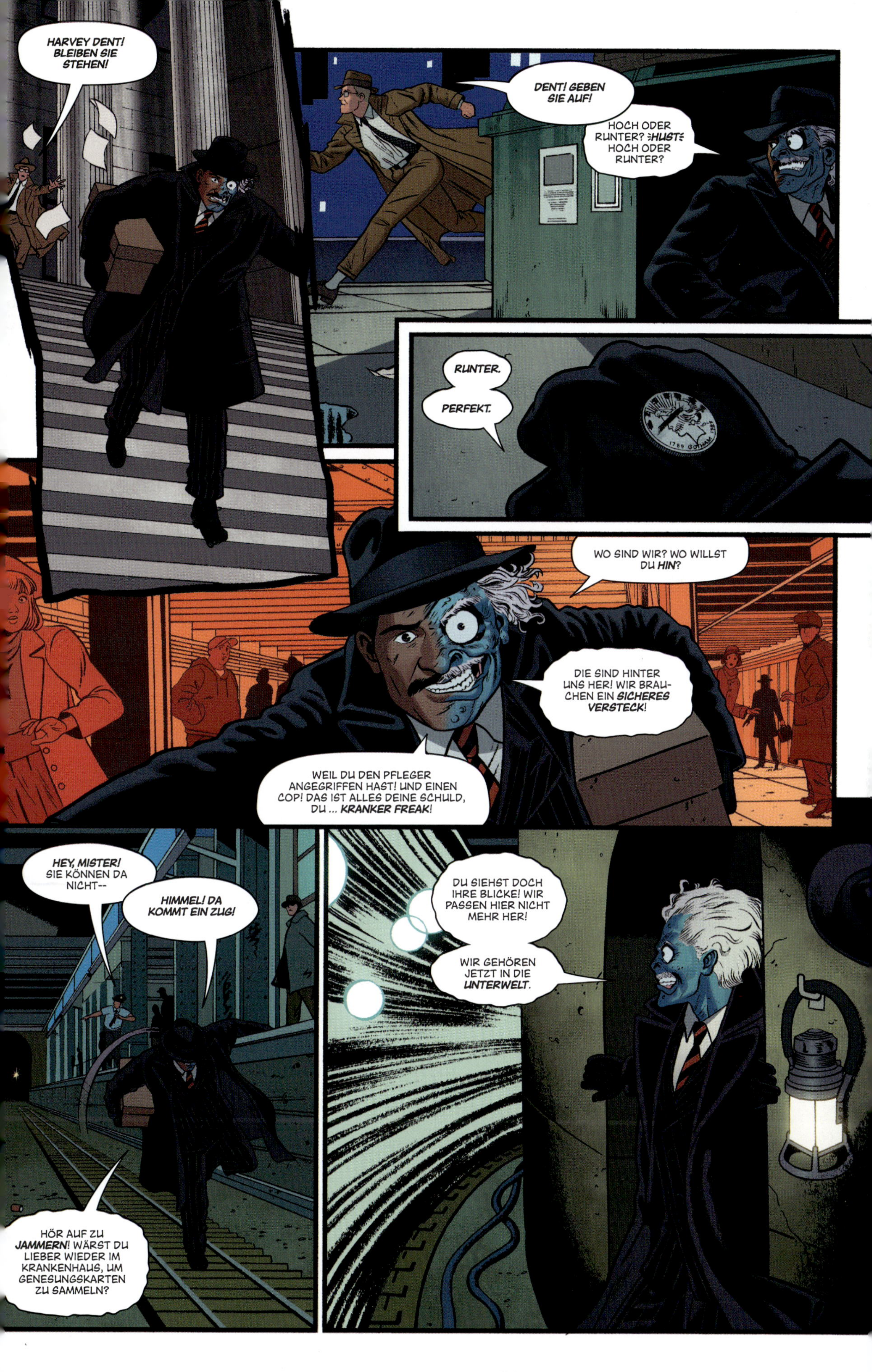
HARVEY DENT! BLEIBEN SIE STEHEN!
DENT! GEBEN SIE AUF!
HOCH ODER RUNTER? *HUST* HOCH ODER RUNTER?
RUNTER.
PERFEKT.
WO SIND WIR? WO WILLST DU HIN?
DIE SIND HINTER UNS HER! WIR BRAUCHEN EIN SICHERES VERSTECK!
WEIL DU DEN PFLEGER ANGEGRIFFEN HAST! UND EINEN COP! DAS IST ALLES DEINE SCHULD, DU ... KRANKER FREAK!
HEY, MISTER! SIE KÖNNEN DA NICHT--
HIMMEL! DA KOMMT EIN ZUG!
HÖR AUF ZU JAMMERN! WÄRST DU LIEBER WIEDER IM KRANKENHAUS, UM GENESUNGSKARTEN ZU SAMMELN?
DU SIEHST DOCH IHRE BLICKE! WIR PASSEN HIER NICHT MEHR HER!
WIR GEHÖREN JETZT IN DIE UNTERWELT.

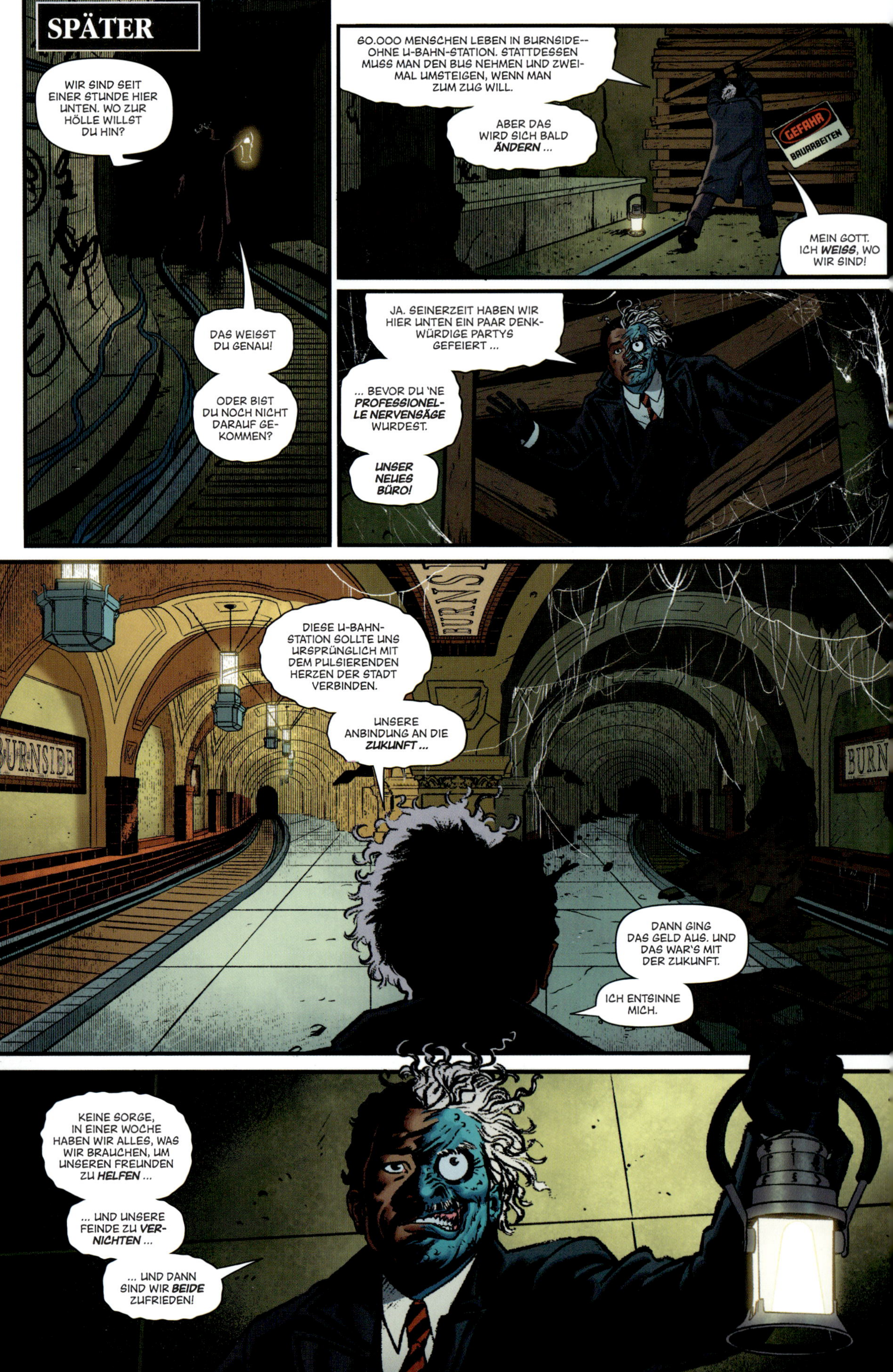
SPÄTER
WIR SIND SEIT EINER STUNDE HIER UNTEN. WO ZUR HÖLLE WILLST DU HIN?
DAS WEISST DU GENAU!
ODER BIST DU NOCH NICHT DARAUF GE-KOMMEN?
60.000 MENSCHEN LEBEN IN BURNSIDE-- OHNE U-BAHN-STATION. STATTDESSEN MUSS MAN DEN BUS NEHMEN UND ZWEI-MAL UMSTEIGEN, WENN MAN ZUM ZUG WILL.
ABER DAS WIRD SICH BALD **ÄNDERN** ...
GEFAHR
BAUARBEITEN
MEIN GOTT. ICH **WEISS**, WO WIR SIND!
JA. SEINERZEIT HABEN WIR HIER UNTEN EIN PAAR DENK-WÜRDIGE PARTYS GEFEIERT ...
... BEVOR DU 'NE **PROFESSIONEL-LE NERVENSÄGE** WURDEST.
UNSER NEUES BÜRO!
BURNSIDE
DIESE U-BAHN-STATION SOLLTE UNS URSPRÜNGLICH MIT DEM PULSIERENDEN HERZEN DER STADT VERBINDEN.
UNSERE ANBINDUNG AN DIE **ZUKUNFT** ...
DANN GING DAS GELD AUS. UND DAS WAR'S MIT DER ZUKUNFT.
ICH ENTSINNE MICH.
KEINE SORGE, IN EINER WOCHE HABEN WIR ALLES, WAS WIR BRAUCHEN, UM UNSEREN FREUNDEN ZU **HELFEN** ...
... UND UNSERE FEINDE ZU **VER-NICHTEN** ...
... UND DANN SIND WIR **BEIDE** ZUFRIEDEN!

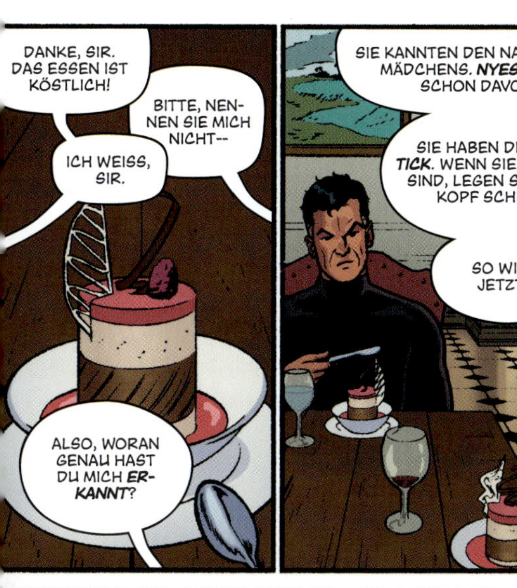
DANKE, SIR. DAS ESSEN IST KÖSTLICH!
BITTE, NENNEN SIE MICH NICHT--
ICH WEISS, SIR.
ALSO, WORAN GENAU HAST DU MICH **ERKANNT**?
SIE KANNTEN DEN NAMEN DIESES MÄDCHENS. **NYESHA.** ABER SCHON DAVOR ...
SIE HABEN DIESEN **TICK**. WENN SIE NERVÖS SIND, LEGEN SIE DEN KOPF SCHIEF.
SO WIE JETZT.

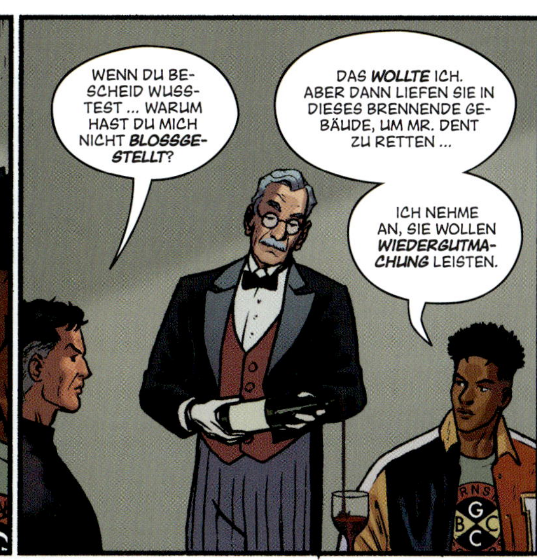
WENN DU BESCHEID WUSSTEST ... WARUM HAST DU MICH NICHT **BLOSSGESTELLT**?
DAS **WOLLTE** ICH. ABER DANN LIEFEN SIE IN DIESES BRENNENDE GEBÄUDE, UM MR. DENT ZU RETTEN ...
ICH NEHME AN, SIE WOLLEN **WIEDERGUTMACHUNG** LEISTEN.

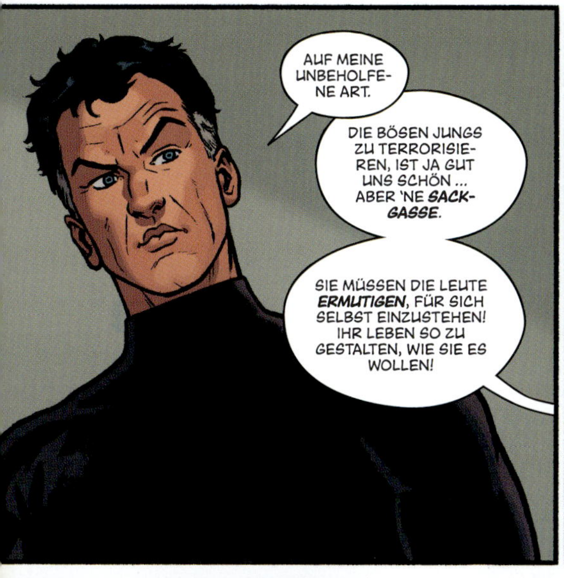
AUF MEINE UNBEHOLFENE ART.
DIE BÖSEN JUNGS ZU TERRORISIEREN, IST JA GUT UND SCHÖN ... ABER 'NE **SACKGASSE**.
SIE MÜSSEN DIE LEUTE **ERMUTIGEN**, FÜR SICH SELBST EINZUSTEHEN! IHR LEBEN SO ZU GESTALTEN, WIE SIE ES WOLLEN!

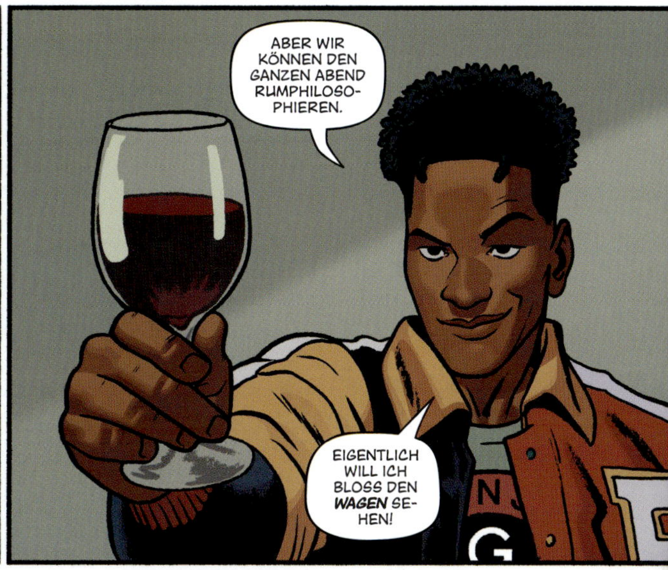
ABER WIR KÖNNEN DEN GANZEN ABEND RUMPHILOSOPHIEREN.
EIGENTLICH WILL ICH BLOSS DEN **WAGEN** SEHEN!

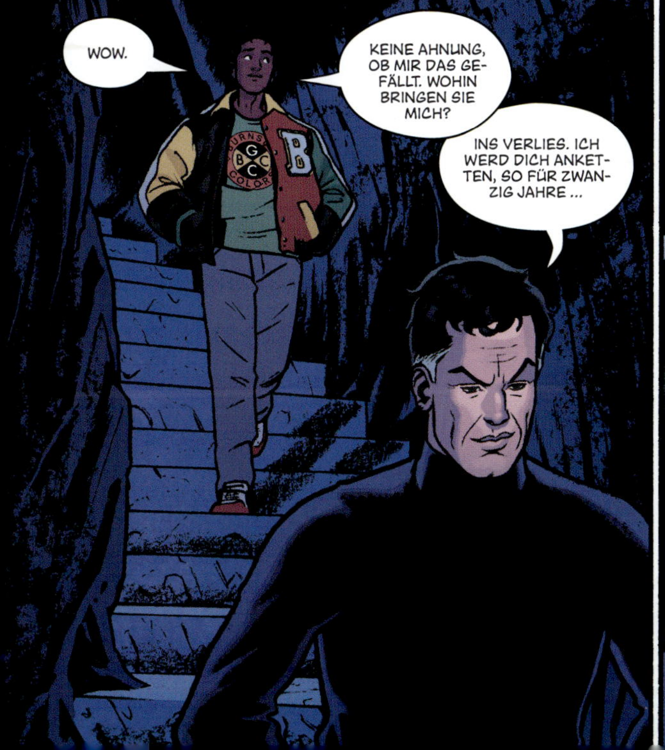
WOW.
KEINE AHNUNG, OB MIR DAS GEFÄLLT. WOHIN BRINGEN SIE MICH?
INS VERLIES. ICH WERD DICH ANKETTEN, SO FÜR ZWANZIG JAHRE ...

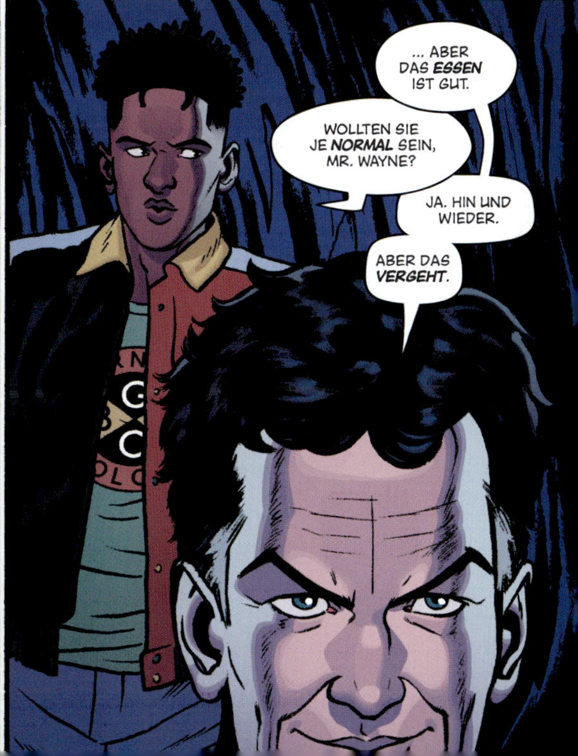
... ABER DAS **ESSEN** IST GUT.
WOLLTEN SIE JE **NORMAL** SEIN, MR. WAYNE?
JA. HIN UND WIEDER.
ABER DAS **VERGEHT**.

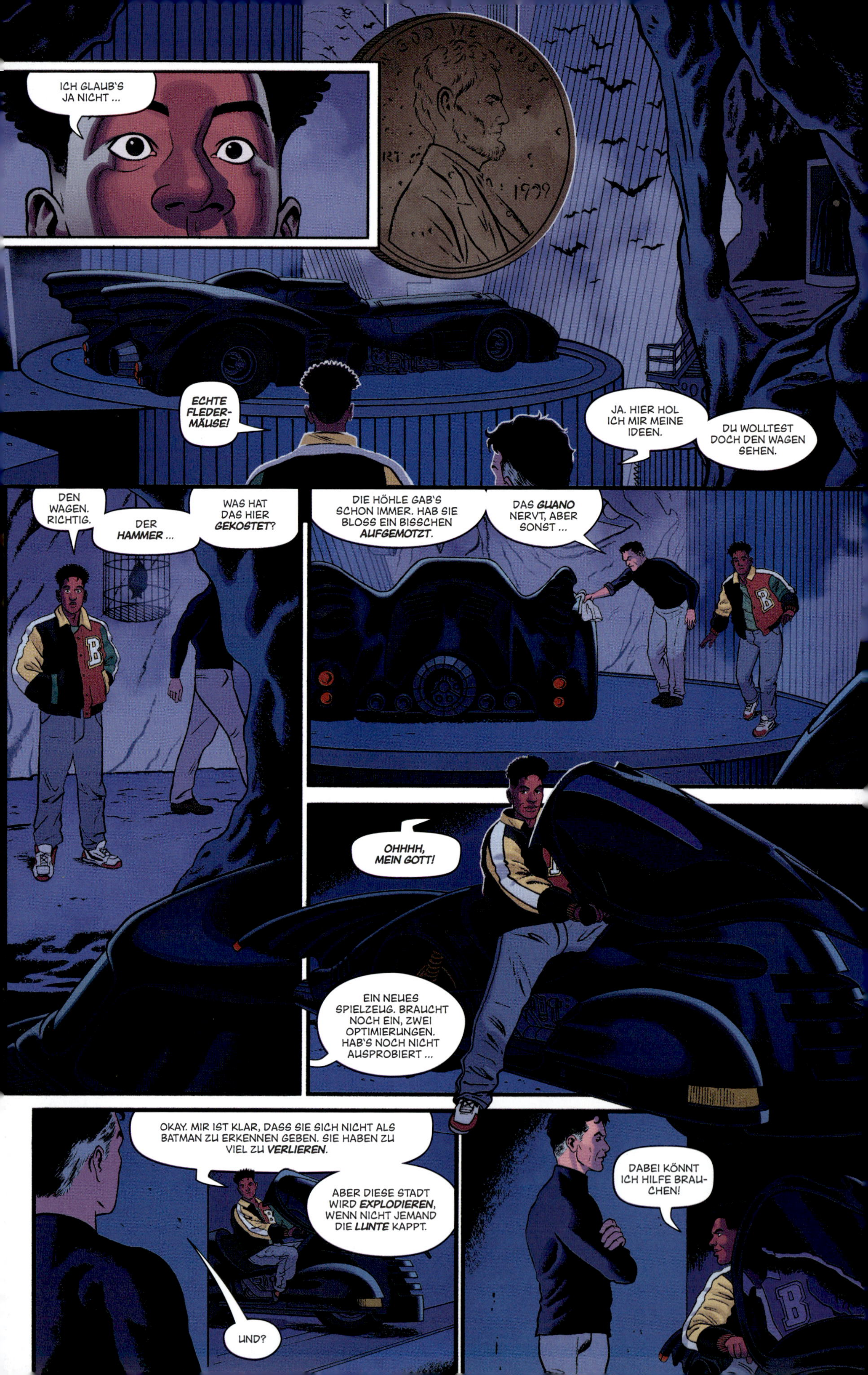

ICH GLAUB'S JA NICHT ...
ECHTE FLEDERMÄUSE!
JA. HIER HOL ICH MIR MEINE IDEEN.
DU WOLLTEST DOCH DEN WAGEN SEHEN.
DEN WAGEN. RICHTIG.
DER HAMMER ...
WAS HAT DAS HIER GEKOSTET?
DIE HÖHLE GAB'S SCHON IMMER. HAB SIE BLOSS EIN BISSCHEN AUFGEMOTZT.
DAS GUANO NERVT, ABER SONST ...
OHHHH, MEIN GOTT!
EIN NEUES SPIELZEUG. BRAUCHT NOCH EIN, ZWEI OPTIMIERUNGEN. HAB'S NOCH NICHT AUSPROBIERT ...
OKAY. MIR IST KLAR, DASS SIE SICH NICHT ALS BATMAN ZU ERKENNEN GEBEN. SIE HABEN ZU VIEL ZU VERLIEREN.
ABER DIESE STADT WIRD EXPLODIEREN, WENN NICHT JEMAND DIE LUNTE KAPPT.
UND?
DABEI KÖNNT ICH HILFE BRAUCHEN!

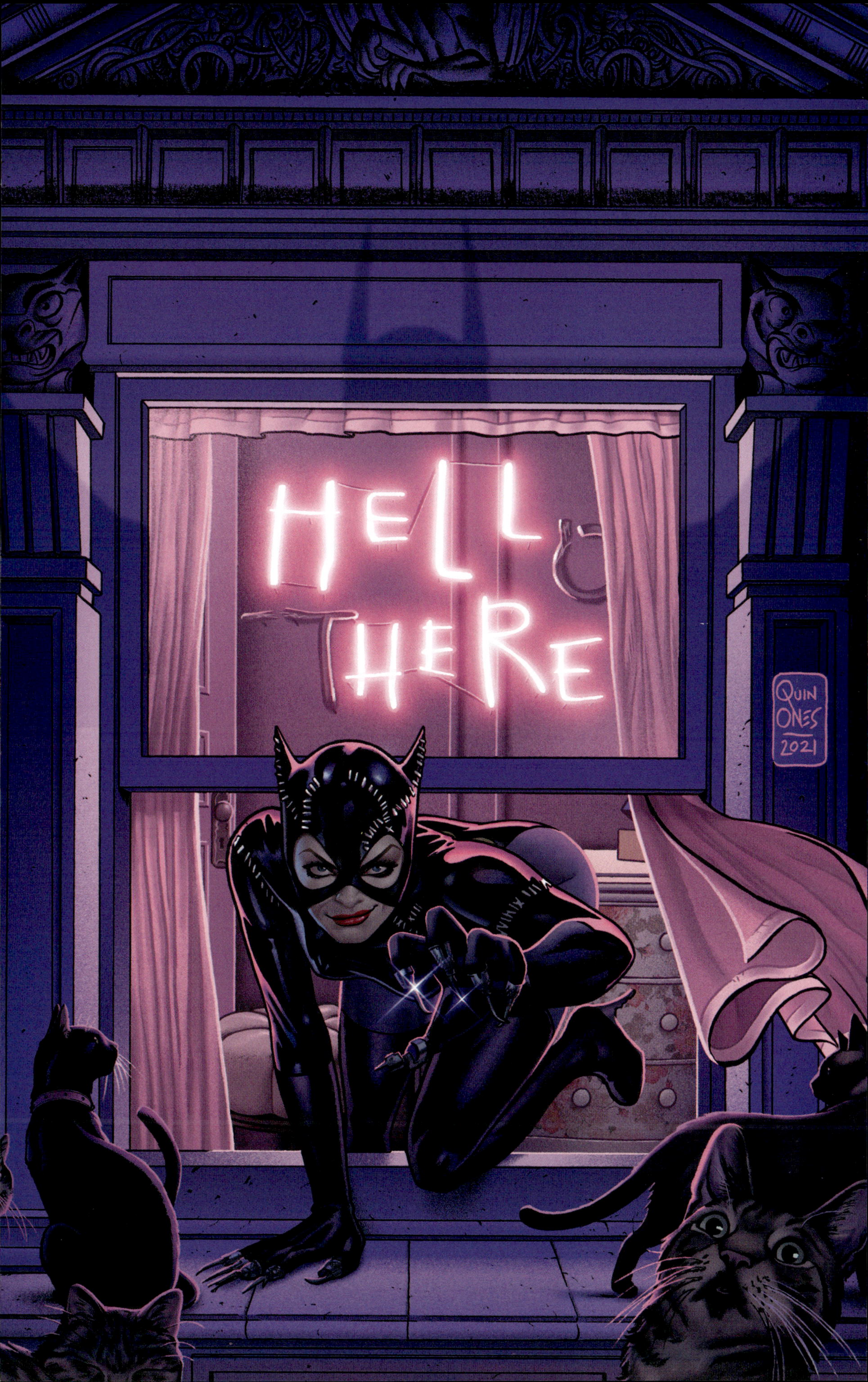
HELL
THERE
QUIN
ONES
2021

SCHATTEN
Kapitel 5

SAM HAMM
Story

JOE QUINONES
Zeichnungen & Tusche

LEONARDO ITO
Farben

JOE QUINONES
Original-Cover

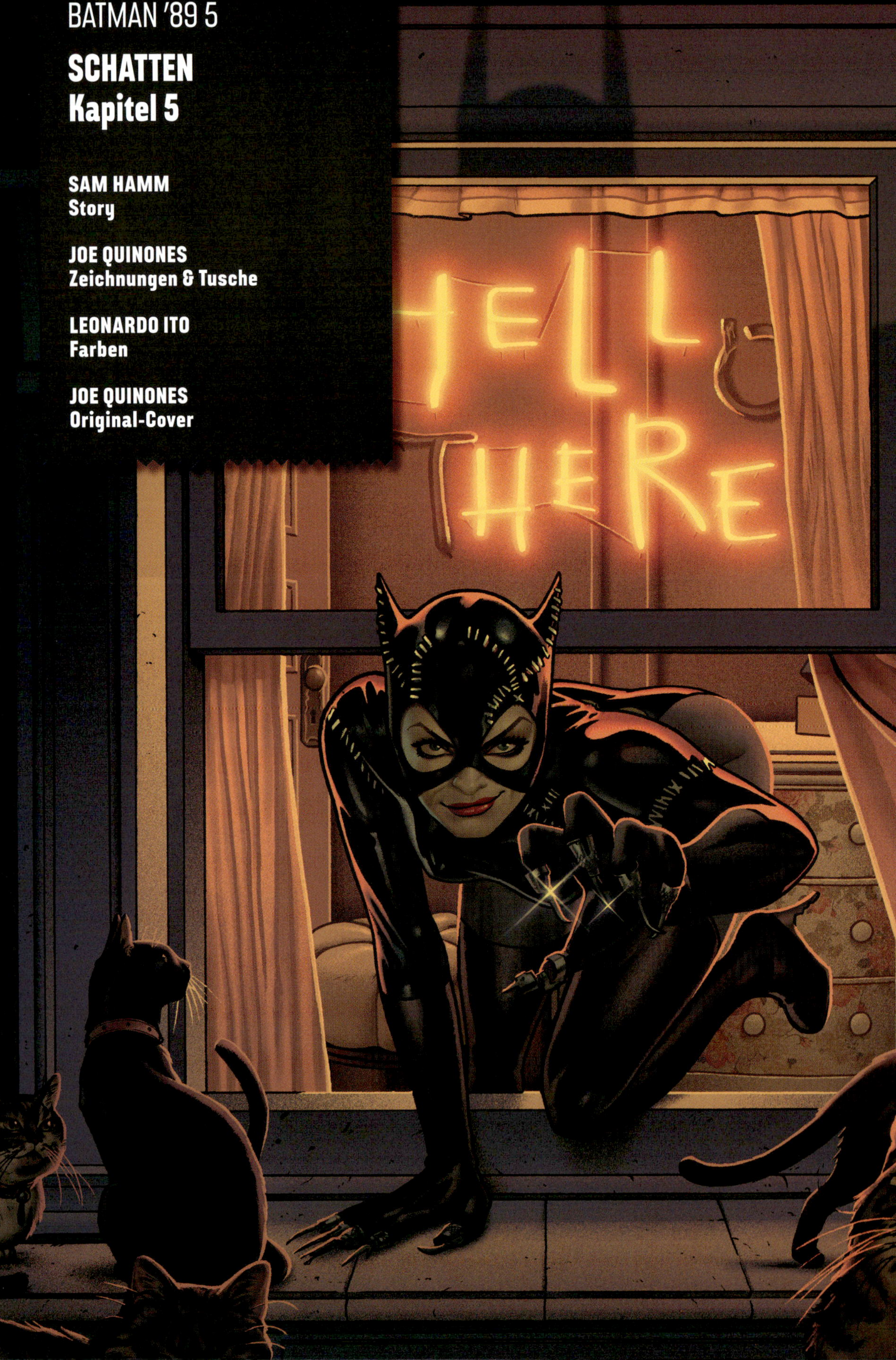

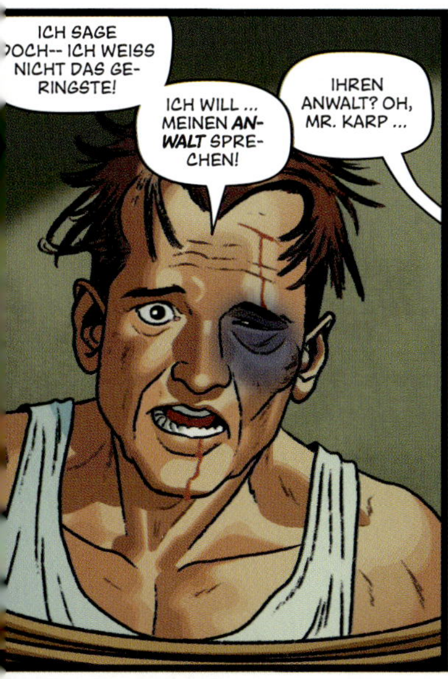
ICH SAGE DOCH-- ICH WEISS NICHT DAS GERINGSTE!
ICH WILL ... MEINEN **ANWALT** SPRECHEN!
IHREN ANWALT? OH, MR. KARP ...

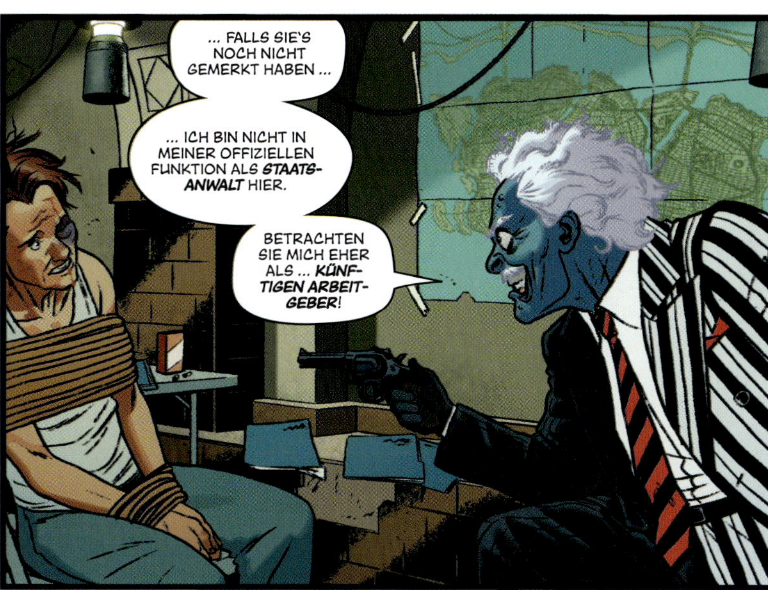
... FALLS SIE'S NOCH NICHT GEMERKT HABEN ...
... ICH BIN NICHT IN MEINER OFFIZIELLEN FUNKTION ALS **STAATSANWALT** HIER.
BETRACHTEN SIE MICH EHER ALS ... **KÜNFTIGEN ARBEITGEBER**!

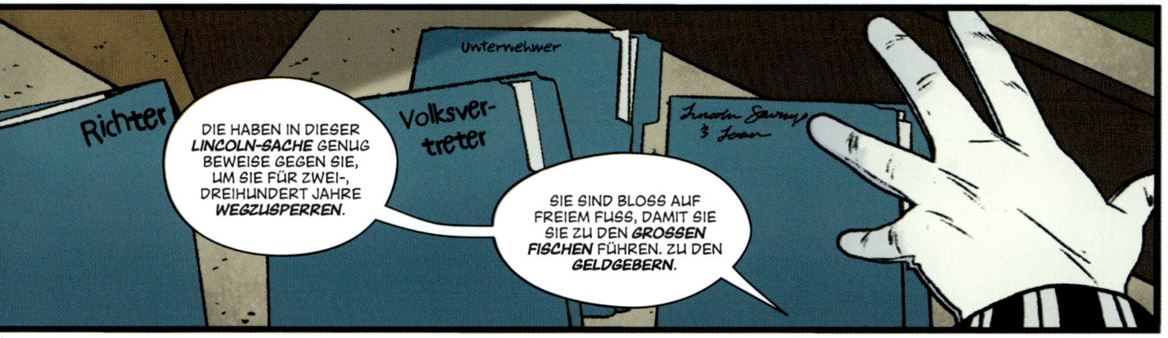
Unternehmer
Richter
Volksvertreter
DIE HABEN IN DIESER **LINCOLN-SACHE** GENUG BEWEISE GEGEN SIE, UM SIE FÜR ZWEI-, DREIHUNDERT JAHRE **WEGZUSPERREN**.
SIE SIND BLOSS AUF FREIEM FUSS, DAMIT SIE SIE ZU DEN **GROSSEN FISCHEN** FÜHREN. ZU DEN **GELDGEBERN**.

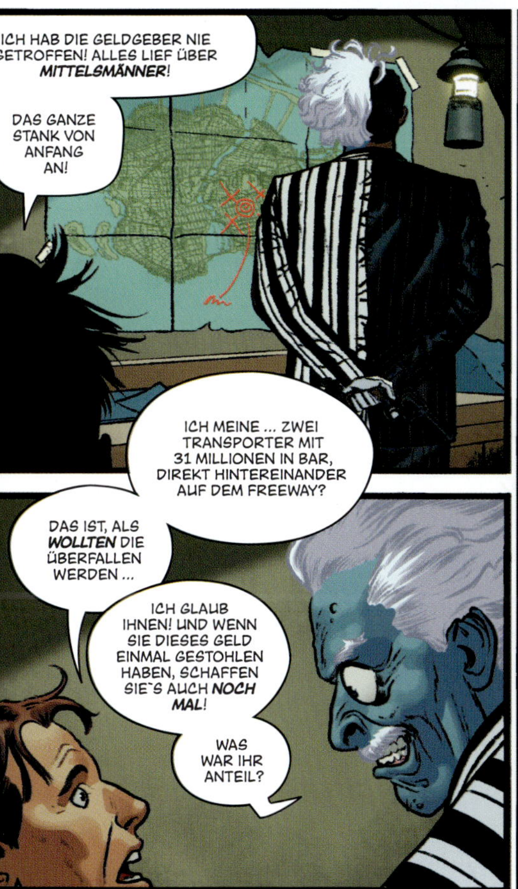
ICH HAB DIE GELDGEBER NIE GETROFFEN! ALLES LIEF ÜBER **MITTELSMÄNNER**!
DAS GANZE STANK VON ANFANG AN!
ICH MEINE ... ZWEI TRANSPORTER MIT 31 MILLIONEN IN BAR, DIREKT HINTEREINANDER AUF DEM FREEWAY?
DAS IST, ALS **WOLLTEN** DIE ÜBERFALLEN WERDEN ...
ICH GLAUB IHNEN! UND WENN SIE DIESES GELD EINMAL GESTOHLEN HABEN, SCHAFFEN SIE'S AUCH **NOCH MAL**!
WAS WAR IHR ANTEIL?

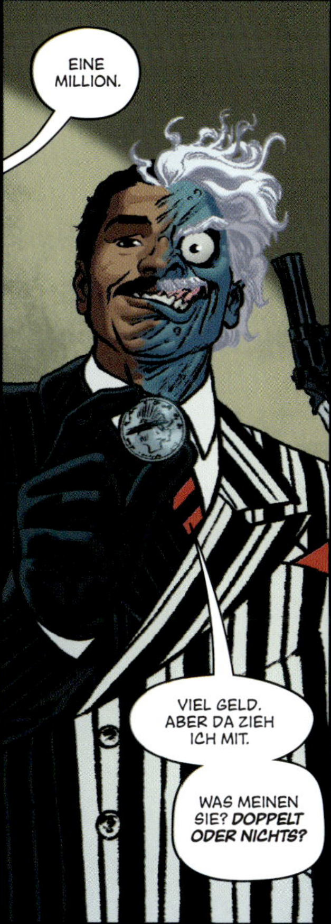
EINE MILLION.
VIEL GELD. ABER DA ZIEH ICH MIT.
WAS MEINEN SIE? **DOPPELT ODER NICHTS?**

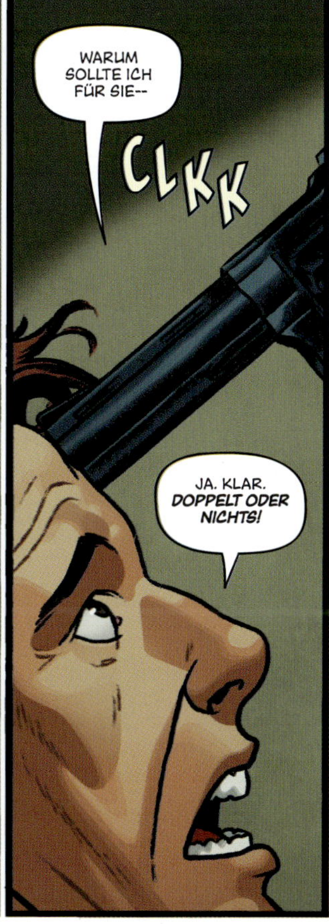
WARUM SOLLTE ICH FÜR SIE--
CLKK
JA. KLAR. **DOPPELT ODER NICHTS!**

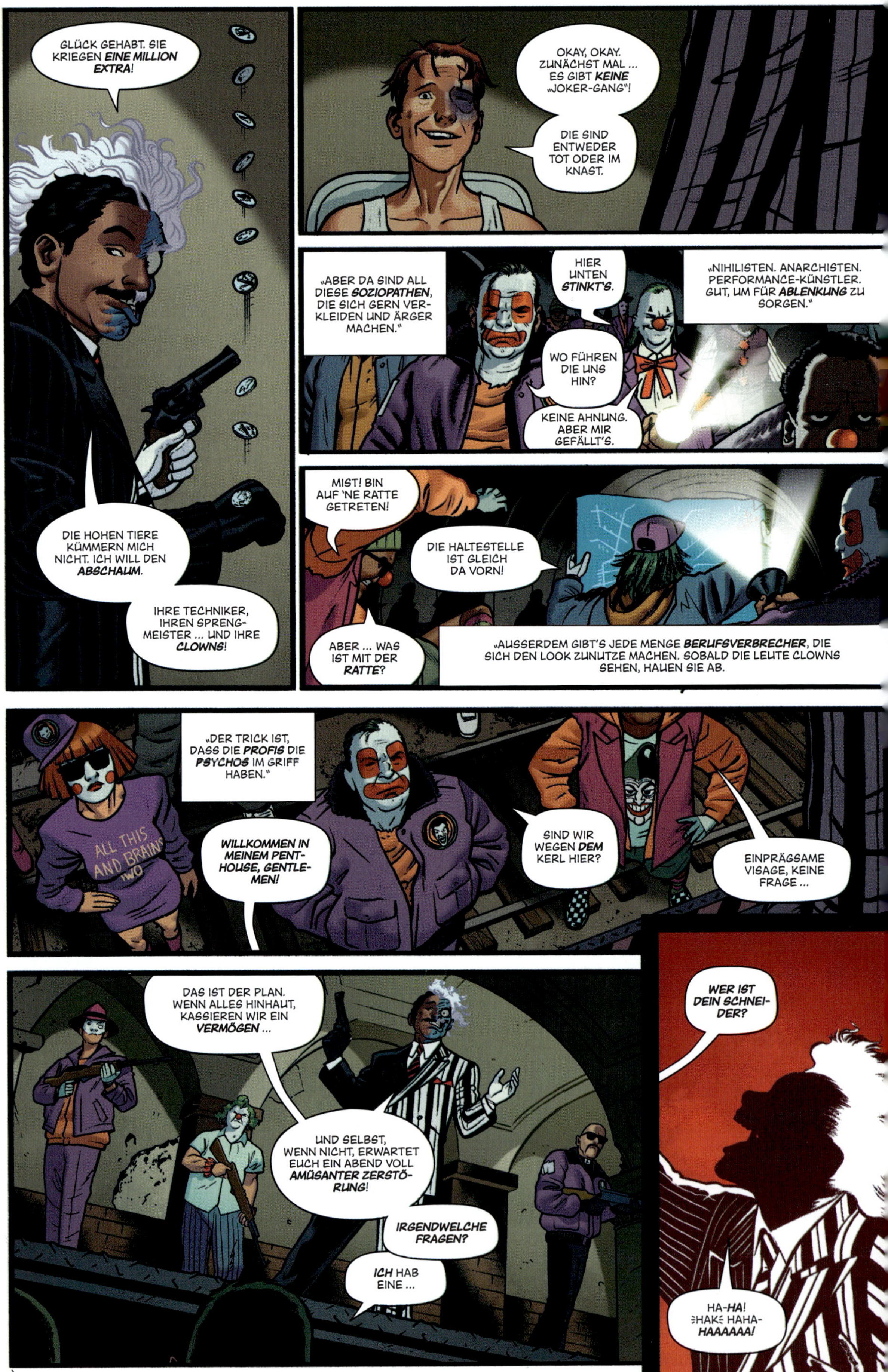

GLÜCK GEHABT. SIE KRIEGEN **EINE MILLION EXTRA**!
DIE HOHEN TIERE KÜMMERN MICH NICHT. ICH WILL DEN **ABSCHAUM**.
IHRE TECHNIKER, IHREN SPRENG-MEISTER ... UND IHRE **CLOWNS**!
OKAY, OKAY. ZUNÄCHST MAL ... ES GIBT **KEINE** „JOKER-GANG“!
DIE SIND ENTWEDER TOT ODER IM KNAST.
„ABER DA SIND ALL DIESE **SOZIOPATHEN**, DIE SICH GERN VERKLEIDEN UND ÄRGER MACHEN.“
HIER UNTEN **STINKT'S**.
„NIHILISTEN. ANARCHISTEN. PERFORMANCE-KÜNSTLER. GUT, UM FÜR **ABLENKUNG** ZU SORGEN.“
WO FÜHREN DIE UNS HIN?
KEINE AHNUNG. ABER MIR GEFÄLLT'S.
MIST! BIN AUF 'NE RATTE GETRETEN!
DIE HALTESTELLE IST GLEICH DA VORN!
ABER ... WAS IST MIT DER **RATTE**?
„AUSSERDEM GIBT'S JEDE MENGE **BERUFSVERBRECHER**, DIE SICH DEN LOOK ZUNUTZE MACHEN. SOBALD DIE LEUTE CLOWNS SEHEN, HAUEN SIE AB.
„DER TRICK IST, DASS DIE **PROFIS** DIE **PSYCHOS** IM GRIFF HABEN.“
ALL THIS AND BRAINS TWO
WILLKOMMEN IN MEINEM PENTHOUSE, GENTLEMEN!
SIND WIR WEGEN **DEM** KERL HIER?
EINPRÄGSAME VISAGE, KEINE FRAGE ...
DAS IST DER PLAN. WENN ALLES HINHAUT, KASSIEREN WIR EIN **VERMÖGEN** ...
UND SELBST, WENN NICHT, ERWARTET EUCH EIN ABEND VOLL **AMÜSANTER ZERSTÖRUNG**!
IRGENDWELCHE FRAGEN?
ICH HAB EINE ...
WER IST DEIN SCHNEIDER?
HA-**HA**! SHAK HAHA-**HAAAAAA!**

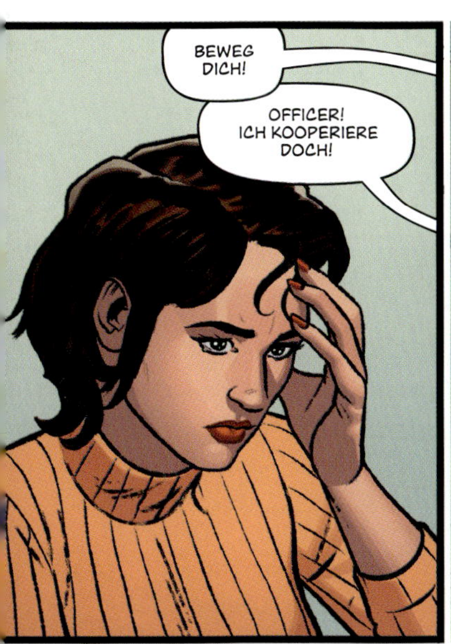
BEWEG DICH!
OFFICER! ICH KOOPERIERE DOCH!

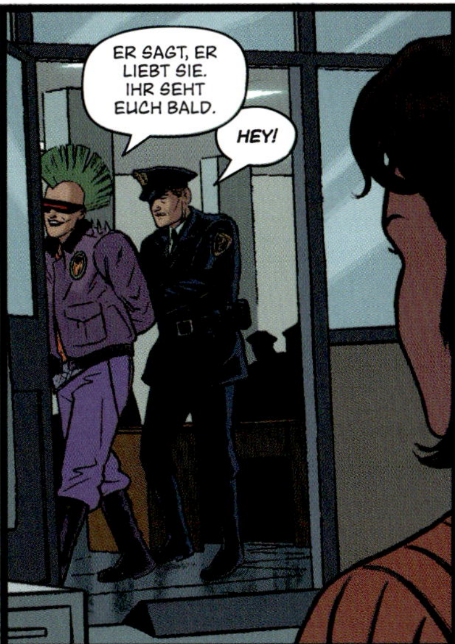
ER SAGT, ER LIEBT SIE. IHR SEHT EUCH BALD.
HEY!

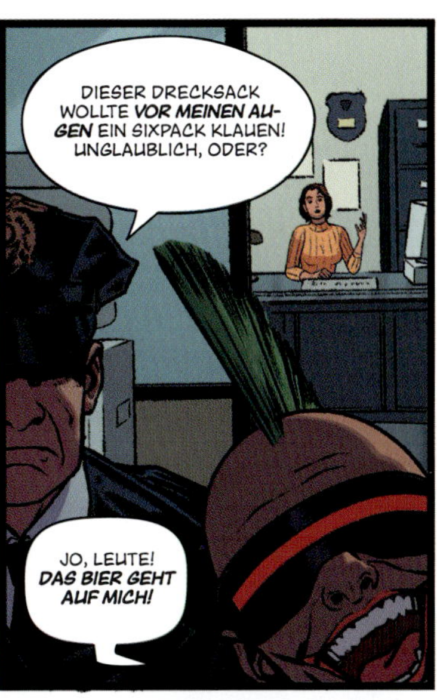
DIESER DRECKSACK WOLLTE VOR MEINEN AUGEN EIN SIXPACK KLAUEN! UNGLAUBLICH, ODER?
JO, LEUTE! DAS BIER GEHT AUF MICH!

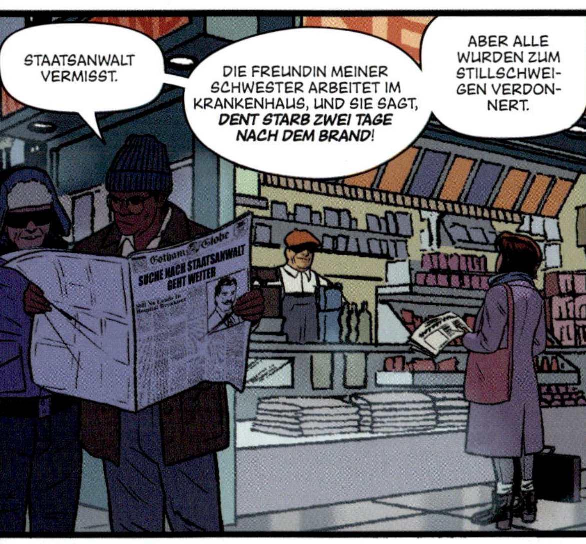
STAATSANWALT VERMISST.
DIE FREUNDIN MEINER SCHWESTER ARBEITET IM KRANKENHAUS, UND SIE SAGT, DENT STARB ZWEI TAGE NACH DEM BRAND!
ABER ALLE WURDEN ZUM STILLSCHWEIGEN VERDONNERT.
Gotham Globe
SUCHE NACH STAATSANWALT GEHT WEITER

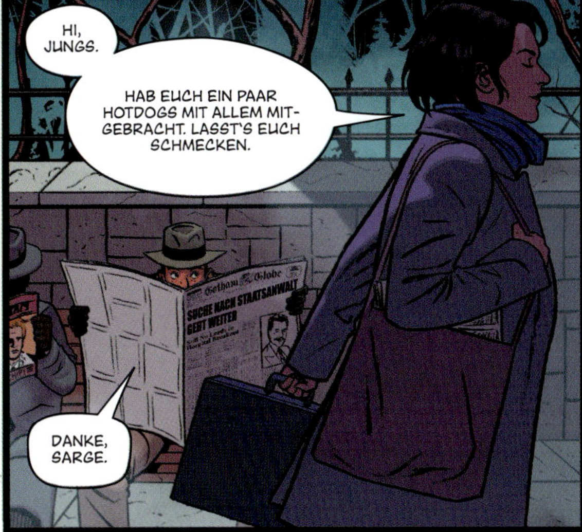
HI, JUNGS.
HAB EUCH EIN PAAR HOTDOGS MIT ALLEM MITGEBRACHT. LASST'S EUCH SCHMECKEN.
Gotham Globe
SUCHE NACH STAATSANWALT GEHT WEITER
DANKE, SARGE.

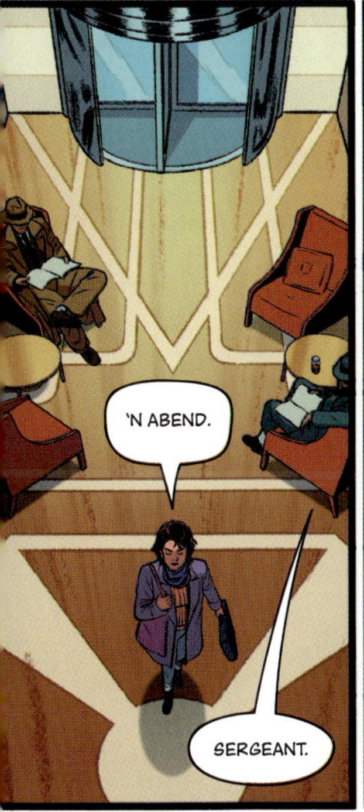
'N ABEND.
SERGEANT.

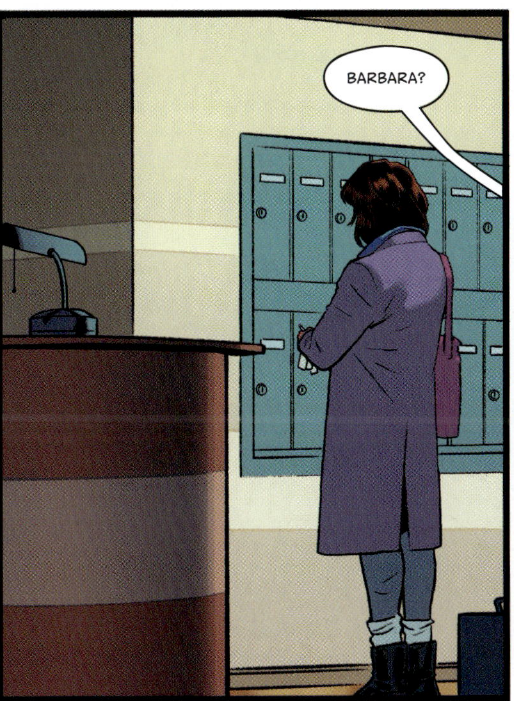
BARBARA?

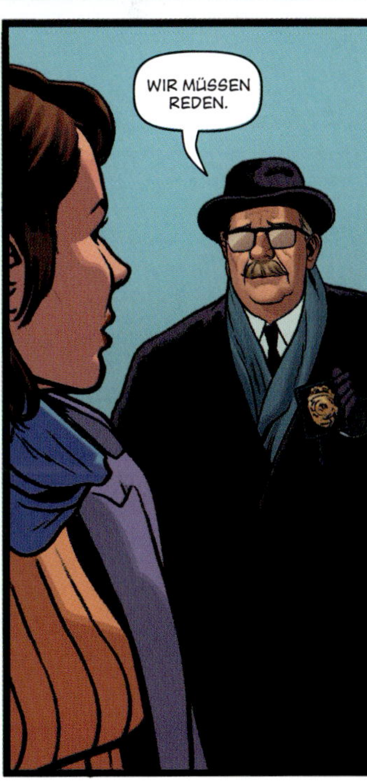
WIR MÜSSEN REDEN.

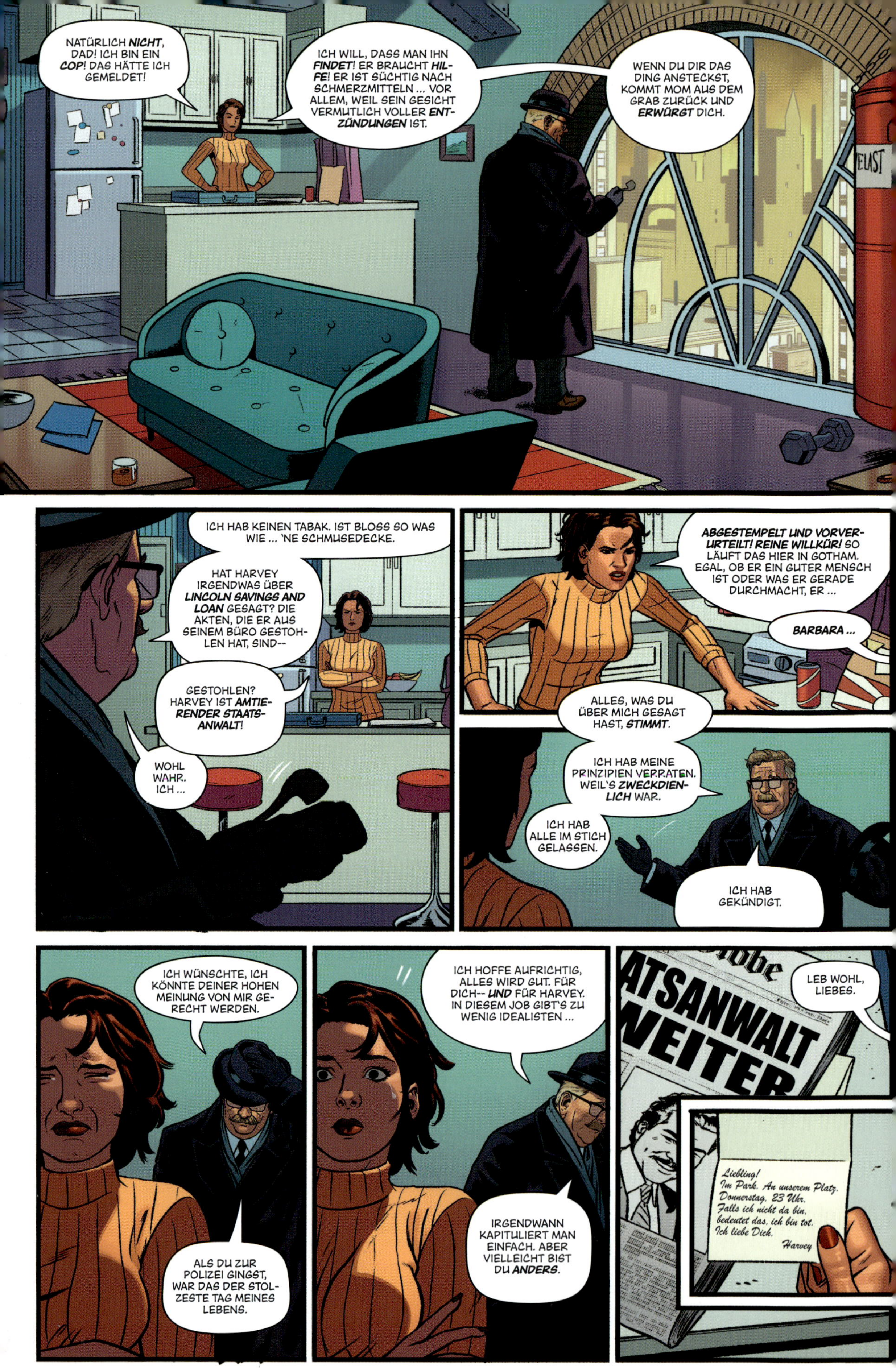

NATÜRLICH **NICHT**, DAD! ICH BIN EIN **COP**! DAS HÄTTE ICH GEMELDET!
ICH WILL, DASS MAN IHN **FINDET**! ER BRAUCHT **HILFE**! ER IST SÜCHTIG NACH SCHMERZMITTELN ... VOR ALLEM, WEIL SEIN GESICHT VERMUTLICH VOLLER **ENTZÜNDUNGEN** IST.
WENN DU DIR DAS DING ANSTECKST, KOMMT MOM AUS DEM GRAB ZURÜCK UND **ERWÜRGT** DICH.
ELAST

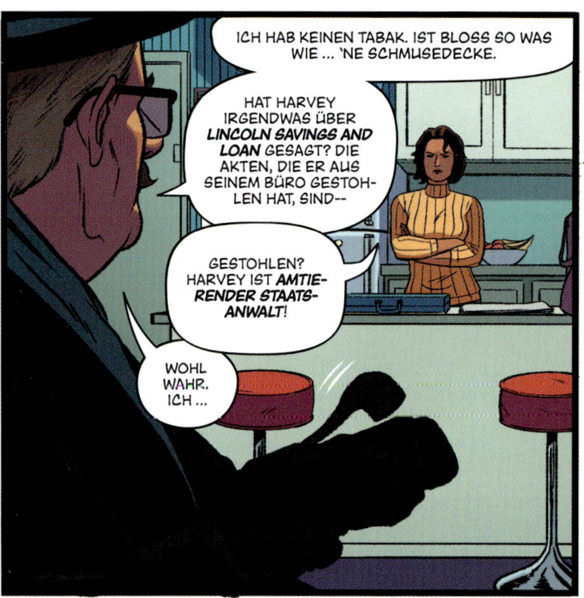
ICH HAB KEINEN TABAK. IST BLOSS SO WAS WIE ... 'NE SCHMUSEDECKE.
HAT HARVEY IRGENDWAS ÜBER **LINCOLN SAVINGS AND LOAN** GESAGT? DIE AKTEN, DIE ER AUS SEINEM BÜRO GESTOHLEN HAT, SIND--
GESTOHLEN? HARVEY IST **AMTIERENDER STAATSANWALT**!
WOHL WAHR. ICH ...

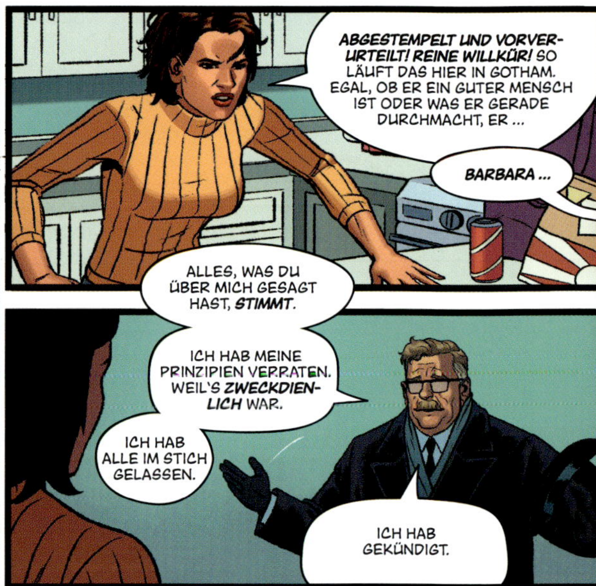
ABGESTEMPELT UND VORVERURTEILT! REINE WILLKÜR! SO LÄUFT DAS HIER IN GOTHAM. EGAL, OB ER EIN GUTER MENSCH IST ODER WAS ER GERADE DURCHMACHT, ER ...
BARBARA ...
ALLES, WAS DU ÜBER MICH GESAGT HAST, **STIMMT**.
ICH HAB MEINE PRINZIPIEN VERRATEN. WEIL'S **ZWECKDIENLICH** WAR.
ICH HAB ALLE IM STICH GELASSEN.
ICH HAB GEKÜNDIGT.

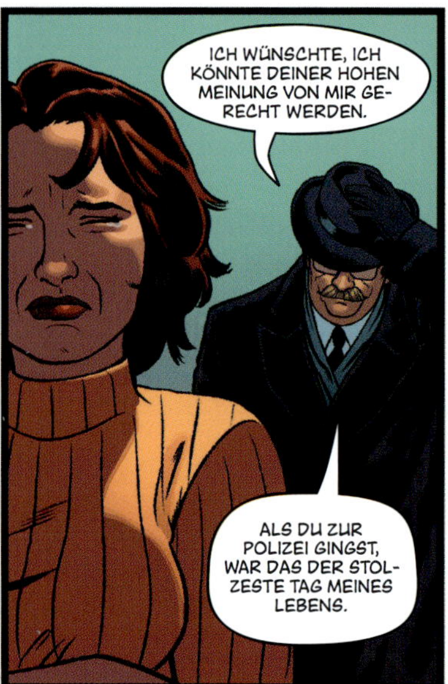
ICH WÜNSCHTE, ICH KÖNNTE DEINER HOHEN MEINUNG VON MIR GERECHT WERDEN.
ALS DU ZUR POLIZEI GINGST, WAR DAS DER STOLZESTE TAG MEINES LEBENS.

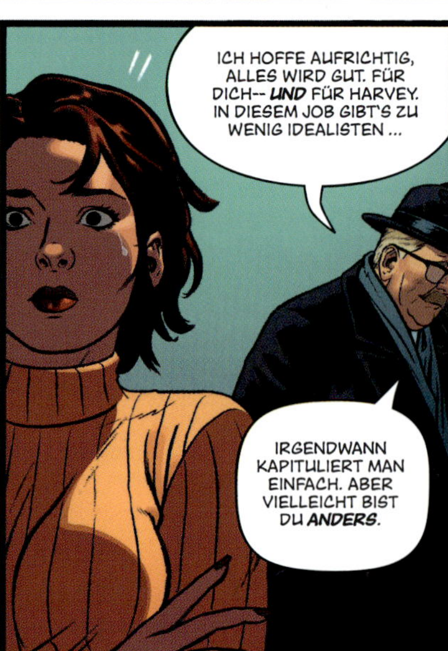
ICH HOFFE AUFRICHTIG, ALLES WIRD GUT. FÜR DICH-- **UND** FÜR HARVEY. IN DIESEM JOB GIBT'S ZU WENIG IDEALISTEN ...
IRGENDWANN KAPITULIERT MAN EINFACH. ABER VIELLEICHT BIST DU **ANDERS**.

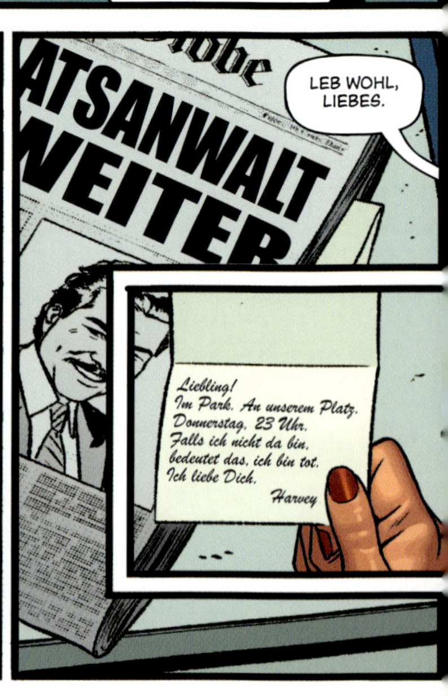
ATSANWALT
WEITER
LEB WOHL, LIEBES.
Liebling!
Im Park. An unserem Platz.
Donnerstag, 23 Uhr.
Falls ich nicht da bin,
bedeutet das, ich bin tot.
Ich liebe Dich.
Harvey

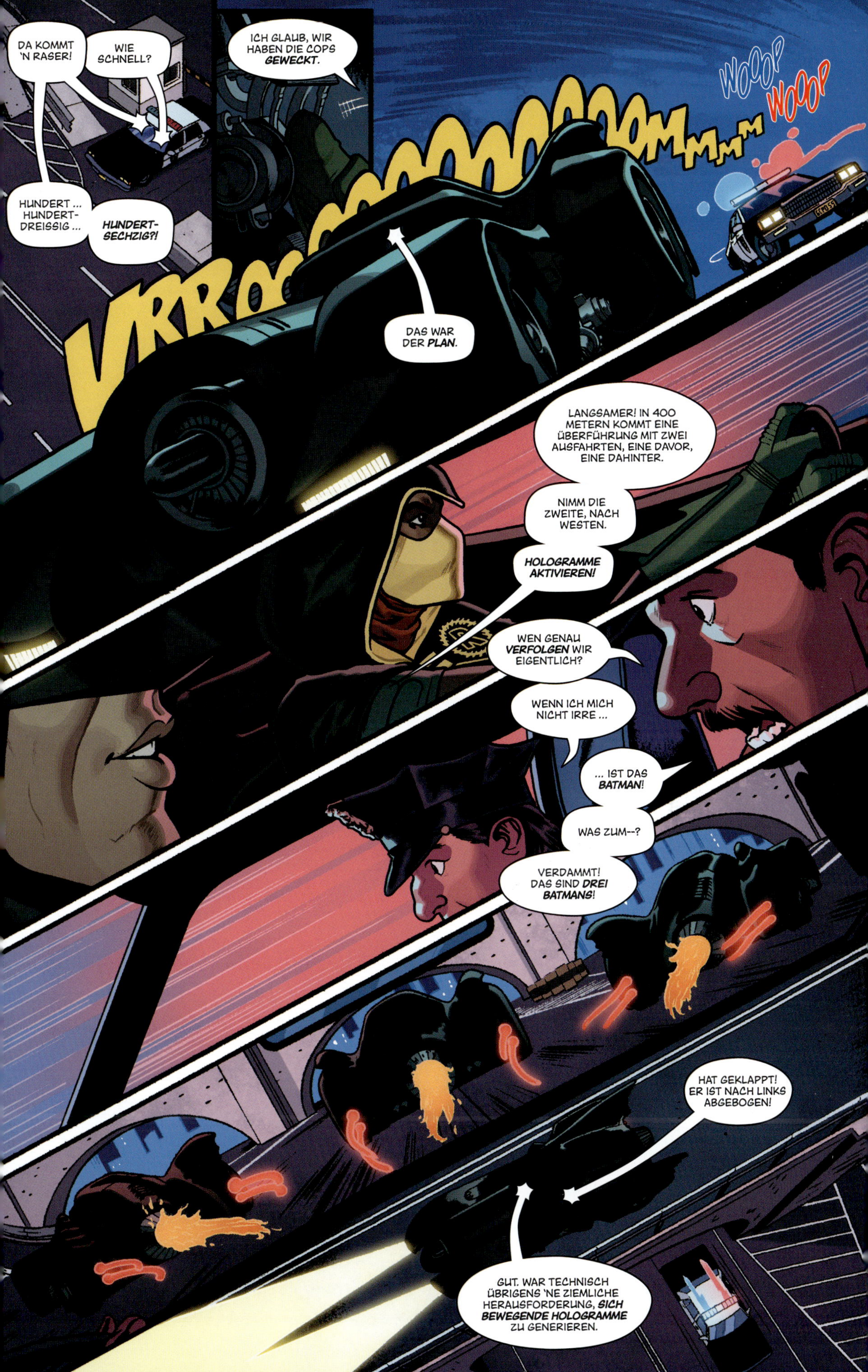
DA KOMMT 'N RASER!
WIE SCHNELL?
HUNDERT ... HUNDERT-DREISSIG ...
HUNDERT-SECHZIG?!
ICH GLAUB, WIR HABEN DIE COPS GEWECKT.
VRROOOOOOOOOOOOOMMMMM
WOOOP WOOOP
DAS WAR DER PLAN.
LANGSAMER! IN 400 METERN KOMMT EINE ÜBERFÜHRUNG MIT ZWEI AUSFAHRTEN, EINE DAVOR, EINE DAHINTER.
NIMM DIE ZWEITE, NACH WESTEN.
HOLOGRAMME AKTIVIEREN!
WEN GENAU VERFOLGEN WIR EIGENTLICH?
WENN ICH MICH NICHT IRRE ...
... IST DAS BATMAN!
WAS ZUM--?
VERDAMMT! DAS SIND DREI BATMANS!
HAT GEKLAPPT! ER IST NACH LINKS ABGEBOGEN!
GUT. WAR TECHNISCH ÜBRIGENS 'NE ZIEMLICHE HERAUSFORDERUNG, SICH BEWEGENDE HOLOGRAMME ZU GENERIEREN.

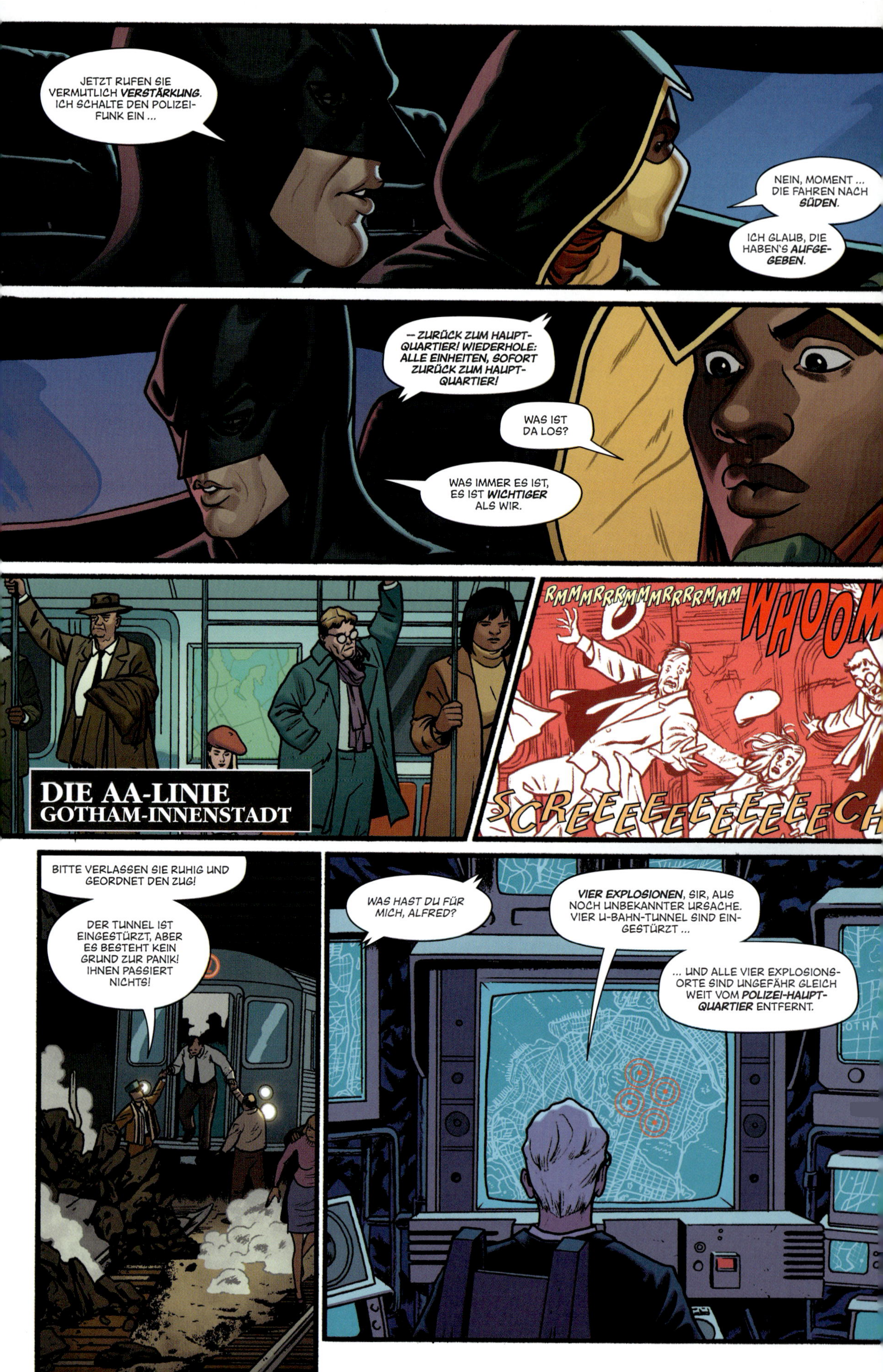
JETZT RUFEN SIE VERMUTLICH VERSTÄRKUNG. ICH SCHALTE DEN POLIZEIFUNK EIN ...
NEIN, MOMENT ... DIE FAHREN NACH SÜDEN.
ICH GLAUB, DIE HABEN'S AUFGEGEBEN.
-- ZURÜCK ZUM HAUPTQUARTIER! WIEDERHOLE: ALLE EINHEITEN, SOFORT ZURÜCK ZUM HAUPTQUARTIER!
WAS IST DA LOS?
WAS IMMER ES IST, ES IST WICHTIGER ALS WIR.
DIE AA-LINIE
GOTHAM-INNENSTADT
RMMMRRRMMMRRRRMMM
WHOOM
SCREEEEEEEEEEEEECH
BITTE VERLASSEN SIE RUHIG UND GEORDNET DEN ZUG!
DER TUNNEL IST EINGESTÜRZT, ABER ES BESTEHT KEIN GRUND ZUR PANIK! IHNEN PASSIERT NICHTS!
WAS HAST DU FÜR MICH, ALFRED?
VIER EXPLOSIONEN, SIR, AUS NOCH UNBEKANNTER URSACHE. VIER U-BAHN-TUNNEL SIND EINGESTÜRZT ...
... UND ALLE VIER EXPLOSIONSORTE SIND UNGEFÄHR GLEICH WEIT VOM POLIZEI-HAUPTQUARTIER ENTFERNT.

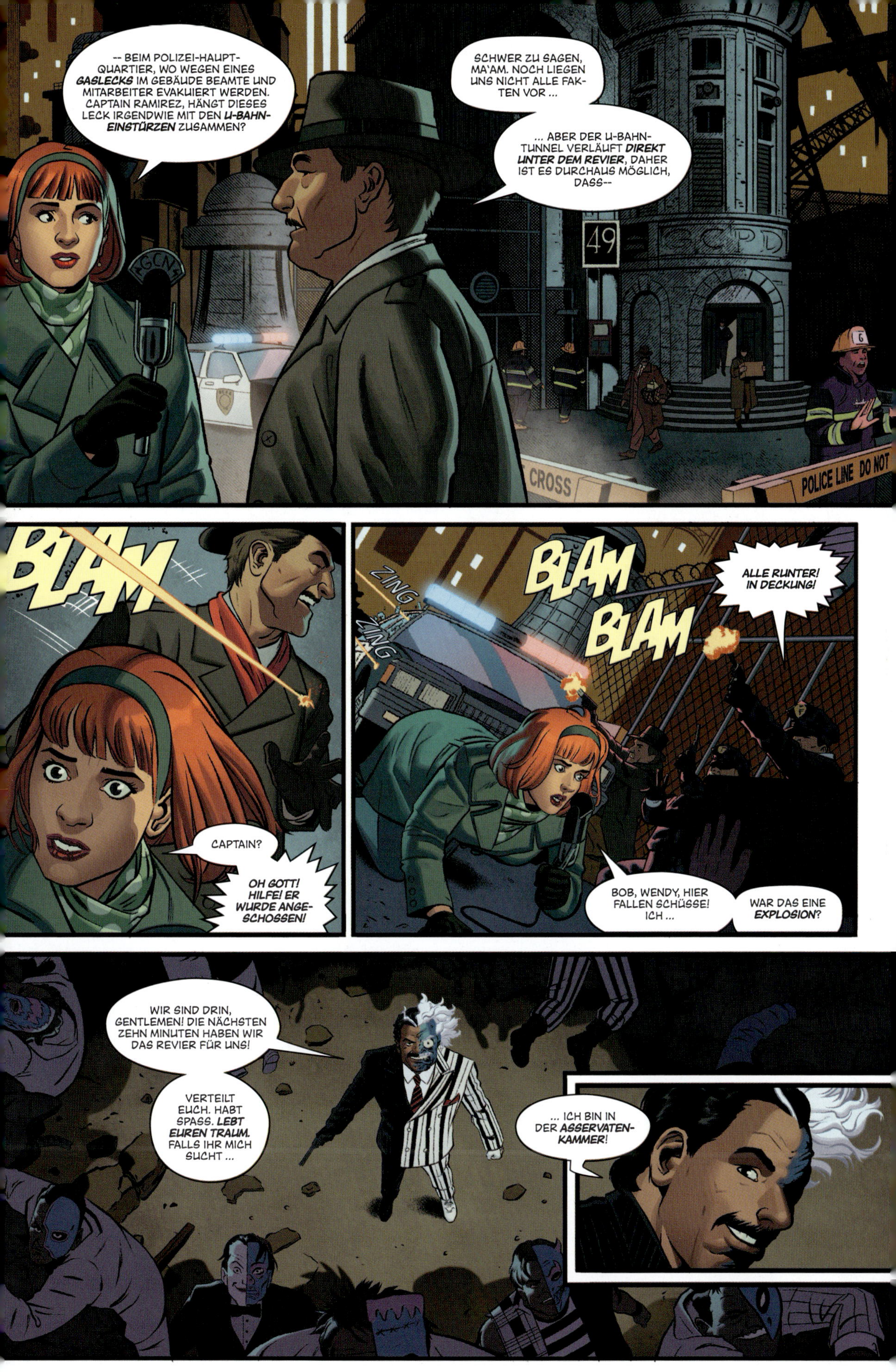

-- BEIM POLIZEI-HAUPTQUARTIER, WO WEGEN EINES **GASLECKS** IM GEBÄUDE BEAMTE UND MITARBEITER EVAKUIERT WERDEN. CAPTAIN RAMIREZ, HÄNGT DIESES LECK IRGENDWIE MIT DEN **U-BAHN-EINSTÜRZEN** ZUSAMMEN?

SCHWER ZU SAGEN, MA'AM. NOCH LIEGEN UNS NICHT ALLE FAKTEN VOR ...

... ABER DER U-BAHN-TUNNEL VERLÄUFT **DIREKT UNTER DEM REVIER**, DAHER IST ES DURCHAUS MÖGLICH, DASS--

49

GCPD

CROSS

POLICE LINE DO NOT

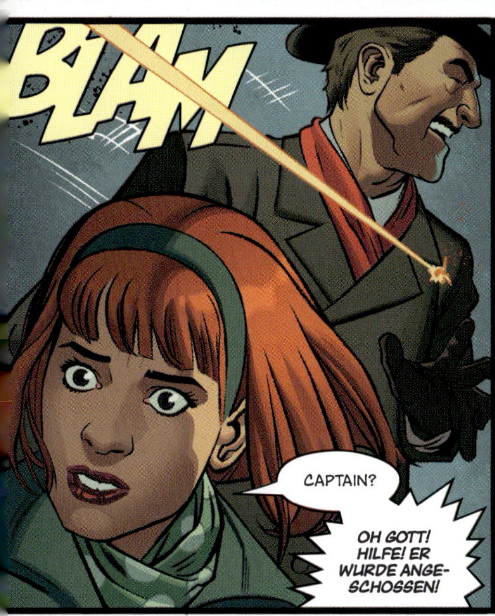

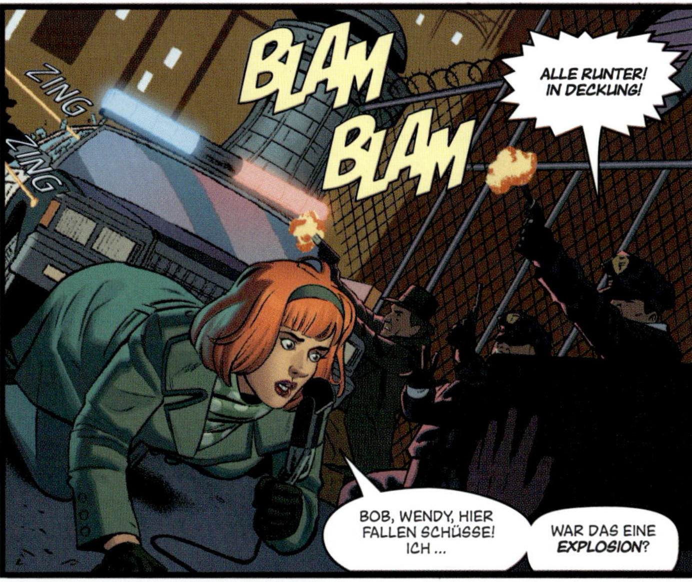

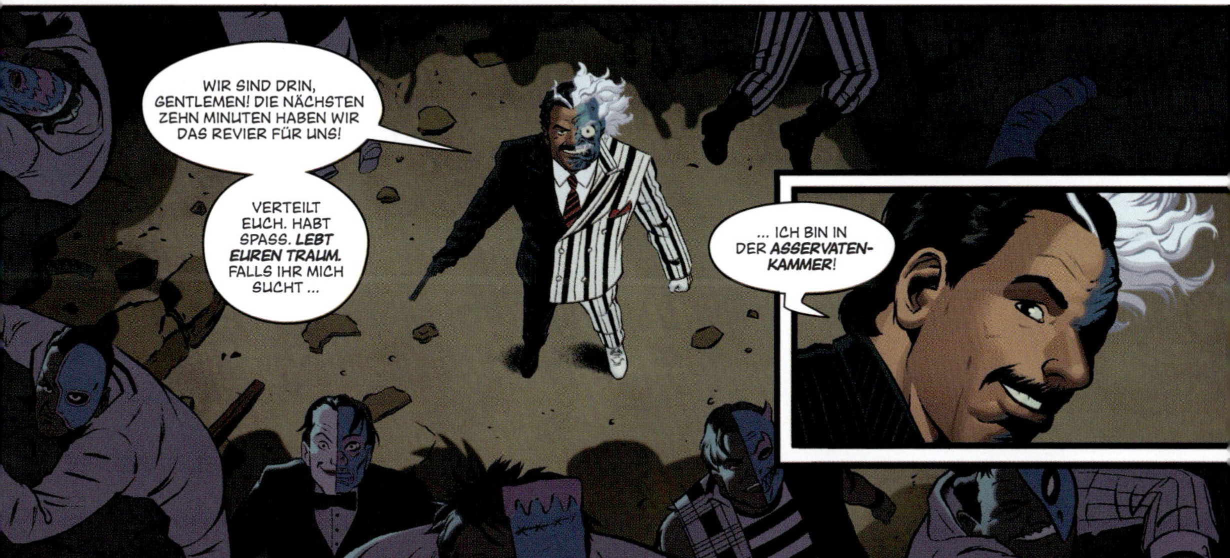

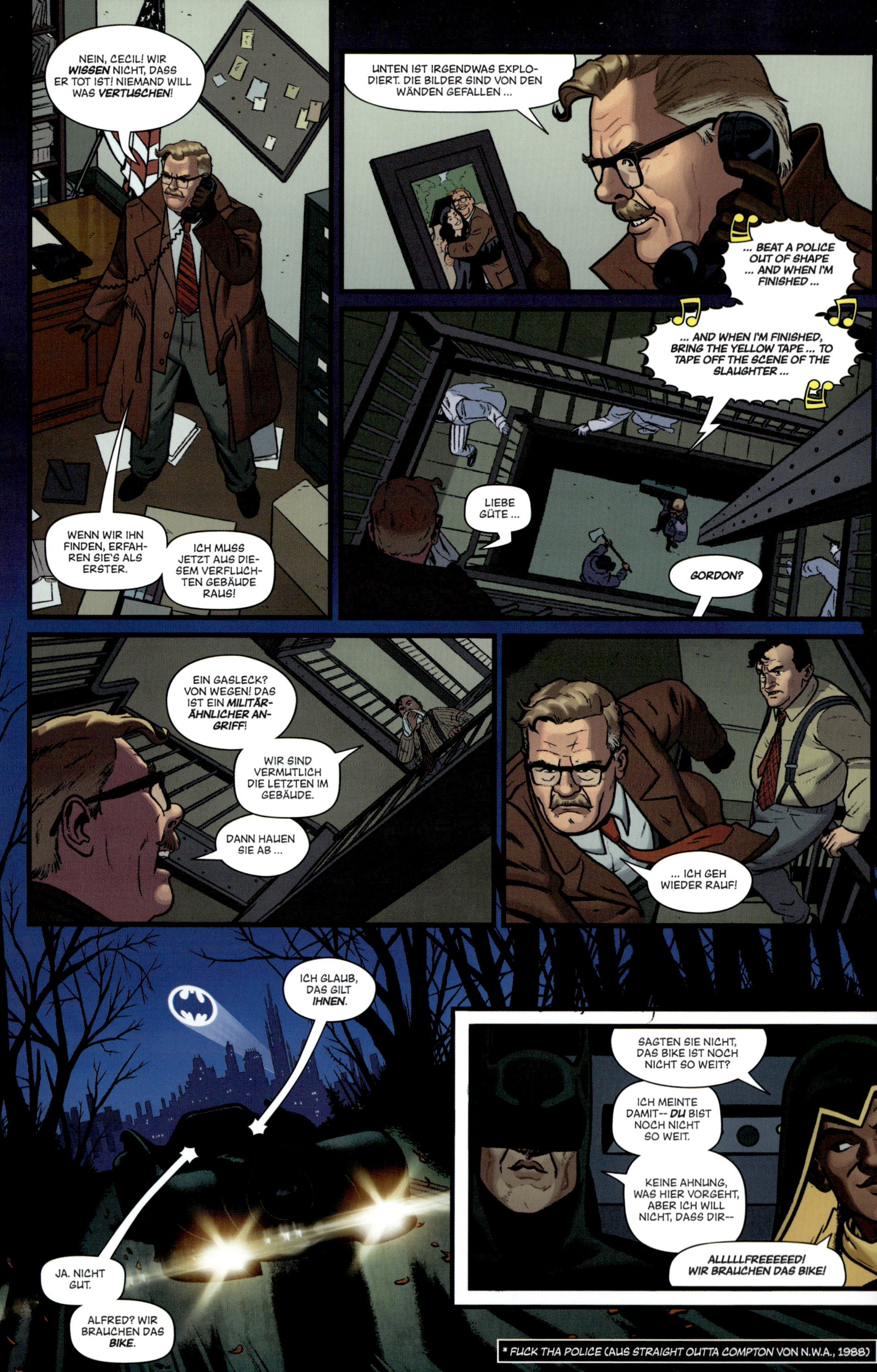
NEIN, CECIL! WIR WISSEN NICHT, DASS ER TOT IST! NIEMAND WILL WAS VERTUSCHEN!
WENN WIR IHN FINDEN, ERFAHREN SIE'S ALS ERSTER.
ICH MUSS JETZT AUS DIESEM VERFLUCHTEN GEBÄUDE RAUS!
UNTEN IST IRGENDWAS EXPLODIERT. DIE BILDER SIND VON DEN WÄNDEN GEFALLEN ...
... BEAT A POLICE OUT OF SHAPE ... AND WHEN I'M FINISHED ...
... AND WHEN I'M FINISHED, BRING THE YELLOW TAPE ... TO TAPE OFF THE SCENE OF THE SLAUGHTER ...
LIEBE GÜTE ...
GORDON?
EIN GASLECK? VON WEGEN! DAS IST EIN MILITÄRÄHNLICHER ANGRIFF!
WIR SIND VERMUTLICH DIE LETZTEN IM GEBÄUDE.
DANN HAUEN SIE AB ...
... ICH GEH WIEDER RAUF!
ICH GLAUB, DAS GILT IHNEN.
JA. NICHT GUT.
ALFRED? WIR BRAUCHEN DAS BIKE.
SAGTEN SIE NICHT, DAS BIKE IST NOCH NICHT SO WEIT?
ICH MEINTE DAMIT-- DU BIST NOCH NICHT SO WEIT.
KEINE AHNUNG, WAS HIER VORGEHT, ABER ICH WILL NICHT, DASS DIR--
ALLLLLFREEEEED! WIR BRAUCHEN DAS BIKE!
* FUCK THA POLICE (AUS STRAIGHT OUTTA COMPTON VON N.W.A., 1988)

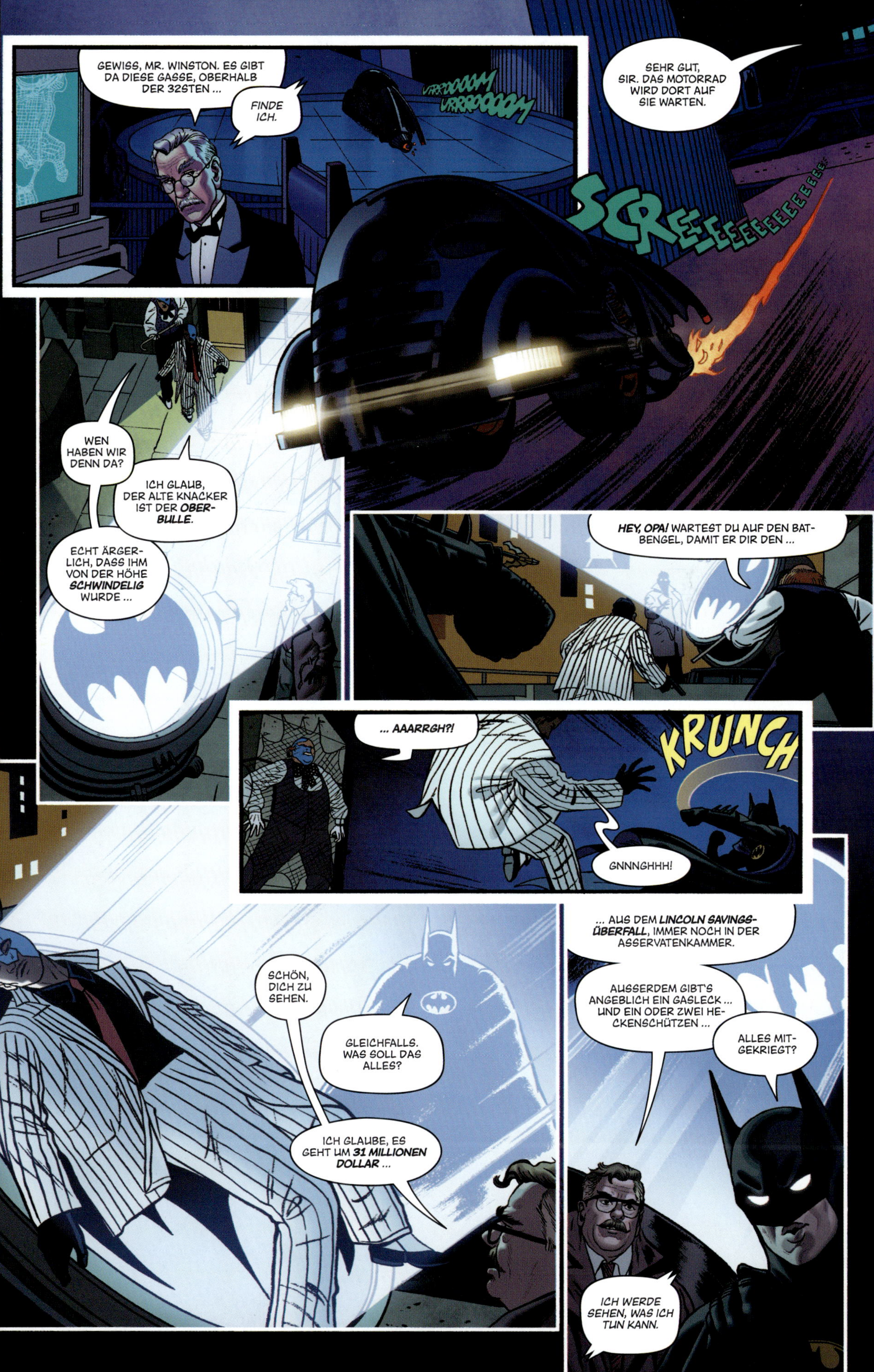
GEWISS, MR. WINSTON. ES GIBT DA DIESE GASSE, OBERHALB DER 32STEN ...
FINDE ICH.
VRRROOOOM VRRROOOOM
SEHR GUT, SIR. DAS MOTORRAD WIRD DORT AUF SIE WARTEN.
SCREEEEEEEEEEEEEE
WEN HABEN WIR DENN DA?
ICH GLAUB, DER ALTE KNACKER IST DER **OBER-BULLE**.
ECHT ÄRGERLICH, DASS IHM VON DER HÖHE **SCHWINDELIG** WURDE ...
HEY, OPA! WARTEST DU AUF DEN BATBENGEL, DAMIT ER DIR DEN ...
... AAARRGH?!
KRUNCH
GNNNGHHH!
SCHÖN, DICH ZU SEHEN.
GLEICHFALLS. WAS SOLL DAS ALLES?
ICH GLAUBE, ES GEHT UM ***31 MILLIONEN DOLLAR*** ...
... AUS DEM ***LINCOLN SAVINGS-ÜBERFALL***, IMMER NOCH IN DER ASSERVATENKAMMER.
AUSSERDEM GIBT'S ANGEBLICH EIN GASLECK ... UND EIN ODER ZWEI HECKENSCHÜTZEN ...
ALLES MITGEKRIEGT?
ICH WERDE SEHEN, WAS ICH TUN KANN.

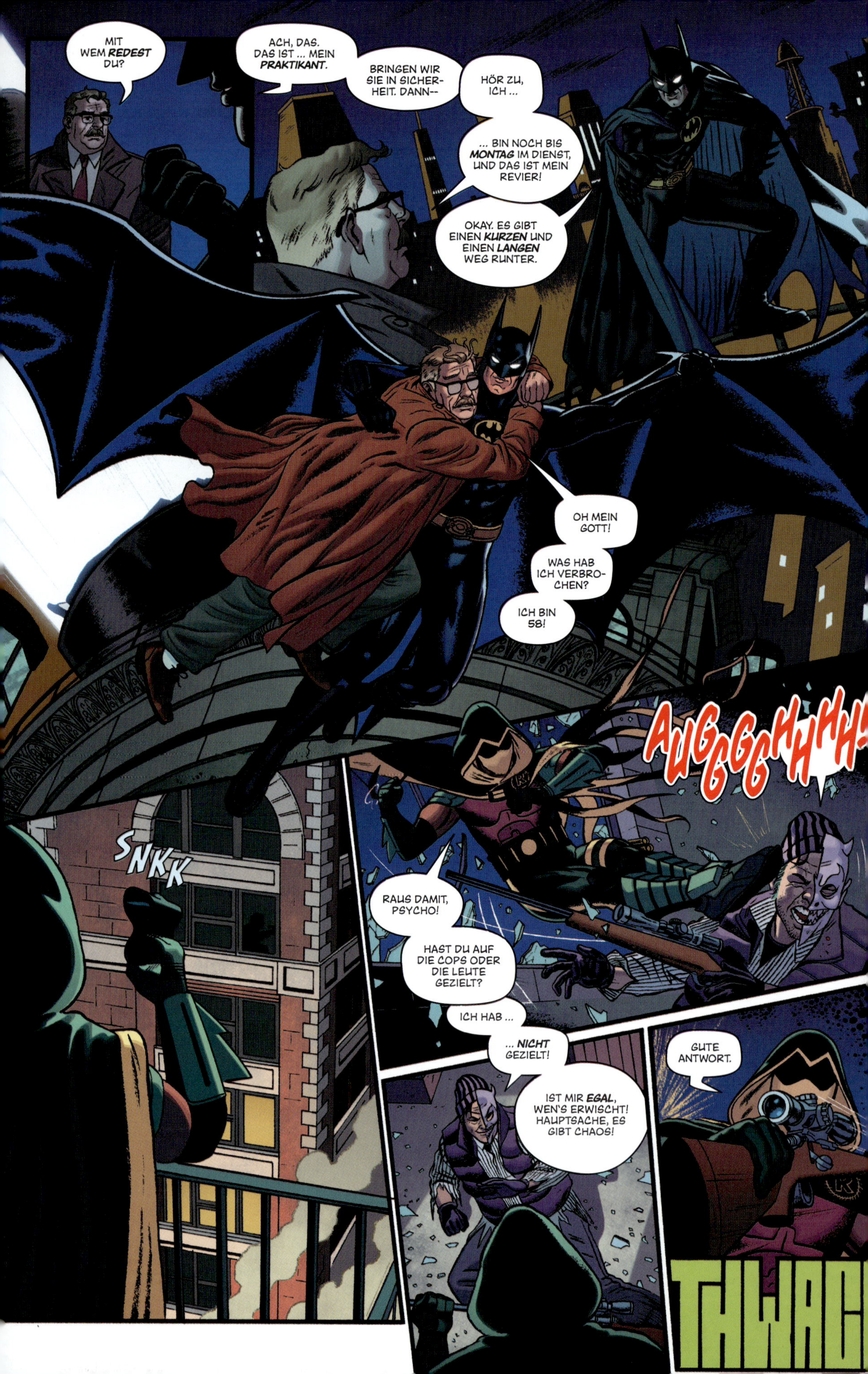
MIT WEM REDEST DU?
ACH, DAS. DAS IST ... MEIN PRAKTIKANT.
BRINGEN WIR SIE IN SICHERHEIT. DANN--
HÖR ZU, ICH ...
... BIN NOCH BIS MONTAG IM DIENST, UND DAS IST MEIN REVIER!
OKAY. ES GIBT EINEN KURZEN UND EINEN LANGEN WEG RUNTER.
OH MEIN GOTT!
WAS HAB ICH VERBROCHEN?
ICH BIN 58!
AUGGGGHHHH!
SNKK
RAUS DAMIT, PSYCHO!
HAST DU AUF DIE COPS ODER DIE LEUTE GEZIELT?
ICH HAB ...
... NICHT GEZIELT!
IST MIR EGAL, WEN'S ERWISCHT! HAUPTSACHE, ES GIBT CHAOS!
GUTE ANTWORT.
THWACK

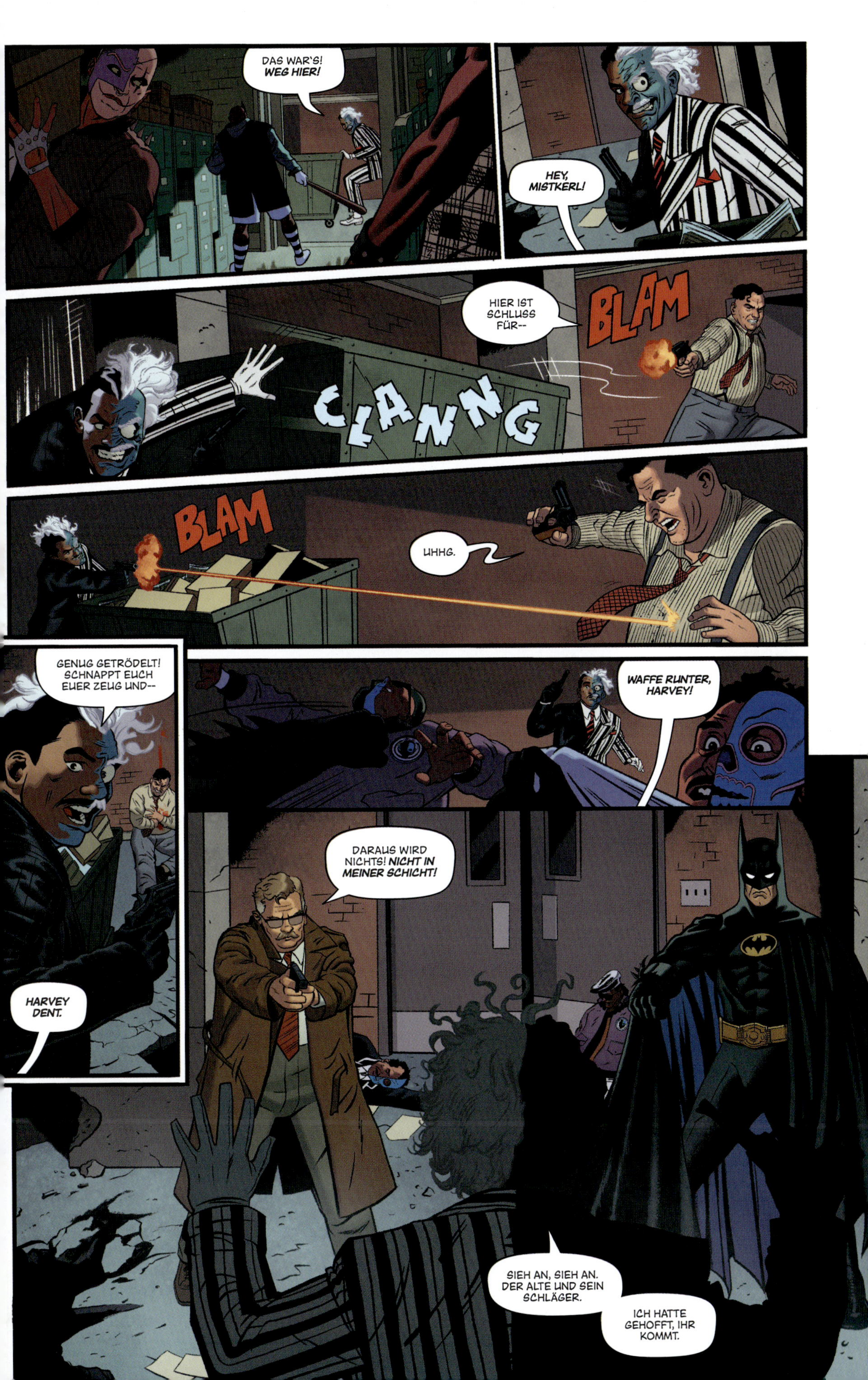
DAS WAR'S! WEG HIER!
HEY, MISTKERL!
HIER IST SCHLUSS FÜR--
BLAM
CLANNG
BLAM
UHHG.
GENUG GETRÖDELT! SCHNAPPT EUCH EUER ZEUG UND--
HARVEY DENT.
WAFFE RUNTER, HARVEY!
DARAUS WIRD NICHTS! NICHT IN MEINER SCHICHT!
SIEH AN, SIEH AN. DER ALTE UND SEIN SCHLÄGER.
ICH HATTE GEHOFFT, IHR KOMMT.

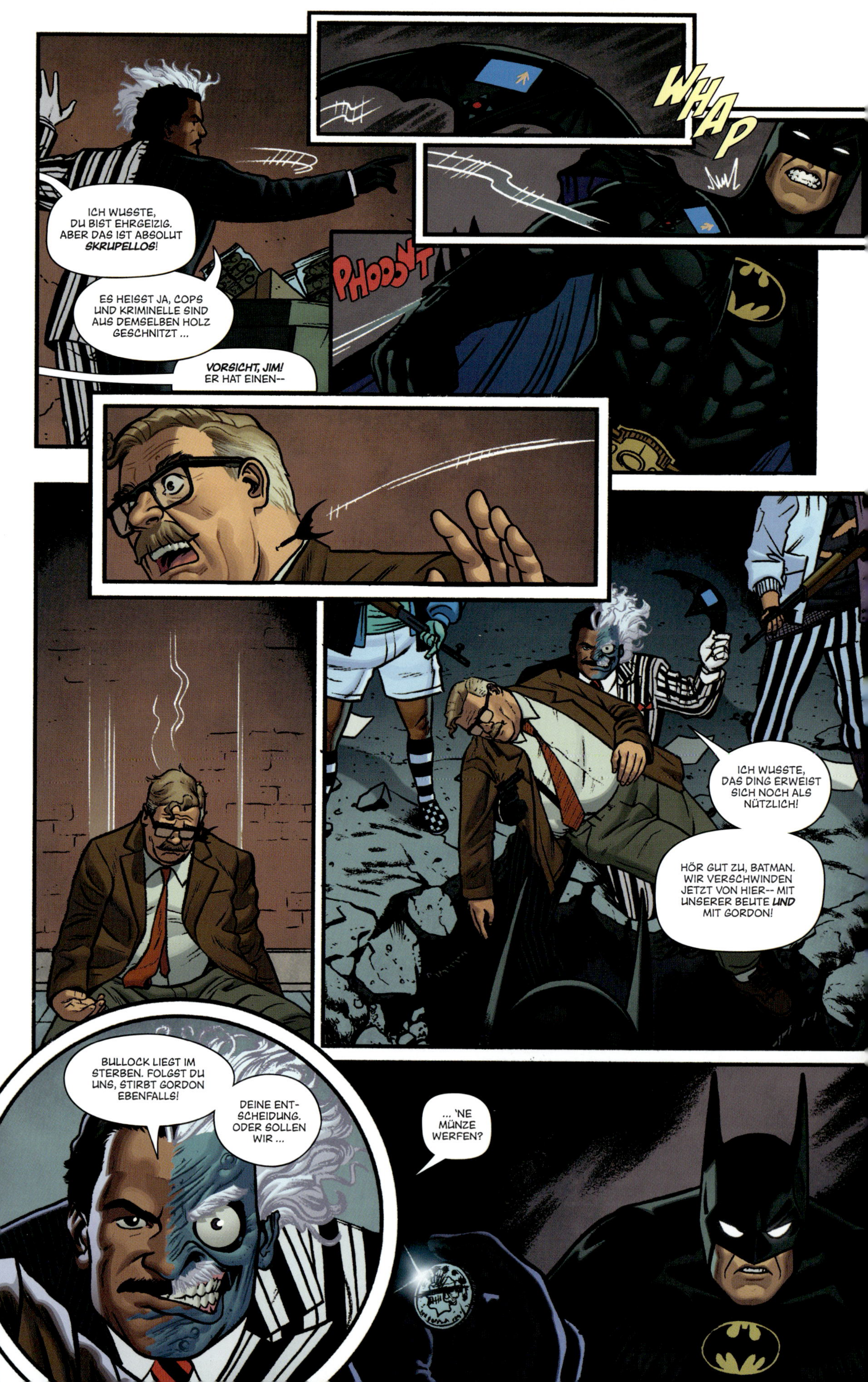
WHAP
ICH WUSSTE, DU BIST EHRGEIZIG. ABER DAS IST ABSOLUT **SKRUPELLOS**!
ES HEISST JA, COPS UND KRIMINELLE SIND AUS DEMSELBEN HOLZ GESCHNITZT ...
PHOOONT
VORSICHT, JIM! ER HAT EINEN--
ICH WUSSTE, DAS DING ERWEIST SICH NOCH ALS NÜTZLICH!
HÖR GUT ZU, BATMAN. WIR VERSCHWINDEN JETZT VON HIER-- MIT UNSERER BEUTE **UND** MIT GORDON!
BULLOCK LIEGT IM STERBEN. FOLGST DU UNS, STIRBT GORDON EBENFALLS!
DEINE ENT-SCHEIDUNG. ODER SOLLEN WIR ...
... 'NE MÜNZE WERFEN?

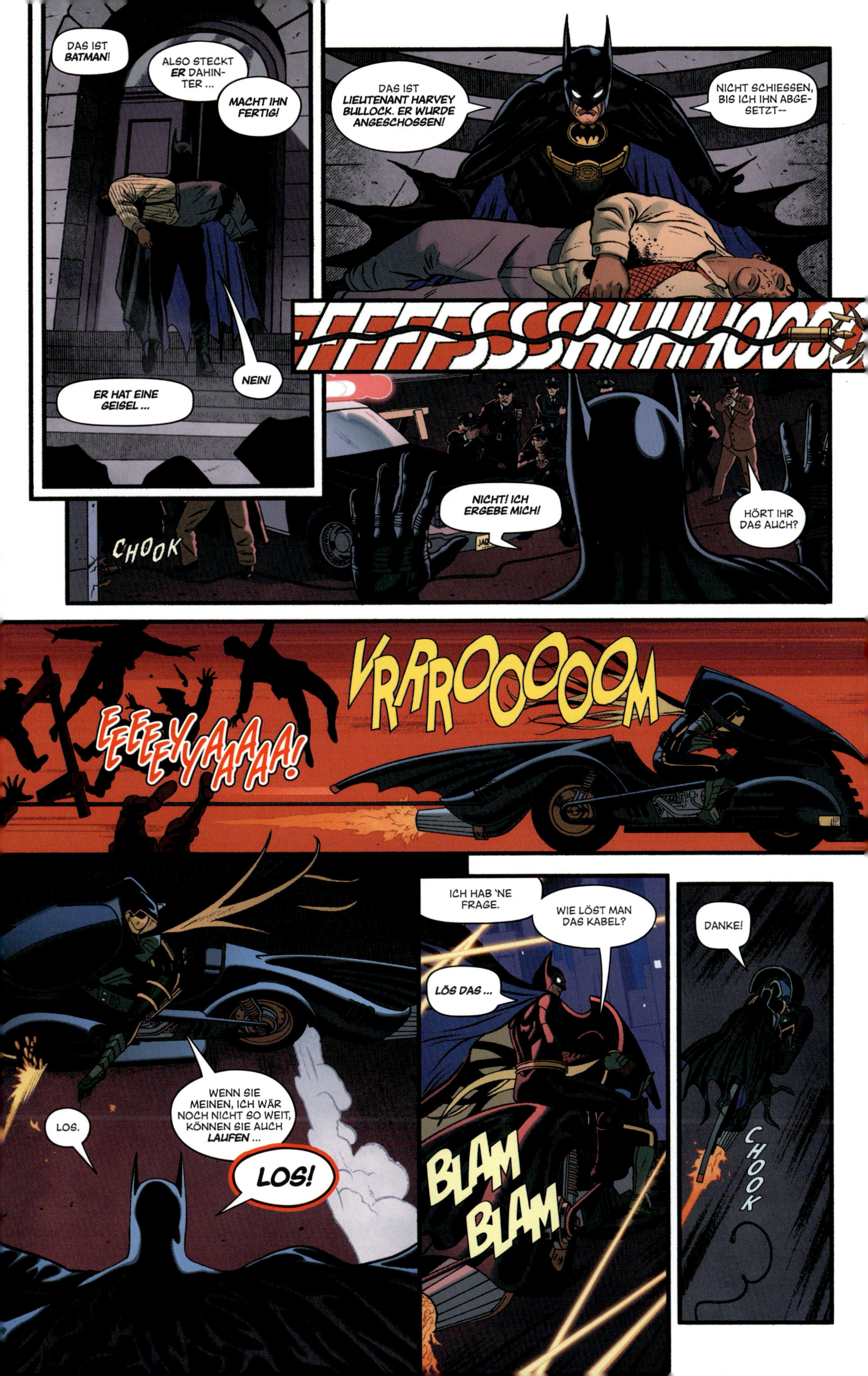

DAS IST **BATMAN**!
ALSO STECKT **ER** DAHINTER ...
MACHT IHN FERTIG!
NEIN!
ER HAT EINE GEISEL ...
DAS IST **LIEUTENANT HARVEY BULLOCK. ER WURDE ANGESCHOSSEN!**
NICHT SCHIESSEN, BIS ICH IHN ABGESETZT--
FFFFSSSHHHHOOO
CHOOK
NICHT! ICH ERGEBE MICH!
HÖRT IHR DAS AUCH?
VRRROOOOOM
EEEEEYAAAAA!
WENN SIE MEINEN, ICH WÄR NOCH NICHT SO WEIT, KÖNNEN SIE AUCH **LAUFEN** ...
LOS.
LOS!
ICH HAB 'NE FRAGE.
WIE LÖST MAN DAS KABEL?
LÖS DAS ...
BLAM BLAM
DANKE!
CHOOK

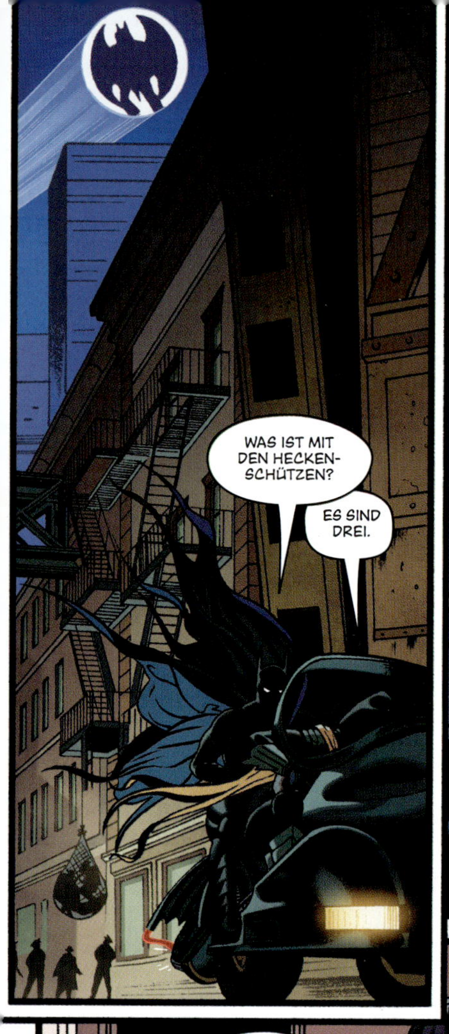
WAS IST MIT DEN HECKEN-SCHÜTZEN?
ES SIND DREI.

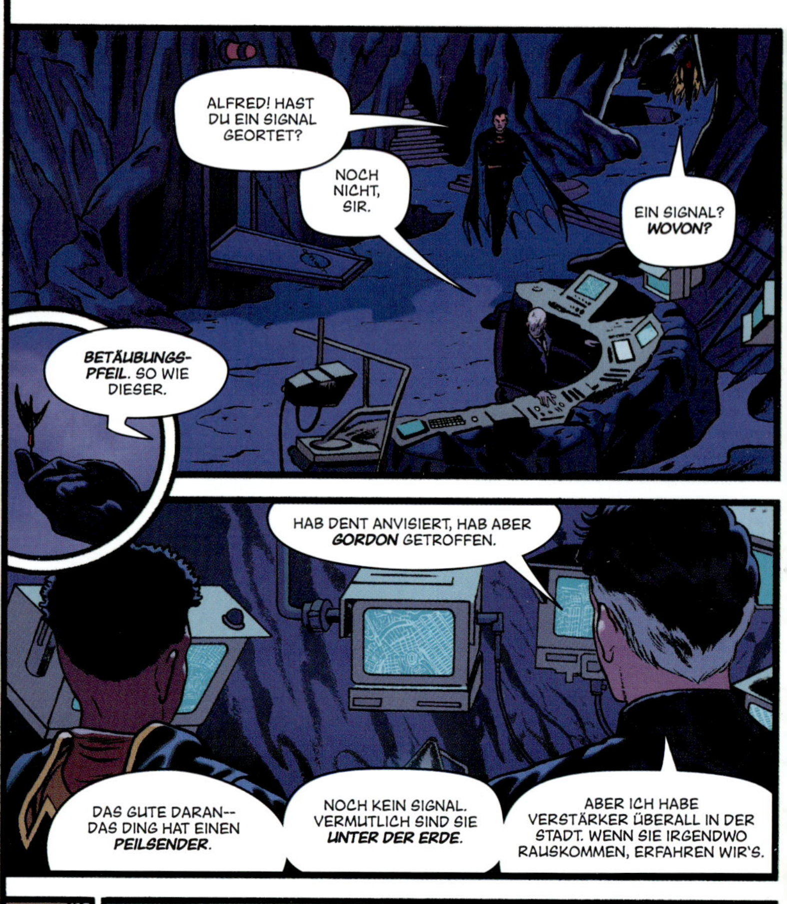
ALFRED! HAST DU EIN SIGNAL GEORTET?
NOCH NICHT, SIR.
EIN SIGNAL? **WOVON?**
BETÄUBUNGS-PFEIL. SO WIE DIESER.
HAB DENT ANVISIERT, HAB ABER **GORDON** GETROFFEN.
DAS GUTE DARAN-- DAS DING HAT EINEN **PEILSENDER**.
NOCH KEIN SIGNAL. VERMUTLICH SIND SIE **UNTER DER ERDE**.
ABER ICH HABE VERSTÄRKER ÜBERALL IN DER STADT. WENN SIE IRGENDWO RAUSKOMMEN, ERFAHREN WIR'S.

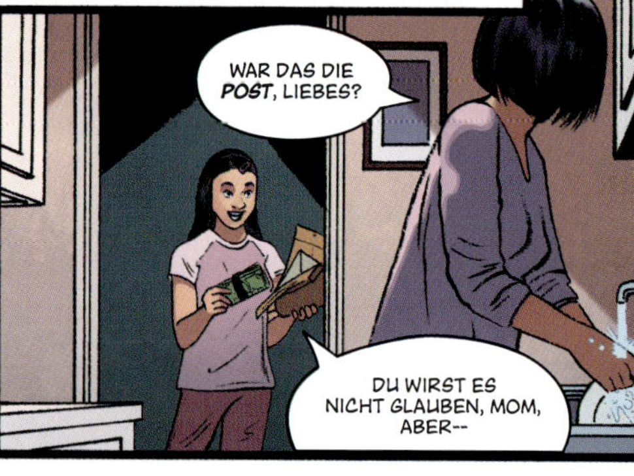
WAR DAS DIE **POST**, LIEBES?
DU WIRST ES NICHT GLAUBEN, MOM, ABER--

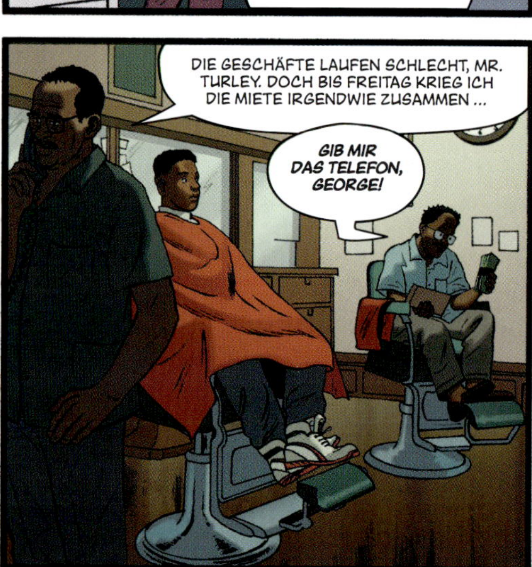
DIE GESCHÄFTE LAUFEN SCHLECHT, MR. TURLEY. DOCH BIS FREITAG KRIEG ICH DIE MIETE IRGENDWIE ZUSAMMEN ...
GIB MIR DAS TELEFON, GEORGE!

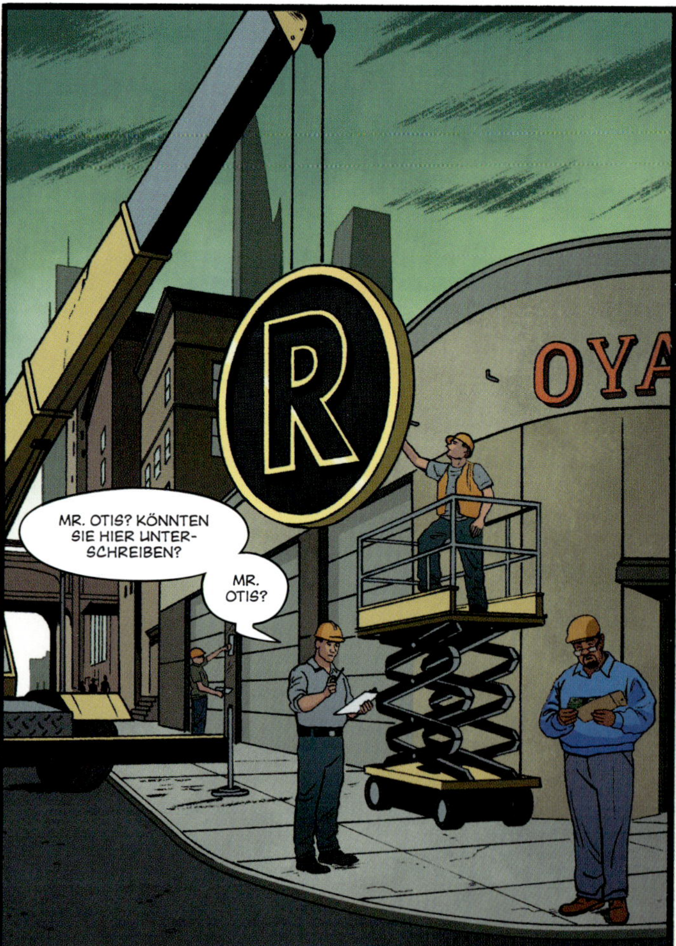
R
OYA
MR. OTIS? KÖNNTEN SIE HIER UNTER-SCHREIBEN?
MR. OTIS?

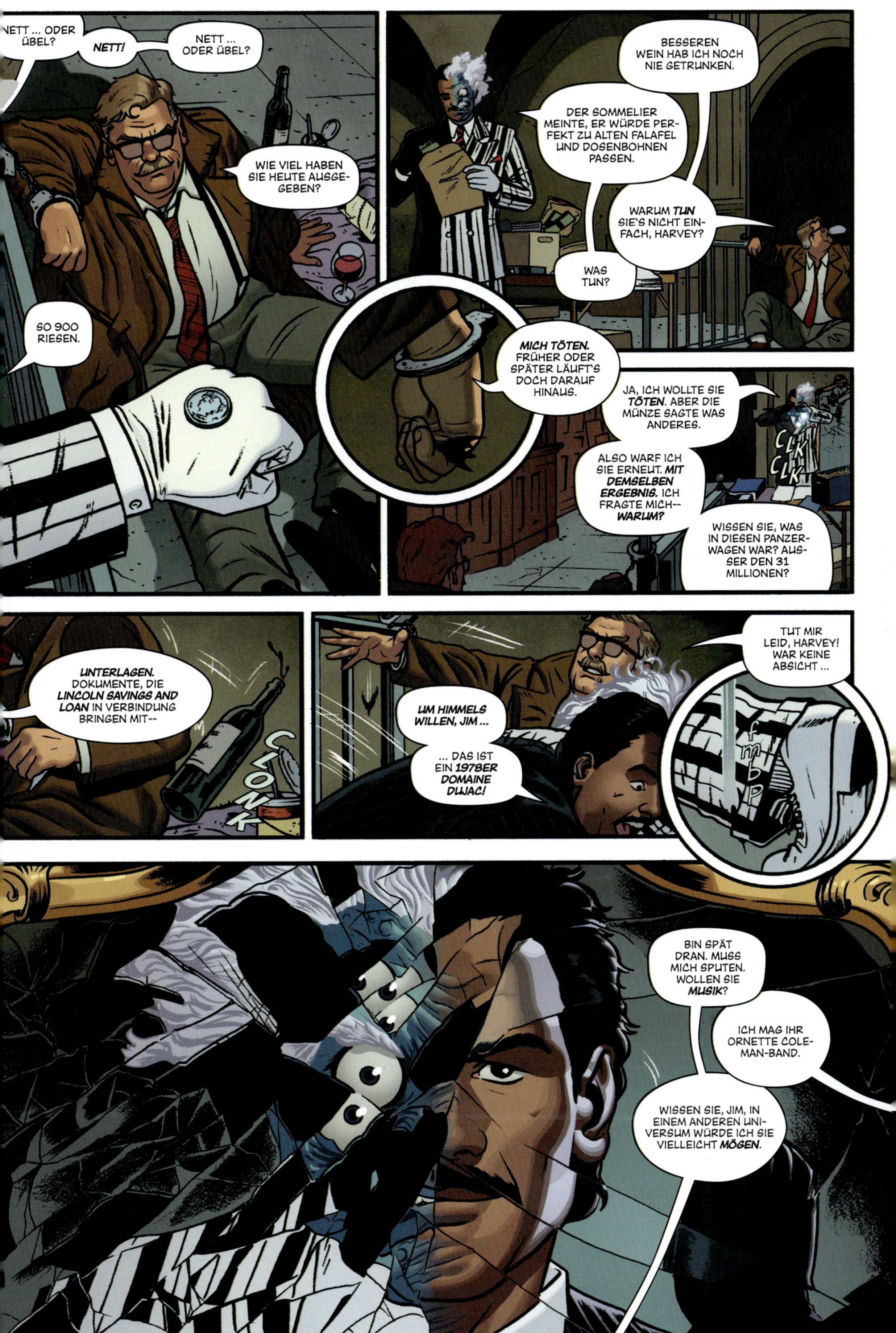
NETT ... ODER ÜBEL?
NETT!
NETT ... ODER ÜBEL?
WIE VIEL HABEN SIE HEUTE AUSGEGEBEN?
SO 900 RIESEN.
BESSEREN WEIN HAB ICH NOCH NIE GETRUNKEN.
DER SOMMELIER MEINTE, ER WÜRDE PERFEKT ZU ALTEN FALAFEL UND DOSENBOHNEN PASSEN.
WARUM TUN SIE'S NICHT EINFACH, HARVEY?
WAS TUN?
MICH TÖTEN. FRÜHER ODER SPÄTER LÄUFT'S DOCH DARAUF HINAUS.
JA, ICH WOLLTE SIE TÖTEN. ABER DIE MÜNZE SAGTE WAS ANDERES.
CLK CLK
ALSO WARF ICH SIE ERNEUT. MIT DEMSELBEN ERGEBNIS. ICH FRAGTE MICH-- WARUM?
WISSEN SIE, WAS IN DIESEN PANZERWAGEN WAR? AUSSER DEN 31 MILLIONEN?
UNTERLAGEN. DOKUMENTE, DIE LINCOLN SAVINGS AND LOAN IN VERBINDUNG BRINGEN MIT--
CLONK
UM HIMMELS WILLEN, JIM ...
... DAS IST EIN 1978ER DOMAINE DUJAC!
TUT MIR LEID, HARVEY! WAR KEINE ABSICHT ...
fmbp
BIN SPÄT DRAN. MUSS MICH SPUTEN. WOLLEN SIE MUSIK?
ICH MAG IHR ORNETTE COLEMAN-BAND.
WISSEN SIE, JIM, IN EINEM ANDEREN UNIVERSUM WÜRDE ICH SIE VIELLEICHT MÖGEN.

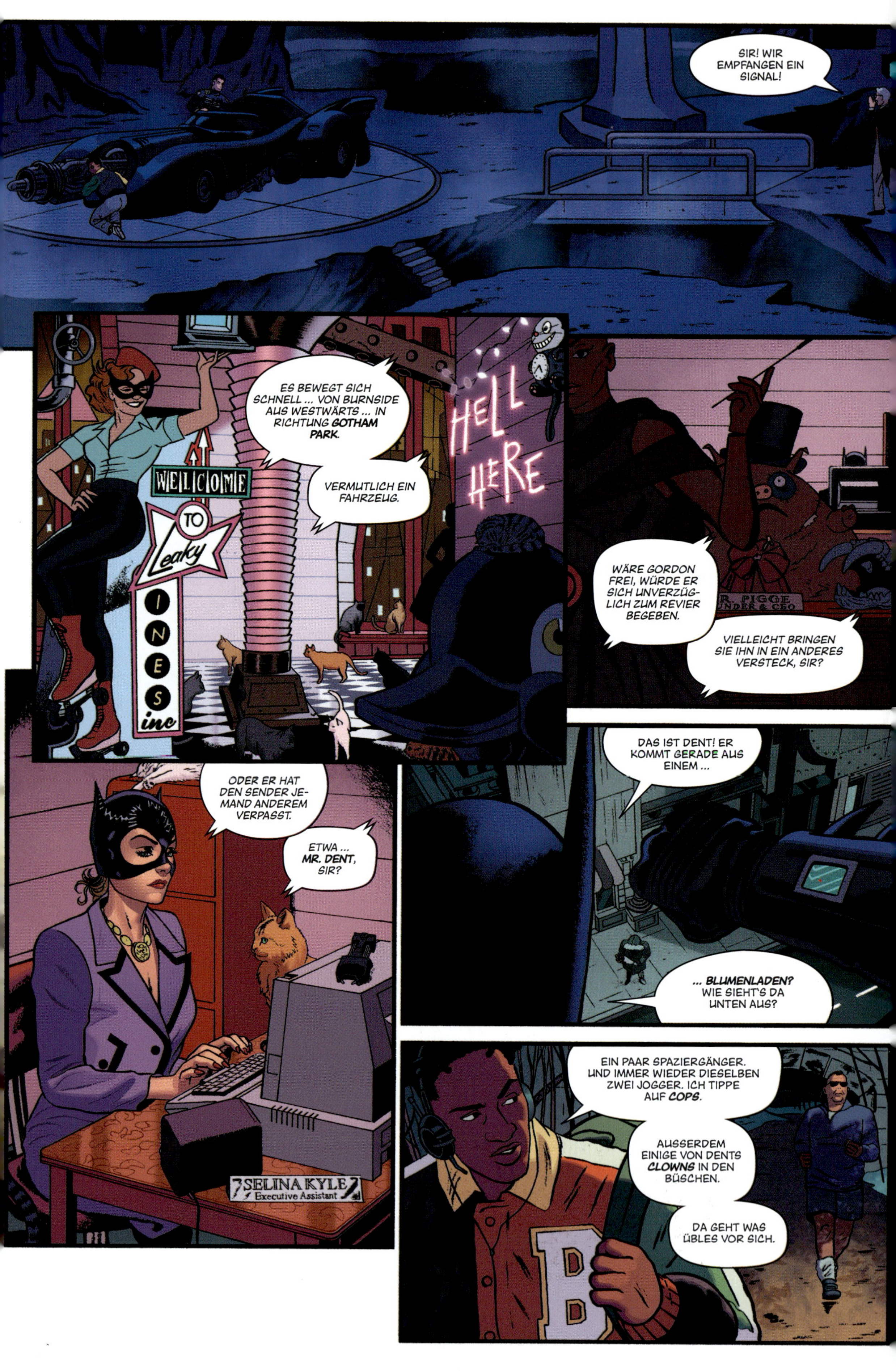
SIR! WIR EMPFANGEN EIN SIGNAL!
ES BEWEGT SICH SCHNELL ... VON BURNSIDE AUS WESTWÄRTS ... IN RICHTUNG GOTHAM PARK.
VERMUTLICH EIN FAHRZEUG.
WELCOME TO Leaky LINES inc
HELL HERE
WÄRE GORDON FREI, WÜRDE ER SICH UNVERZÜGLICH ZUM REVIER BEGEBEN.
VIELLEICHT BRINGEN SIE IHN IN EIN ANDERES VERSTECK, SIR?
ODER ER HAT DEN SENDER JEMAND ANDEREM VERPASST.
ETWA ... MR. DENT, SIR?
SELINA KYLE Executive Assistant
DAS IST DENT! ER KOMMT GERADE AUS EINEM ...
... BLUMENLADEN? WIE SIEHT'S DA UNTEN AUS?
EIN PAAR SPAZIERGÄNGER. UND IMMER WIEDER DIESELBEN ZWEI JOGGER. ICH TIPPE AUF COPS.
AUSSERDEM EINIGE VON DENTS CLOWNS IN DEN BÜSCHEN.
DA GEHT WAS ÜBLES VOR SICH.

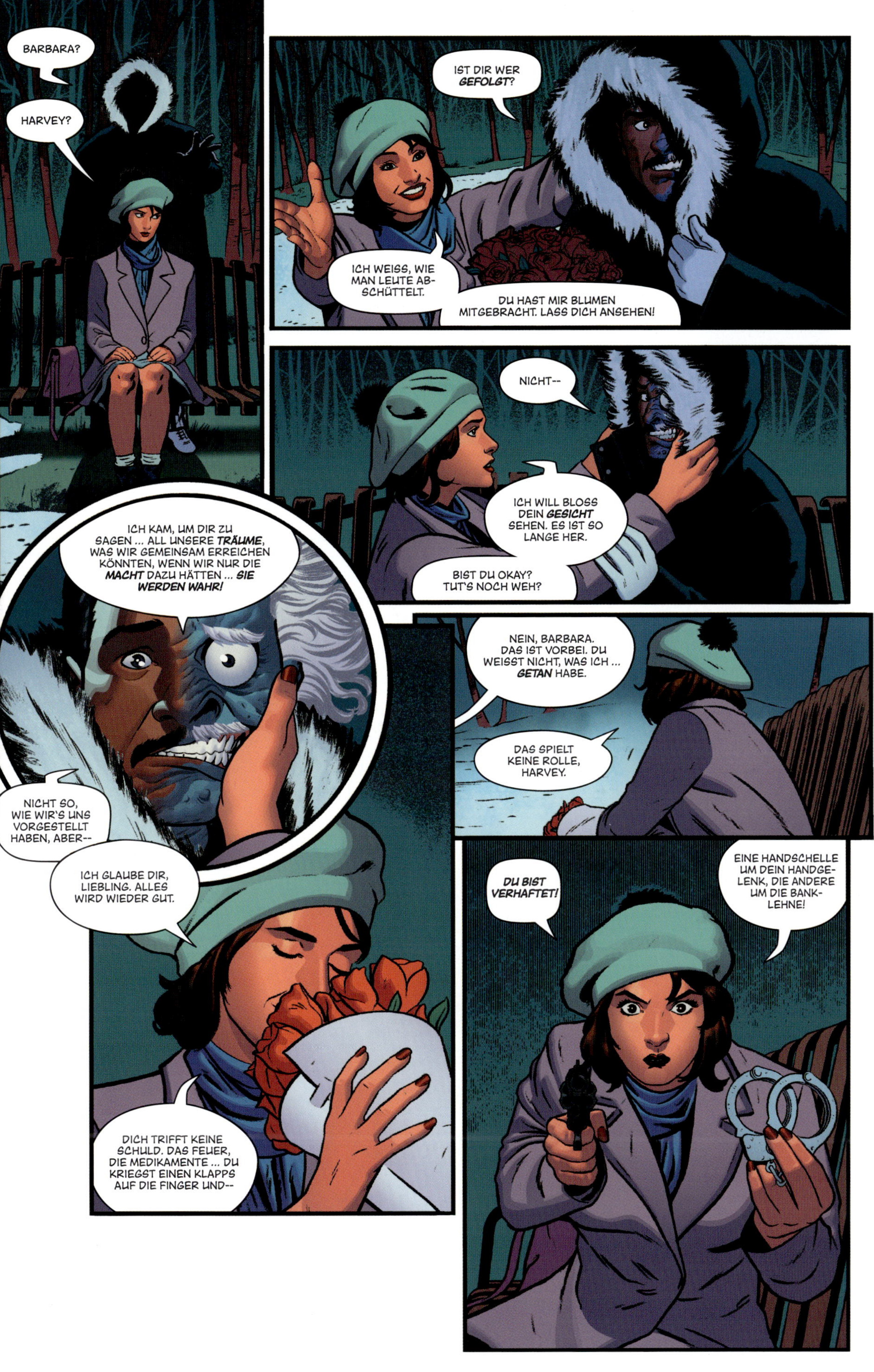
BARBARA?
HARVEY?
IST DIR WER GEFOLGT?
ICH WEISS, WIE MAN LEUTE ABSCHÜTTELT.
DU HAST MIR BLUMEN MITGEBRACHT. LASS DICH ANSEHEN!
NICHT--
ICH WILL BLOSS DEIN GESICHT SEHEN. ES IST SO LANGE HER.
BIST DU OKAY? TUT'S NOCH WEH?
ICH KAM, UM DIR ZU SAGEN ... ALL UNSERE TRÄUME, WAS WIR GEMEINSAM ERREICHEN KÖNNTEN, WENN WIR NUR DIE MACHT DAZU HÄTTEN ... SIE WERDEN WAHR!
NICHT SO, WIE WIR'S UNS VORGESTELLT HABEN, ABER--
ICH GLAUBE DIR, LIEBLING. ALLES WIRD WIEDER GUT.
DICH TRIFFT KEINE SCHULD. DAS FEUER, DIE MEDIKAMENTE ... DU KRIEGST EINEN KLAPPS AUF DIE FINGER UND--
NEIN, BARBARA. DAS IST VORBEI. DU WEISST NICHT, WAS ICH ... GETAN HABE.
DAS SPIELT KEINE ROLLE, HARVEY.
DU BIST VERHAFTET!
EINE HANDSCHELLE UM DEIN HANDGELENK, DIE ANDERE UM DIE BANKLEHNE!

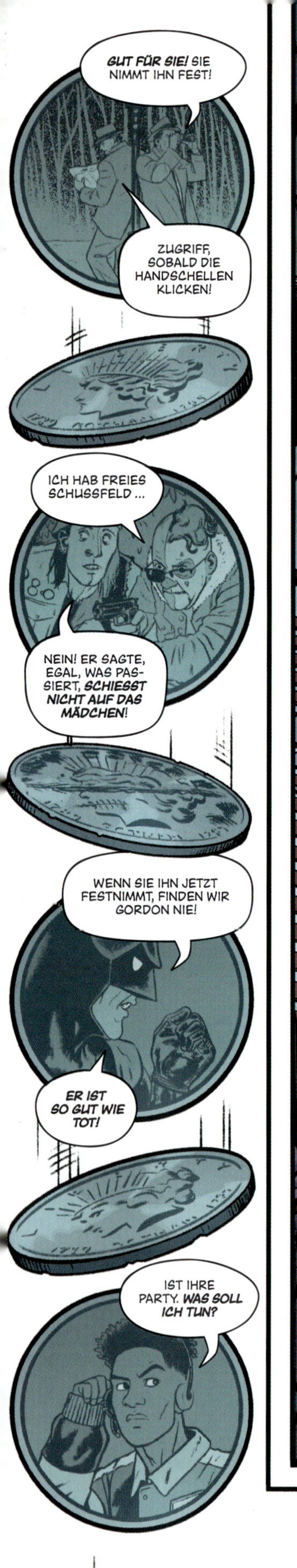

GUT FÜR SIE! SIE NIMMT IHN FEST!
ZUGRIFF, SOBALD DIE HANDSCHELLEN KLICKEN!
ICH HAB FREIES SCHUSSFELD ...
NEIN! ER SAGTE, EGAL, WAS PASSIERT, *SCHIESST NICHT AUF DAS MÄDCHEN!*
WENN SIE IHN JETZT FESTNIMMT, FINDEN WIR GORDON NIE!
ER IST SO GUT WIE TOT!
IST IHRE PARTY. *WAS SOLL ICH TUN?*

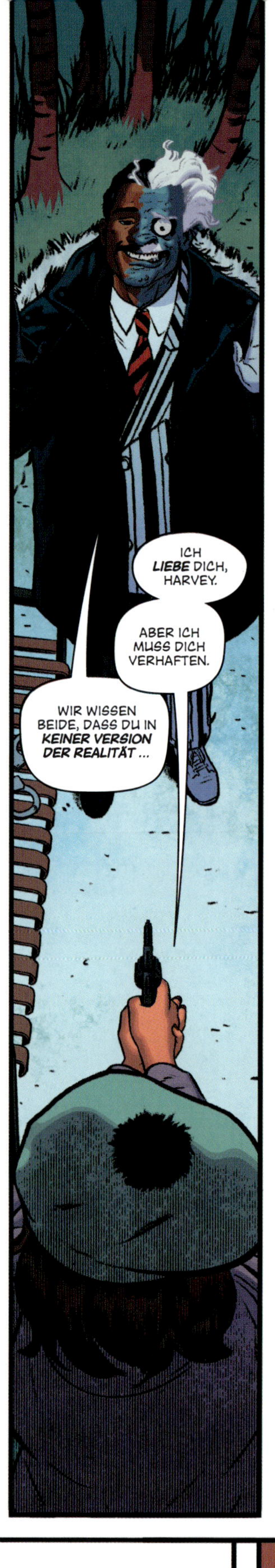

ICH *LIEBE* DICH, HARVEY.
ABER ICH MUSS DICH VERHAFTEN.
WIR WISSEN BEIDE, DASS DU IN *KEINER VERSION DER REALITÄT* ...

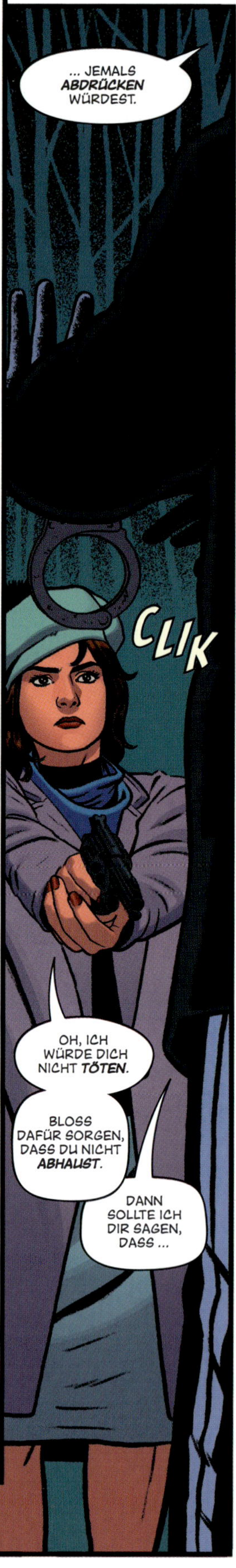

... JEMALS *ABDRÜCKEN* WÜRDEST.
CLIK
OH, ICH WÜRDE DICH NICHT *TÖTEN*.
BLOSS DAFÜR SORGEN, DASS DU NICHT *ABHAUST*.
DANN SOLLTE ICH DIR SAGEN, DASS ...

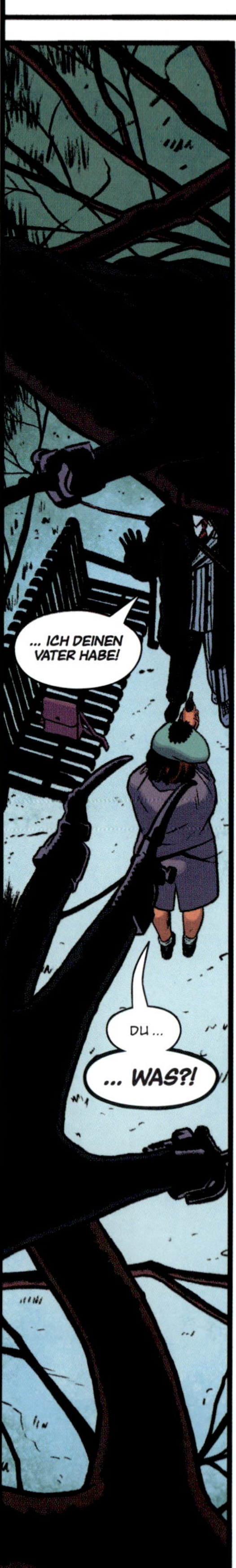

... ICH DEINEN VATER HABE!
DU ...
... WAS?!

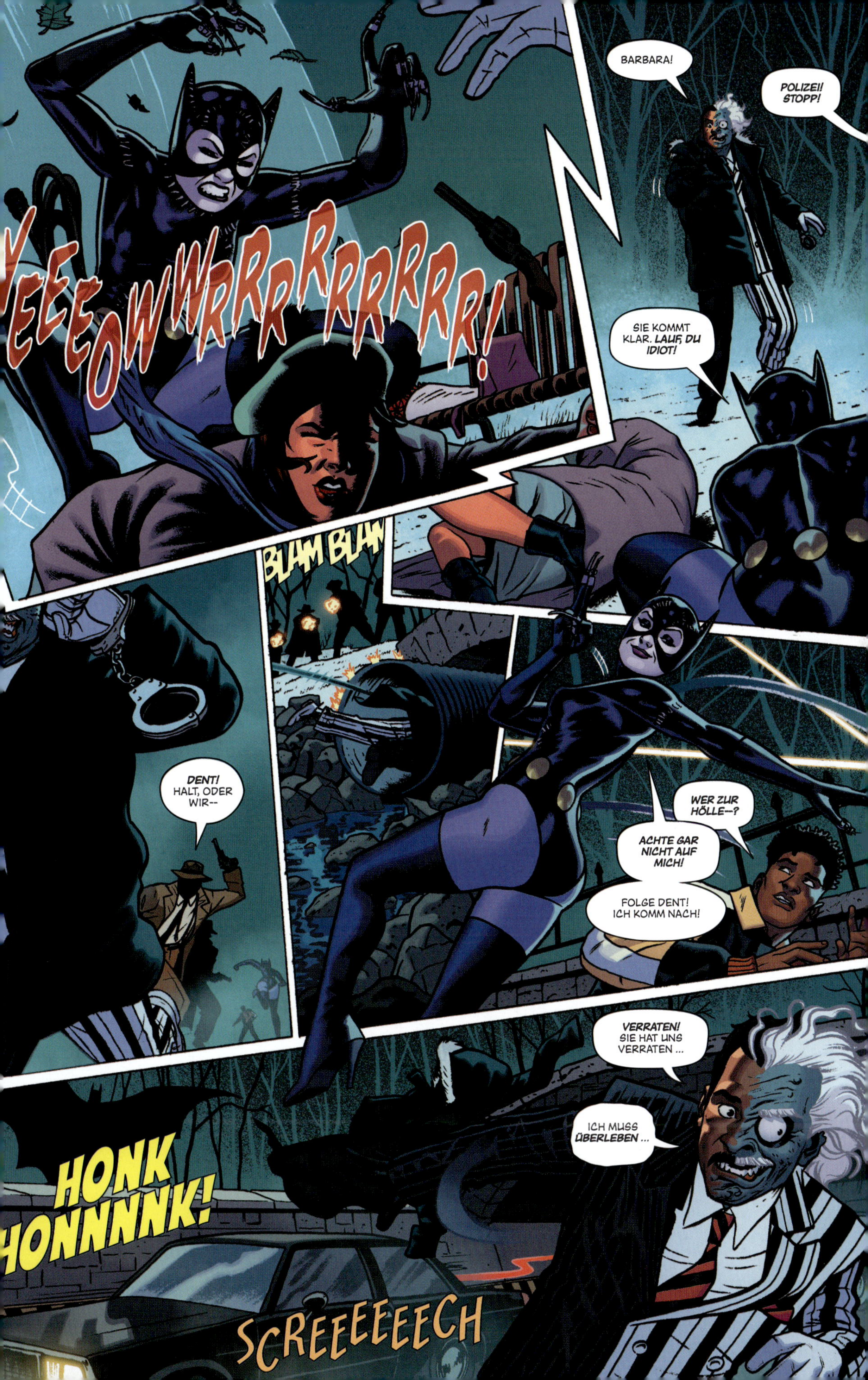
YEEEOWWRRRRRRRRRR!
BARBARA!
POLIZEI! STOPP!
SIE KOMMT KLAR. LAUF, DU IDIOT!
BLAM BLAM
DENT! HALT, ODER WIR--
WER ZUR HÖLLE--?
ACHTE GAR NICHT AUF MICH!
FOLGE DENT! ICH KOMM NACH!
VERRATEN! SIE HAT UNS VERRATEN ...
ICH MUSS ÜBERLEBEN ...
HONK HONNNNK!
SCREEEEEECH

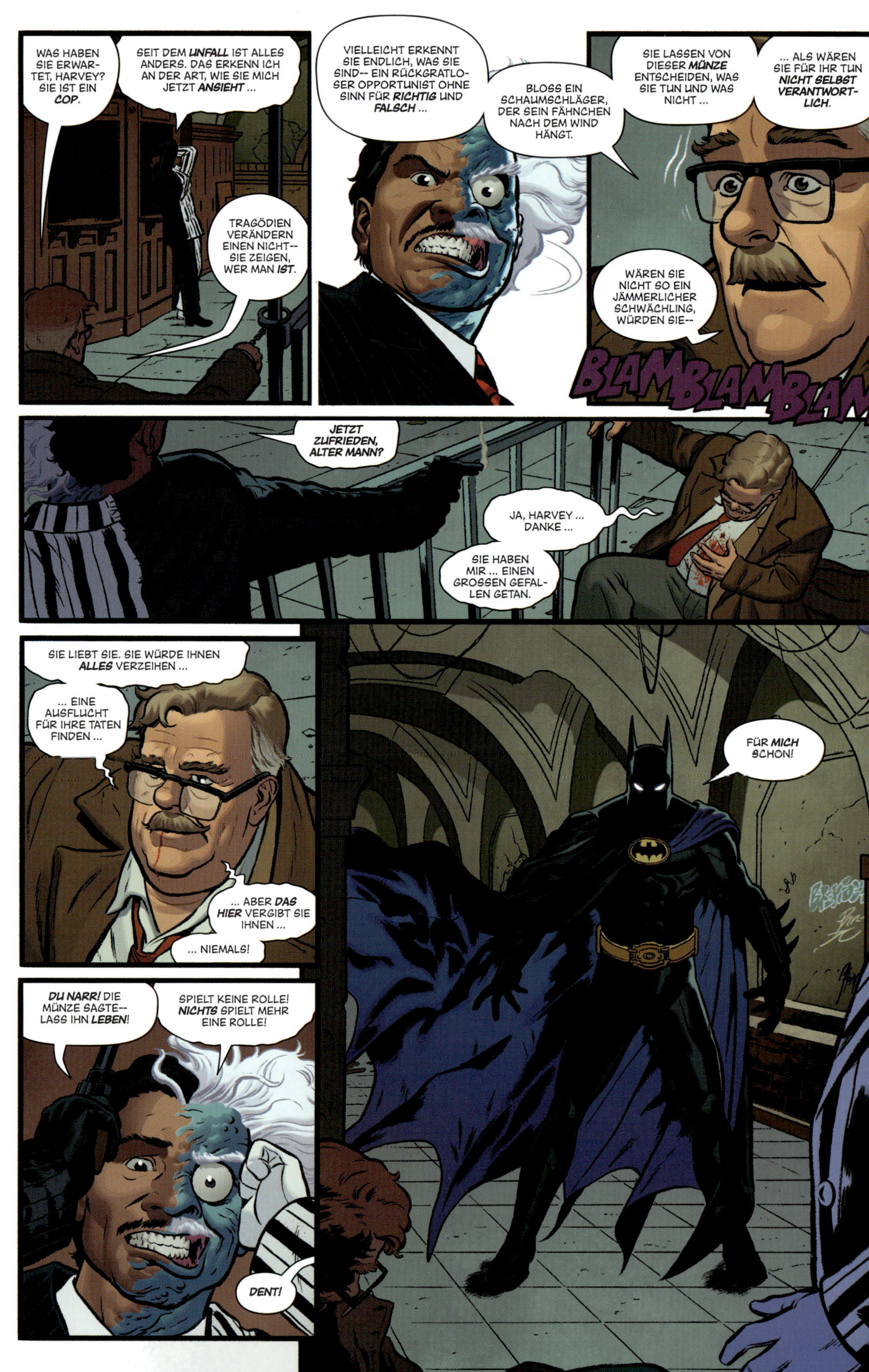
WAS HABEN SIE ERWARTET, HARVEY? SIE IST EIN COP.
SEIT DEM UNFALL IST ALLES ANDERS. DAS ERKENN ICH AN DER ART, WIE SIE MICH JETZT ANSIEHT ...
TRAGÖDIEN VERÄNDERN EINEN NICHT-- SIE ZEIGEN, WER MAN IST.
VIELLEICHT ERKENNT SIE ENDLICH, WAS SIE SIND-- EIN RÜCKGRATLOSER OPPORTUNIST OHNE SINN FÜR RICHTIG UND FALSCH ...
BLOSS EIN SCHAUMSCHLÄGER, DER SEIN FÄHNCHEN NACH DEM WIND HÄNGT.
SIE LASSEN VON DIESER MÜNZE ENTSCHEIDEN, WAS SIE TUN UND WAS NICHT ...
... ALS WÄREN SIE FÜR IHR TUN NICHT SELBST VERANTWORTLICH.
WÄREN SIE NICHT SO EIN JÄMMERLICHER SCHWÄCHLING, WÜRDEN SIE--
BLAMBLAMBLAM
JETZT ZUFRIEDEN, ALTER MANN?
JA, HARVEY ... DANKE ...
SIE HABEN MIR ... EINEN GROSSEN GEFALLEN GETAN.
SIE LIEBT SIE. SIE WÜRDE IHNEN ALLES VERZEIHEN ...
... EINE AUSFLUCHT FÜR IHRE TATEN FINDEN ...
... ABER DAS HIER VERGIBT SIE IHNEN ...
... NIEMALS!
DU NARR! DIE MÜNZE SAGTE-- LASS IHN LEBEN!
SPIELT KEINE ROLLE! NICHTS SPIELT MEHR EINE ROLLE!
DENT!
FÜR MICH SCHON!

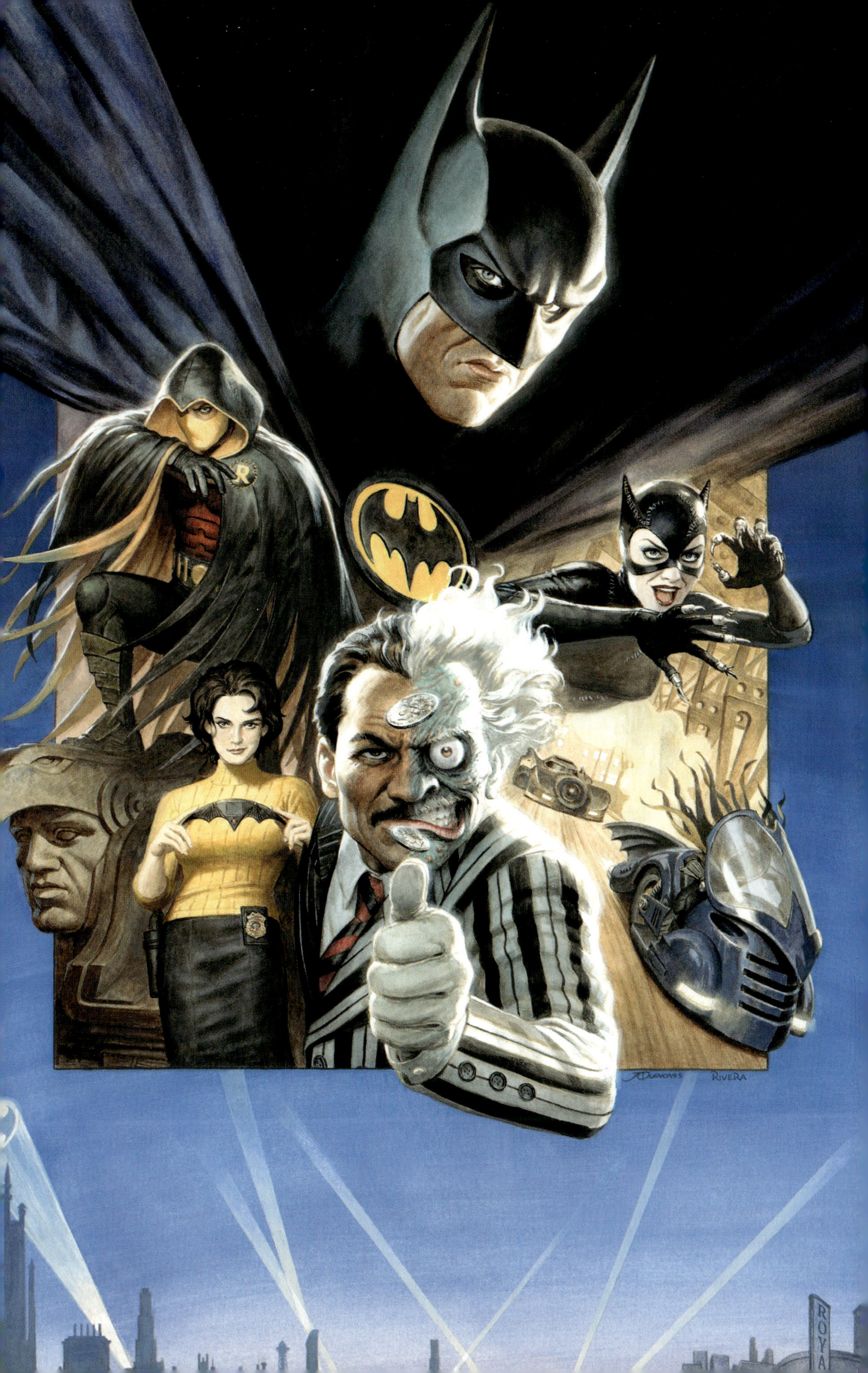
RIVERA

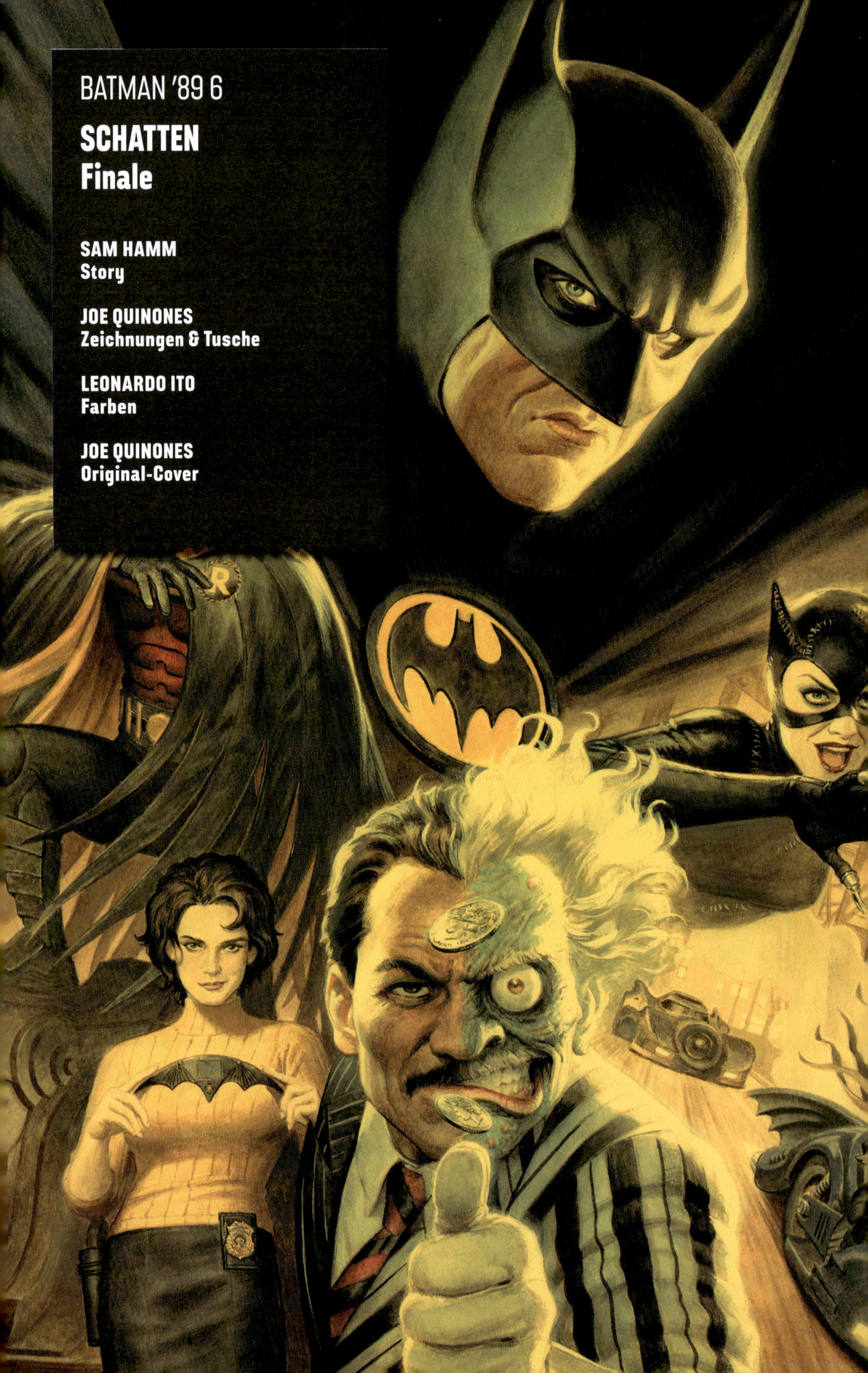

BATMAN '89 6

SCHATTEN
Finale

SAM HAMM
Story

JOE QUINONES
Zeichnungen & Tusche

LEONARDO ITO
Farben

JOE QUINONES
Original-Cover

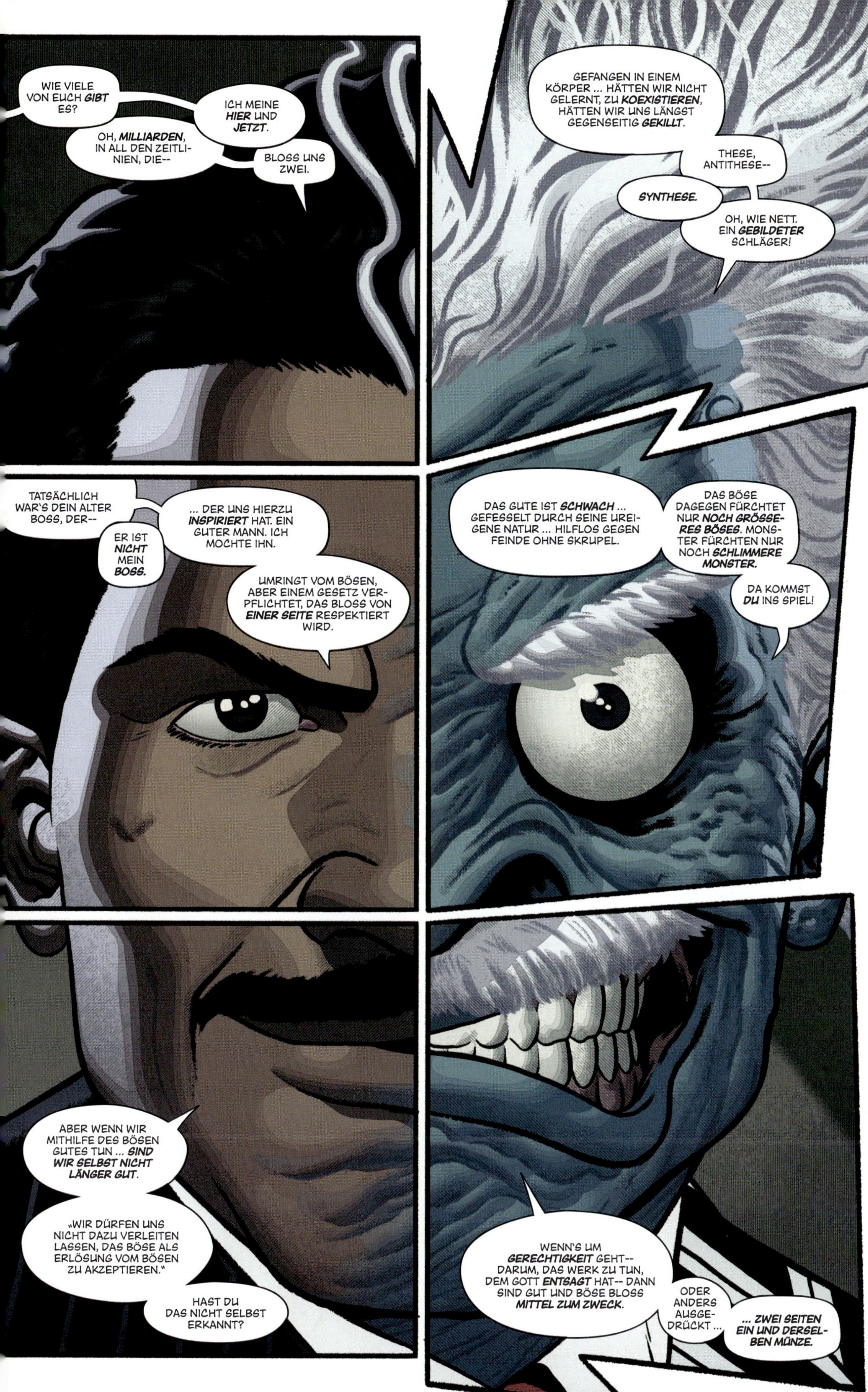
WIE VIELE VON EUCH GIBT ES?
ICH MEINE HIER UND JETZT.
OH, MILLIARDEN, IN ALL DEN ZEITLINIEN, DIE--
BLOSS UNS ZWEI.
GEFANGEN IN EINEM KÖRPER ... HÄTTEN WIR NICHT GELERNT, ZU KOEXISTIEREN, HÄTTEN WIR UNS LÄNGST GEGENSEITIG GEKILLT.
THESE, ANTITHESE--
SYNTHESE.
OH, WIE NETT. EIN GEBILDETER SCHLÄGER!
TATSÄCHLICH WAR'S DEIN ALTER BOSS, DER--
... DER UNS HIERZU INSPIRIERT HAT. EIN GUTER MANN. ICH MOCHTE IHN.
ER IST NICHT MEIN BOSS.
UMRINGT VOM BÖSEN, ABER EINEM GESETZ VERPFLICHTET, DAS BLOSS VON EINER SEITE RESPEKTIERT WIRD.
DAS GUTE IST SCHWACH ... GEFESSELT DURCH SEINE UREIGENE NATUR ... HILFLOS GEGEN FEINDE OHNE SKRUPEL.
DAS BÖSE DAGEGEN FÜRCHTET NUR NOCH GRÖSSERES BÖSES. MONSTER FÜRCHTEN NUR NOCH SCHLIMMERE MONSTER.
DA KOMMST DU INS SPIEL!
ABER WENN WIR MITHILFE DES BÖSEN GUTES TUN ... SIND WIR SELBST NICHT LÄNGER GUT.
„WIR DÜRFEN UNS NICHT DAZU VERLEITEN LASSEN, DAS BÖSE ALS ERLÖSUNG VOM BÖSEN ZU AKZEPTIEREN."
HAST DU DAS NICHT SELBST ERKANNT?
WENN'S UM GERECHTIGKEIT GEHT-- DARUM, DAS WERK ZU TUN, DEM GOTT ENTSAGT HAT-- DANN SIND GUT UND BÖSE BLOSS MITTEL ZUM ZWECK.
ODER ANDERS AUSGEDRÜCKT ...
... ZWEI SEITEN EIN UND DERSELBEN MÜNZE.

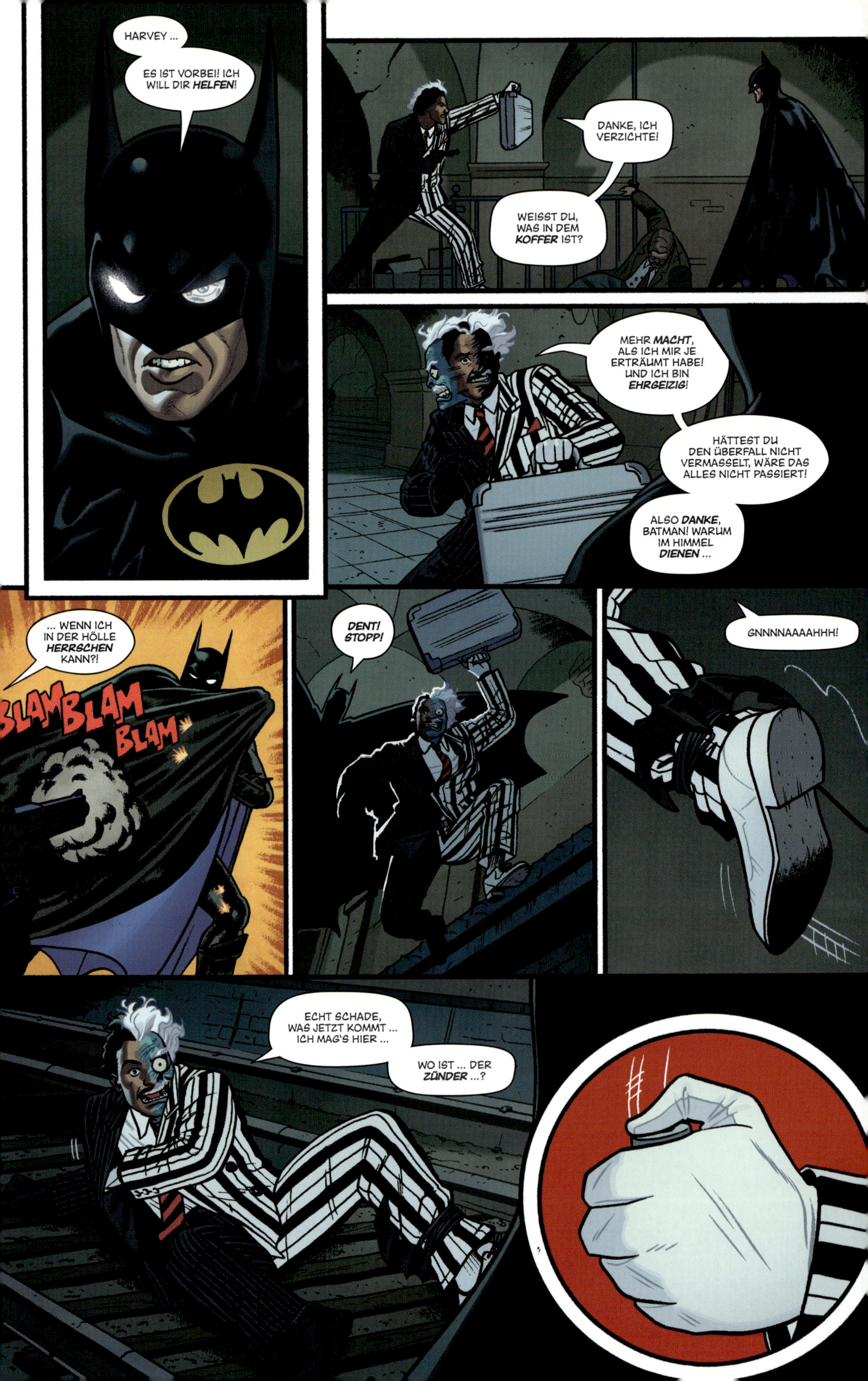
HARVEY ...
ES IST VORBEI! ICH WILL DIR HELFEN!
DANKE, ICH VERZICHTE!
WEISST DU, WAS IN DEM KOFFER IST?
MEHR MACHT, ALS ICH MIR JE ERTRÄUMT HABE! UND ICH BIN EHRGEIZIG!
HÄTTEST DU DEN ÜBERFALL NICHT VERMASSELT, WÄRE DAS ALLES NICHT PASSIERT!
ALSO DANKE, BATMAN! WARUM IM HIMMEL DIENEN ...
... WENN ICH IN DER HÖLLE HERRSCHEN KANN?!
BLAM BLAM BLAM
DENT! STOPP!
GNNNNAAAAHHH!
ECHT SCHADE, WAS JETZT KOMMT ... ICH MAG'S HIER ...
WO IST ... DER ZÜNDER ...?

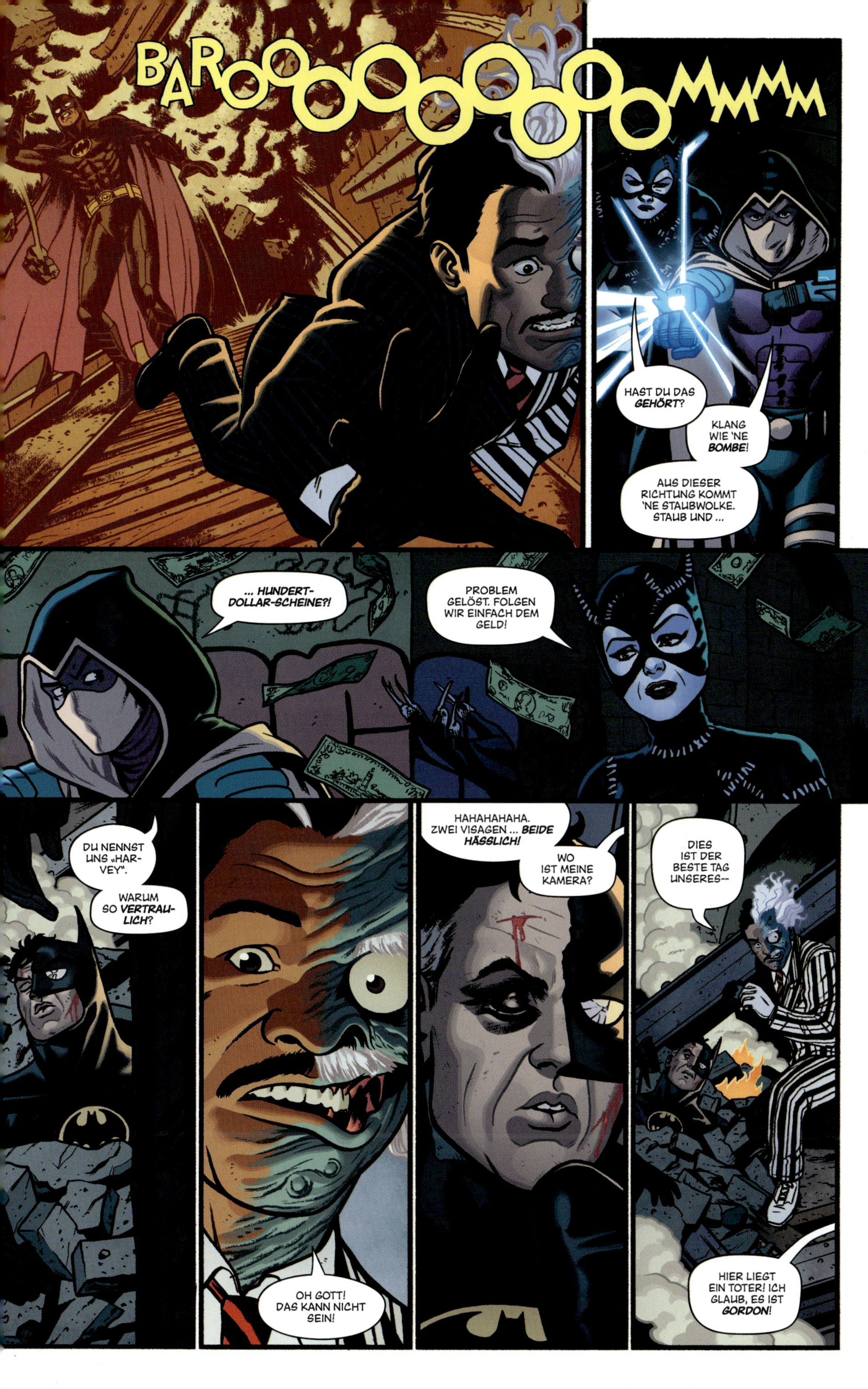
BAROOOOOOOOOOMMMMM
HAST DU DAS GEHÖRT?
KLANG WIE 'NE BOMBE!
AUS DIESER RICHTUNG KOMMT 'NE STAUBWOLKE. STAUB UND ...
... HUNDERT-DOLLAR-SCHEINE?!
PROBLEM GELÖST. FOLGEN WIR EINFACH DEM GELD!
DU NENNST UNS „HAR-VEY".
WARUM SO VERTRAU-LICH?
OH GOTT! DAS KANN NICHT SEIN!
HAHAHAHAHA. ZWEI VISAGEN ... BEIDE HÄSSLICH!
WO IST MEINE KAMERA?
DIES IST DER BESTE TAG UNSERES--
HIER LIEGT EIN TOTER! ICH GLAUB, ES IST GORDON!

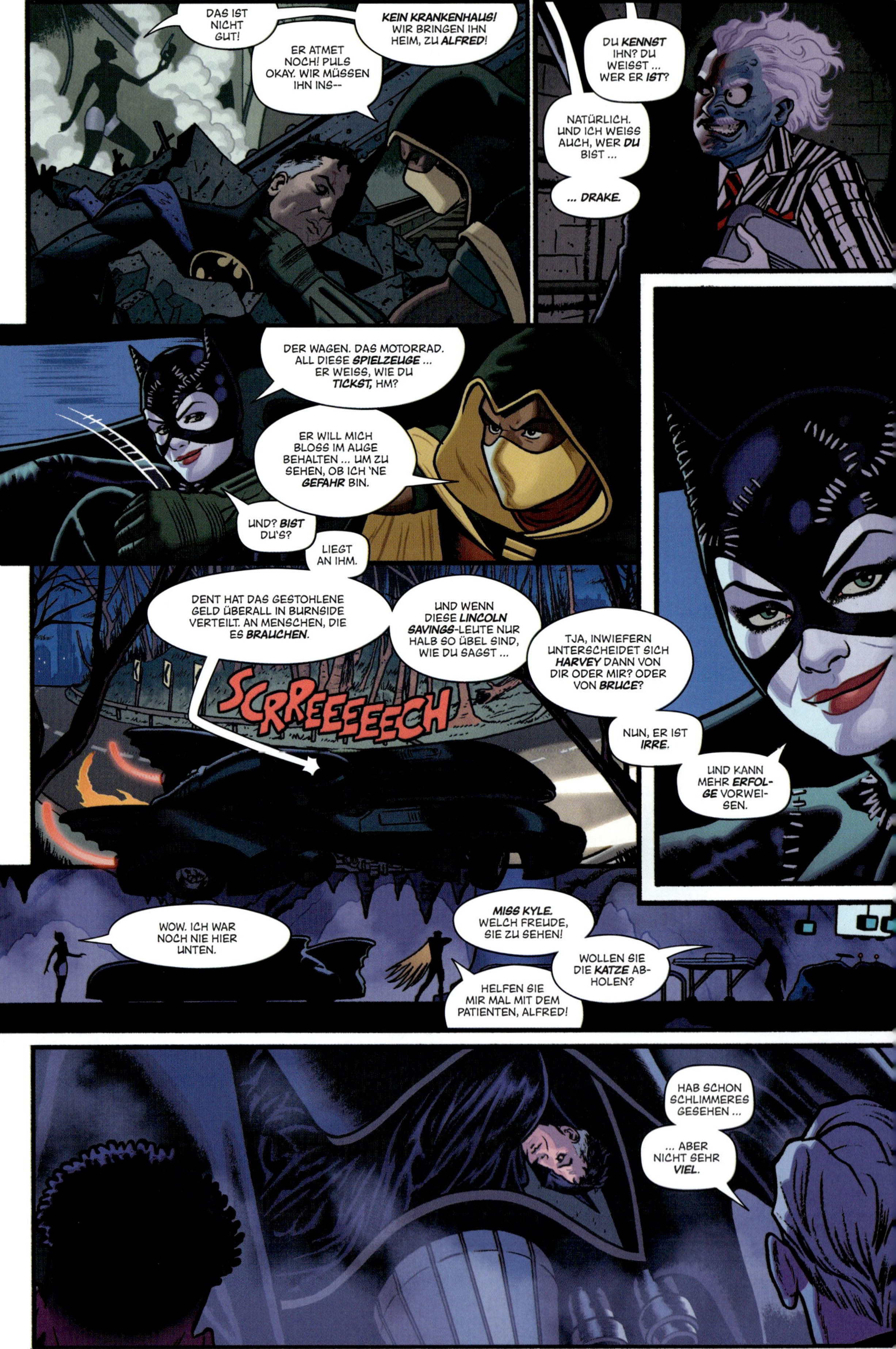
DAS IST NICHT GUT!
KEIN KRANKENHAUS! WIR BRINGEN IHN HEIM, ZU ALFRED!
ER ATMET NOCH! PULS OKAY. WIR MÜSSEN IHN INS--
DU KENNST IHN? DU WEISST ... WER ER IST?
NATÜRLICH. UND ICH WEISS AUCH, WER DU BIST ...
... DRAKE.
DER WAGEN. DAS MOTORRAD. ALL DIESE SPIELZEUGE ... ER WEISS, WIE DU TICKST, HM?
ER WILL MICH BLOSS IM AUGE BEHALTEN ... UM ZU SEHEN, OB ICH 'NE GEFAHR BIN.
UND? BIST DU'S?
LIEGT AN IHM.
DENT HAT DAS GESTOHLENE GELD ÜBERALL IN BURNSIDE VERTEILT. AN MENSCHEN, DIE ES BRAUCHEN.
UND WENN DIESE LINCOLN SAVINGS-LEUTE NUR HALB SO ÜBEL SIND, WIE DU SAGST ...
SCRREEEEECH
TJA, INWIEFERN UNTERSCHEIDET SICH HARVEY DANN VON DIR ODER MIR? ODER VON BRUCE?
NUN, ER IST IRRE.
UND KANN MEHR ERFOLGE VORWEISEN.
WOW. ICH WAR NOCH NIE HIER UNTEN.
MISS KYLE. WELCH FREUDE, SIE ZU SEHEN!
WOLLEN SIE DIE KATZE ABHOLEN?
HELFEN SIE MIR MAL MIT DEM PATIENTEN, ALFRED!
HAB SCHON SCHLIMMERES GESEHEN ...
... ABER NICHT SEHR VIEL.

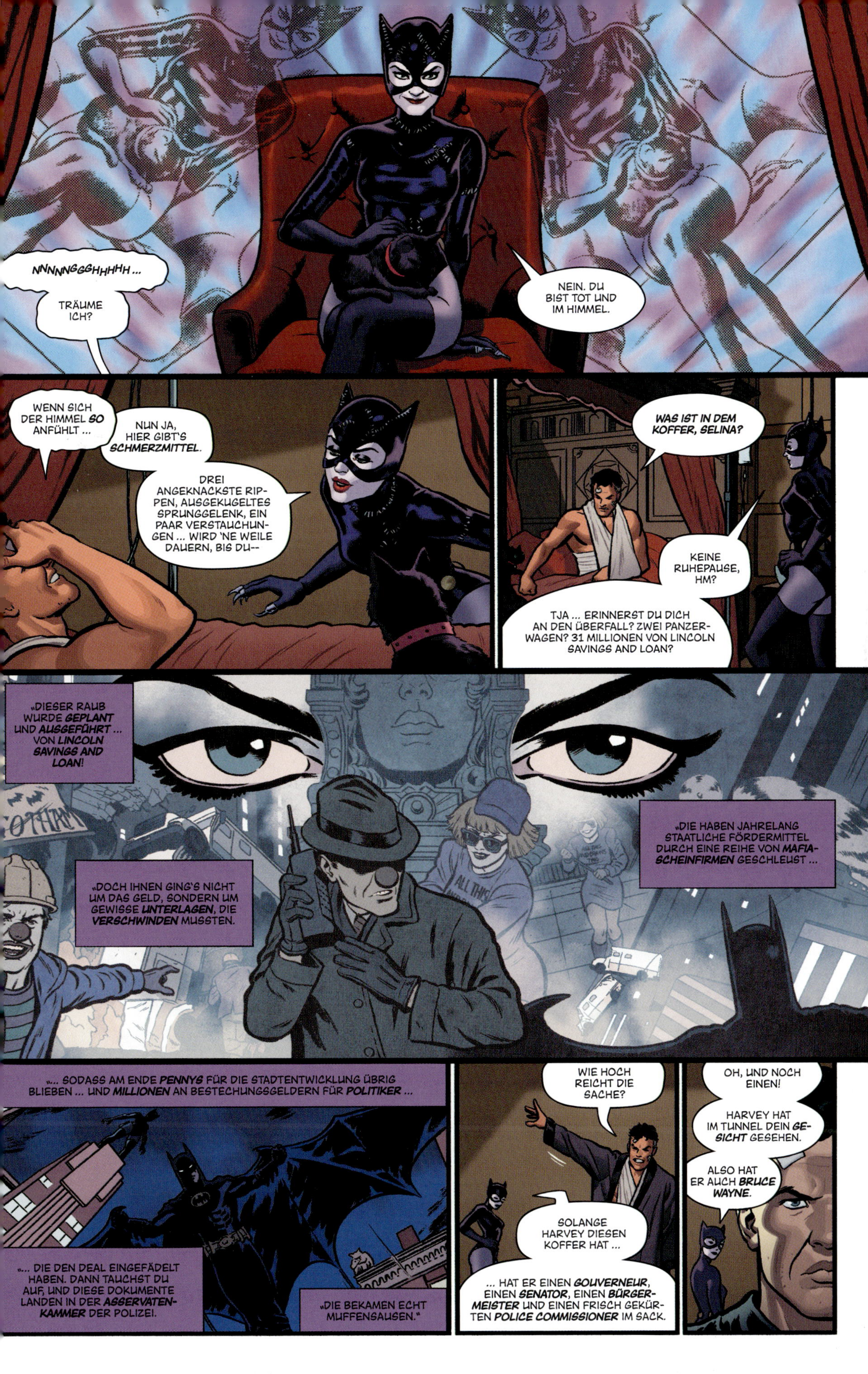

NNNNNGGGHHHH ...
TRÄUME ICH?
NEIN. DU BIST TOT UND IM HIMMEL.
WENN SICH DER HIMMEL SO ANFÜHLT ...
NUN JA, HIER GIBT'S SCHMERZMITTEL.
DREI ANGEKNACKSTE RIPPEN, AUSGEKUGELTES SPRUNGGELENK, EIN PAAR VERSTAUCHUNGEN ... WIRD 'NE WEILE DAUERN, BIS DU--
WAS IST IN DEM KOFFER, SELINA?
KEINE RUHEPAUSE, HM?
TJA ... ERINNERST DU DICH AN DEN ÜBERFALL? ZWEI PANZERWAGEN? 31 MILLIONEN VON LINCOLN SAVINGS AND LOAN?
„DIESER RAUB WURDE GEPLANT UND AUSGEFÜHRT ... VON LINCOLN SAVINGS AND LOAN!
„DIE HABEN JAHRELANG STAATLICHE FÖRDERMITTEL DURCH EINE REIHE VON MAFIA-SCHEINFIRMEN GESCHLEUST ...
„DOCH IHNEN GING'S NICHT UM DAS GELD, SONDERN UM GEWISSE UNTERLAGEN, DIE VERSCHWINDEN MUSSTEN.
„... SODASS AM ENDE PENNYS FÜR DIE STADTENTWICKLUNG ÜBRIG BLIEBEN ... UND MILLIONEN AN BESTECHUNGSGELDERN FÜR POLITIKER ...
„... DIE DEN DEAL EINGEFÄDELT HABEN. DANN TAUCHST DU AUF, UND DIESE DOKUMENTE LANDEN IN DER ASSERVATENKAMMER DER POLIZEI.
„DIE BEKAMEN ECHT MUFFENSAUSEN.“
WIE HOCH REICHT DIE SACHE?
SOLANGE HARVEY DIESEN KOFFER HAT ...
... HAT ER EINEN GOUVERNEUR, EINEN SENATOR, EINEN BÜRGERMEISTER UND EINEN FRISCH GEKÜRTEN POLICE COMMISSIONER IM SACK.
OH, UND NOCH EINEN!
HARVEY HAT IM TUNNEL DEIN GESICHT GESEHEN.
ALSO HAT ER AUCH BRUCE WAYNE.

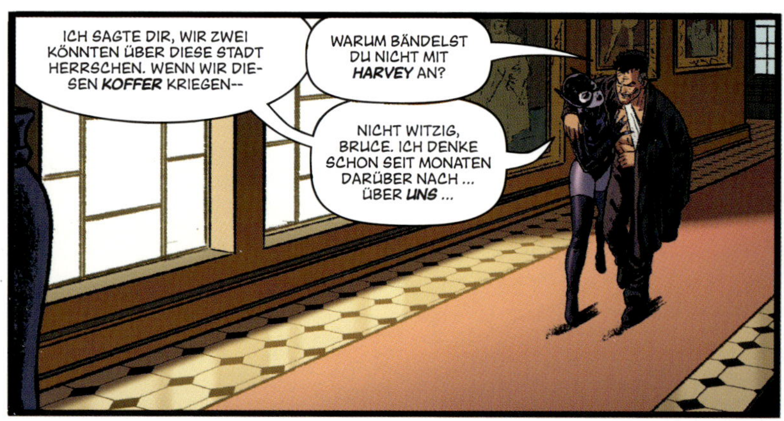
ICH SAGTE DIR, WIR ZWEI KÖNNTEN ÜBER DIESE STADT HERRSCHEN. WENN WIR DIESEN KOFFER KRIEGEN--
WARUM BÄNDELST DU NICHT MIT HARVEY AN?
NICHT WITZIG, BRUCE. ICH DENKE SCHON SEIT MONATEN DARÜBER NACH ... ÜBER UNS ...
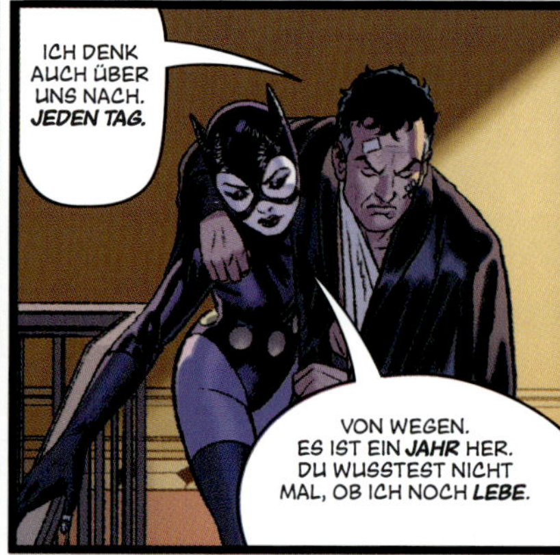
ICH DENK AUCH ÜBER UNS NACH. JEDEN TAG.
VON WEGEN. ES IST EIN JAHR HER. DU WUSSTEST NICHT MAL, OB ICH NOCH LEBE.
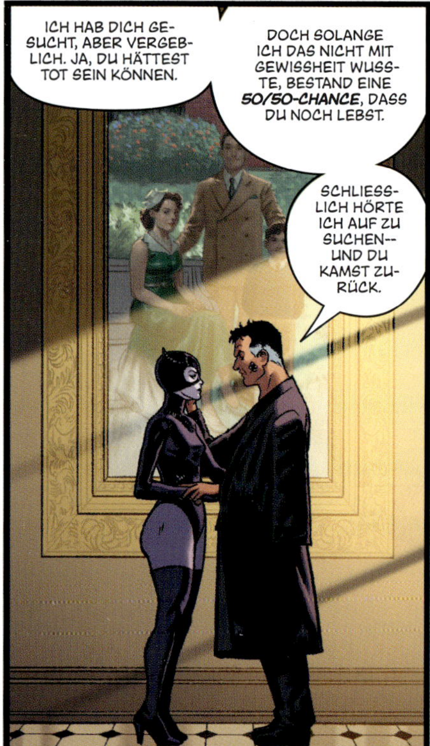
ICH HAB DICH GESUCHT, ABER VERGEBLICH. JA, DU HÄTTEST TOT SEIN KÖNNEN.
DOCH SOLANGE ICH DAS NICHT MIT GEWISSHEIT WUSSTE, BESTAND EINE 50/50-CHANCE, DASS DU NOCH LEBST.
SCHLIESSLICH HÖRTE ICH AUF ZU SUCHEN-- UND DU KAMST ZURÜCK.
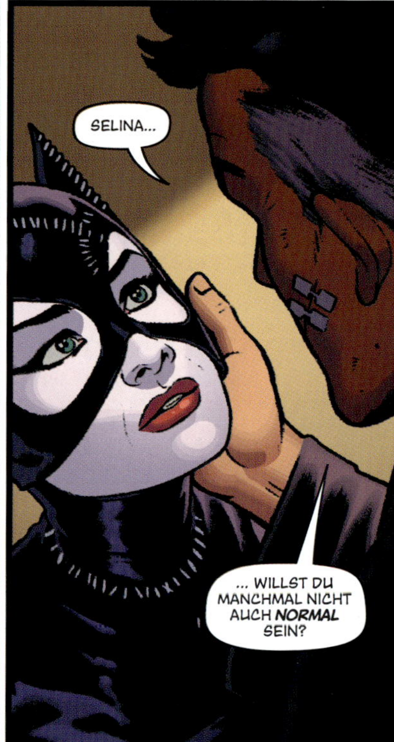
SELINA...
... WILLST DU MANCHMAL NICHT AUCH NORMAL SEIN?
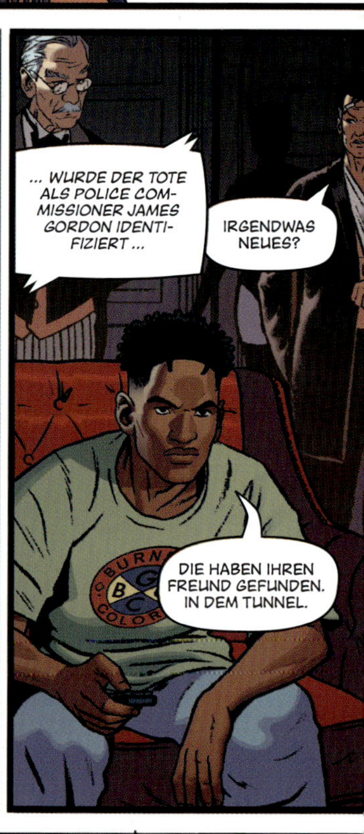
... WURDE DER TOTE ALS POLICE COMMISSIONER JAMES GORDON IDENTIFIZIERT ...
IRGENDWAS NEUES?
DIE HABEN IHREN FREUND GEFUNDEN. IN DEM TUNNEL.
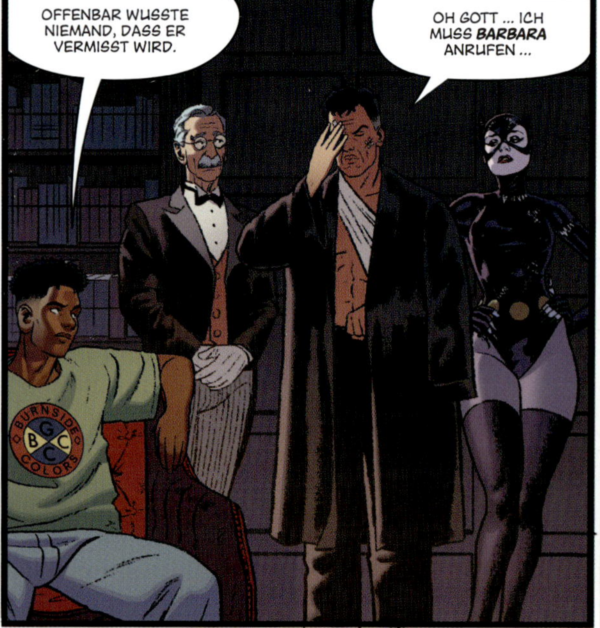
OFFENBAR WUSSTE NIEMAND, DASS ER VERMISST WIRD.
OH GOTT ... ICH MUSS BARBARA ANRUFEN ...
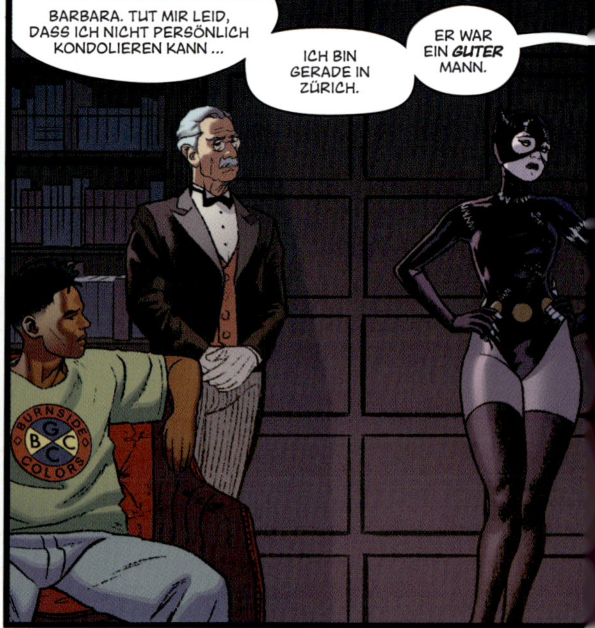
BARBARA. TUT MIR LEID, DASS ICH NICHT PERSÖNLICH KONDOLIEREN KANN ...
ICH BIN GERADE IN ZÜRICH.
ER WAR EIN GUTER MANN.

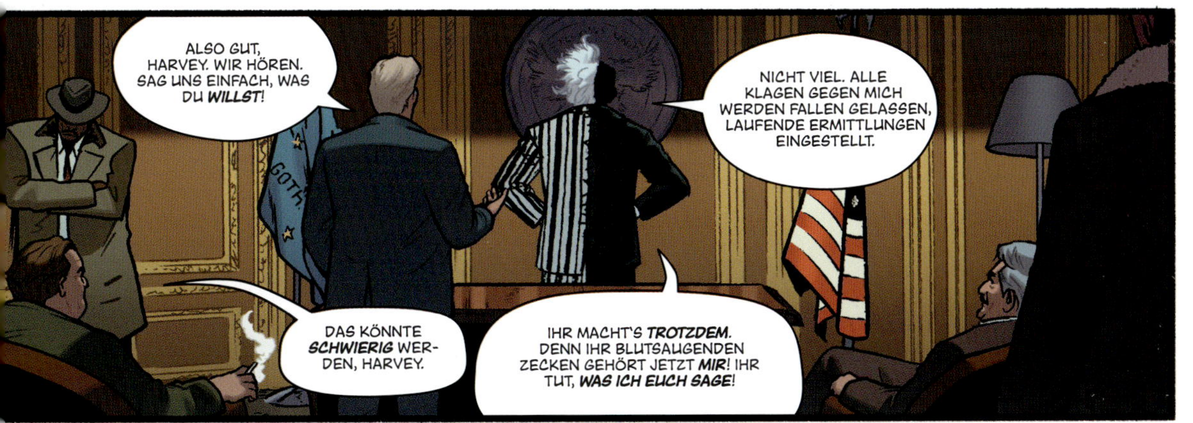
ALSO GUT, HARVEY. WIR HÖREN. SAG UNS EINFACH, WAS DU WILLST!
NICHT VIEL. ALLE KLAGEN GEGEN MICH WERDEN FALLEN GELASSEN, LAUFENDE ERMITTLUNGEN EINGESTELLT.
DAS KÖNNTE SCHWIERIG WERDEN, HARVEY.
IHR MACHT'S TROTZDEM. DENN IHR BLUTSAUGENDEN ZECKEN GEHÖRT JETZT MIR! IHR TUT, WAS ICH EUCH SAGE!

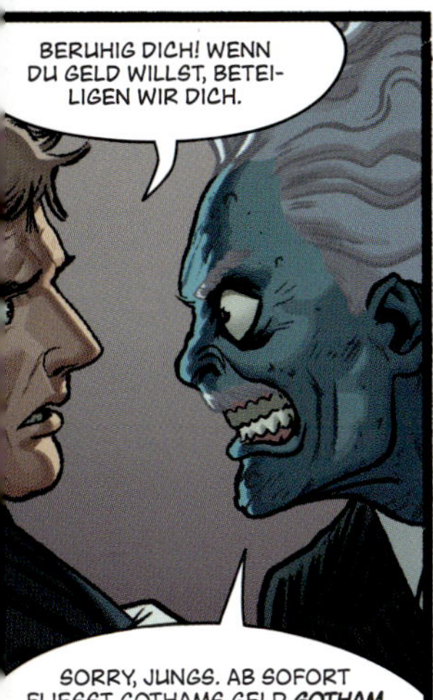
BERUHIG DICH! WENN DU GELD WILLST, BETEILIGEN WIR DICH.
SORRY, JUNGS. AB SOFORT FLIESST GOTHAMS GELD GOTHAM ZU. DAS WAR'S MIT DER SELBSTBEDIENUNG!

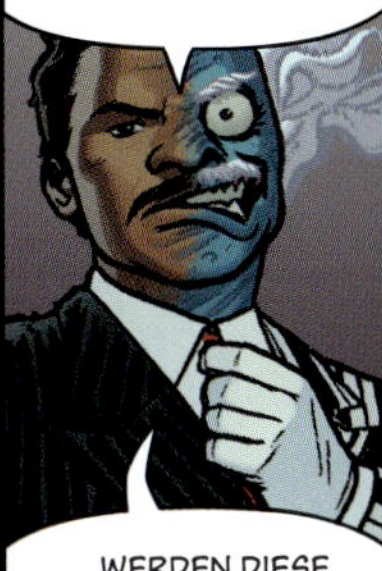
ICH WEISS, WAS IHR DENKT. ABER ICH WARNE EUCH: SOLLTE MIR IRGENDWAS ZUSTOSSEN ...
... WERDEN DIESE DOKUMENTE VERÖFFENTLICHT. DANN ERFAHREN DIE WÄHLER-- UND DIE BEHÖRDEN-- MIT WEM IHR EUCH ABGEBT!

WAS IST IHR ANTEIL, FALCONE? WAS KOSTET ES, BESTECHUNGSGELDER ZU WASCHEN?
SIE KÖNNEN VIELLEICHT DIESE POLITIKER EINSCHÜCHTERN, DENT, ABER TYPEN WIE DIE KOMMEN UND GEHEN. ICH DAGEGEN BIN IMMER DA!

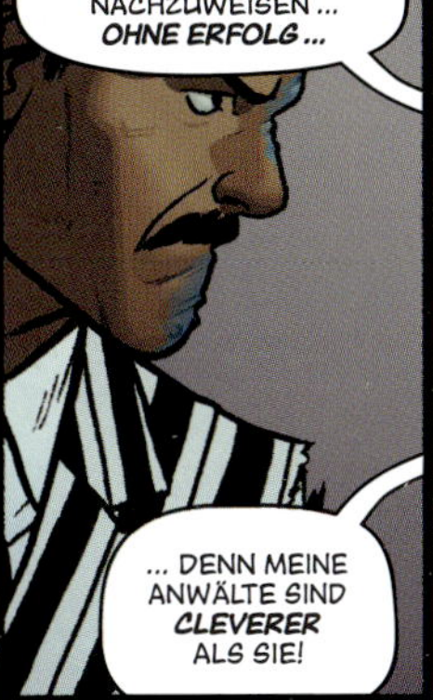
BAUWESEN. TRANSPORT. KANALISATION. DANK MIR FUNKTIONIERT DIESE STADT!
SIE HABEN JAHRELANG VERSUCHT, MIR WAS NACHZUWEISEN ... OHNE ERFOLG ...
... DENN MEINE ANWÄLTE SIND CLEVERER ALS SIE!

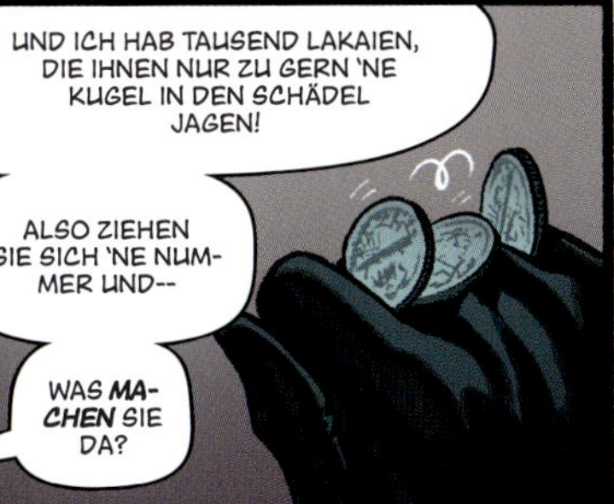
UND ICH HAB TAUSEND LAKAIEN, DIE IHNEN NUR ZU GERN 'NE KUGEL IN DEN SCHÄDEL JAGEN!
ALSO ZIEHEN SIE SICH 'NE NUMMER UND--
WAS MACHEN SIE DA?

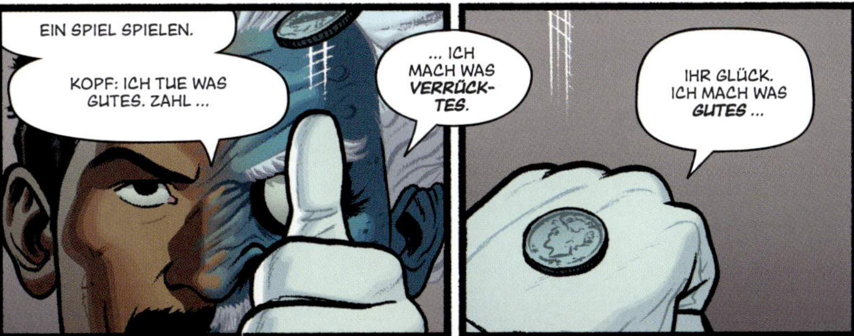
EIN SPIEL SPIELEN.
KOPF: ICH TUE WAS GUTES. ZAHL ...
... ICH MACH WAS VERRÜCKTES.
IHR GLÜCK. ICH MACH WAS GUTES ...

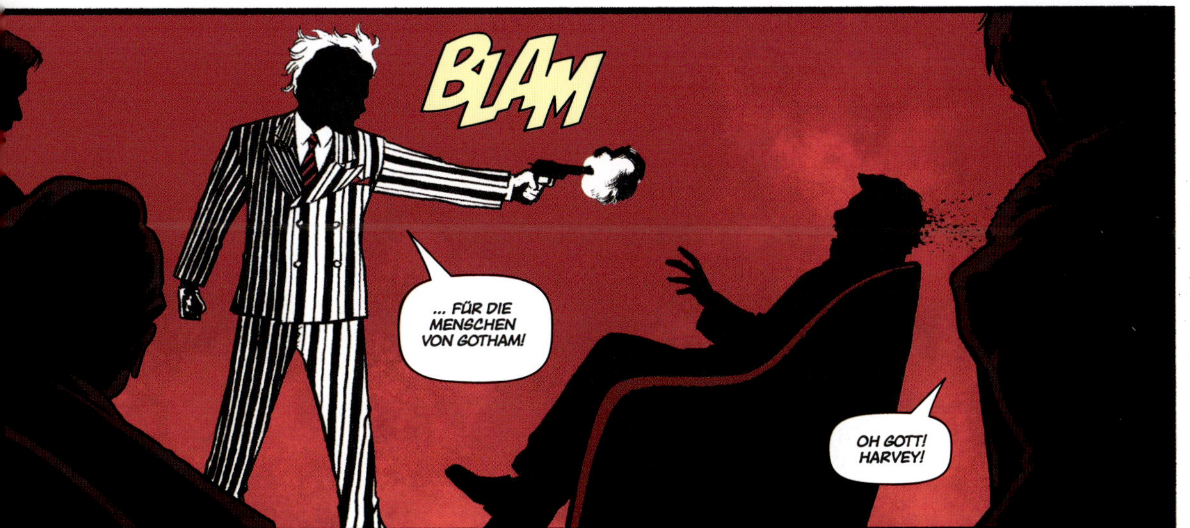
BLAM
... FÜR DIE MENSCHEN VON GOTHAM!
OH GOTT! HARVEY!

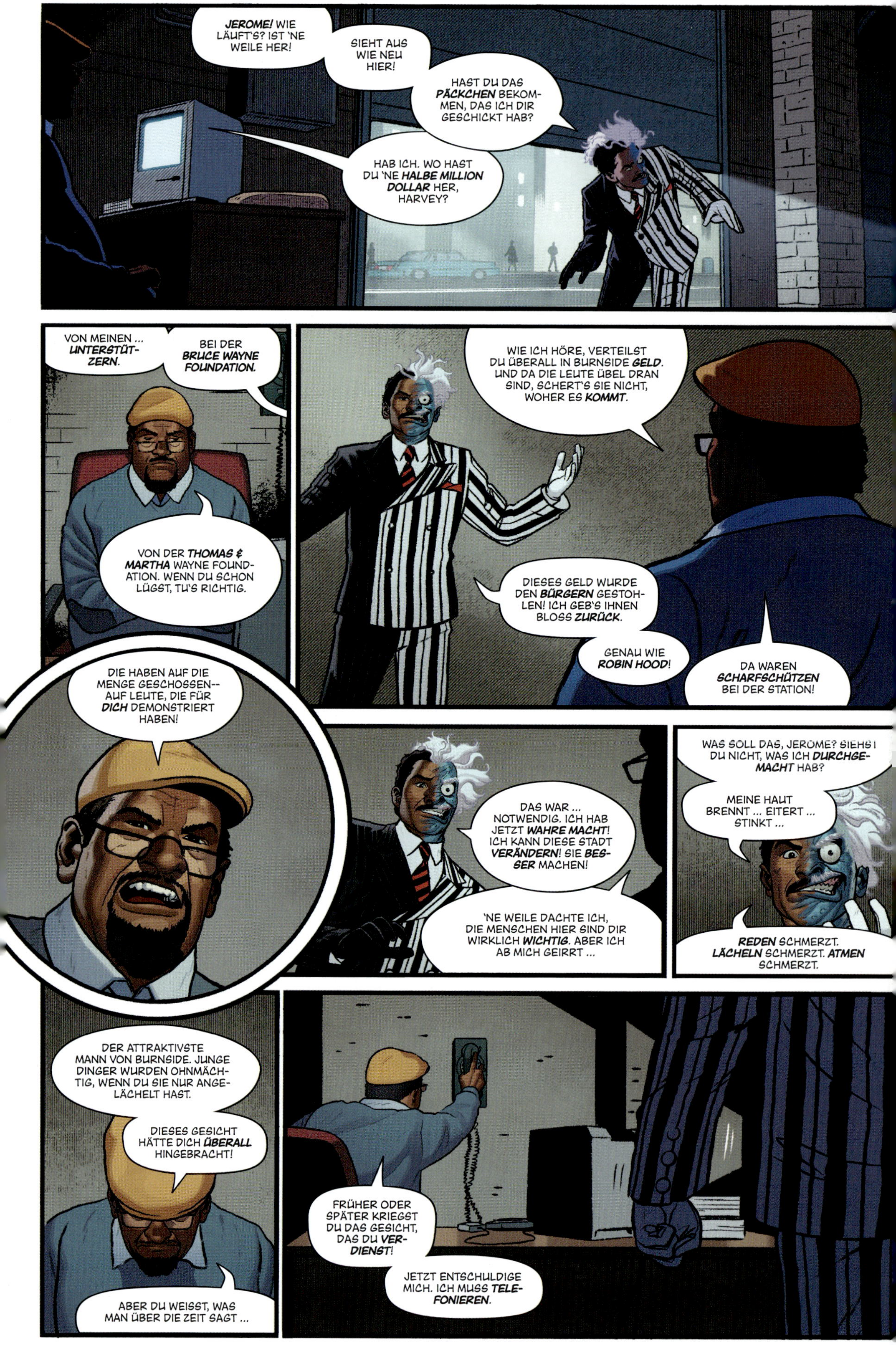

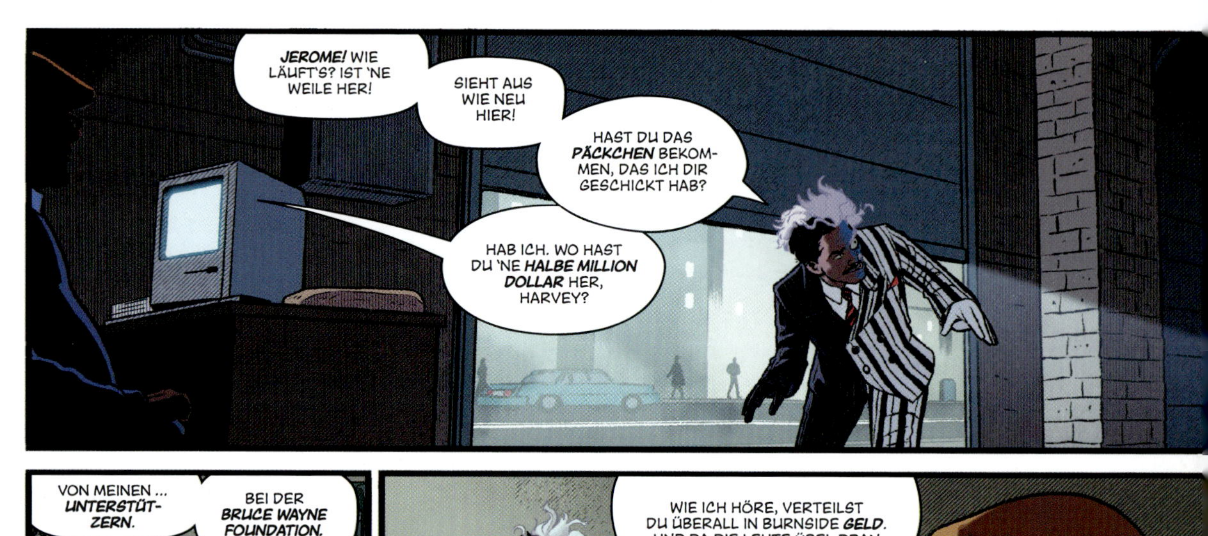
JEROME! WIE LÄUFT'S? IST 'NE WEILE HER!
SIEHT AUS WIE NEU HIER!
HAST DU DAS PÄCKCHEN BEKOMMEN, DAS ICH DIR GESCHICKT HAB?
HAB ICH. WO HAST DU 'NE HALBE MILLION DOLLAR HER, HARVEY?
VON MEINEN ... UNTERSTÜTZERN.
BEI DER BRUCE WAYNE FOUNDATION.
VON DER THOMAS & MARTHA WAYNE FOUNDATION. WENN DU SCHON LÜGST, TU'S RICHTIG.
WIE ICH HÖRE, VERTEILST DU ÜBERALL IN BURNSIDE GELD. UND DA DIE LEUTE ÜBEL DRAN SIND, SCHERT'S SIE NICHT, WOHER ES KOMMT.
DIESES GELD WURDE DEN BÜRGERN GESTOHLEN! ICH GEB'S IHNEN BLOSS ZURÜCK.
GENAU WIE ROBIN HOOD!
DA WAREN SCHARFSCHÜTZEN BEI DER STATION!

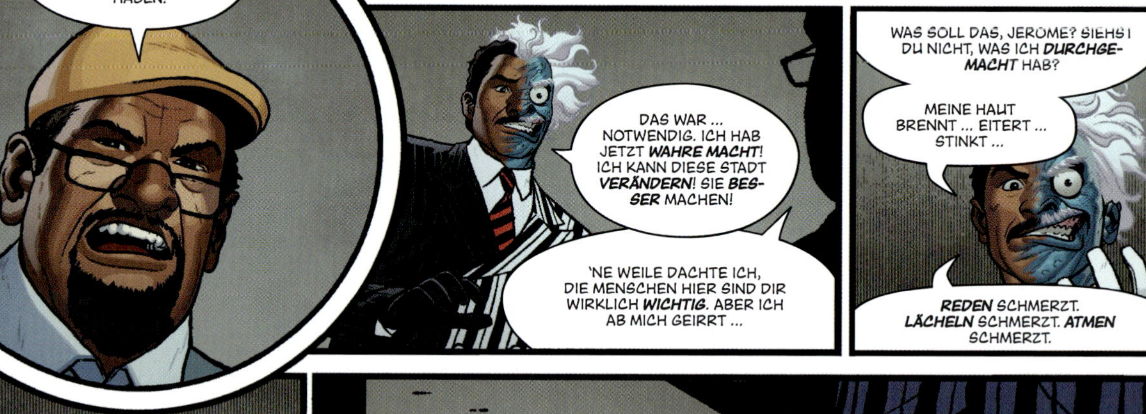
DIE HABEN AUF DIE MENGE GESCHOSSEN-- AUF LEUTE, DIE FÜR DICH DEMONSTRIERT HABEN!
DAS WAR ... NOTWENDIG. ICH HAB JETZT WAHRE MACHT! ICH KANN DIESE STADT VERÄNDERN! SIE BESSER MACHEN!
'NE WEILE DACHTE ICH, DIE MENSCHEN HIER SIND DIR WIRKLICH WICHTIG. ABER ICH AB MICH GEIRRT ...
WAS SOLL DAS, JEROME? SIEHST DU NICHT, WAS ICH DURCHGEMACHT HAB?
MEINE HAUT BRENNT ... EITERT ... STINKT ...
REDEN SCHMERZT. LÄCHELN SCHMERZT. ATMEN SCHMERZT.

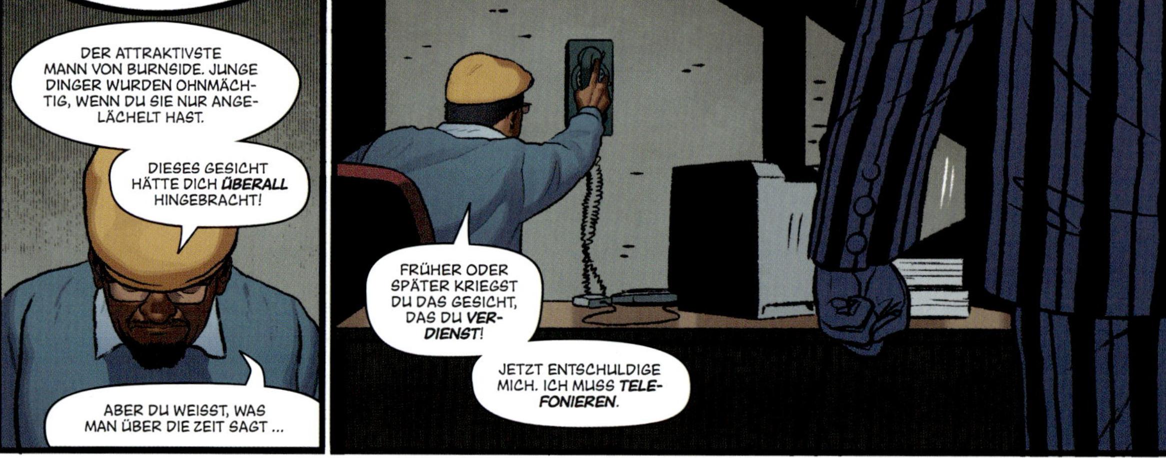
DER ATTRAKTIVSTE MANN VON BURNSIDE. JUNGE DINGER WURDEN OHNMÄCHTIG, WENN DU SIE NUR ANGELÄCHELT HAST.
DIESES GESICHT HÄTTE DICH ÜBERALL HINGEBRACHT!
ABER DU WEISST, WAS MAN ÜBER DIE ZEIT SAGT ...
FRÜHER ODER SPÄTER KRIEGST DU DAS GESICHT, DAS DU VERDIENST!
JETZT ENTSCHULDIGE MICH. ICH MUSS TELEFONIEREN.

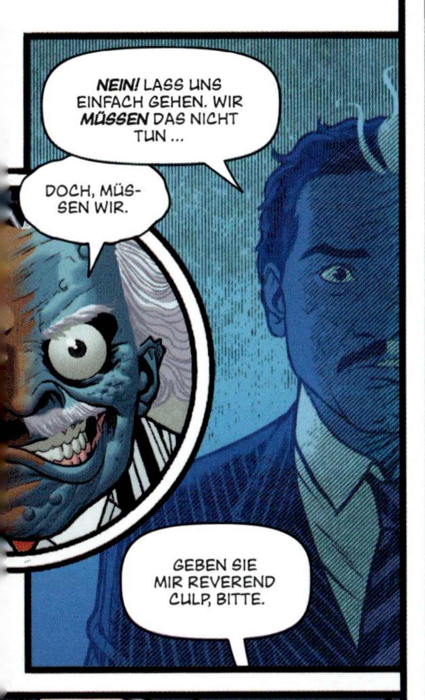
NEIN! LASS UNS EINFACH GEHEN. WIR MÜSSEN DAS NICHT TUN ...
DOCH, MÜS-SEN WIR.
GEBEN SIE MIR REVEREND CULP, BITTE.

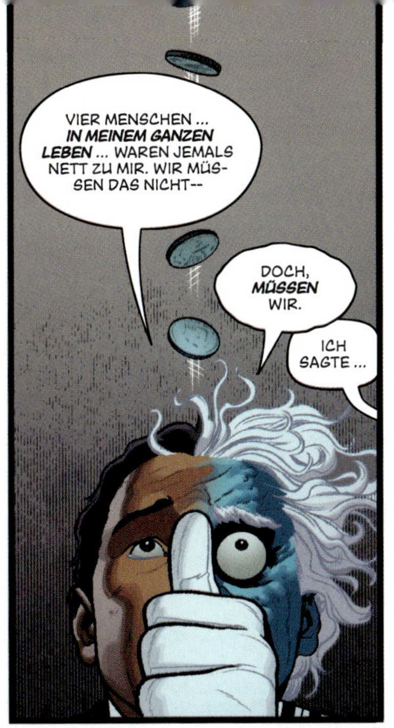
VIER MENSCHEN ... IN MEINEM GANZEN LEBEN ... WAREN JEMALS NETT ZU MIR. WIR MÜS-SEN DAS NICHT--
DOCH, MÜSSEN WIR.
ICH SAGTE ...

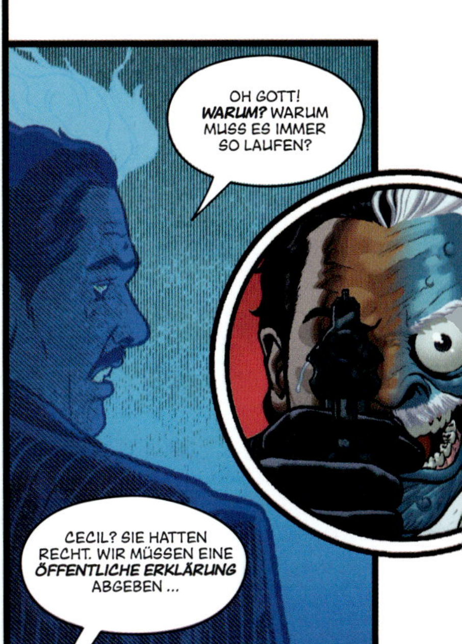
OH GOTT! WARUM? WARUM MUSS ES IMMER SO LAUFEN?
CECIL? SIE HATTEN RECHT. WIR MÜSSEN EINE ÖFFENTLICHE ERKLÄRUNG ABGEBEN ...

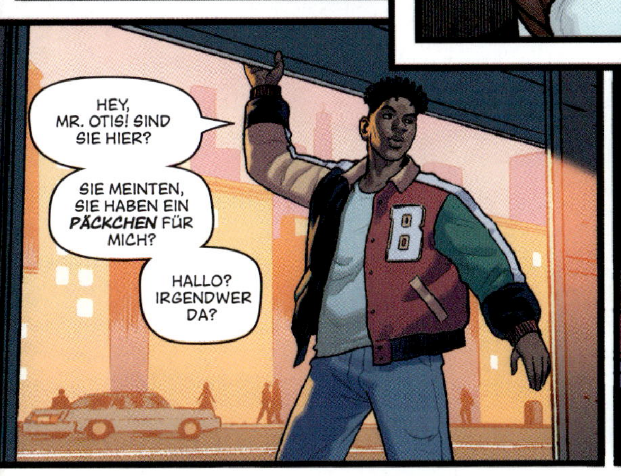
HEY, MR. OTIS! SIND SIE HIER?
SIE MEINTEN, SIE HABEN EIN PÄCKCHEN FÜR MICH?
HALLO? IRGENDWER DA?

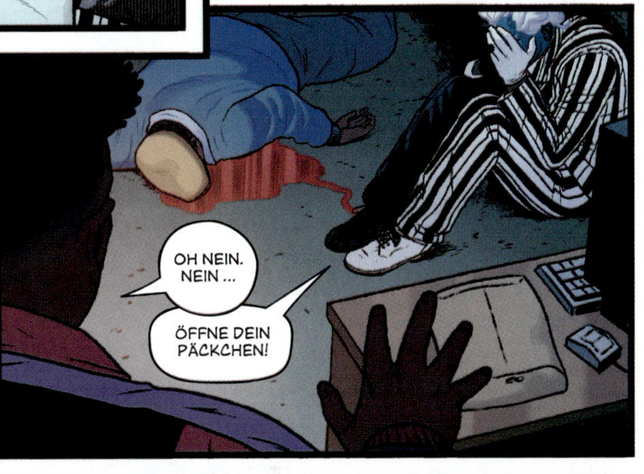
OH NEIN. NEIN ...
ÖFFNE DEIN PÄCKCHEN!

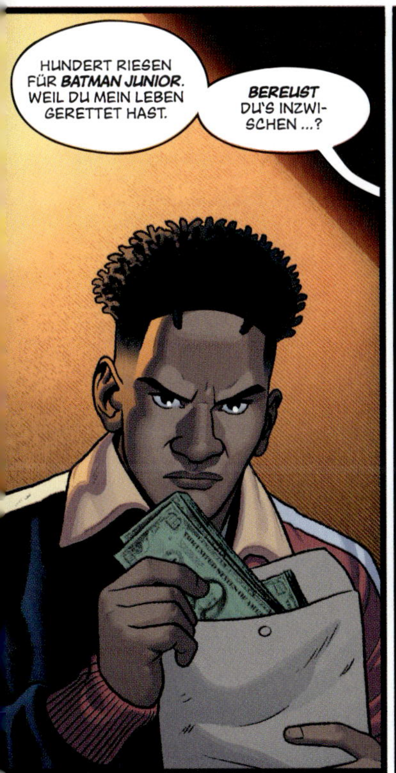
HUNDERT RIESEN FÜR BATMAN JUNIOR. WEIL DU MEIN LEBEN GERETTET HAST.
BEREUST DU'S INZWI-SCHEN ...?

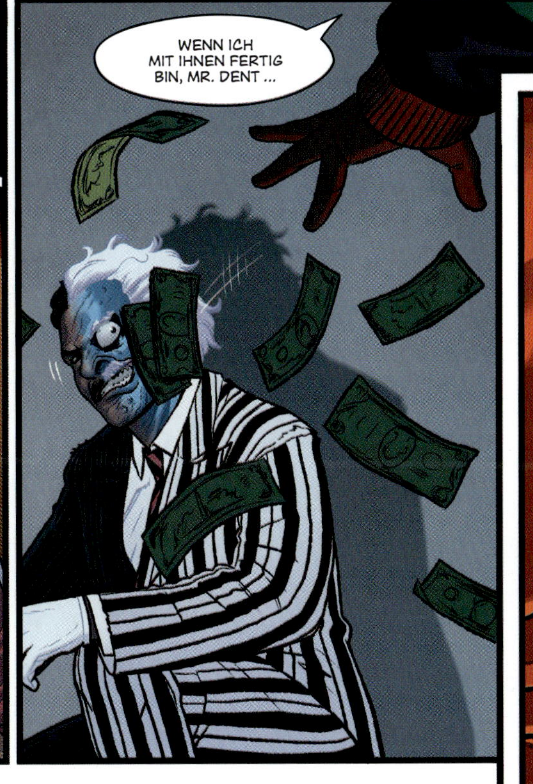
WENN ICH MIT IHNEN FERTIG BIN, MR. DENT ...

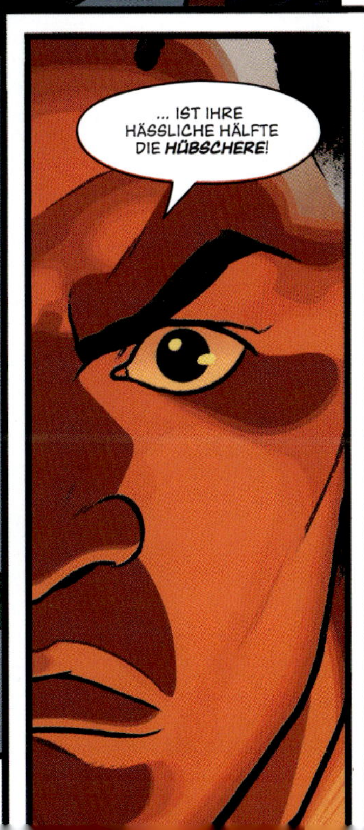
... IST IHRE HÄSSLICHE HÄLFTE DIE HÜBSCHERE!

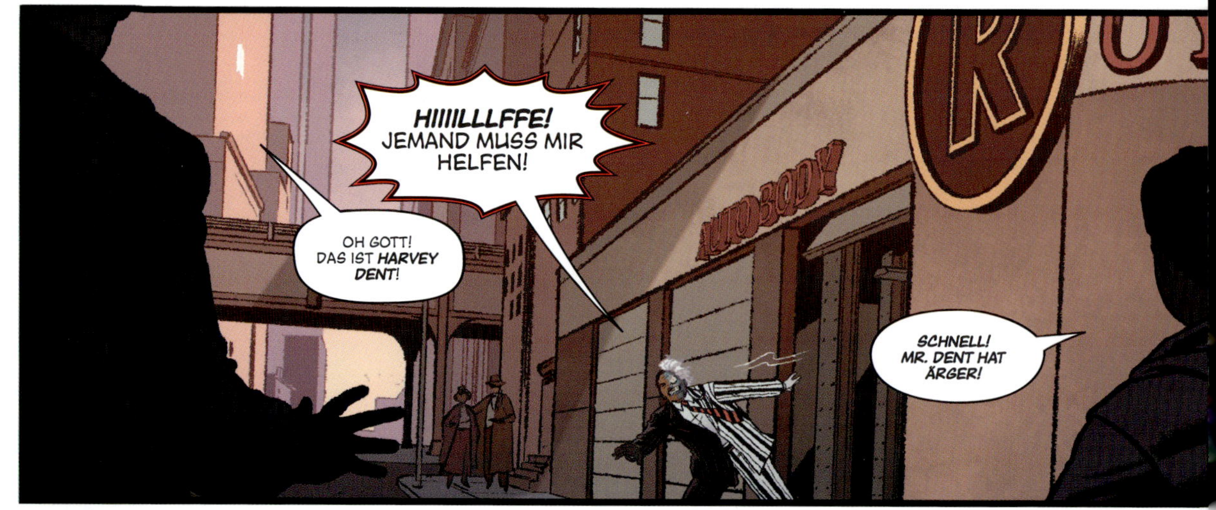
HIIIILLLFFE! JEMAND MUSS MIR HELFEN!
OH GOTT! DAS IST HARVEY DENT!
SCHNELL! MR. DENT HAT ÄRGER!
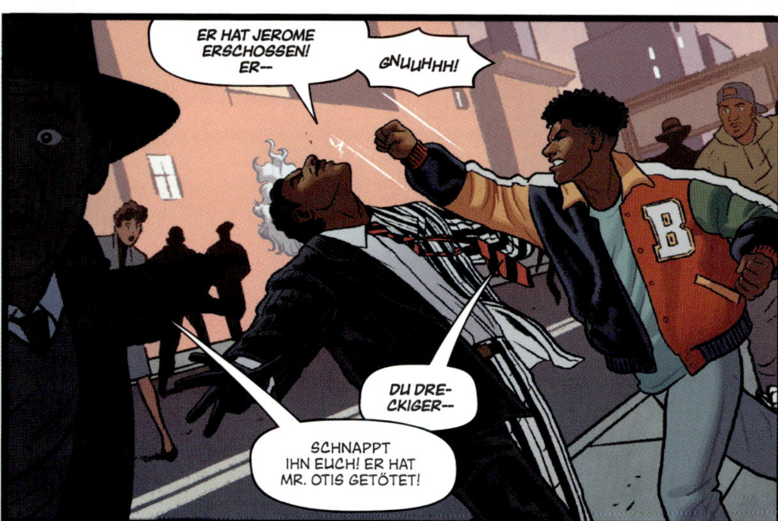
ER HAT JEROME ERSCHOSSEN! ER--
GNUUHHH!
DU DRECKIGER--
SCHNAPPT IHN EUCH! ER HAT MR. OTIS GETÖTET!
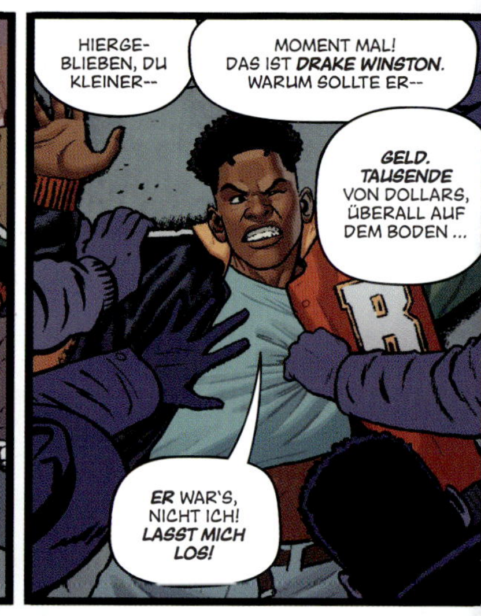
HIERGEBLIEBEN, DU KLEINER--
MOMENT MAL! DAS IST DRAKE WINSTON. WARUM SOLLTE ER--
GELD. TAUSENDE VON DOLLARS, ÜBERALL AUF DEM BODEN ...
ER WAR'S, NICHT ICH! LASST MICH LOS!
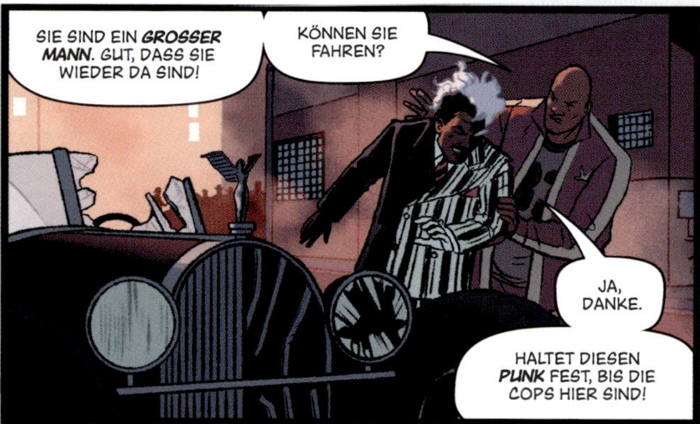
SIE SIND EIN GROSSER MANN. GUT, DASS SIE WIEDER DA SIND!
KÖNNEN SIE FAHREN?
JA, DANKE.
HALTET DIESEN PUNK FEST, BIS DIE COPS HIER SIND!
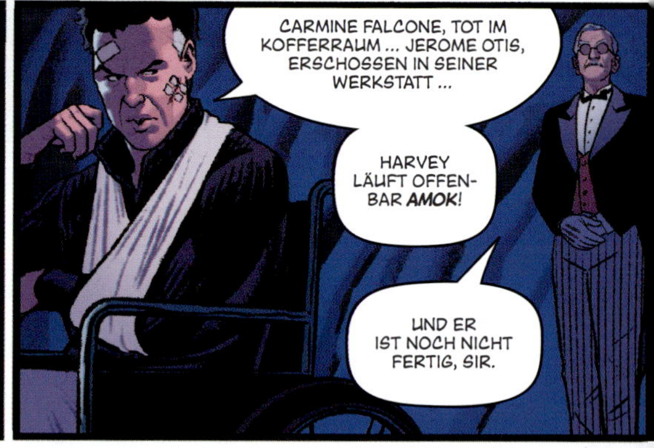
CARMINE FALCONE, TOT IM KOFFERRAUM ... JEROME OTIS, ERSCHOSSEN IN SEINER WERKSTATT ...
HARVEY LÄUFT OFFENBAR AMOK!
UND ER IST NOCH NICHT FERTIG, SIR.
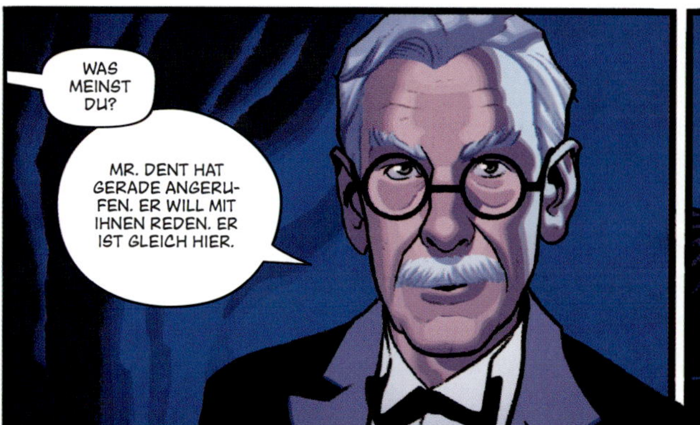
WAS MEINST DU?
MR. DENT HAT GERADE ANGERUFEN. ER WILL MIT IHNEN REDEN. ER IST GLEICH HIER.
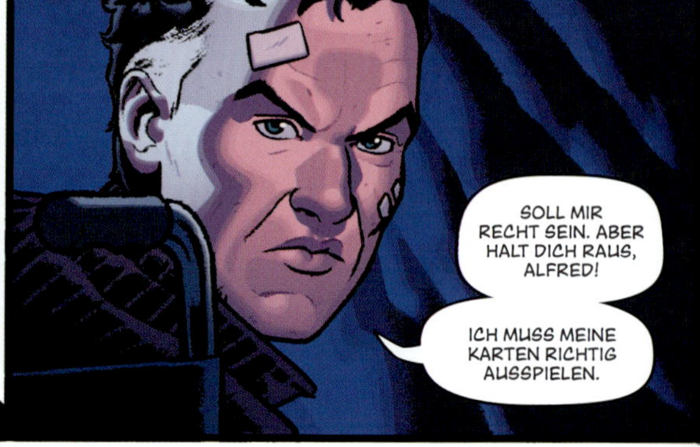
SOLL MIR RECHT SEIN. ABER HALT DICH RAUS, ALFRED!
ICH MUSS MEINE KARTEN RICHTIG AUSSPIELEN.

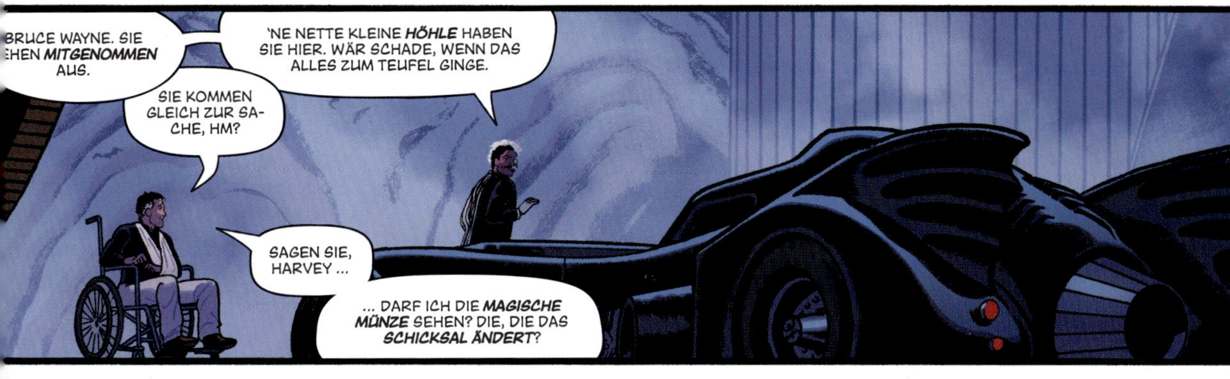

BRUCE WAYNE. SIE
EHEN MITGENOMMEN
AUS.
'NE NETTE KLEINE HÖHLE HABEN
SIE HIER. WÄR SCHADE, WENN DAS
ALLES ZUM TEUFEL GINGE.
SIE KOMMEN
GLEICH ZUR SA-
CHE, HM?
SAGEN SIE,
HARVEY ...
... DARF ICH DIE MAGISCHE
MÜNZE SEHEN? DIE, DIE DAS
SCHICKSAL ÄNDERT?

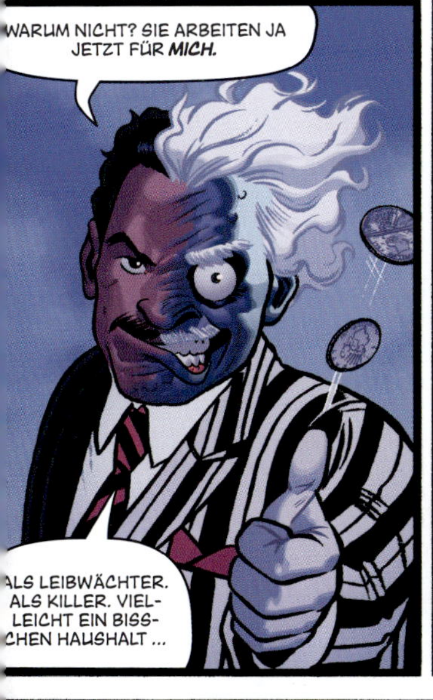

WARUM NICHT? SIE ARBEITEN JA
JETZT FÜR MICH.
ALS LEIBWÄCHTER.
ALS KILLER. VIEL-
LEICHT EIN BISS-
CHEN HAUSHALT ...

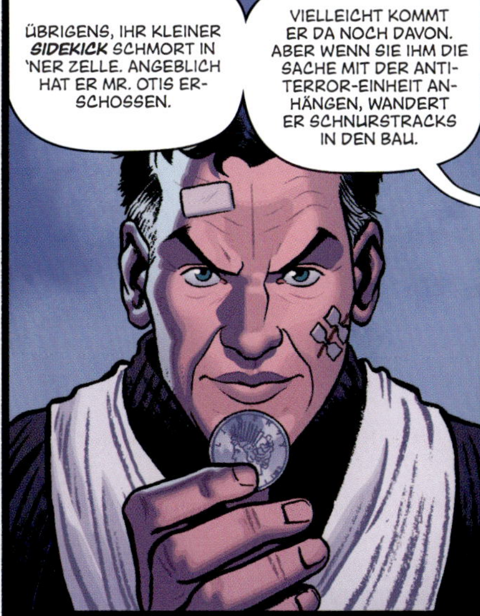

ÜBRIGENS, IHR KLEINER
SIDEKICK SCHMORT IN
'NER ZELLE. ANGEBLICH
HAT ER MR. OTIS ER-
SCHOSSEN.
VIELLEICHT KOMMT
ER DA NOCH DAVON.
ABER WENN SIE IHM DIE
SACHE MIT DER ANTI-
TERROR-EINHEIT AN-
HÄNGEN, WANDERT
ER SCHNURSTRACKS
IN DEN BAU.

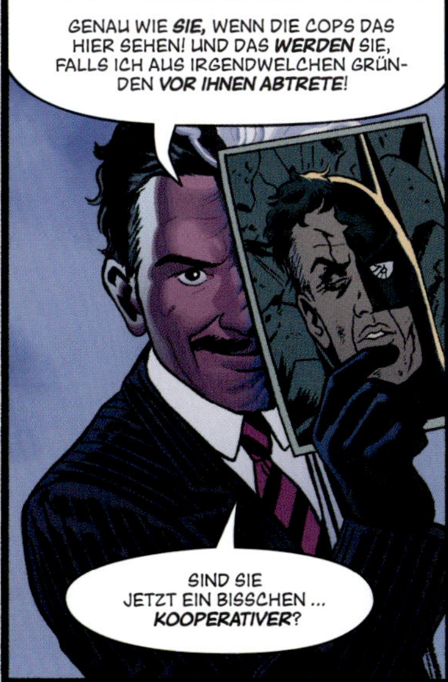

GENAU WIE SIE, WENN DIE COPS DAS
HIER SEHEN! UND DAS WERDEN SIE,
FALLS ICH AUS IRGENDWELCHEN GRÜN-
DEN VOR IHNEN ABTRETE!
SIND SIE
JETZT EIN BISSCHEN ...
KOOPERATIVER?

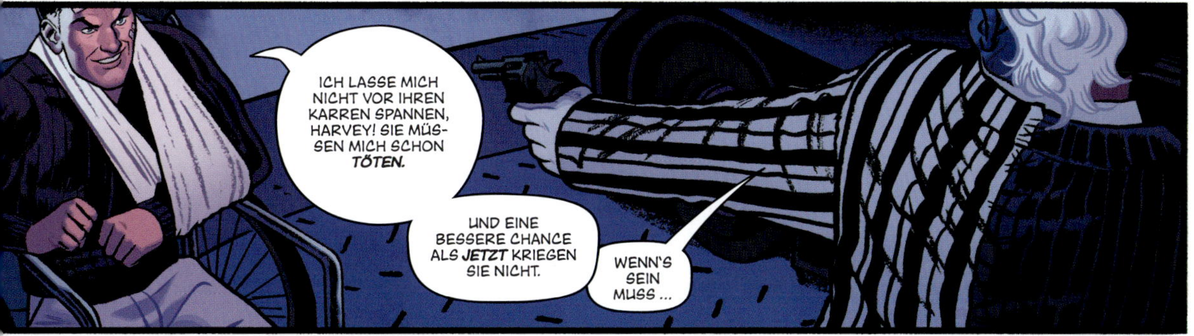

ICH LASSE MICH
NICHT VOR IHREN
KARREN SPANNEN,
HARVEY! SIE MÜS-
SEN MICH SCHON
TÖTEN.
UND EINE
BESSERE CHANCE
ALS JETZT KRIEGEN
SIE NICHT.
WENN'S
SEIN
MUSS ...

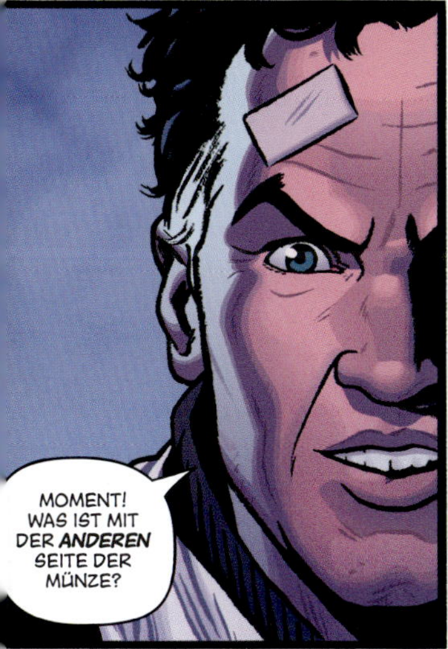

MOMENT!
WAS IST MIT
DER ANDEREN
SEITE DER
MÜNZE?

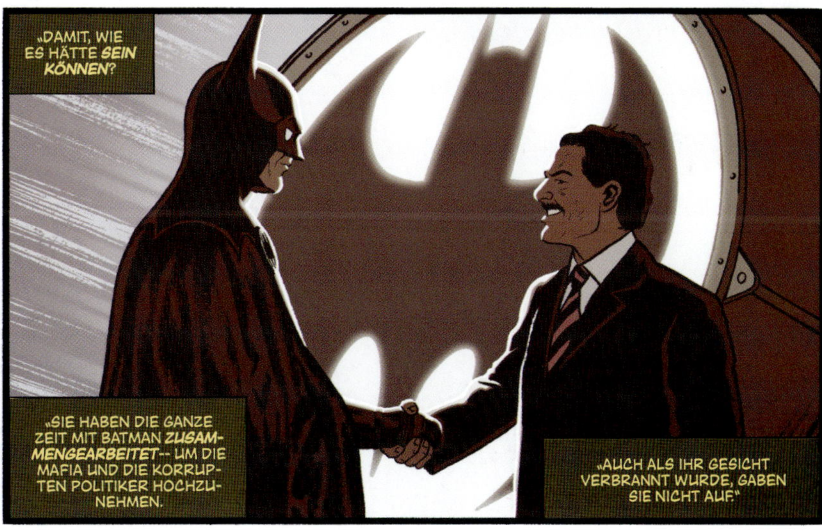

„DAMIT, WIE
ES HÄTTE SEIN
KÖNNEN?
„SIE HABEN DIE GANZE
ZEIT MIT BATMAN ZUSAM-
MENGEARBEITET-- UM DIE
MAFIA UND DIE KORRUP-
TEN POLITIKER HOCHZU-
NEHMEN.
„AUCH ALS IHR GESICHT
VERBRANNT WURDE, GABEN
SIE NICHT AUF."

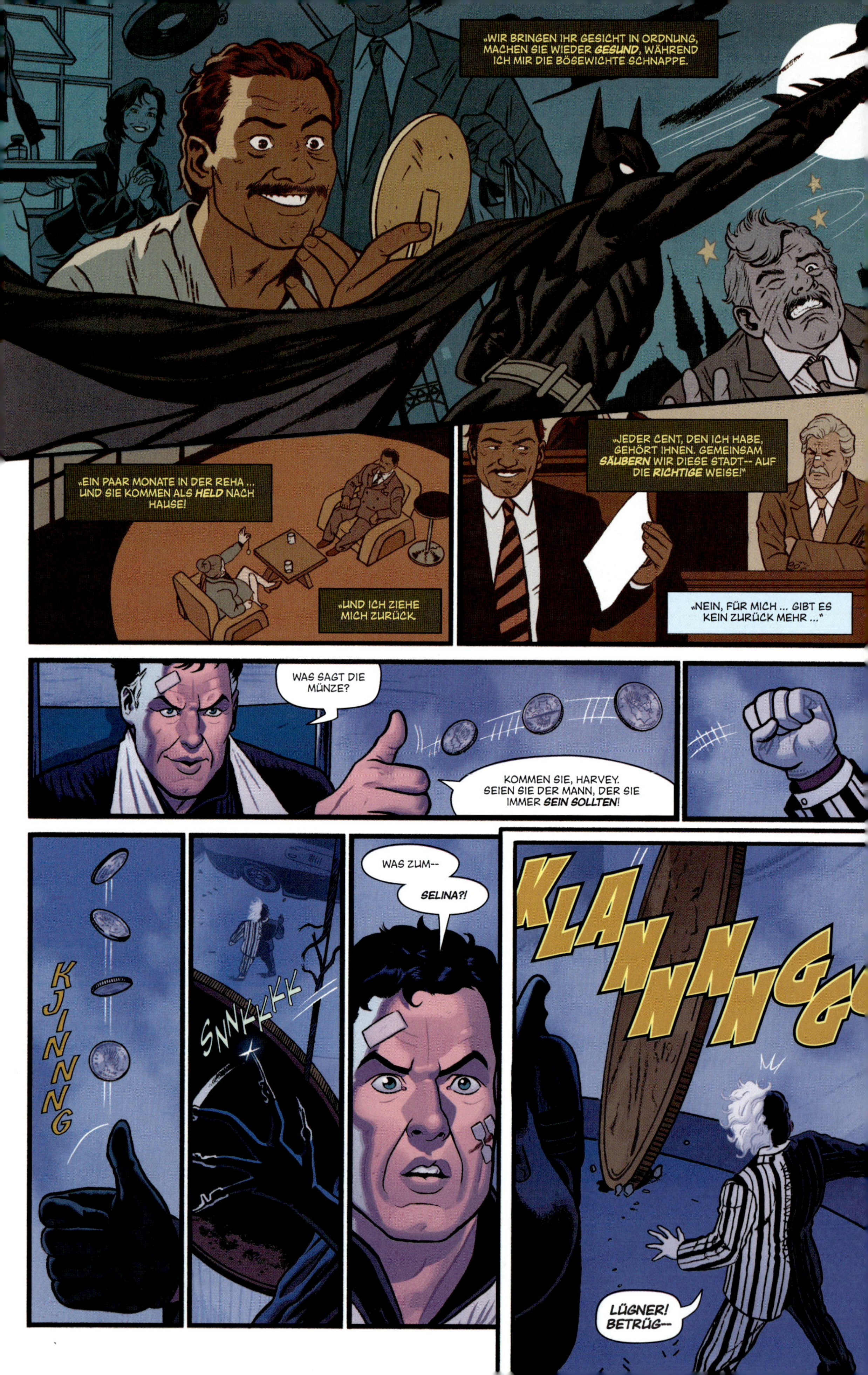

„WIR BRINGEN IHR GESICHT IN ORDNUNG, MACHEN SIE WIEDER **GESUND**, WÄHREND ICH MIR DIE BÖSEWICHTE SCHNAPPE.

„EIN PAAR MONATE IN DER REHA ... UND SIE KOMMEN ALS **HELD** NACH HAUSE!

„UND ICH ZIEHE MICH ZURÜCK.

„JEDER CENT, DEN ICH HABE, GEHÖRT IHNEN. GEMEINSAM **SÄUBERN** WIR DIESE STADT-- AUF DIE **RICHTIGE** WEISE!"

„NEIN, FÜR MICH ... GIBT ES KEIN ZURÜCK MEHR ..."

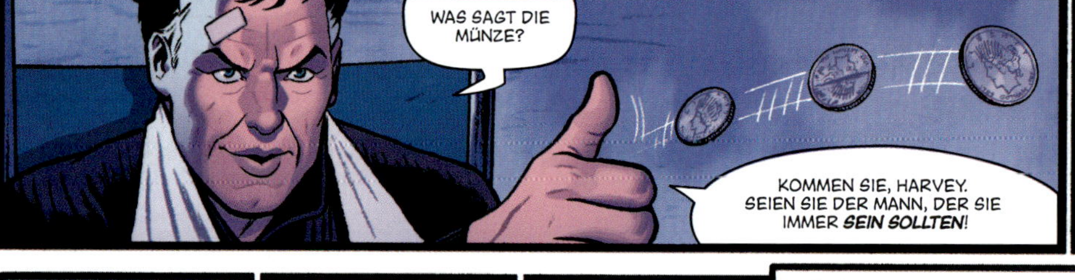

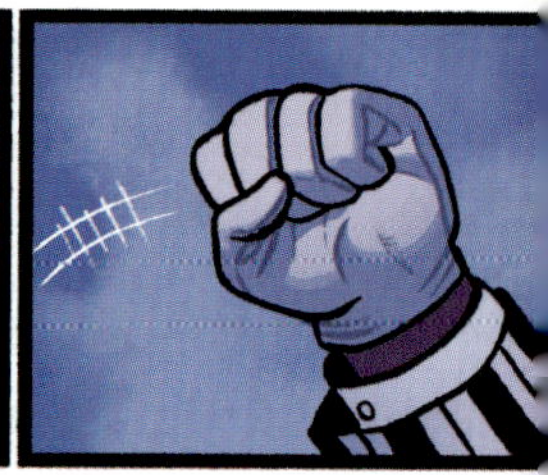

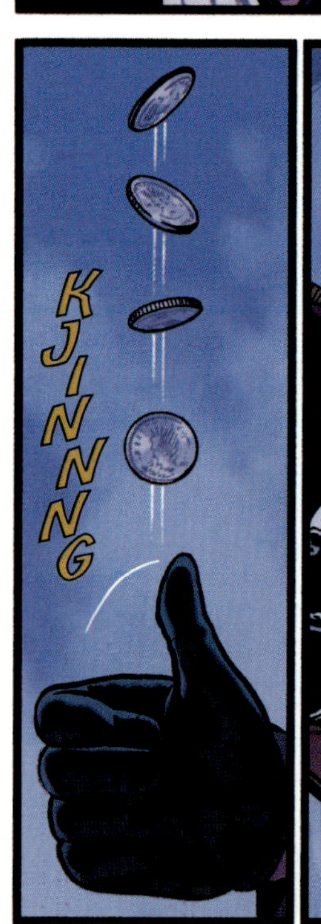

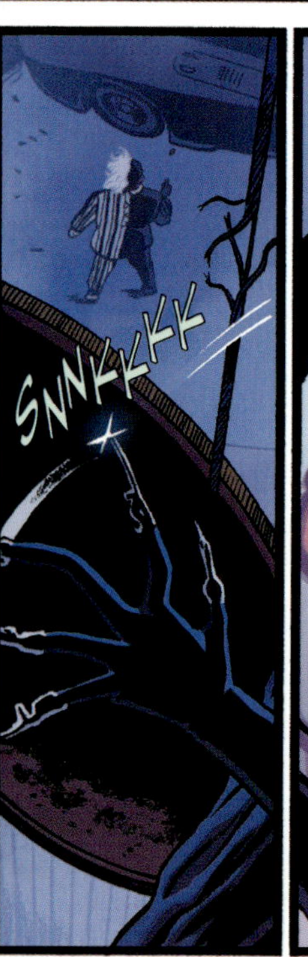

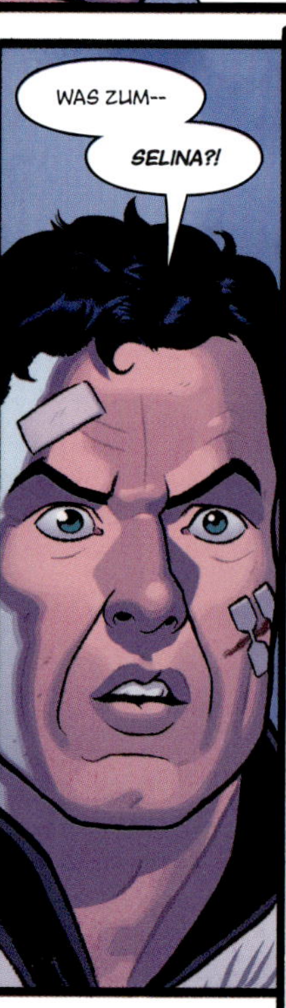

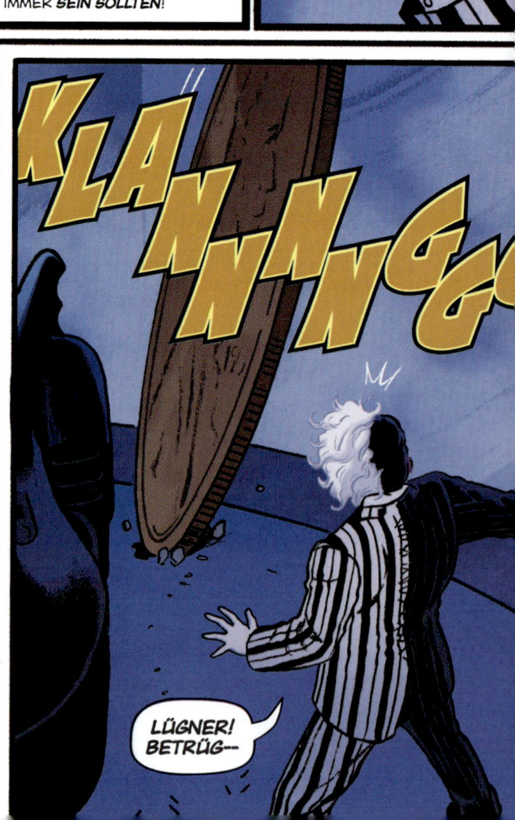

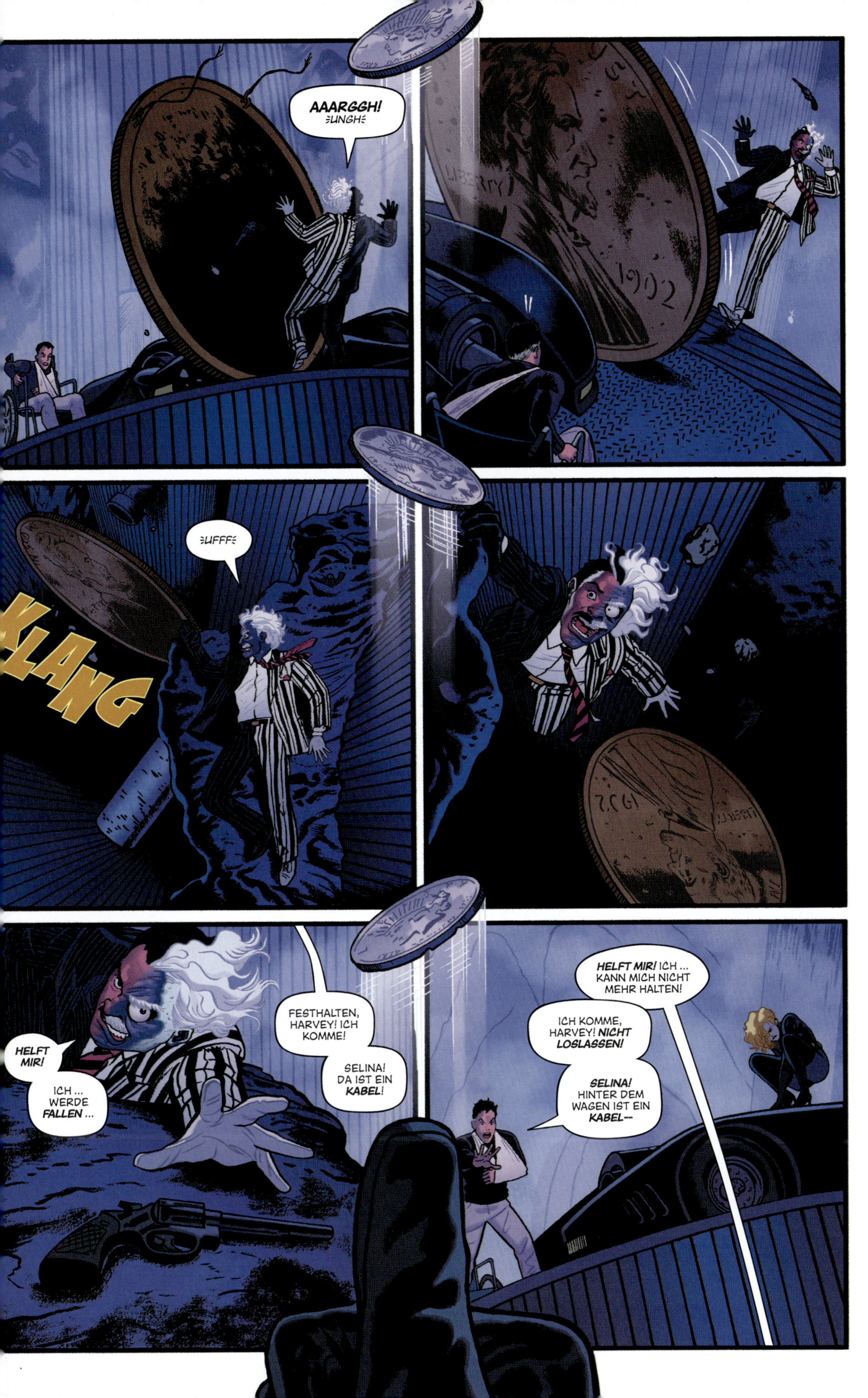
AAARGGH!
UNGH
UFFF
KLANG
HELFT MIR!
ICH ... WERDE FALLEN ...
FESTHALTEN, HARVEY! ICH KOMME!
SELINA! DA IST EIN KABEL!
HELFT MIR! ICH ... KANN MICH NICHT MEHR HALTEN!
ICH KOMME, HARVEY! NICHT LOSLASSEN!
SELINA! HINTER DEM WAGEN IST EIN KABEL--

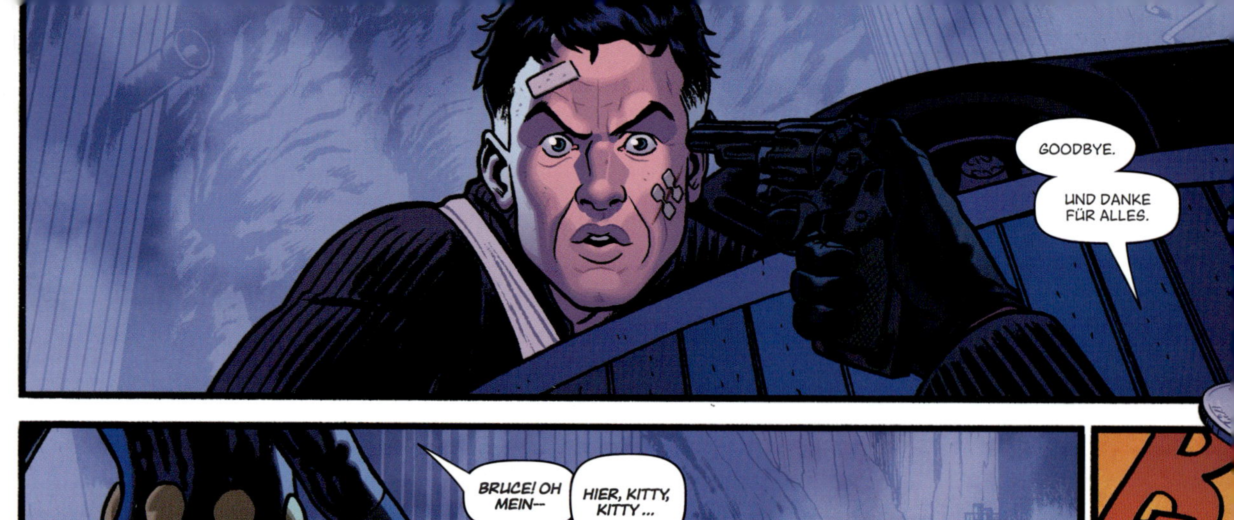
GOODBYE.
UND DANKE FÜR ALLES.

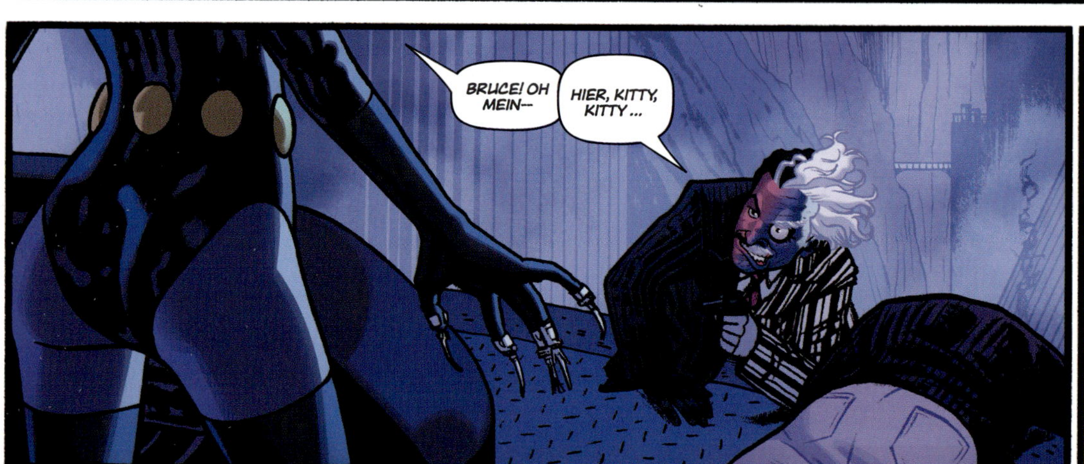
BRUCE! OH MEIN--
HIER, KITTY, KITTY ...

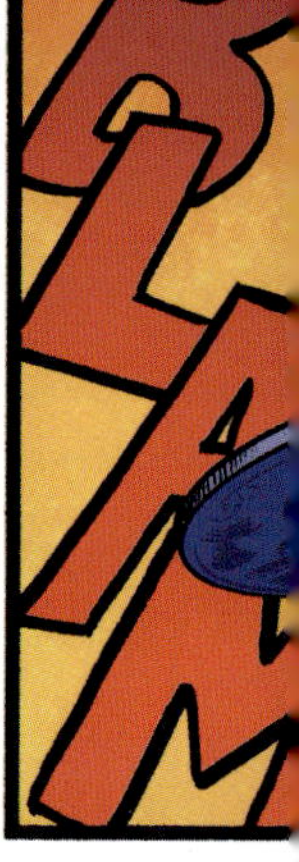

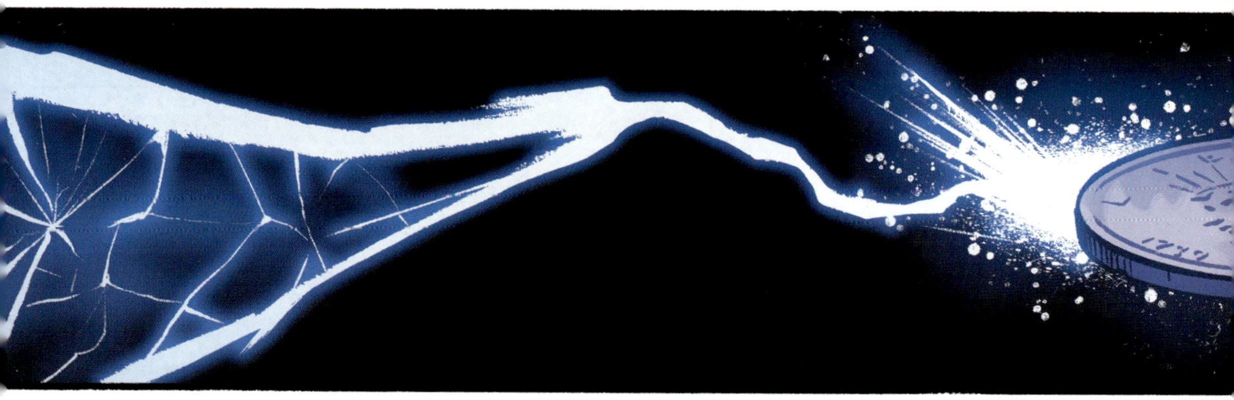

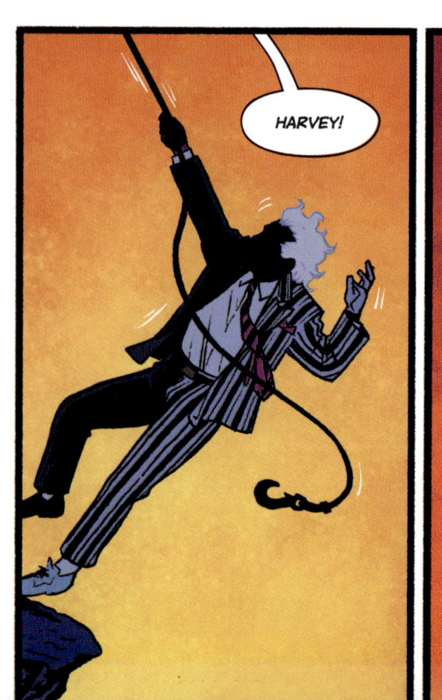
HARVEY!

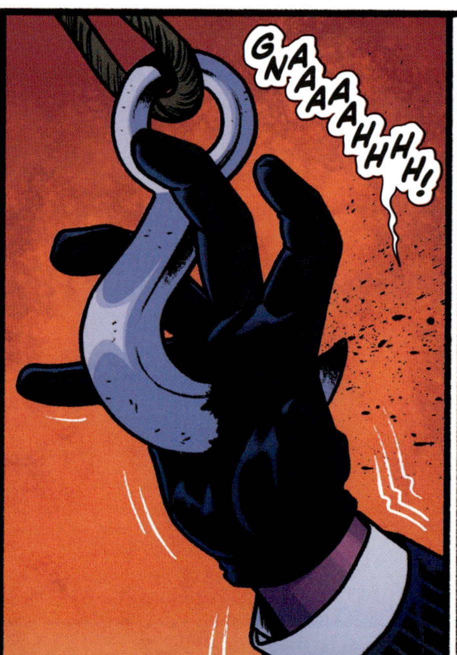
GNAAAAAHHH!

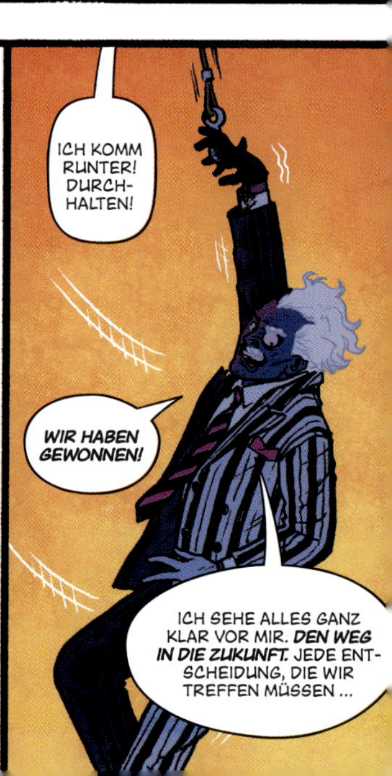
ICH KOMM RUNTER! DURCH-HALTEN!
WIR HABEN GEWONNEN!
ICH SEHE ALLES GANZ KLAR VOR MIR. **DEN WEG IN DIE ZUKUNFT.** JEDE ENT-SCHEIDUNG, DIE WIR TREFFEN MÜSSEN ...

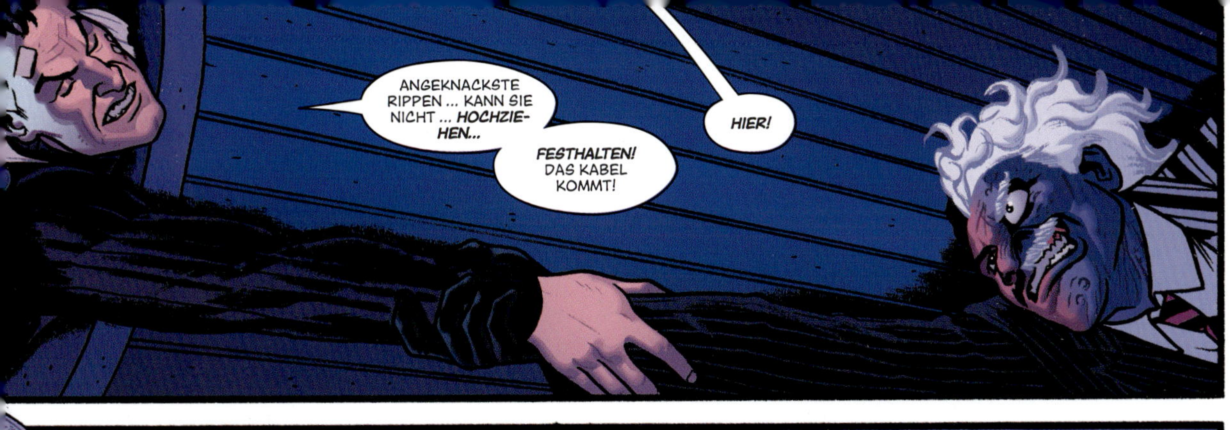
ANGEKNACKSTE RIPPEN ... KANN SIE NICHT ... HOCHZIEHEN...
HIER!
FESTHALTEN! DAS KABEL KOMMT!

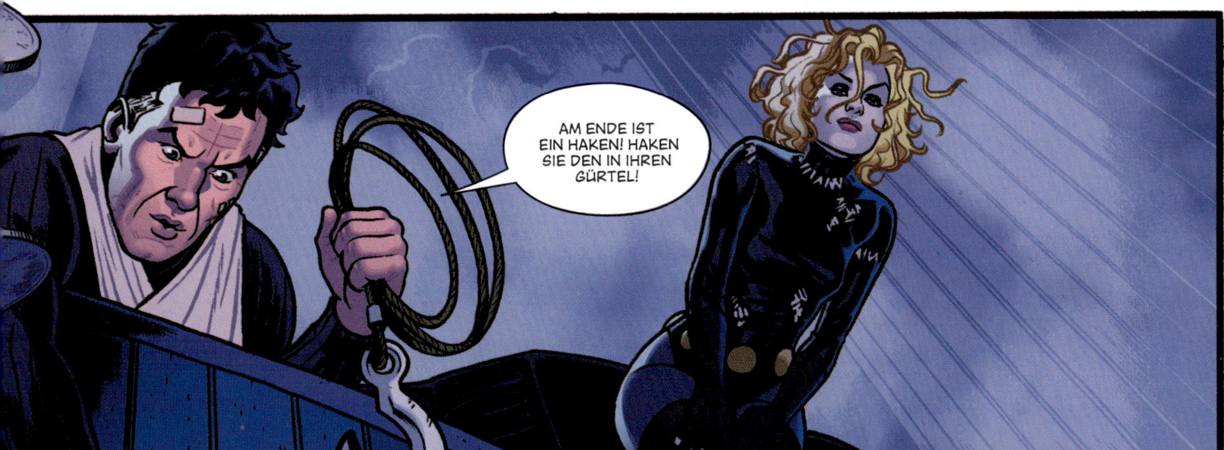
AM ENDE IST EIN HAKEN! HAKEN SIE DEN IN IHREN GÜRTEL!

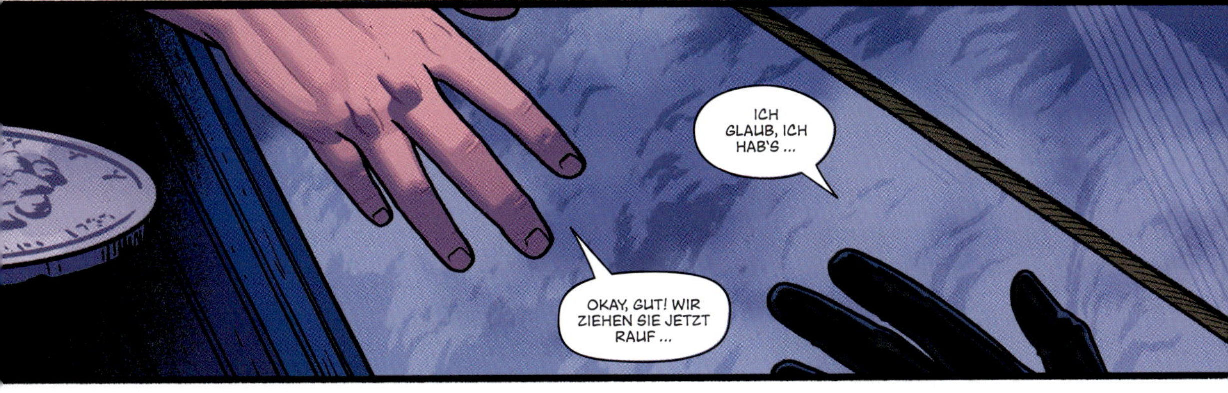
ICH GLAUB, ICH HAB'S ...
OKAY, GUT! WIR ZIEHEN SIE JETZT RAUF ...

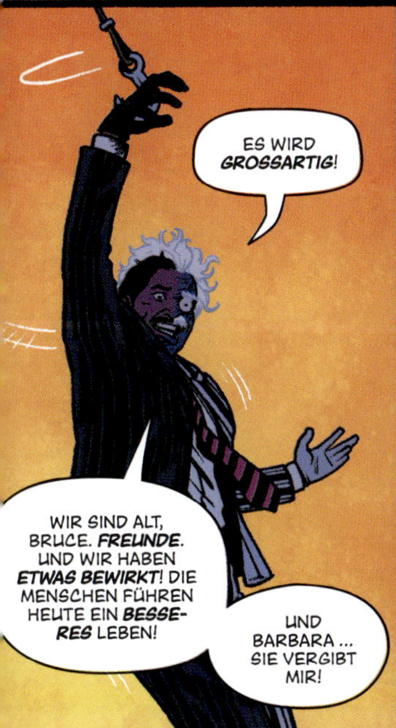
ES WIRD GROSSARTIG!
WIR SIND ALT, BRUCE. FREUNDE. UND WIR HABEN ETWAS BEWIRKT! DIE MENSCHEN FÜHREN HEUTE EIN BESSERES LEBEN!
UND BARBARA ... SIE VERGIBT MIR!

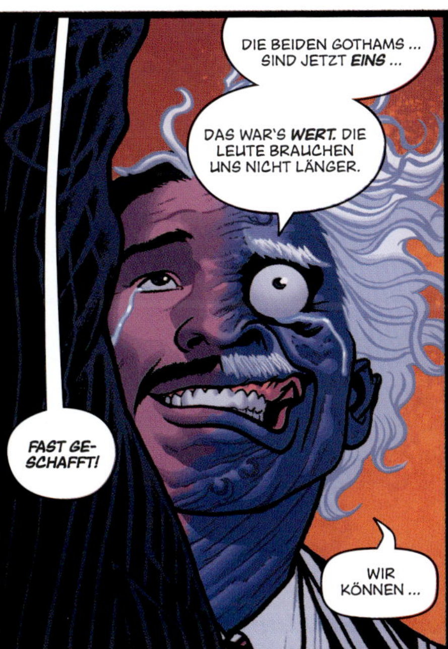
DIE BEIDEN GOTHAMS ... SIND JETZT EINS ...
DAS WAR'S WERT. DIE LEUTE BRAUCHEN UNS NICHT LÄNGER.
FAST GESCHAFFT!
WIR KÖNNEN ...

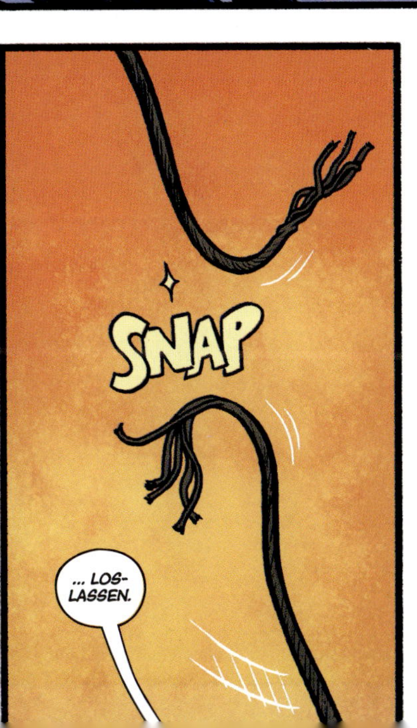
SNAP
... LOSLASSEN.

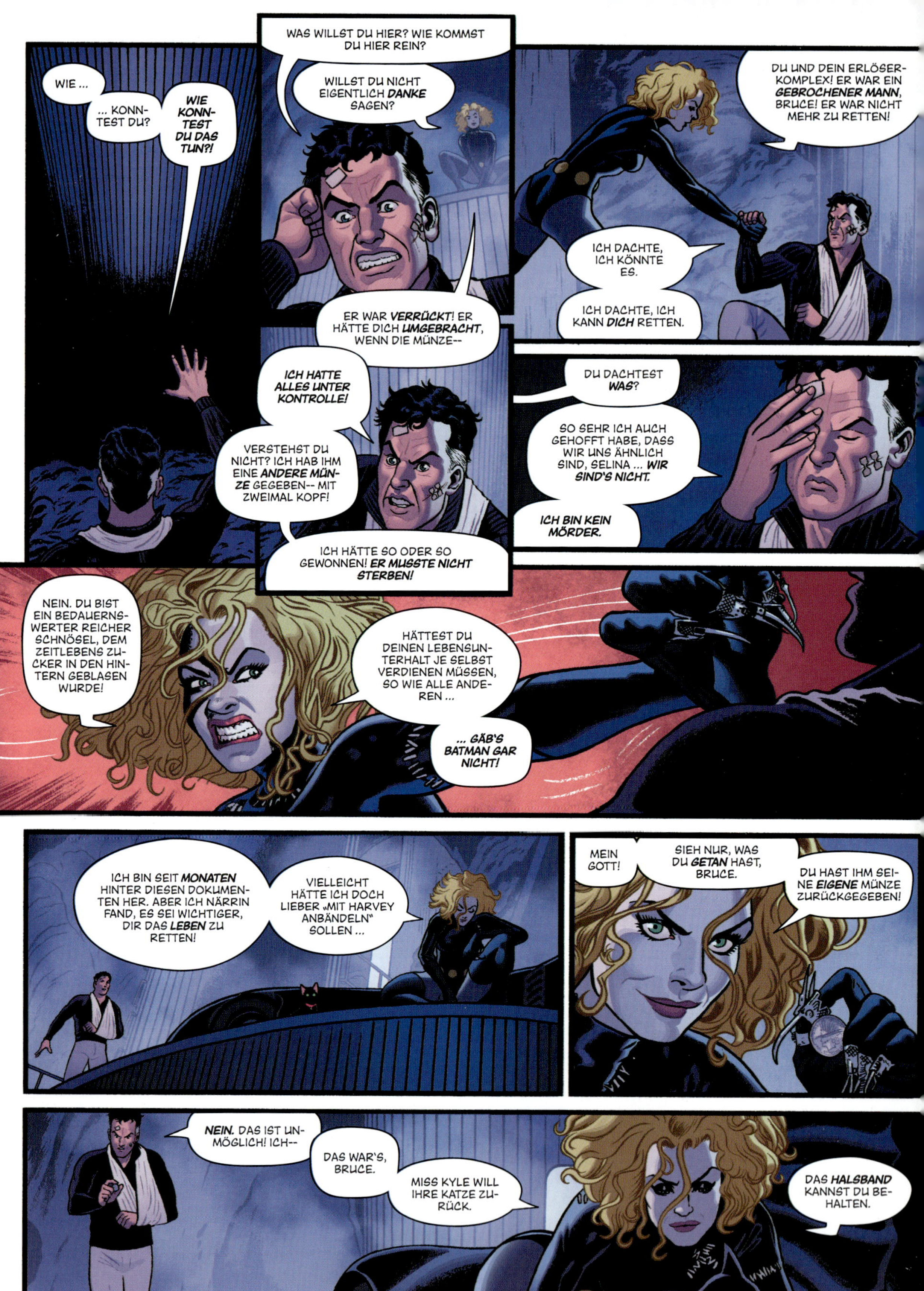
WIE ...
... KONN-TEST DU?
WIE KONN-TEST DU DAS TUN?!
WAS WILLST DU HIER? WIE KOMMST DU HIER REIN?
WILLST DU NICHT EIGENTLICH DANKE SAGEN?
DU UND DEIN ERLÖSER-KOMPLEX! ER WAR EIN GEBROCHENER MANN, BRUCE! ER WAR NICHT MEHR ZU RETTEN!
ER WAR VERRÜCKT! ER HÄTTE DICH UMGEBRACHT, WENN DIE MÜNZE--
ICH DACHTE, ICH KÖNNTE ES.
ICH DACHTE, ICH KANN DICH RETTEN.
ICH HATTE ALLES UNTER KONTROLLE!
VERSTEHST DU NICHT? ICH HAB IHM EINE ANDERE MÜNZE GEGEBEN-- MIT ZWEIMAL KOPF!
ICH HÄTTE SO ODER SO GEWONNEN! ER MUSSTE NICHT STERBEN!
DU DACHTEST WAS?
SO SEHR ICH AUCH GEHOFFT HABE, DASS WIR UNS ÄHNLICH SIND, SELINA ... WIR SIND'S NICHT.
ICH BIN KEIN MÖRDER.
NEIN. DU BIST EIN BEDAUERNS-WERTER REICHER SCHNÖSEL, DEM ZEITLEBENS ZU-CKER IN DEN HIN-TERN GEBLASEN WURDE!
HÄTTEST DU DEINEN LEBENSUN-TERHALT JE SELBST VERDIENEN MÜSSEN, SO WIE ALLE ANDE-REN ...
... GÄB'S BATMAN GAR NICHT!
ICH BIN SEIT MONATEN HINTER DIESEN DOKUMEN-TEN HER. ABER ICH NÄRRIN FAND, ES SEI WICHTIGER, DIR DAS LEBEN ZU RETTEN!
VIELLEICHT HÄTTE ICH DOCH LIEBER „MIT HARVEY ANBÄNDELN" SOLLEN ...
MEIN GOTT!
SIEH NUR, WAS DU GETAN HAST, BRUCE.
DU HAST IHM SEI-NE EIGENE MÜNZE ZURÜCKGEGEBEN!
NEIN. DAS IST UN-MÖGLICH! ICH--
DAS WAR'S, BRUCE.
MISS KYLE WILL IHRE KATZE ZU-RÜCK.
DAS HALSBAND KANNST DU BE-HALTEN.

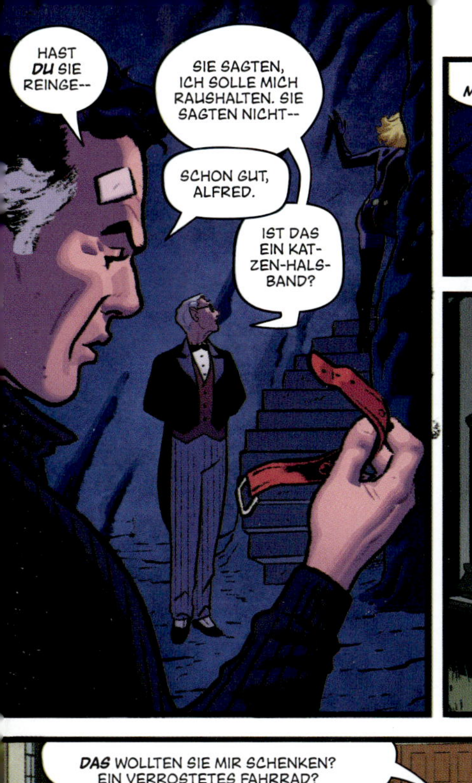
HAST DU SIE REINGE--
SIE SAGTEN, ICH SOLLE MICH RAUSHALTEN. SIE SAGTEN NICHT--
SCHON GUT, ALFRED.
IST DAS EIN KATZEN-HALSBAND?

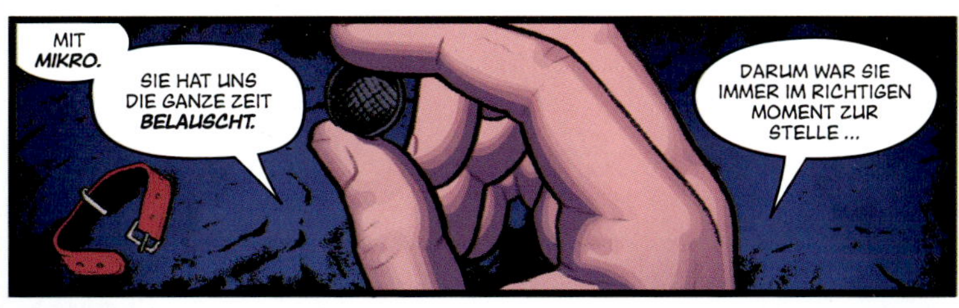
MIT MIKRO.
SIE HAT UNS DIE GANZE ZEIT BELAUSCHT.
DARUM WAR SIE IMMER IM RICHTIGEN MOMENT ZUR STELLE ...

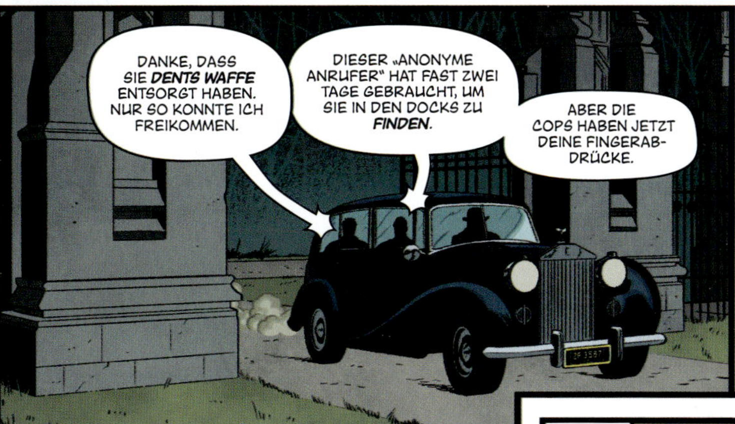
DANKE, DASS SIE DENTS WAFFE ENTSORGT HABEN. NUR SO KONNTE ICH FREIKOMMEN.
DIESER „ANONYME ANRUFER" HAT FAST ZWEI TAGE GEBRAUCHT, UM SIE IN DEN DOCKS ZU FINDEN.
ABER DIE COPS HABEN JETZT DEINE FINGERABDRÜCKE.

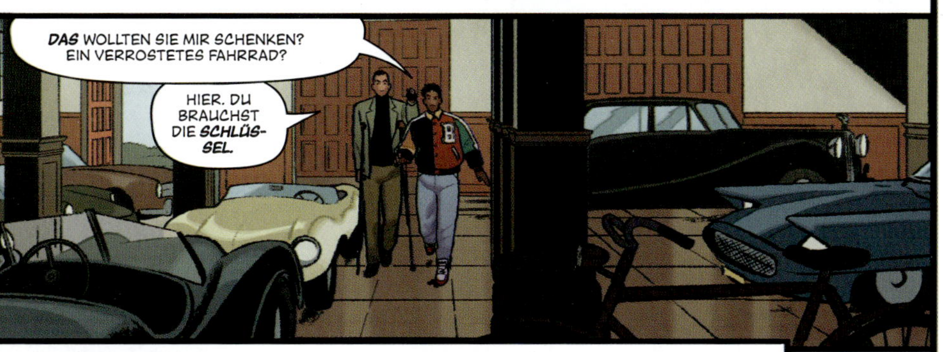
DAS WOLLTEN SIE MIR SCHENKEN? EIN VERROSTETES FAHRRAD?
HIER. DU BRAUCHST DIE SCHLÜSSEL.

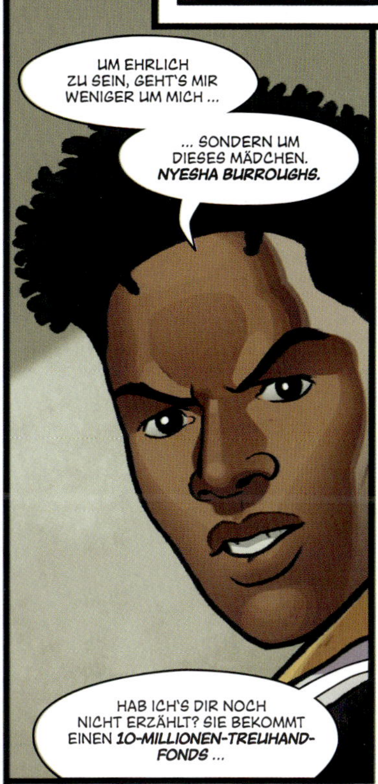
SCHLÜSSEL?
ZWEIMAL KLICKEN.

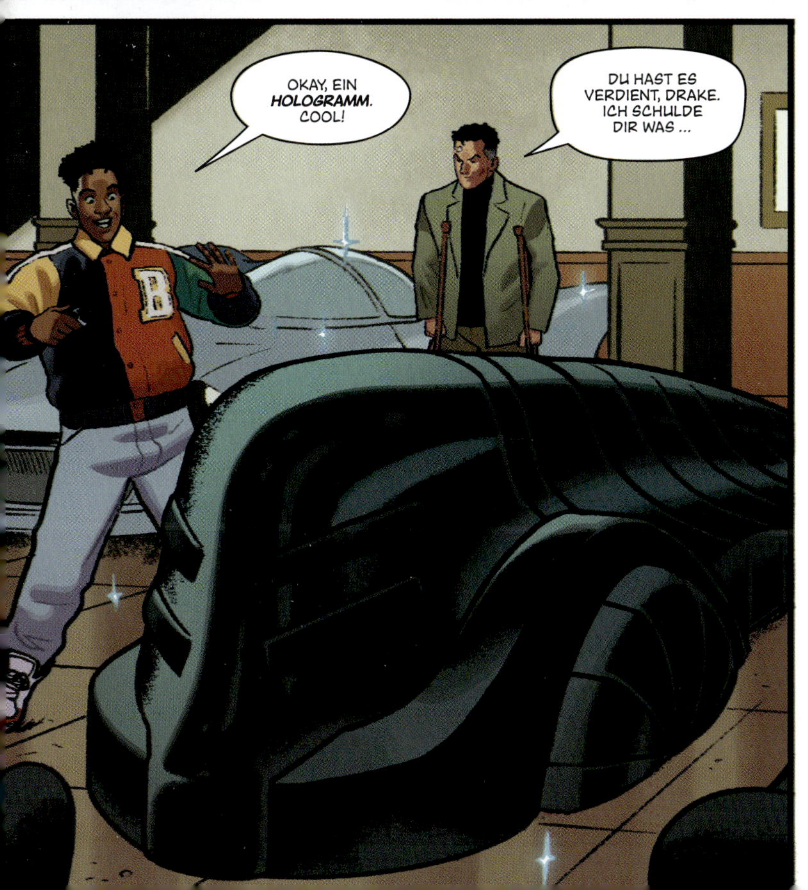
OKAY, EIN HOLOGRAMM. COOL!
DU HAST ES VERDIENT, DRAKE. ICH SCHULDE DIR WAS ...

UM EHRLICH ZU SEIN, GEHT'S MIR WENIGER UM MICH ...
... SONDERN UM DIESES MÄDCHEN. NYESHA BURROUGHS.
HAB ICH'S DIR NOCH NICHT ERZÄHLT? SIE BEKOMMT EINEN 10-MILLIONEN-TREUHANDFONDS ...

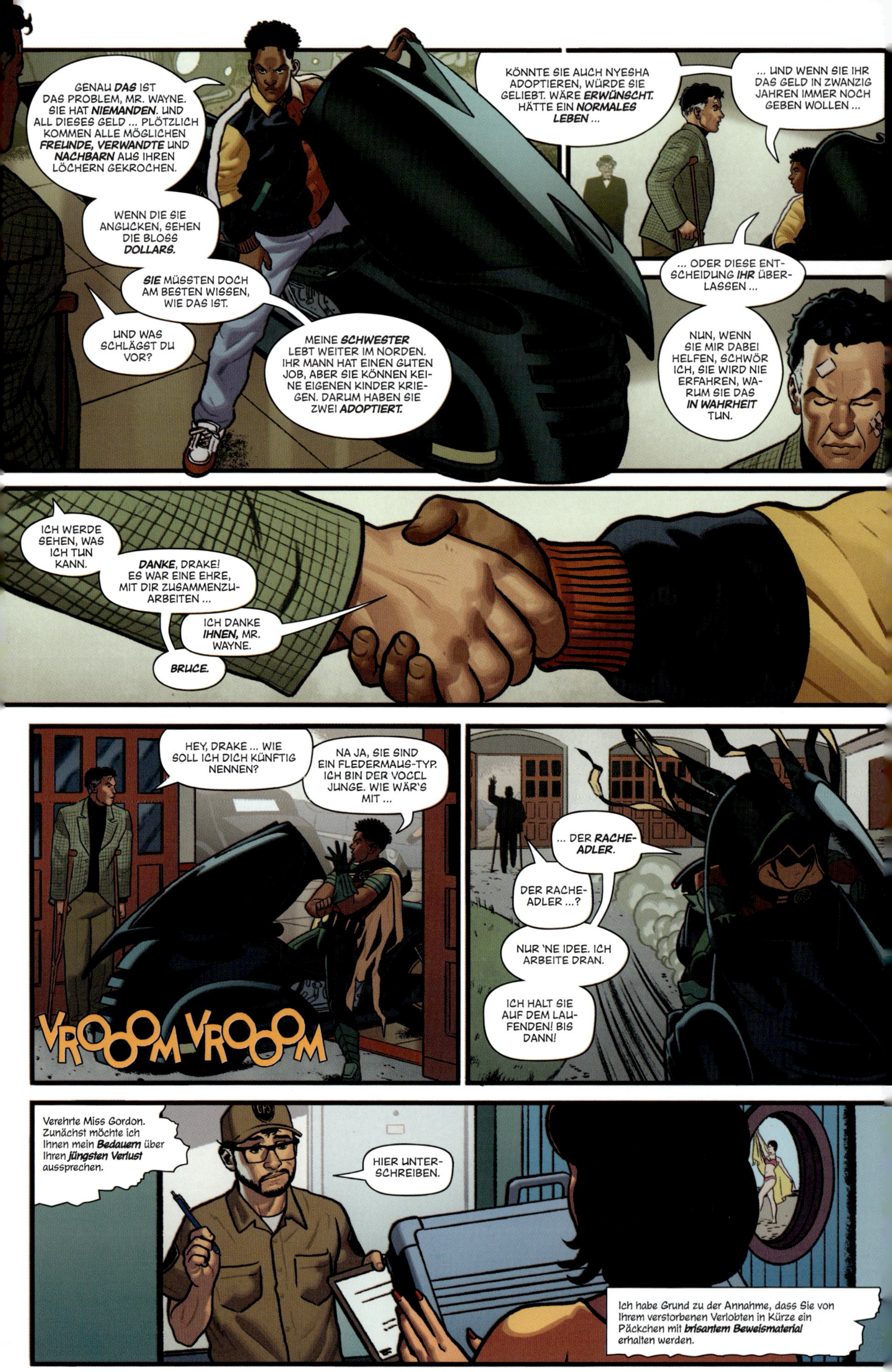

GENAU **DAS** IST DAS PROBLEM, MR. WAYNE. SIE HAT **NIEMANDEN**. UND ALL DIESES GELD ... PLÖTZLICH KOMMEN ALLE MÖGLICHEN **FREUNDE, VERWANDTE** UND **NACHBARN** AUS IHREN LÖCHERN GEKROCHEN.
WENN DIE SIE ANGUCKEN, SEHEN DIE BLOSS **DOLLARS**.
SIE MÜSSTEN DOCH AM BESTEN WISSEN, WIE DAS IST.
UND WAS SCHLÄGST DU VOR?
MEINE **SCHWESTER** LEBT WEITER IM NORDEN. IHR MANN HAT EINEN GUTEN JOB, ABER SIE KÖNNEN KEINE EIGENEN KINDER KRIEGEN. DARUM HABEN SIE ZWEI **ADOPTIERT**.
KÖNNTE SIE AUCH NYESHA ADOPTIEREN, WÜRDE SIE GELIEBT. WÄRE **ERWÜNSCHT**. HÄTTE EIN **NORMALES LEBEN** ...
... UND WENN SIE IHR DAS GELD IN ZWANZIG JAHREN IMMER NOCH GEBEN WOLLEN ...
... ODER DIESE ENTSCHEIDUNG **IHR** ÜBERLASSEN ...
NUN, WENN SIE MIR DABEI HELFEN, SCHWÖR ICH, SIE WIRD NIE ERFAHREN, WARUM SIE DAS **IN WAHRHEIT** TUN.

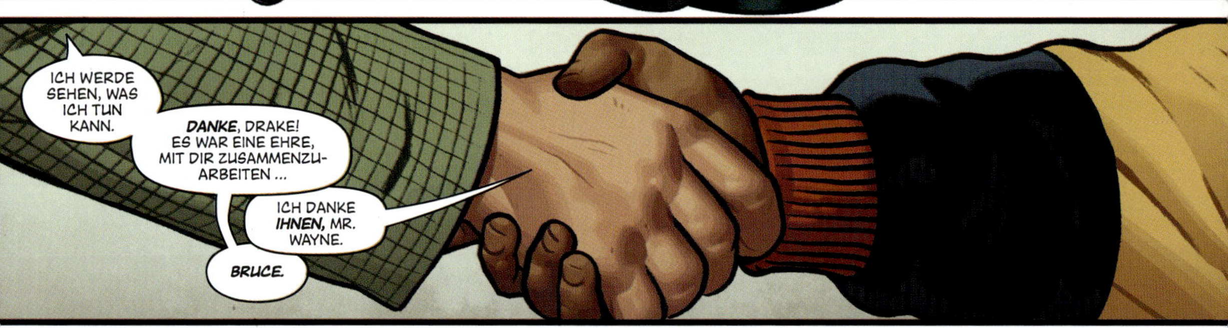

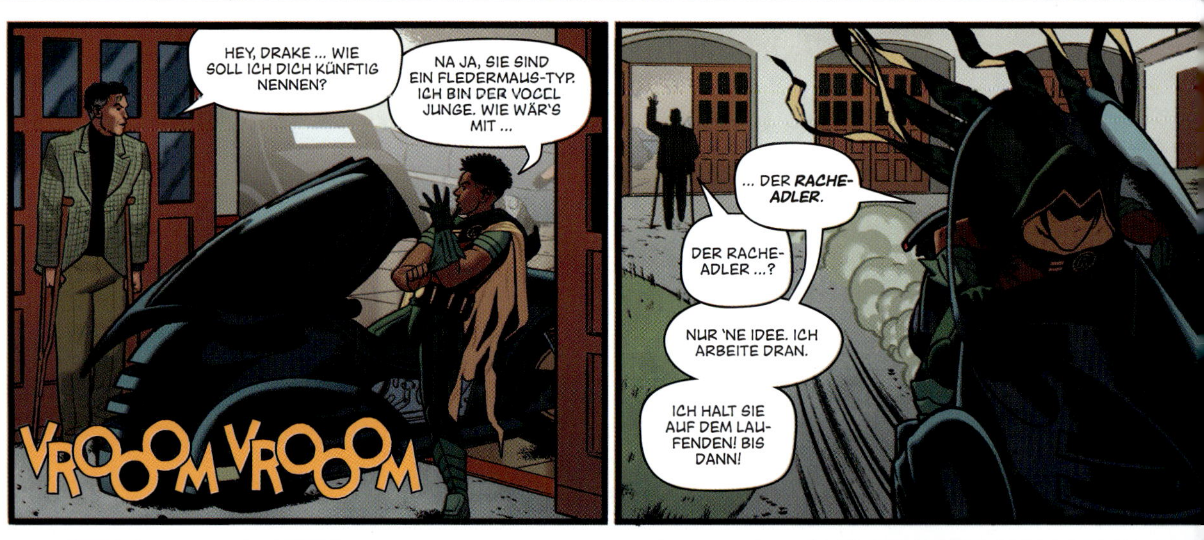

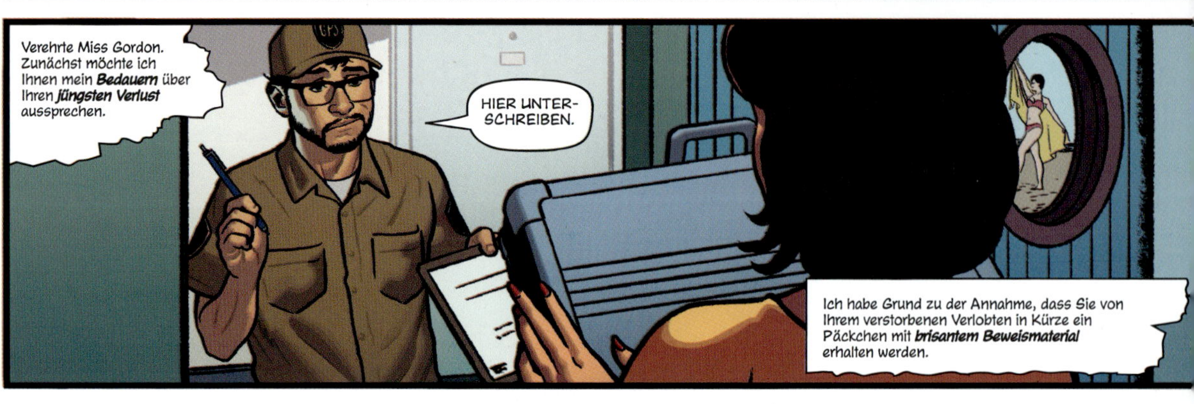

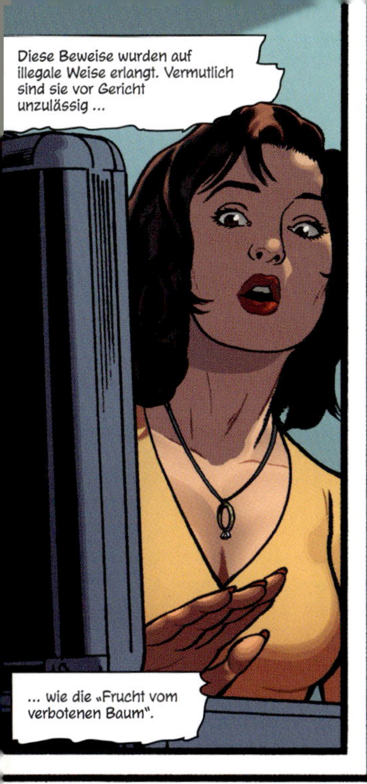
Diese Beweise wurden auf illegale Weise erlangt. Vermutlich sind sie vor Gericht unzulässig ...
... wie die „Frucht vom verbotenen Baum".

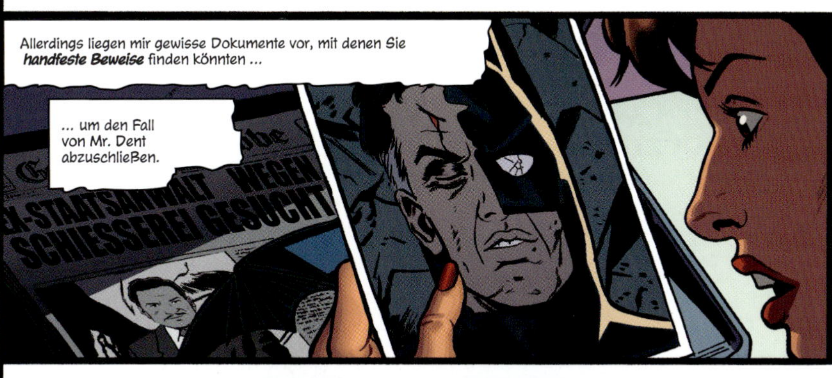
Allerdings liegen mir gewisse Dokumente vor, mit denen Sie **handfeste Beweise** finden könnten ...
... um den Fall von Mr. Dent abzuschließen.
SCHIESSEREI GESUCHT

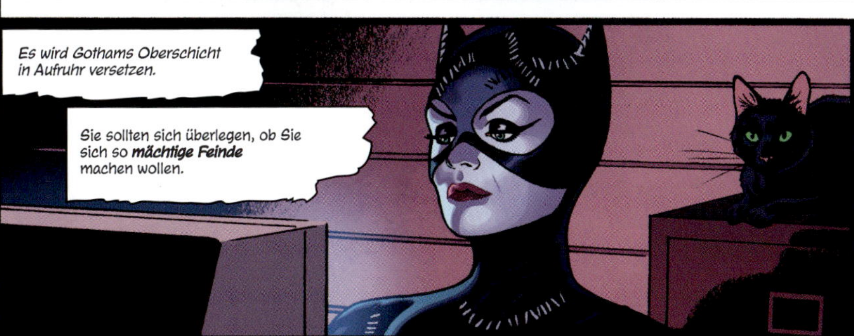
Es wird Gothams Oberschicht in Aufruhr versetzen.
Sie sollten sich überlegen, ob Sie sich so **mächtige Feinde** machen wollen.

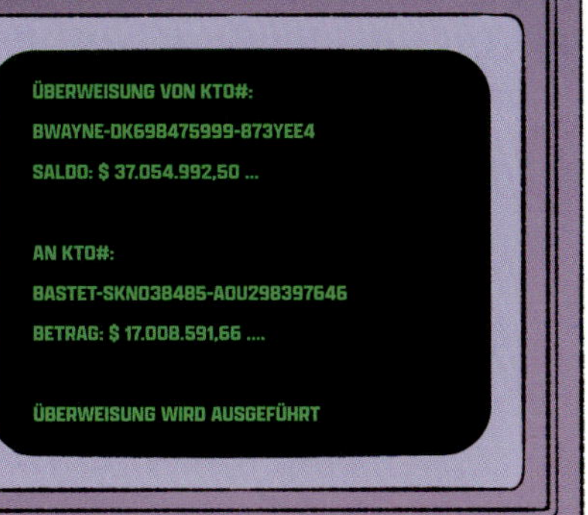
ÜBERWEISUNG VON KTO#:
BWAYNE-DK698475999-873YEE4
SALDO: $ 37.054.992,50 ...
AN KTO#:
BASTET-SKN038485-AOU298397646
BETRAG: $ 17.008.591,66 ....
ÜBERWEISUNG WIRD AUSGEFÜHRT

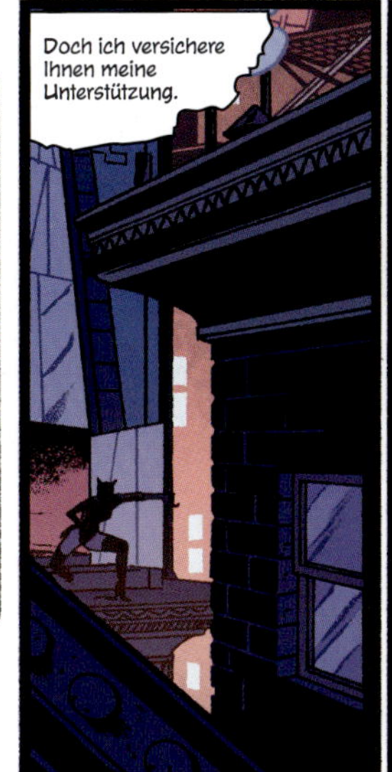
Doch ich versichere Ihnen meine Unterstützung.

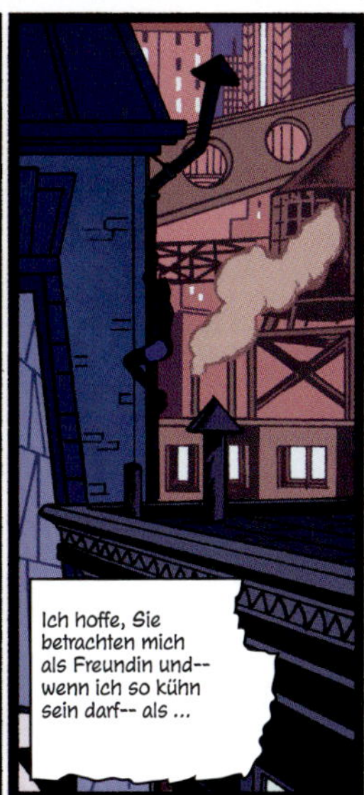
Ich hoffe, Sie betrachten mich als Freundin und-- wenn ich so kühn sein darf-- als ...

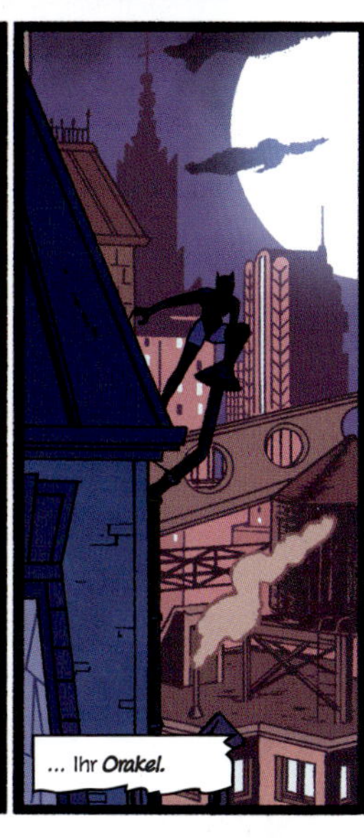
... Ihr **Orakel.**

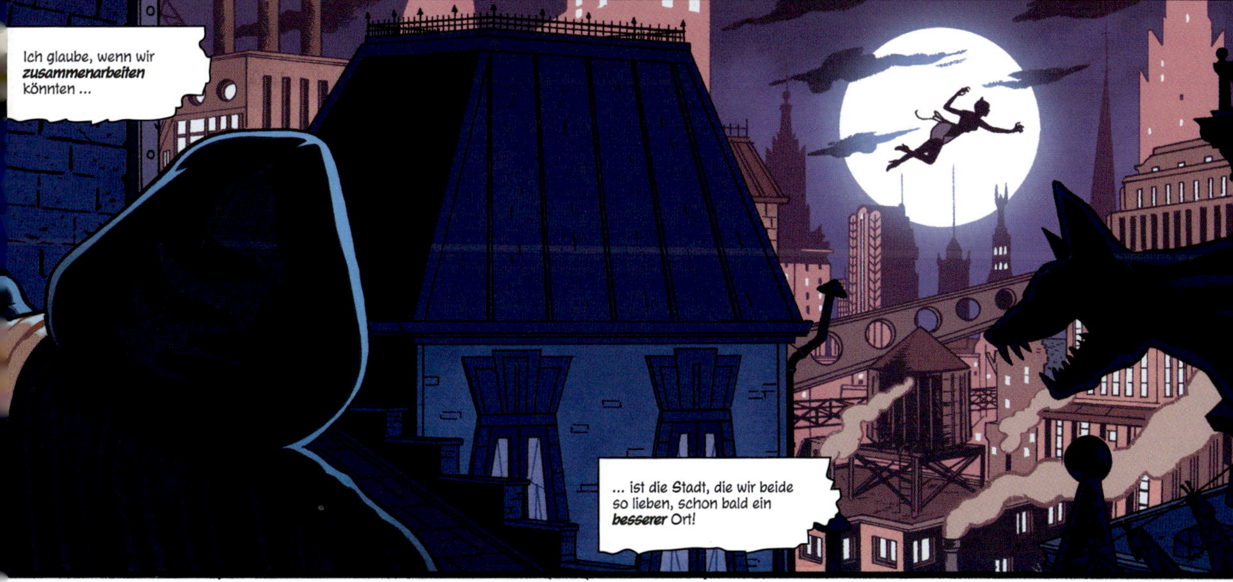
Ich glaube, wenn wir **zusammenarbeiten** könnten ...
... ist die Stadt, die wir beide so lieben, schon bald ein **besserer** Ort!

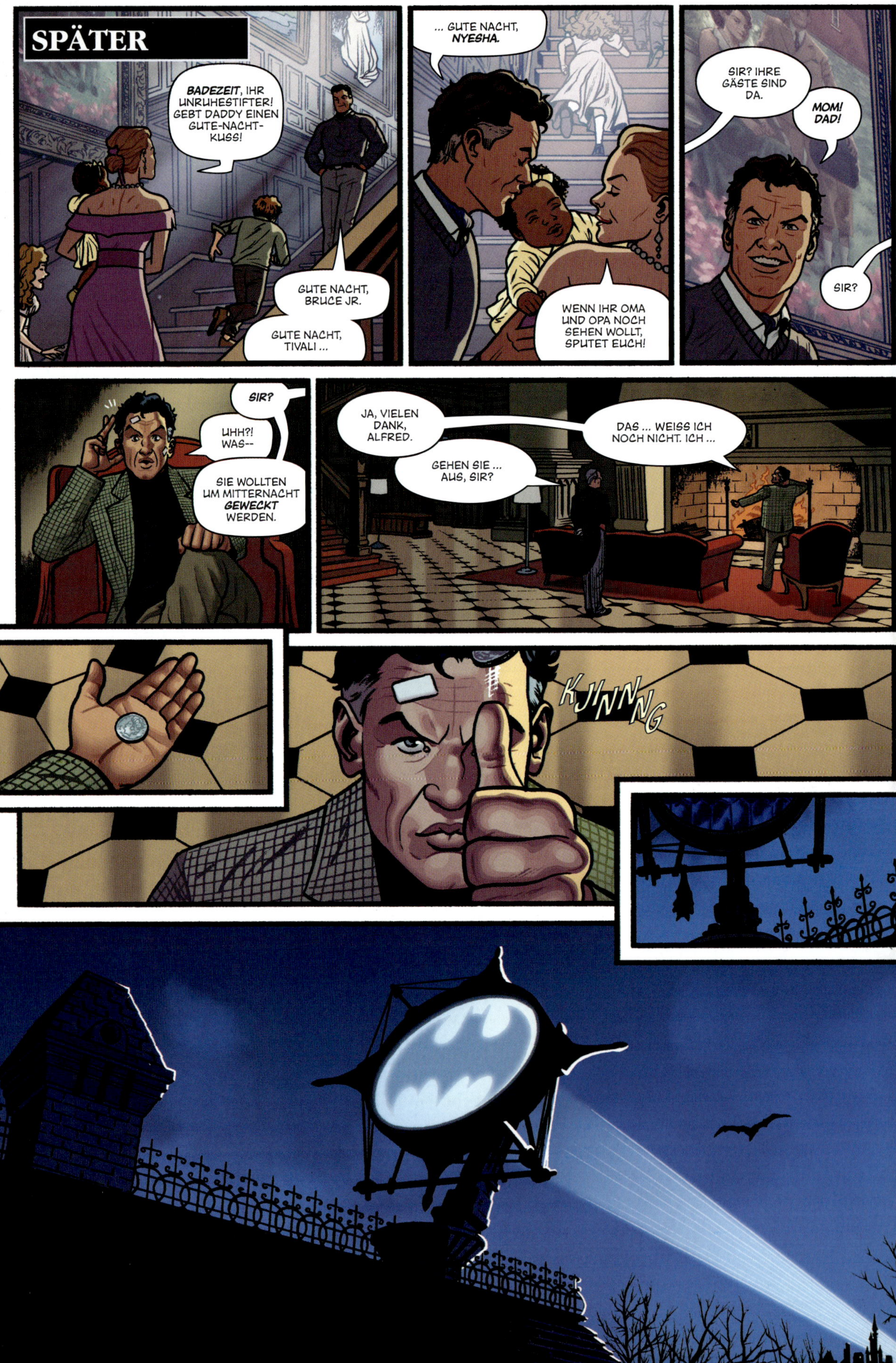
SPÄTER
BADEZEIT, IHR UNRUHESTIFTER! GEBT DADDY EINEN GUTE-NACHT-KUSS!
GUTE NACHT, BRUCE JR.
GUTE NACHT, TIVALI ...
... GUTE NACHT, NYESHA.
WENN IHR OMA UND OPA NOCH SEHEN WOLLT, SPUTET EUCH!
SIR? IHRE GÄSTE SIND DA.
MOM! DAD!
SIR?
SIR?
UHH?! WAS--
SIE WOLLTEN UM MITTERNACHT GEWECKT WERDEN.
JA, VIELEN DANK, ALFRED.
GEHEN SIE ... AUS, SIR?
DAS ... WEISS ICH NOCH NICHT. ICH ...
KJINNNG

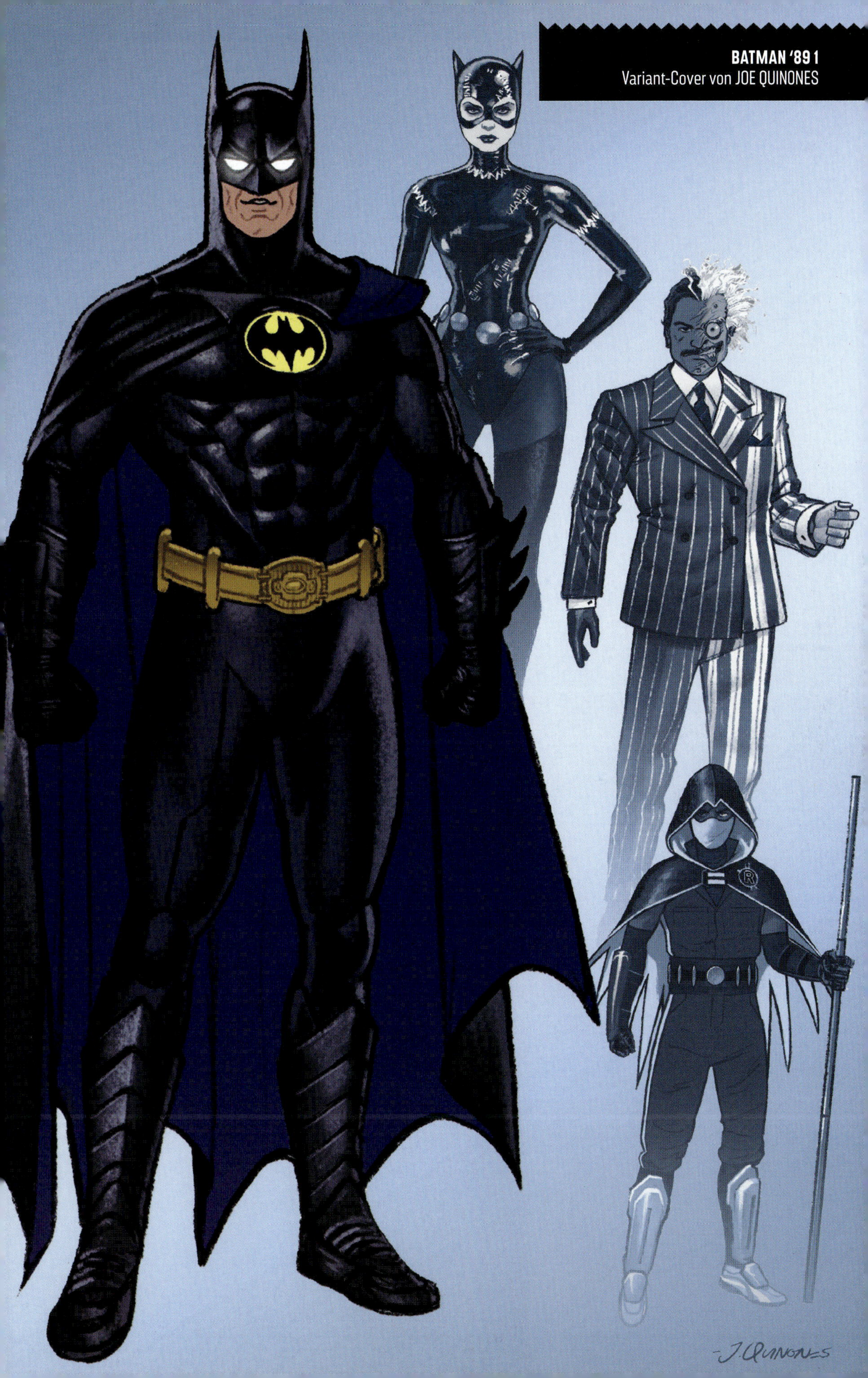
BATMAN '89 1
Variant-Cover von JOE QUINONES

BATMAN '89 2
Variant-Cover von MITCH GERADS

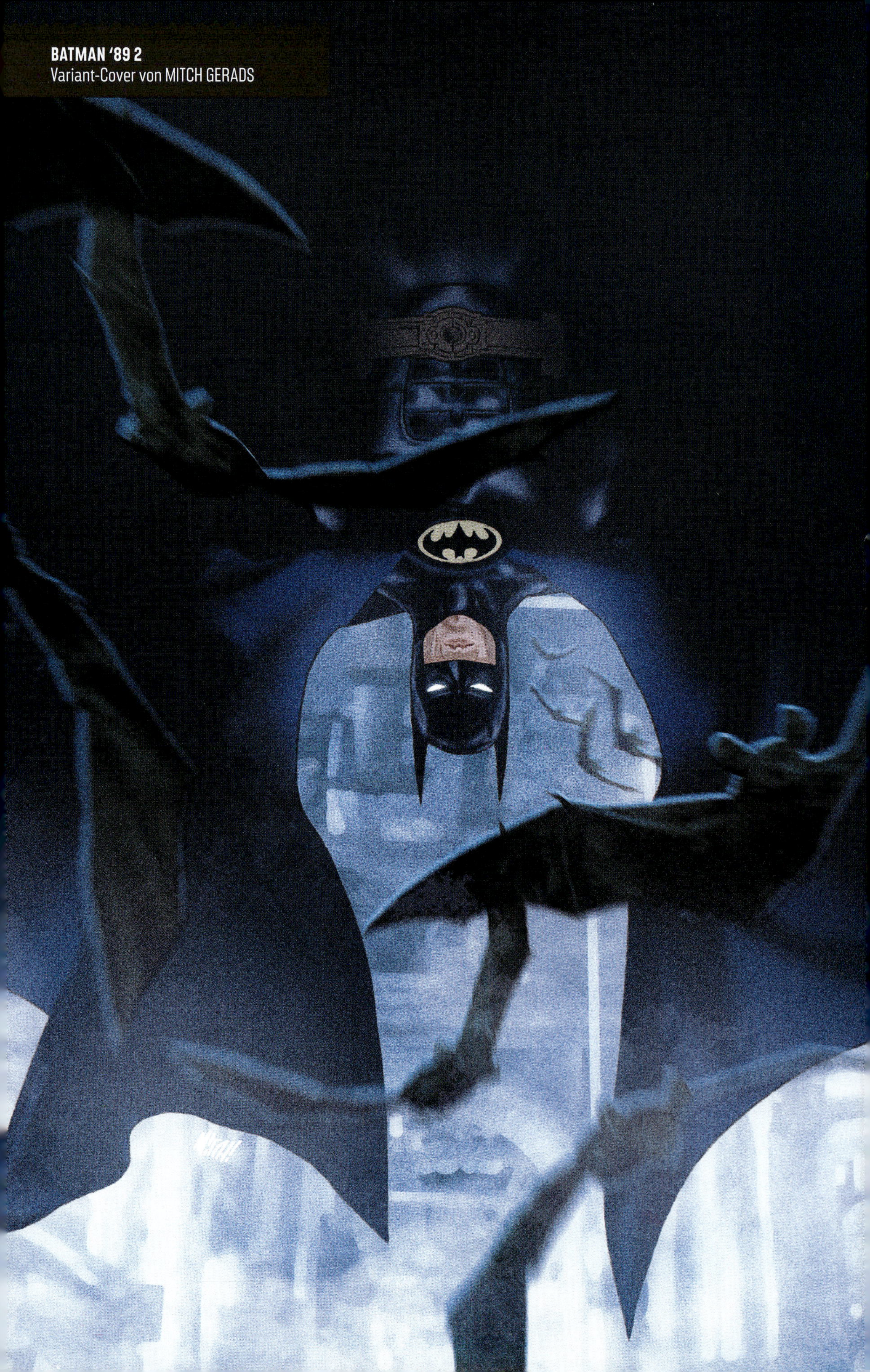

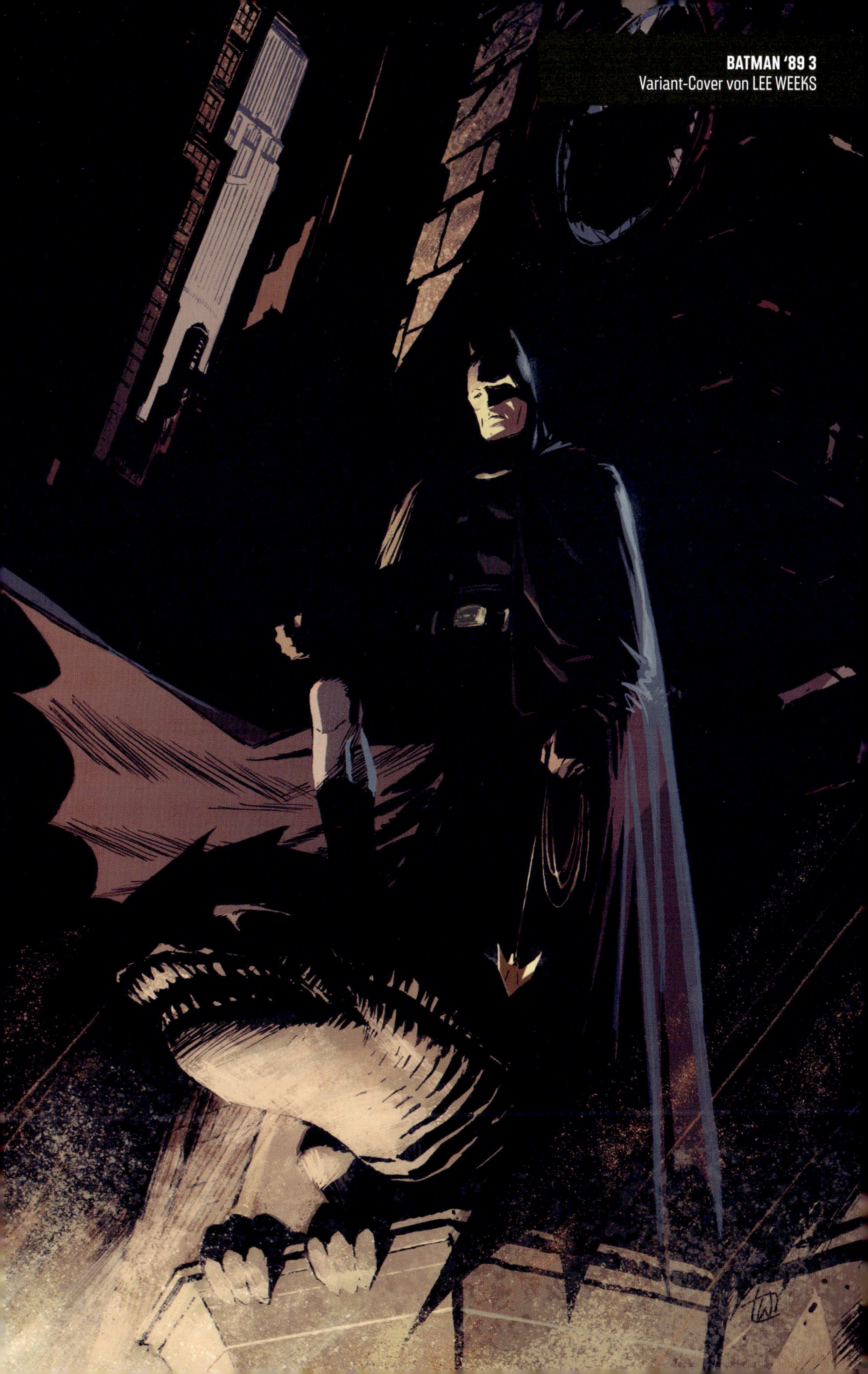

BATMAN '89 3
Variant-Cover von LEE WEEKS

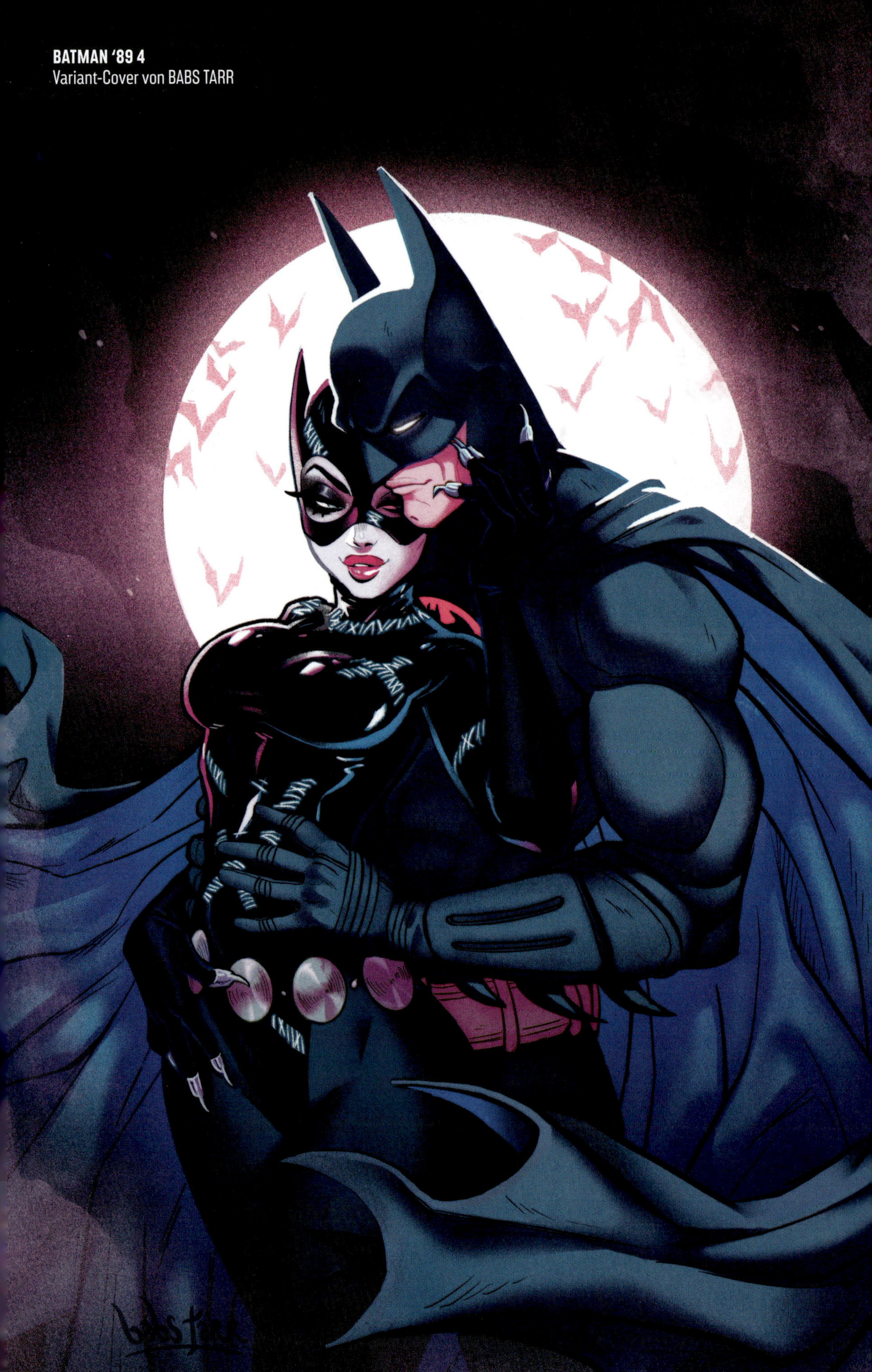

BATMAN '89 4
Variant-Cover von BABS TARR

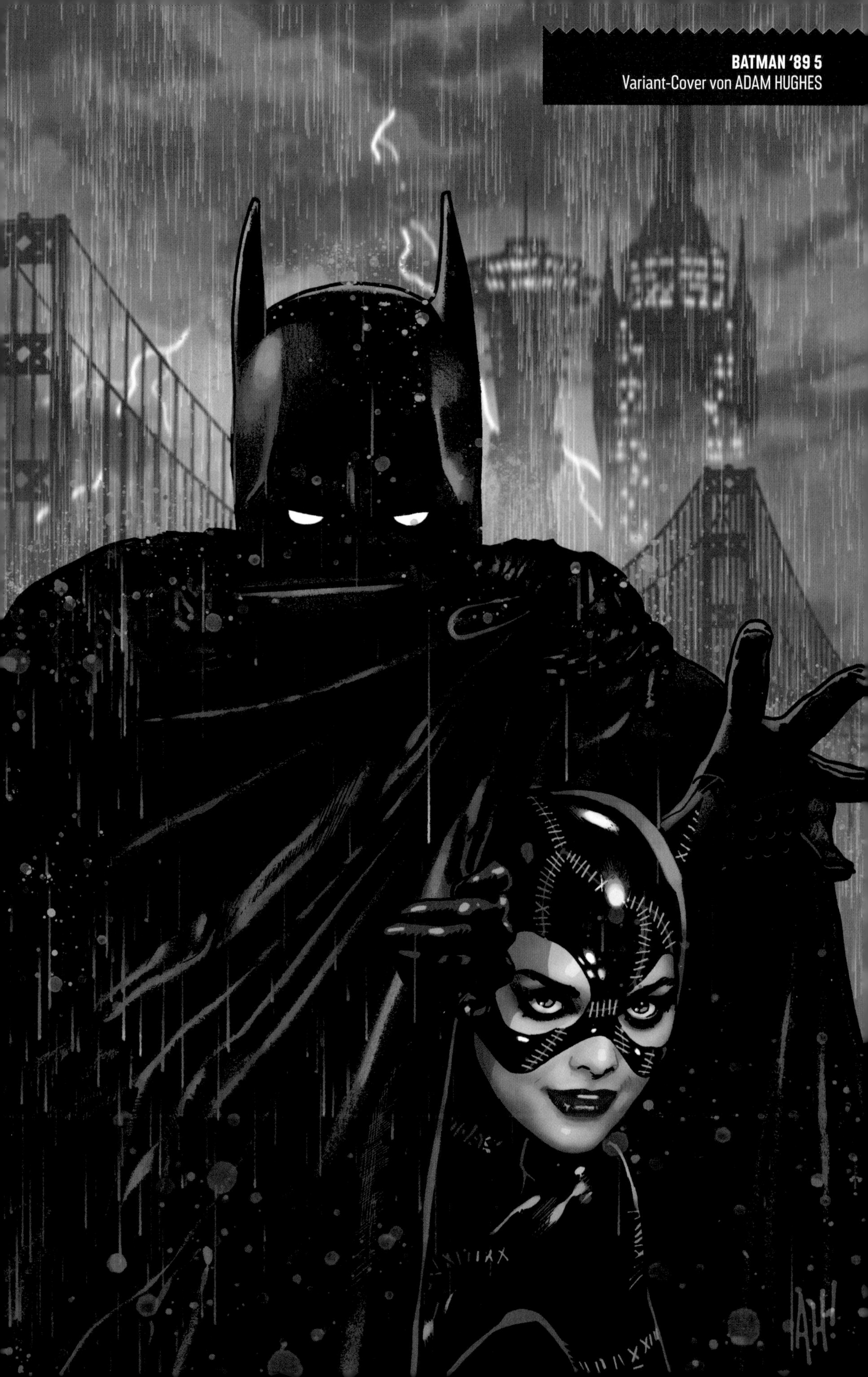

BATMAN '89 5
Variant-Cover von ADAM HUGHES

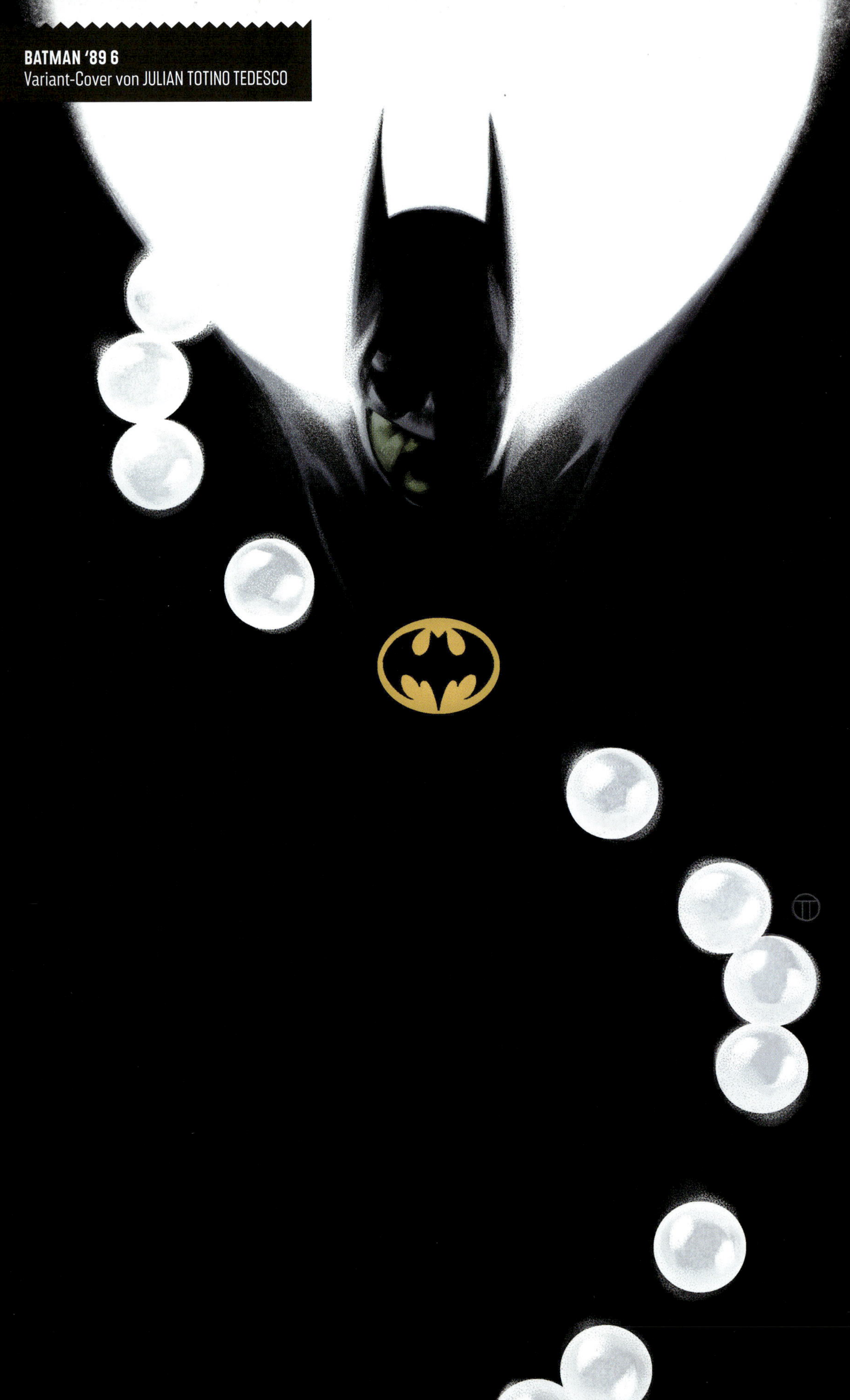

BATMAN '89 6
Variant-Cover von JULIAN TOTINO TEDESCO

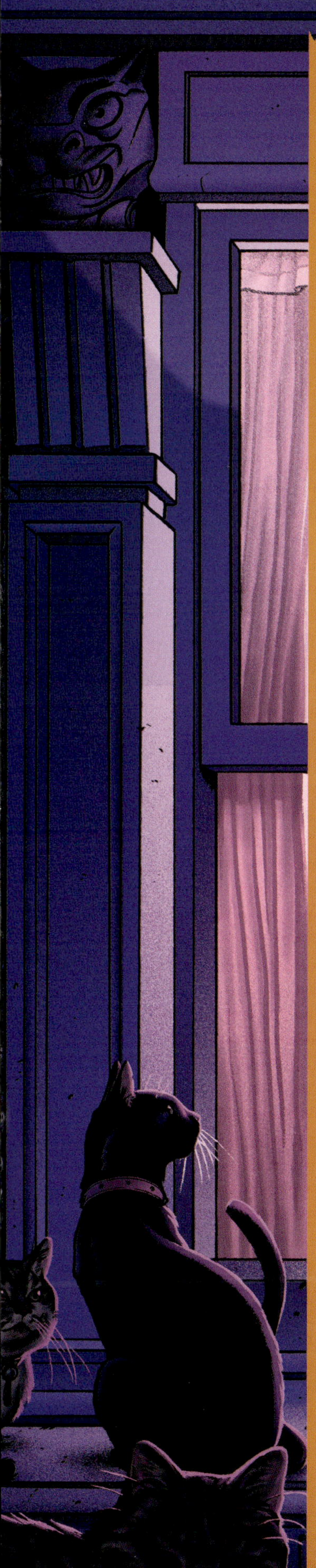

AUS DER BAT-HÖHLE

von **Christian Endres**

Die meisten Filmdrehbücher durchlaufen mehrere Versionen, die oft von verschiedenen Autoren geschrieben werden, wobei in der Regel auch Studios, Regisseure, Produzenten und Schauspieler durch ihre Wünsche und ihren Input Einfluss auf ein Skript nehmen. Manchmal wird ein Drehbuch sogar noch mitten am Set, beim Dreh einer Szene, umgeschrieben. Auch **Sam Hamms** Skript zum 1989 veröffentlichten *Batman*-Film wurde nicht zu hundert Prozent so umgesetzt, wie er es vorgesehen hatte. Heute weiß man zum Beispiel, dass Hamm den **Joker** in *Batman* nicht zum Mörder von **Bruce Waynes** Eltern machen wollte.

In einem Interview sprach Hamm 2014 darüber, dass **Robin** für das ursprüngliche Drehbuch zu *Batman* kein Thema gewesen sei. Dann wollte **Warner Bros.** aber unbedingt den jungen Gehilfen des **Dunklen Ritters** im Film haben, obwohl Hamm und **Tim Burton** anfangs keinen Schimmer hatten, wo sie ihn noch in der Handlung unterbringen sollten. Ein Wochenende lang tüftelten die beiden an diesem Problem herum, erinnerte sich Hamm zum 25-jährigen Jubiläum des ersten Films in besagtem Interview. Gerade als sie bei Warner anrufen und gestehen wollten, dass sie keinen Weg gefunden hätten, kam ihnen die zündende Idee. Sie fanden eine Möglichkeit, Robin mit einer eigenen Sequenz in den Streifen einzubauen. Als der Film einige Jahre später dann schließlich gedreht wurde, wurde das Budget zum Problem. Das Studio musste kürzen, und diese Maßnahmen trafen leider Robins Auftritt.

Heute weiß man, dass der Schwarze Schauspieler **Marlon Wayans** in *Batman* oder spätestens in *Batmans Rückkehr* Robin hätte verkörpern sollen, aber es sollte einfach nicht sein – und in den **Joel Schumacher**-Filmen nach den beiden Burton-Adaptionen ging man mit Robin (und **Harvey Dent** alias **Two-Face**, wenn wir schon dabei sind) in eine andere Richtung. **Drake Winston** im vorliegenden Comic zollt also der Idee eines afroamerikanischen Robin im Burton-Universum Tribut. Sam Hamm gefällt der Gedanke, dass die Figur in den 1990ern, als es so gut wie keine Schwarzen Superhelden auf der Leinwand gab, wirklich einen Impact hätte haben können, was heute aber noch genauso relevant sei.

Beim Erscheinen von BATMAN '89 verlieh Hamm seiner Hoffnung Ausdruck, dass das Publikum Drake als eine starke Figur und innerhalb der Film-Welt und ihrer Geschichte die Logik seines Auftauchens verstehen würde. Denn dieser Comic sei nicht so sehr eine Story über **Batman und Robin**, sondern eher über **Robin und Batman**.

DAS KREATIV-TEAM

SAM HAMM schrieb das Drehbuch zu Tim Burtons erstem *Batman*-Film von 1989 und lieferte auch Story-Ideen für die Fortsetzung *Batmans Rückkehr* aus dem Jahr 1992. Außerdem verfasste der 1955 geborene Amerikaner Skripts für den Film *Wenn die Wölfe heulen*, die Comic-Adaption *Monkeybone* nach den *Dark Town*-Comics von Kaja Blackley, die von Hamm und Sam Raimi erschaffene Live-Action-Fernsehserie *M.A.N.T.I.S.* über einen eigenen Superhelden und die Anthologie-Serie *Masters of Horror*. Hamms Arbeit an Burtons erstem Batman-Film mit Michael Keaton als Dunklem Ritter führte dazu, dass er 1989 die Batman-Traditionsserie DETECTIVE COMICS von US-Heft 598 bis einschließlich der großen Jubelnummer US-TEC 600 als Autor inszenierte. In jener Ära schrieb Hamm sogar ein Drehbuch für eine geplante Verfilmung von Alan Moores und Dave Gibbons' Comic-Meilenstein WATCHMEN, das jedoch nie realisiert wurde.

JOE QUINONES war ein Schüler von David Mazzucchelli, dem Zeichner von BATMAN: DAS ERSTE JAHR und anderen Meisterwerken. Quinones selbst gestaltete die Graphic Novel BLACK CANARY AND ZATANNA: BLOODSPELL von Paul Dini, aber auch Geschichten für BATMAN '66 mit neuen Comics zur klassischen *Batman*-Fernsehserie mit Adam West, DIAL H FOR HERO, BATMAN/SUPERMAN, TEEN TITANS GO!, das Green Lantern-Serial in WEDNESDAY COMICS, die Harley Quinn-Geschichte für JOKERS ASYLUM II, die Serie *Howard the Duck* von Chip Zdarsky, *Spider-Man* und *Peter Parker: Der spektakuläre Spider-Man*, *Savage Wolverine*, *FF* um eine Neuformation der Fantastic Four und die Abenteuer von America Chavez. Darüber hinaus illustrierte der Amerikaner viele Cover.

LEONARDO ITO lebt und arbeitet im brasilianischen Bauru und ist seit über zehn Jahren als Kolorist für Comic-Verlage in den USA sowie in Europa tätig. Sein Schaffen umfasst *Rick and Morty vs. Dungeons & Dragons*, *Sonic the Hedgehog*, *The Powerpuff Girls* und BATMAN/TEENAGE MUTANT NINJA TURTLES ADVENTURES.

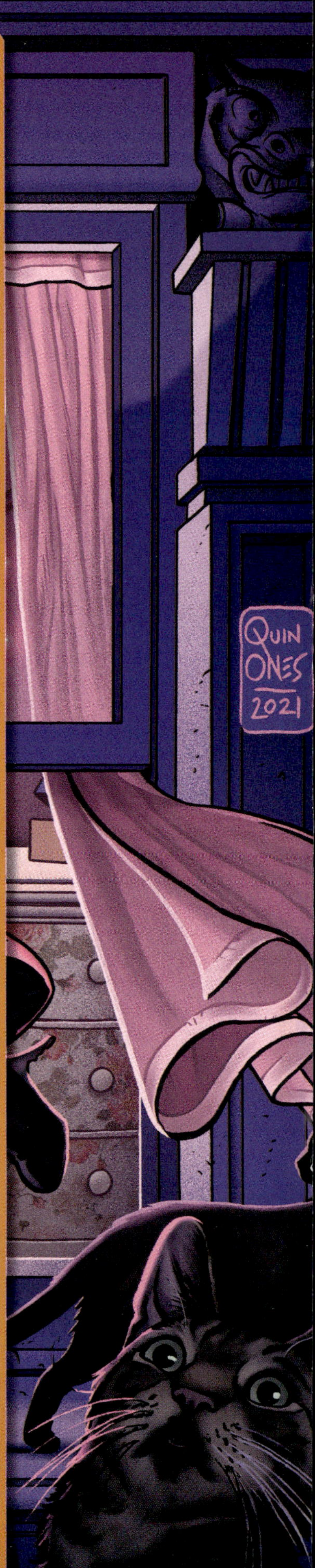